Pilzwanderungen

Eine Pilzkunde für jedermann

Begründet von Franz Engel,

weitergeführt von Frieder Gröger

23. Auflage

Mit 246 farbigen Abbildungen auf 64 Tafeln

und 225 Abbildungen im Text

A. Ziemsen Verlag · Wittenberg Lutherstadt · 1989

Erklärungen

zum Textteil:

Die Zahlen hinter den Pilznamen geben die Nummer an, unter der der Pilz im Artenverzeichnis aufgeführt ist.
Hinweise auf die Seiten, auf denen die genannte Pilzart ausführlicher behandelt wird, erfolgen stets mit dem Hinweis auf die Seitenzahl.

zum Bestimmungsschlüssel (s. auch S. 65):

Die Ziffern verweisen auf die Arten im Artenverzeichnis. In Klammern stehende Ziffern kennzeichnen die Skizzen im Artenverzeichnis (Normaldruck) oder am Rand des Bestimmungsschlüssels *(Kursivdruck).*

zum Tafelteil:

$*$ = eßbar
$(*)$ = eßbar nach besonderer Vorbereitung
† = giftig
ohne Zeichen = ungenießbar (bitter, zäh, zu klein u. ä.)

Die Zahlen hinter den Pilznamen geben an, unter welcher Nummer der Pilz im Artenverzeichnis zu finden ist.

Engel, Franz:
Pilzwanderungen: e. Pilzkunde für jedermann /
begr. v. Franz Engel. Fortgef. von Frieder Gröger. –
23. Aufl. – Wittenberg Lutherstadt: Ziemsen, 1989. –
280 S.: 471 Ill. (z. T. farb.)
ISBN 3-7403-0038-8

© A. Ziemsen Verlag, DDR Wittenberg Lutherstadt · 1989
Lizenz-Nr. 251 – 510/106/89 · LSV 1359
Satz und Druck des Textteiles: Druckhaus Aufwärts, Leipzig
Bildtafeln: Grafischer Betrieb Jütte (VOB) Leipzig
Bindearbeiten: Druckhaus Aufwärts, Leipzig III/18/20-0430
Printed in GDR
Bestellnummer 800 100 2

01350

Vorwort

Nach etwa 20jähriger Tätigkeit im Dienste der Pilzberatung erarbeitete Franz Engel die „Pilzwanderungen" als „eine Pilzkunde für jedermann", um Freude am Pilzesammeln zu wecken, sichere Pilzkenntnisse zu vermitteln und Pilzvergiftungen verhüten zu helfen.

Die 1. und 2. Auflage erschienen 1949 und 1952 im VEB Verlag der Kunst Dresden. 1958, von der 3. Auflage an, übernahm der A. Ziemsen Verlag in Wittenberg Lutherstadt die verlegerische Betreuung. Nach dem Tode von F. Engel führte seine Frau Paula Engel die „Pilzwanderungen" weiter. Inzwischen sind 21 Auflagen erschienen, was für den großen Anklang spricht, den dieses Pilzbuch fand.

Bei der Neubearbeitung der „Pilzwanderungen" wurde die bewährte Dreiteilung beibehalten. Im Tafelteil sind die Aquarelle neu geordnet. Ihre Reihenfolge entspricht der des Artenverzeichnisses. Durch die Umordnung freiwerdender Platz machte es möglich, weitere 43 Aquarelle aus dem Engel'schen Nachlaß aufzunehmen, so daß jetzt insgesamt 246 Arten farbig dargestellt sind.

Das Artenverzeichnis wurde gestrafft. Die Zahl der aufgenommenen Arten beträgt jetzt 1002. Damit sind in diesem Buch nicht nur die häufigsten Speise- und Giftpilze sowie viele größere ungenießbare Arten aufgeführt. Es enthält vielmehr eine große Zahl der Pilze, die den Naturfreund interessieren und geht daher weit über den Rahmen eines Beraters für Speisepilzsammler hinaus. Diesem Anliegen dient auch der neuerarbeitete Gattungsbestimmungsschlüssel, der das Artenverzeichnis ergänzt.

Die allgemeinen Kapitel wurden – entsprechend dem Titel „Pilzwanderungen" – stärker auf jahreszeitliche und standörtliche Belange zugeschnitten. Dadurch soll der eigenständige Charakter dieses Buches unter den anderen in der DDR erscheinenden Pilzbüchern hervorgehoben werden.

Außerdem hofft der Bearbeiter, die Pilzbestimmung dadurch wesentlich zu erleichtern. Sie kann anhand der „Pilzwanderungen" nunmehr von drei Seiten aus erfolgen: durch das Nachlesen in den entsprechenden standörtlichen Kapiteln, aufgrund eines Vergleichs mit den farbigen Abbildungen und durch gezielte Bestimmung nach dem Bestimmungsschlüssel und den Artenbeschreibungen im mittleren Teil.

Um die Aussagekraft der kurzen Beschreibungen zu erhöhen, wurde die Anzahl der von F. Engel entworfenen und von Kurt Herschel neu gezeichneten Textabbildungen wesentlich erhöht. Dafür gebührt Herrn Hans-Joachim Warnstedt (Karthan) mein bester Dank.

Zu danken habe ich auch Frau Dr. M. Hallebach (Leipzig für eine Reihe von Hinweisen sowie den Herren Dr. H. Dörfelt (Halle), Dr. H. Jage (Kemberg) und Prof. Dr. H. Kreisel (Greifswald) für ihre kritischen Durchsichten und Herrn Dr. St. Rauschert † (Halle) für Hilfe beim Setzen von Betonungszeichen und bei einigen nomenklatorischen Fragen. Der A. Ziemsen Verlag unterstützte alle meine Vorstellungen über eine Umgestaltung der „Pilzwanderungen" bereitwillig und gab das Buch wie bisher in bewährter Form heraus.

Mag die Neubearbeitung den „Pilzwanderungen" weitere Freunde gewinnen und ihnen ein zuverlässiger und sicherer Führer durch die Vielfalt der heimischen Pilzflora sein.

Warza, im Dezember 1981   Frieder Gröger

Zur 22. Auflage

Um die Arbeit mit dem in Kreisen der Beauftragten für Pilzaufklärung gut eingeführtem Büchlein nicht zu erschweren, wurde von umfangreicheren Veränderungen abgesehen. Eine Reihe der nach dem Botanikerkongreß von Sydney (1981) notwendig gewordenen Namensänderungen wurde jedoch vorgenommen, zumeist in Anlehnung an das „Handbuch für Pilzfreunde" (s. S. 187). Um den Vergleich mit diesem wichtigen Werk zu erleichtern, wurden auch einige deutsche Pilznamen verändert. Außerdem sind verschiedene Ergänzungen vorgenommen und Fehler berichtigt worden.

Nummernänderungen wurden weitgehend vermieden, doch ließen sich insbesondere bei den Korallenpilzen und Porlingen Änderungen der Reihenfolge nicht völlig vermeiden. Neu bearbeitet wurde allein die Gattung 99, Fälbling.

Herrn Dr. D. Benkert, Berlin, danke ich für Hinweise zur Darstellung der Schlauchpilze.

August 1986   Frieder Gröger

Inhaltsübersicht

Berichtigung

Bei der Überarbeitung des Bestimmungsschlüssels für die 22. Auflage (1987) blieben folgende Fehler stehen, um deren Beachtung in der vorliegenden unveränderten 23. Auflage gebeten wird:

Seite 78	22^+ ...	$\rightarrow 26$
	23 ...	$\rightarrow 24$
	23^+ ...	$\rightarrow 25$
	26 ...	$\rightarrow 27$
Seite 79	39^+ ...	$\rightarrow 40$
Seite 85	7^+ ...	(917–919)
es fehlt:	5^+ Basal ohne Dauerkörper (Sklerotium). Meist fleischiger oder größer $\rightarrow 6$	
Seite 86	14^+ ...	$\rightarrow 15$

Außerdem fehlen auf den Seiten 72 und 79 die Fragepaare $31/31^+$ beziehungsweise $37/37^+$, was jedoch ohne Einfluß auf den Bestimmungsgang bleibt.

Seite 144, Nr. 574 heißt es richtig: *H. senéscens* (= *edúrum*)

Der Autor dankt Herrn E. Pfister, Erfurt, für entsprechende Hinweise.

Einleitung

Pilzwanderungen unternehmen wir zu günstigen Zeiten und an pilzreiche Standorte. Im Frühjahr wachsen nur wenige Arten. Ähnlich spärlich ist die Pilzflora im Spätherbst. Wir stellen diese Pilze daher in zwei jahreszeitlichen Kapiteln vor.

Die Fülle der Pilze erscheint jedoch im Sommer und Herbst, günstige feuchtwarme Witterung vorausgesetzt. Während dieser Zeiten, der „Hauptpilzsaison", führen unsere Wanderungen je nach Wohn- oder Urlaubsort in sehr verschiedenartige Lebensbereiche oder Biotope. So, wie kein Wald dem anderen gleicht, sind in jedem Waldstück andere Pilzarten zu Hause. Denn eine jede von ihnen stellt eigene, andere Standortansprüche. Manche wachsen nur unter bestimmten Bäumen, andere auf Wiesen oder in Mooren. Es gibt Pilze, die Kalkgehalt im Boden fordern oder die bestimmte Ansprüche an den Säuregrad des Bodens stellen. Wieder andere wachsen an Stubben und Stämmen oder besiedeln die Äste bestimmter Baumarten. Über diese Pilzarten berichten die standörtlichen Kapitel.

Im Frühling

Wenn die Märzsonne den Waldboden getrocknet hat, beginnen wir mit Pilzwanderungen. So früh im Jahre schon in die Pilze? Wachsen sie nicht erst im Sommer und Herbst? Es ist richtig, daß meist erst der September die Haupternte bringt. Die Fülle der Arten ist dann manchmal kaum zu übersehen. Aber Pilze gibt es das ganze Jahr. Nur Frost und Schnee, aber auch anhaltende Trockenheit gebieten dem Wachstum Einhalt. Kaum löst sich die Natur aus der Erstarrung des Winters, wagen sich auch die ersten Pilze hervor.

Am bekanntesten sind von den Frühjahrspilzen die Morcheln und Lorcheln. Es ist nicht schwer, beide Gattungen zu trennen. Morcheln haben Längs- und Querrippen, zwischen denen sich wabenförmige Gruben befinden, während der Hut der Lorcheln hirnartig gewunden ist oder aus faltigen Lappen besteht.

Morcheln gelten als einwandfreie Leckerbissen. Lediglich überaltert können sie Verdauungsstörungen verursachen. Die Spitzmorchel (Taf. 62) beginnt den Reigen. Hinsichtlich ihrer Standortansprüche ist sie nicht ganz so wählerisch wie die Speisemorchel. Manchmal ist sie sogar auf Schutt oder Brandstellen zu finden. Sie ist sehr veränderlich, wird aber leicht an den deutlichen Längsrippen erkannt.

Wertvoller ist die Speisemorchel (Taf. 62), deren Gruben unregelmäßig angeordnet sind. Sie wächst nur auf guten Kalk- und Lehmböden, stets an lichten Stellen, aber auch in Gärten.

Massenhaft kann in einem günstigen Frühjahr die Käppchenmorchel (Taf. 63) gesammelt werden. Der Hutrand hängt bei ihr wie bei einer Glocke frei über den Stiel hinweg (Abb. 943, S. 88). Ausgewachsen hat sie eine gewisse Ähnlichkeit mit der Stinkmorchel. In Gebüschen, Laubwäldern und an Wegrändern ist die Käppchenmorchel weit verbreitet. Ihr Geschmack ist nur mäßig, sie kann aber gut getrocknet werden.

Die giftige Frühjahrslorchel (Taf. 62) mit ihrem hirnartig gewundenen Hut wächst am häufigsten in jungen Kiefernbeständen. Seltener finden wir sie unter Fichten, sehr üppig dagegen manchmal auf Sägespänen von Nadelbäumen. Sie enthält das flüchtige Gift *Gyromitrin* und bei sparsamem Verbrauch mögen längere Zeit an der Luft gelagerte Trockenlorcheln unbedenklich sein. Gehandelt werden dürfen sie nicht.

Ausgesprochene Seltenheiten sind die schwach giftige gelbbraune Riesenlorchel (955) und die eßbare Gipfellorchel (956), die in ihrer Form etwas an die Bischofsmütze erinnert und an Morchelstandorten im Laubwald wächst.

Die seltenen Verpeln ähneln mit ihrem schlanken Stiel ein wenig der Käppchenmorchel, haben aber nicht deren wabig-grubigen Hut. Sie erscheinen ab April und kommen in lichten Laubwäldern, Gebüschen, Parks und Gärten vor. Die Runzelverpel (943) braucht sehr gute humose Böden und erreicht im Thüringer Becken die Westgrenze ihres Vorkommens. Die Fingerhutverpel (942) ist weiter verbreitet, tritt aber nur in klimatisch günstigen Jahren auf.

Das Frühjahr bringt auch eine Reihe von Becherlingen. Raritäten und Naturschönheiten sind die leuchtend roten Kelchbecherlinge (976, 977), die nach der Schneeschmelze aus morschen Ästen und Wurzeln herauswachsen. Merkwürdig mutet der ebenfalls im Vorfrühling aus Haselnuß- oder Erlenästen hervorbrechende Kleiige Büschelbecherling (978) an. Er wird oft übersehen, weil er an Ästen sitzt, die sich noch am Strauch oder Baum befinden. In der Nähe von Buschwindröschen findet sich gar nicht selten der Anemonenbecherling (980), insbesondere dort, wo die Buschwindröschen etwas lückenhaft stehen. Der Pilz schmarotzt an den Wurzelstöcken der Pflanzen und bildet dort kleine schwarze *Dauerkörper, Sklerotien.*

Ein großer Becherling, bei dem sich das Einsammeln zu Speisezwecken lohnt, ist die Rotbraune Scheibenlorchel (957). Sie wächst im Nadelwald an und neben morschen Stubben, aber auch auf Sägemehl.

Bei ihr und anderen Becherlingen ist häufig zu beobachten, daß die Pilze eine kleine Staubwolke ausstoßen. Passieren kann das beispielsweise, wenn sie ins warme Zimmer gebracht oder in die Hand genommen werden. Es handelt sich dabei um eine Sporenwolke, die die Pilze bei Erwärmung aus ihren *Schläuchen (Asci)* abschleudern.

Die *Sporen* sind winzige Gebilde, durch die sich Pilze fortpflanzen. Sie sind so klein, daß sie nur durch das Mikroskop zu erkennen sind. Erst 150 aneinandergereiht würden eine Kette von 1 mm Länge ergeben. Größe und Gestalt der verschiedenen Sporen sind oft wichtig, wenn der *Pilzkundler (Mykologe)* Gewißheit über eine Pilzart haben möchte. Gemessen werden sie in *Mikrometern* (µm; 1 µm entspricht $^1/_{1000}$ mm).

Gebildet werden die Sporen in ungeheuren Mengen in der *Fruchtschicht (Hymenium).* Sie befindet sich im Inneren der Fruchtkörper

(Bauchpilze, Trüffeln), in der Röhrenschicht oder in Poren (Röhrlinge, Porlinge), auf den Lamellen der Blätterpilze oder der gesamten Oberfläche der Fruchtkörper (Keulenpilze u. a.).

Wird ein Pilzhut mit den Lamellen nach unten auf weißes Papier gelegt und gegen Austrocknen mit einer Schüssel bedeckt, können die Sporen allmählich aus den Lamellen herausfallen. Auf dem Papier zeigen sie sich dann gehäuft als verschieden gefärbter Sporenstaub. Die Farbe dieses *Sporenpulvers* ist sehr wichtig für die Pilzbestimmung, und wer sie nicht beachtet, wird sich unter den Blätterpilzen nie richtig zurechtfinden.

Ein weiterer Becherling, der aber erst im Mai und Juni an humusreichen Stellen im Laubwald wächst, ist der Braune Rippenbecherling (Taf. 63). Zu beachten sind die deutlich hervortretenden verzweigten Adern an der Außenseite des pokalartigen Fruchtkörpers. Der auffallende Pilz ist genießbar und eignet sich gut zum Trocknen.

Ein anderer Becherling des Frühsommers bleibt besser stehen, denn er wirkt leicht giftig: der kugelige, sternförmig aufreißende Violette Kronenbecherling (960), ein Charakterpilz flachgründiger Kalkböden, auf denen einige Wochen früher der Kurzstielige Rippenbecherling (952) erscheint.

Der wichtigste Speisepilz des Frühjahrs ist der Maipilz (Taf. 21). Gern mit ihm zusammen sind auch einige Frühlingschampignons (416) zu finden. Der Maipilz wird alljährlich in großen Mengen eingetragen und ist bei richtiger Zubereitung – abgebrüht und in einer hellen säuerlichen Soße aufgetragen – eine Köstlichkeit.

Maipilze wachsen in *Hexenringen*. Von der Ausgangsstelle wächst das *Pilzgeflecht (Myzel)* im Boden kreisförmig nach allen Seiten aus. Die Fruchtkörper entwickeln sich jeweils dort, wo das Pilzgeflecht nach außen weiterwächst. Manchmal sind diese Stellen von weitem sichtbar, weil sich das Gras dort üppiger entwickelt. Seine dunkle Färbung ist ein Zeichen dafür, daß der Boden dort gut mit Stickstoff versorgt ist. Hexenringe können sich aber auch durch kreisförmige kahle Zonen verraten. Das Pilzgeflecht hat dann Stoffe ausgeschieden, die den Graswuchs zum Absterben bringen. Solche Hexenringe merkt sich der Pilzsammler genau, denn sie bringen jedes Jahr neue Fruchtkörper hervor. Wer Spaß daran hat, kann die jährliche Vergrößerung des Ringes nachmessen. Nach innen zurückgerechnet, kann dann das ungefähre Alter des Ringes bestimmt werden. Bei uns erreichen sie meist mehrere Jahre bis einige Jahrzehnte. Aus anderen Erdteilen mit ungestörter Vegetation sind mehrere Jahrhunderte alte Hexenringe bekannt geworden.

Ein anderer Massenpilz des Frühjahrs ist der in Obstgärten und Hecken vorkommende Blasse Pflaumenrötling (Taf. 27, s. S. 58) und der meist unter Weißdorn stehende Schildrötling (Taf. 27). Beim Sammeln dieser kräftigen, schmackhaften Pilze ist besonders auf den deutlichen Mehlgeruch zu achten. In Wäldern und auf Triften wächst im April auch der Frühlingsgiftrötling (308), der aber geruchlos und sehr zerbrechlich ist!

Kleinere, sehr häufige Blätterpilze des Frühjahrs sind die auf Zapfen spezialisierten Zapfenrüblinge (255–257). Auf Fichten- oder Kiefernzapfen, im Garten ein wenig vergraben, sind diese Pilze leicht zu „kultivieren". Es gibt auch Leute, die solche Winzlinge zu Speisezwecken sammeln. Aber das ist wohl eher eine Art Frühjahrssport, der die Winterschlacken aus dem Körper treiben soll, als das Verlangen nach einem delikaten Pilzgericht.

Ebenfalls kaum lohnend ist der Frühlingsmürbling (457), ein nicht gerade kleiner, aber sehr brüchiger, dünnfleischiger Pilz, der sich gern unter Eschen einstellt, wo wir nach Morcheln und Maipilzen suchen. Kein Speisepilz, aber sehr elegant und einer näheren Betrachtung wert ist der Frühlingsglockenschüppling (475) mit seinem zart gerieften Ring.

Zu den ersten Pilzen des Jahres gehört auch der auffallende Schuppige Stielporling (Taf. 57). Junge Exemplare können zu einer wohlschmeckenden Brühe ausgekocht werden. Der zur gleichen Gattung gehörende, viel zierlichere Maistielporling (Taf. 56) ist zäh und ungenießbar. Er hat winzige Poren auf der Hutunterseite und löst den von November bis April vorkommenden Winterstielporling (793) ab. Ähnlich zäh sind Tigersägeblättling (784) und Orangeseitling (787). Ersterer kommt ab April in den großen Flußauen zum Vorschein, letzterer kann zur selben Zeit an manchen Stellen im Bergland gefunden werden. Nicht zu verkennen ist der Schwefelporling (Taf. 57). Junge, saftige Fruchtkörper sind schmackhaft, wenn sie in Scheiben geschnitten, paniert und gebacken werden.

Gute Pilzgerichte liefern ab April das Stockschwämmchen (Taf. 43) und der Kompostchampignon (Taf. 37).

Der giftige Grünblättrige Schwefelkopf (Taf. 42), der wenig schmackhafte Glimmertintling (Taf. 38), der wäßrig-brüchige Blasige Becherling (Taf. 63), der Gilbende Erdritterling (187), mehrere Weichritterlinge (204–206) und der ebenfalls wenig schmackhafte Frühlingsackerling (Taf. 41) vervollständigen das Angebot. Dazu gesellen sich manchmal die ersten Sommersteinpilze, Flockenstieligen Hexenpilze (Taf. 10) und Birkenrotkappen (Taf. 6).

Gelegentlich sind im Frühjahr auch verspätete Herbstpilze anzutreffen, besonders, wenn der vergangene Herbst zu trocken war, und die Pilze deshalb keine Fruchtkörper bilden konnten. Lilastielige Rötelritterlinge (200), Graublättrige Schwefelköpfe (Taf. 43) und Tonfalbe Schüpplinge (504) sind daher im Frühjahr keine Seltenheit.

Wälder

Viele unserer Pilzwanderungen werden uns in Wälder führen. In ihnen wachsen bei günstiger Witterung zahlreiche Bodenpilze. Sie sind oft an lebende Bäume gebunden und bilden mit diesen eine Lebensgemeinschaft, die man *Mykorrhiza* nennt. Das *Pilzgeflecht (Myzel)* umspinnt dabei die Wurzelenden der Bäume oder dringt in sie ein. Es entzieht dem Baum Kohlenhydrate und ermöglicht ihm die Aufnahme von Wasser und Nährsalzen. So stehen Baum und Pilz in einem engen Stoffaustausch. Mykorrhizabildner sind Täublinge und Milchlinge, Schleierlinge und Wulstlinge, fast alle Röhrlinge, sämtliche echten Ritterlinge, aber auch Hartboviste, Trüffeln, Erdwarzenpilze und viele andere.

Nur wenige Mykorrhizapilze wachsen sowohl unter Laub- als auch unter Nadelbäumen. Von den kleineren Arten gehören hierher beispielsweise der Rötliche Lacktrichterling (Taf. 15), der Dunkelscheibige Fälbling (Taf. 46) und der Seidige Rißpilz (Taf. 44). Aber auch größere Röhrlinge, Milchlinge und Täublinge sind manchmal nur wenig spezialisiert. So können Rotfüßchen (Taf. 6) und Ziegenlippe (Taf. 7), Brätling (Taf. 49) und Kampfermilchling (699), Dickblättriger Kohlentäubling (712), Speisetäubling (Taf. 54) und Seifenritterling (Taf. 19) sowohl in Laub- als auch in Nadelwäldern wachsen, und es macht ihnen nichts aus, ob es sich bei ihren Partnern um Kiefern oder Fichten handelt.

Perlpilz (Taf. 33), Grauer Wulstling (Taf. 32) und Pantherpilz (Taf. 33) gedeihen in den Fichtenforsten der Mittelgebirge, in Laubwäldern des Hügel- und Flachlandes und in Kiefernforsten des Flachlandes. Manchmal sind es besondere Formen, die einen dieser Waldtypen bevorzugen. So sind Pantherpilze der Mittelgebirge auffallend kräftig und dunkel gefärbt. Sie können als *Varietät* Tannenpantherpilz bestimmt werden. Auch manche Perlpilze der Sandkiefernforste gehören zu einer besonderen Varietät mit gelbem Ring.

Beim Steinpilz (Taf. 8), der bei Kiefer, Fichte, Eiche, Buche, Birke und Hainbuche vorkommen kann, werden sogar mehrere Kleinarten unterschieden, die nur geringfügig voneinander abweichen. Für die genaue Bestimmung eines Steinpilzes ist es daher schon wichtig zu wissen, unter welchen Baumarten er gefunden wurde. Ähnlich ist bei den Formen des Speitäublings (Taf. 55).

Der größte Teil der Mykorrhizapilze hat aber nicht ein so breites Wirtsspektrum, sondern bevorzugt ganz bestimmte Waldbäume. So gibt es „Eichen"milchlinge (697), „Birken"reizker (688, 689), „Pappel"ritterlinge (176), „Hainbuchen"röhrlinge (70), „Lärchen"schnecklinge (101) und „Erlen"kremplinge (bei 89). Außerdem zahlreiche weitere Arten, bei denen die Bindung ebenso streng ist, aber nicht im Namen zum Ausdruck kommt.

Wenn zwei Bäume als mögliche Mykorrhizapartner in Frage kommen, wird einer häufig stark bevorzugt (Gallentäubling [728]: Buche, selten Fichte oder Wieseltäubling [Taf. 54]: Fichte, selten Buche). Die Bindung kann aber auch je nach geographischer Lage verschieden sein. So wächst der Grüne Knollenblätterpilz (Taf. 31) bei uns meist unter Eiche, seltener Buche, im Hochgebirge aber unter Fichte (!)

Ebenso, wie nur wenige Pilzarten Mykorrhiza mit sämtlichen Waldbäumen bilden können, gibt es auch nur wenige Pilzarten, die auf allen Bodenarten vorkommen können. Sie werden *bodenvag* genannt und wachsen sowohl auf Kalk, Lehm und Auenböden wie auch auf Urgestein und nährstoffarmem Sand. Schwefelritterling (Taf. 19), Wechselfarbiger Speitäubling (774), Bitterer Schleimkopf (622) und Schleierritterling (635) gehören dazu.

Andere Bodenbewohner leben von Abfallstoffen. Genannt werden sie *Fäulnisbewohner (Saprophyten)*. Als *Substrat* dienen ihnen abgefallene Nadeln oder totes Laub, das sie allmählich zersetzen. Trichterlinge, viele Rüblinge, Schwindlinge, Helmlinge und Stäublinge gehören zu ihnen, aber auch Champignons und Schirmpilze.

Diese Fäulnisbewohner sind in vielen Fällen nicht so streng an ein bestimmtes Substrat gebunden, wie die Mykorrhizapilze an ihre Baumpartner. Trotzdem müssen wir bei unserer Aussage bleiben, daß nur relativ wenige Pilze in allen Wäldern gleichmäßig stark vertreten sind. Denn auch unter den Fäulnisbewohnern und holzbesiedelnden Arten gibt es viele „Spezialisten".

Weil aber die meisten Pilze solche speziellen *Standortansprüche* stellen, ist es möglich, viele Arten auch an ihrem charakteristischen Standort zu erkennen. Beginnen wir daher mit unseren Wanderungen in Kiefern-, Fichten-, Buchen- oder Eichenwälder. Auch wenn sich manches wiederholt, wird der aufmerksame Beobachter bald lernen, wie verschiedenartig die Pilzflora in unseren Wäldern zusammengesetzt sein kann.

Kiefernwälder auf Sand

In den nördlichen, mittleren und östlichen Bezirken der DDR geben Kiefernforste der Landschaft vielfach das Gepräge. Sie sind angepflanzt, und jagenweise lösen Schonungen, Dickungen, Stangenhölzer und Hochwälder einander ab. Diese Unterscheidung ist für den Pilzsammler wichtig.

In ganz jungen Anpflanzungen sind zunächst nur kleinere Mykorrhizapilze zu finden. Meist treten sie in wahren Heerscharen auf: Struppige Rißpilze (558), Dunkelscheibige Fälblinge (Taf. 46) und Geruchlose Körnchenschirmlinge (bei 403) sind aber keine Speisepilze. Selbst die Hüte der Lacktrichterlinge (133, 135) mit den dicken, entfernt stehenden Lamellen sind höchstens zur Verlängerung eines Mischgerichtes brauchbar. Charakteristisch für diese Schonungen ist auch der Erdwarzenpilz (874), der wegen seiner unscheinbar fächerförmigen, dicht am Boden sitzenden braunen Fruchtkörper kaum wahrgenommen wird.

In etwas älteren Schonungen können dann – besonders auf armen Sandböden – bereits eine ganze Reihe ansehnlicher Pilze auftreten. Unter ihnen schmierige Butterpilze (Taf. 4), trockenhütige Sandpilze (Taf. 5) und gummiartig biegsame, weniger wertvolle Kuhpilze (Taf. 5), oft so massenhaft, daß der Korb im Handumdrehen gefüllt ist. Beim Weitergehen achten wir in den Schneisen auf Moospolster. Orangerote Farbtupfer in ihnen stammen von den kleinen Moos- oder Orangebecherlingen (968–970).

Im Hochwald ist die Pilzflora reichhaltiger. Dort können allein sechs bis acht verschiedene Täublinge miteinander vergesellschaftet sein. Daneben gibt es eine Vielzahl Röhrlinge, Ritterlinge, Milchlinge, Wulstlinge und zahlreiche kleinere Arten.

Je nach dem *Standort*, den solche Hochwälder besiedeln, gibt es verschiedene Kiefernwaldtypen. Auf den ärmsten Böden stockt ein lichter Kiefernwald mit spärlicher Bodenflora aus vielen Flechten, einigen Moosen, Heidekraut und kümmerlichen Gräsern. Dort können Bäume schlecht gedeihen und sind zur Ernährung auf zahlreiche Mykorrhizapilze angewiesen. Der Pilzreichtum dieser armen Kiefernwälder kann daher im Herbst ganz erstaunlich sein!

Unter den Ritterlingen sind es der selten gewordene gelbblättrige Grünling (Taf.19) und der Schwarzfaserige Ritterling (Taf.20), die hier bis zum Wintereintritt gefunden werden können. Beide haben intensiven Mehlgeruch und werden oft vom filzhütigen Gemeinen Erdritterling (Taf.20) begleitet. Bei diesen grauen Ritterlingen schadet eine Kostprobe nichts, mit Hilfe derer der ungenießbare Brennende Ritterling (Taf.20) leicht ausgesondert werden kann. *Geschmacksproben* sind überhaupt ein gutes Mittel, um Pilze zu erkennen. Sie sollten aber erst dann genommen werden, wenn die gefährlichsten Giftpilze und die roh stark giftigen Arten sicher bekannt sind. Außerdem genügt immer ein winziges Stück, welches nicht zu verschlucken ist.

Interessant sind die halbunterirdischen Wurzeltrüffeln (30, 31). Sie sind aber weder mit den echten Trüffeln verwandt noch werden sie in der Küche verwendet.

An Giftpilzen sind der dickschalige Kartoffelbovist (Taf. 1) und einige Rißpilze zu beachten. Letztere sind meist schwer zu bestimmen. Nur der große Fliederweiße Rißpilz (537) macht eine Ausnahme, während der Blaßstielige Rißpilz (548) mehrere Doppelgänger hat.

In den dürren Flechtenkiefernwäldern gab es früher zahlreiche Habichtspilze (Taf. 58). Infolge Düngung und Nährstoffanreicherung gehen solche Wälder und ihre Pilze jedoch immer stärker zurück. Einige der dort vorkommenden Arten mußten sogar auf die *„Rote Liste"* der vom Aussterben bedrohten Pilze gesetzt werden.

Heute kann in diesen Flechtenkiefernwäldern der Rotbraune Milchling (Taf. 49) aspektbestimmend sein. Er ist regelmäßig geformt und deutlich gebuckelt. Ohne besondere Vorbereitung bewirkt er Magen- und Darmstörungen. Am besten wird er nach dem Abkochen sauer eingelegt.

Ganz besonders viele Speisepilze wachsen im moosreichen Kiefernwald. Er ist nährstoffreicher als der Flechtenkiefernwald und nicht ganz so trocken. Doch muß sich der Pilzsammler auf Stellen konzentrieren, wo weder Adlerfarn noch Pfeifengras dichte Bestände bilden, denn dort gibt es kaum Pilze. Nur wenn die offenen Stellen der Kiefernwälder zu sehr abgesucht sind, können auch im Heidelbeergesträuch Pilze gefunden werden.

An den offeneren Stellen macht das Sammeln jedoch mehr Spaß.

Solche Wälder können auch leichter durchwandert werden und abseits von vielbefahrenen Straßen füllt sich der Korb dann doch. Zu den erwähnten Schmierröhrlingen (s. S. 14) kommt hier die häufige Marone (Taf. 8) mit den grüngelben Röhren, die sich bei Druck leicht blaugrün verfärben. Sie liebt rohhumusreiche Stellen mit langsam verrottenden Nadeln ganz besonders. Daneben gibt es blasse bis rotbraune Steinpilzformen (Taf. 8). Sie sehen sehr verschieden aus, und trotzdem sind sie leicht als zusammengehörig zu erkennen. Alle weisen sie gelbliche bis grüngelbe Röhren, einen feingenetzten Stiel und festes weißes Fleisch auf, das auch beim Trocknen hell bleibt.

Und doch erleben Unkundige oft eine „bittere" Überraschung: der Gallenröhrling (Taf. 8) narrt den Sammler. Es ist gut, wenn er auch ohne Kostprobe erkannt wird. Wir verweisen daher hier auf seine blaßrosa Poren und das grobe, derbe Stielnetz.

Früher muß es in solchen Wäldern auch massenhaft Pfifferlinge (Taf. 60) gegeben haben. Ihr festes Fleisch wird kaum madig und bleibt lange haltbar, ein großer Vorzug für einen *Handelspilz*. Der Geschmackswert des Pfifferlings ist unbestritten, jedoch eignet er sich weder zum Trocknen noch zum Gefrierkonservieren.

Sind die Wälder besonders reich an verrottenden Nadeln, leuchtet der Falsche Pfifferling (Taf. 12) bereits von weitem. Am weichen, biegsamen Fleisch und den deutlich orangeroten Farben ist er gut zu erkennen. Er mag als Mischpilz Verwendung finden.

Der gefährliche Pantherpilz (Taf. 33) hat vielen Urlaubern einen unliebsamen Krankenhausaufenthalt beschert. Daher sollte ihn jeder Pilzsammler, der im moosigen Kiefernwald auf Suche geht, genau kennen: weiße Flöckchen auf dem Hut (bei Regenwetter aber abgewaschen!), eine *ungeriefte Manschette* und die wulstig gerandete Knolle (Abb. S. 125) sind seine Hauptmerkmale. Der eßbare Graue Wulstling (Taf. 32) sieht ihm sehr ähnlich, hat aber eine fein und dicht *geriefte Manschette* und weist nicht die wulstig gerandete Knolle des Pantherpilzes auf. Am besten ist es jedoch, diesen wenig schmackhaften Pilz ganz zu meiden.

Der Perlpilz (Taf. 33) dagegen gilt als ein guter Speisepilz. Er ist meist leicht am charakteristischen Röten des alten Fleisches zu erkennen. Irgendwo, auf dem Hut, unter der Huthaut, am Stiel – muß es sich zeigen. Am häufigsten ist das Röten in der vermadeten Knolle. Die Kiefernwaldform hat außerdem eine gelbliche Manschette, eine Farbe, die den Manschetten der beiden grauen Doppelgänger fehlt.

Nur schwach giftig sind zwei gelbe Wulstlinge des Kiefernwaldes: der stark nach Kartoffelkeimen riechende Gelbe Knollenblätterpilz (Taf. 30) und der seltenere Narzissengelbe Wulstling (Taf. 31). Letzterer ist leuchtender gelb, geruchlos und hat einen gerieften Hutrand. Außerdem ist bei ihm der Knollenrand nicht so deutlich ausgeprägt.

Schwierigkeiten bereiten zahlreichen Pilzsammlern die Täublinge. Es gehört viel Übung dazu, sie zu unterscheiden. Dagegen ist es sehr leicht, einen Täubling als solchen zu erkennen: der Stiel ist mürbebrüchig (Abb. S. 66 [c]) und läßt sich nicht auffasern. Das gibt es sonst nur noch bei den nahe verwandten Milchlingen, die wiederum sehr leicht am Vorhandensein des Milchsaftes von den Täublingen abgegrenzt werden können.

Für beide, Täublinge wie Milchlinge, insgesamt etwa 200 Arten, gilt, daß sie eßbar sind, wenn sie mild und angenehm schmecken und nicht ekelhaft riechen. Diese einfache Regel gilt aber nur für diese beiden Gattungen, was noch einmal ausdrücklich betont werden soll!

Schmackhaft ist der große rote Apfeltäubling (Taf. 55). Wir erkennen ihn am rötlich angehauchten Stiel und den bald gelb werdenden Lamellen, Trotzdem kosten wir ihn sicherheitshalber, denn es gibt im Kiefernwald noch andere rotstielige, aber sehr scharfe Täublinge, die wir in unserer Artenübersicht vergleichen können (762, 765). Der sehr scharfe Gemeine Speitäubling (Taf. 55) allerdings ist auch ohne Kostprobe auszusondern, denn er hat immer einen weißen Stiel, und auch die Lamellen bleiben weiß.

Leicht kenntliche Arten sind der Orangerote und der Weinrote Graustieltäubling (beide Taf. 52). Bei alten Exemplaren laufen Stiel und Lamellen grauschwarz an. Die Pilze sind dann etwas unansehnlich, für ein Mischgericht aber willkommen.

Nicht scharf, aber von weniger gutem Geschmack als Apfel- und Graustieltäubling sind der dunkelviolette Buckeltäubling (Taf. 53) mit leicht bitterlicher Oberhaut und der an der Stielbasis schwach nach Apotheke riechende Jodoformtäubling (Taf. 53). Beide sind streng an Kiefer gebunden, ebenso wie die scharfen rotstieligen Arten.

Von den derben, schwarz anlaufenden Kohlentäublingen treten im Kiefernwald regelmäßig der deutlich rötende Dickblättrige (712) und der sich langsam grau verfärbende Glänzende Kohlentäubling (713) auf. Unter den schwer unterscheidbaren gezonten Milchlingen mit sehr scharfer Milch ist für den Kiefernwald der Verbogene Milchling (703) mit seinem derben ockerfleckigen Stiel charakteristisch. Durch seinen Geruch nach Kokosflocken verrät sich der Dunkle Duftmilchling (706).

Schleierlinge gibt es im Kiefernwald nur wenige. Der Heide-schleimfuß (651) hat einen rotbraunen, glänzenden Hut, der Reif-pilz (Taf. 48) einen Ring. Er bevorzugt nährstoffreichere Böden und ist wohlschmeckend, aber leider häufig von Maden befallen. Klein und unscheinbar ist der Bitterste Schleimfuß (Taf. 46). Er braucht nicht einmal gekostet zu werden, bereits beim Belecken ist der bit-tere Geschmack zu spüren.

An Giftpilzen wäre im Sandkiefernwald noch auf braune Ritter-linge hinzuweisen. Sowohl der Gestreifte (174) als auch der Ge-tropfte und der Halsbandritterling (beide Taf. 18) haben schon Vergiftungen verursacht. Sie riechen mehlartig und haben feucht klebrige Hüte. Der Riesenritterling (Taf. 18) ist recht hartfleischig und gilt als unbekömmlich. Feinschuppige Ritterlinge (181) sind aufgrund ihres bitteren Geschmacks nicht zu gebrauchen.

Von den kleineren Arten wollen wir nur diejenigen besonders her-vorheben, für die der Standort „Kiefernwald" ein wichtiges Erken-nungsmerkmal ist.

Frostschnecklinge (Taf. 13) gelten als delikate Speisepilze. Das Einsammeln lohnt sich daher immer, auch wenn sie nicht in größeren Mengen gefunden werden. Besonders bei feuchter Witterung fallen riesige Scharen des Rostfleckigen Helmlings (293) auf. Ältere Exemplare lassen sich leicht erkennen, sind sie doch an Hut, Stiel und Lamellen auffallend braunfleckig.

Jodoformwasserköpfe (612) riechen schwach, aber charakteri-stisch apothekenartig. Auch Scherbenbraune Glöcklinge (323) sind ohne mikroskopische Untersuchung anzusprechen. Sie sind die häufigsten kleinen Rötlinge im Kiefernwald. Zu achten ist daher auf die schmutzig rosabraune Farbe der reifen Lamellen. Die Fülle der Häublinge, Fälblinge und Trichterlinge jedoch, die nicht einmal der Fachmann übersehen kann, muß hier unberücksichtigt bleiben.

Kiefernwälder wachsen oft auf Standorten ehemaliger Eichen-Bir-ken-Wälder. Birken und Eichen sind daher häufig in diese Kiefern-wälder eingestreut. Dann kann sich nur derjenige über das Auftreten von Goldflüssigen Milchlingen (679) mitten im Kiefernwald wundern, der seinen Blick einzig und allein auf den Boden und die Pilze gerichtet und die einzelne Eiche übersehen hat. Die Begleit-bäume darf aber ein Pilzsammler nie unbeachtet lassen, weil sie oft wichtige Hinweise zur Bestimmung eines Pilzes liefern.

Kiefernanpflanzungen auf Kalk

Gute Pilzreviere sind Kiefernanpflanzungen auf Muschelkalkböden. Es handelt sich meist um Aufforstungen von Trockenrasen, die früher als Schafweiden dienten. Vor allem dort, wo die Kiefern sehr lückenhaft stehen, gibt es eine Vielzahl guter Speisepilze.

Aber welch ein Unterschied zu den Sandkiefernwäldern! So, wie dort Heidelbeeren, Heidekraut, Adlerfarn, Rasenschmiele, Wiesenwachtelweizen und andere säureliebende Pflanzen das Bild der Bodenflora bestimmen, sind es hier Aufrechte Trespen, Schafschwingel, Blaugras, Silberdisteln, Gefranster Enzian, viele Orchideen und andere botanische Raritäten.

Wachsen im Sandkiefernwald Kuhpilze, Sandpilze und Butterpilze, so ist es im Kalkkiefernwald der goldbraune Körnchenröhrling oder Schmerling (48) mit seinen milchigen Tröpfchen an Röhren und Stiel. Er wächst vom Frühsommer an in mehreren Schüben, zeigt also eine *Rhythmik* der Fruchtkörperbildung. Er und der erst im Herbst auftauchende Braune Schmerling (49) können eine reiche Ernte bringen.

Der Echte Reizker (667) wächst hier in einer besonders farbkräftigen, wenig grün anlaufenden Form. Dazu gesellen sich Blutreizker (666) mit dunkelroter Milch und Umfärbende Kiefernreizker.

Manchmal beherrschen graufilzige Gemeine Erdritterlinge (Taf. 20) weithin das Bild. Sie sind sowohl auf Kalk- als auch auf Sandböden zu Hause, bilden fruchtkörperreiche *Hexenringe* und variieren beträchtlich. Zum Einsammeln eignen sich besonders die schwarzhütigen jüngeren Exemplare.

Ebenfalls sehr fruchtkörperreich sind Hexenringe des Bräunenden Fäblings (574). Diese Art unterscheidet sich durch derbe Stielflöckchen, bräunenden Stiel und Fruchtgeruch von ihren meist nach Rettich riechenden, schwer bestimmbaren Verwandten. Für den praktischen Pilzsammler mag das ohne Bedeutung sein, denn Fäblinge sind sämtlich ungenießbar oder leicht giftig. Der Pilzbestimmer jedoch freut sich, wenn er wenigstens eine Art aus einer schwierigen Gattung sicher ansprechen kann.

Gefolgspilze der Kiefer sind auch der bittere Fastberingte Ritterling (173) und der scharfe Bluttäubling (764).

Trotz dieser vielfach massenhaft vorkommenden ungenießbaren

Arten wird der Sammler bei gutem Wetter in solchen Kiefernanpflanzungen nicht enttäuscht. Denn in lichten, vergrasten Beständen und an deren Rändern gibt es viele weitere Arten, die nicht unbedingt an Kiefern gebunden sind. Wir nennen nur Gemeine Anis- (Taf. 36) und Weiße Riesenchampignons (417), Riesenschirmpilze (Taf. 35), Graue Streiflinge (357), Netzstielige Hexenpilze (Taf. 10) und Marmorierte Rötelritterlinge (Taf. 21). Außerdem stehen zwischen den Kiefern vielerorts einige Lärchen, die von mehreren guten Röhrlingen begleitet werden (s. S. 40).

Wenig gesammelt wird der Kupferrote Gelbfuß (Taf. 12), der sich bei der Zubereitung intensiv violett verfärbt. Zu achten ist bei diesem Pilz besonders auf die dunkel purpurbraunen, herablaufenden Lamellen. Sie sind oft von einem graugrünen Schimmel befallen. Die schmierhütigen Schncecklinge *Hygrophorus gliocyclus* (gelblich) und *H. fuscoalbus* (grau) haben ebenfalls herablaufende Lamellen. Sie sind insgesamt recht selten, so daß wir sie nicht im Artenverzeichnis aufgenommen haben. Für Kalkkiefernwälder sind sie aber ganz charakteristisch.

Interessante Gestalten sind die halb unterirdisch wachsenden Wurzeltrüffeln (30, 31) und die breiig weich werdenden Schleimtrüffeln. Im Herbst erscheinen farbenprächtige Saftlinge und viele kleine blaue Zärtlinge (329–331).

Nur selten sind der fein duftende Goldgelbe Leistling (899), ein guter Speisepilz, und einige farbenprächtige Korkstachelpilze (Bläulicher, 883 und Orangeroter, 880) aufzustöbern.

Kalktrockenhänge mit aufgeforsteten Kiefern sind immer interessant. Bieten sie keine Speisepilze, erfreuen sie durch seltene Pflanzen und auch der Fachmann findet dort genügend Arten, mit denen er sich beschäftigen kann.

Fichtenwälder

Wie im Flachland die Waldkiefer, ist im Bergland auf weite Strecken die Fichte alleinherrschende Baumart. Sie war dort von Natur aus vorhanden, wurde als raschwüchsige Baumart aber forstwirtschaftlich stark gefördert und bildet heute große Reinbestände. Nach der Kiefer ist sie der zweithäufigste Waldbaum der DDR.

Fichtenwälder sind sehr dicht und lichtarm. In ihnen gibt es kaum Blütenpflanzen. Auch die starke Rohhumusschicht wirkt sich in dieser Hinsicht ungünstig aus. Daher stellen sich oft nur Farne und

Sauerklee, aber auch Heidelbeersträucher und säureliebende Moose ein.

Unterwuchsarme Fichtenwälder bieten einer Vielzahl von Pilzen Lebensmöglichkeiten. Allerdings sind sie weniger reich an Speisepilzen als vergleichbare Kiefernbestände.

Fichtendickungen sind meist undurchdringlich. Pilze sind in ihnen vorzugsweise an aufgelichteten Stellen zu finden. Dort, an Wegrändern, Schneisen und Böschungen, sind den Fichten auch gern Lärchen, Kiefern oder Birken beigemischt, was der Reichhaltigkeit der Pilzflora zugute kommt. Besprochen werden hier aber nur die Arten, die mit der Fichte vergesellschaftet sind.

Steinpilze, Gallenröhrlinge, Maronen, Ziegenlippen und Rotfüßchen wurden bereits im Kiefernwaldkapitel erwähnt. Sie fehlen auch hier nicht. Die Ziegenlippe (Taf. 7) hat einen olivbraunen, samtfilzigen Hut, der sich wie Wildleder anfühlt. Die Röhren sind goldgelb. Dadurch unterscheidet sie sich am deutlichsten vom ähnlichen Rotfüßchen (Taf. 6) mit schmutziggelben Röhren. Das Rotfüßchen hat außerdem einen meist felderig-rissigen Hut. In den Rissen und an Schneckenfraßstellen schimmert rötliche Fleischfarbe durch. Die Ziegenlippe ist geschmacklich geringwertig, aber festfleischig. Das Rotfüßchen ist viel aromatischer und zarter im Fleisch, aber oft madig und wird schnell weich. Beide Arten werden häufig vom *Goldschimmel* befallen. Das ist ein anfangs weißer, später goldgelber Schimmel, der sie ungenießbar macht.

Der stark blauende Flockenstielige Hexenpilz (Taf. 10) wird manchmal für den Satanspilz gehalten, ist aber eßbar und könnte eher mit dem am gleichen Ort vorkommenden bitteren, gelbporigen Schönfußröhrling (Taf. 11) verwechselt werden.

Wichtige Speisepilze sind gelegentlich auftretende Pfifferlinge (Taf. 60) und das mühsam zu reinigende, schleimige Kuhmaul (Taf. 12). Der bitterliche Fichtenedelreizker (668) wird leicht am orangeroten, später dunkelrot verfärbenden Fleisch und dem starken Grünen erkannt. Er kann als Mischpilz Verwendung finden. Manchmal ist in jungen Fichtenbeständen der Rostbraune Dickfuß (602) anzutreffen. Günstige Stellen können in kürzester Zeit mehrere Körbe voll bringen. Der eßbare Pilz ist aber nicht schmackhaft und sollte nur als Mischpilz verarbeitet werden.

An moosigen Wegrändern gibt es verschiedene kleine Pilze. Orange leuchtet der Heftelnabeling (124). Er hat helle, herablaufende Lamellen. Rostfarbene, abgerundete Lamellen haben die ähnlichen zierlichen Mooshäublinge (664). Häufig sind auch

Geruchlose Körnchenschirmlinge (403) und die unauffälligen graubraunen Struppigen Rißpilze (558). Eher beachtet wird vom Pilzsammler der kleine Pfefferröhrling (53). Rostfarbene Poren und leuchtend gelbe Stielbasis machen den scharfen Pilz leicht kenntlich. Einige Exemplare können nichts schaden.

Aber richten wir unser Augenmerk wieder auf die größeren Arten! Ältere Fichtenforste beherbergen zahlreiche Täublinge. Zu vergleichen ist zunächst, was im Kiefernkapitel über Spei-, Apfel- und Orangeroten Graustieltäubling gesagt wurde. Denn alle diese Arten können auch im Fichtenwald gedeihen.

Der Gelbweiße Täubling (Taf. 52) beherrscht mitunter das Bild im Fichtenwald. Er könnte „mit der Sichel" geerntet werden. Das Ockergelb von Hut und Stiel hebt sich deutlich vom Weiß der Lamellen ab, daher der Name! Trotz mancherlei Versuche hat er sich als nicht recht schmackhaft erwiesen und kann nur bis zu einem Drittel unter andere schmackhaftere Arten gemischt werden.

Besonders an Wegrändern finden wir einen braunen Pilz, der von oben einem Steinpilz ähnelt, aber Lamellen aufweist. Nach seinem Hut, der farblich einem Wieselfell ähnelt, wurde er Wieseltäubling (Taf. 54) genannt. Er schmeckt gut und wandert in den Korb. Sehr klein und zerbrechlich ist dagegen der Fichtenzwergtäubling (760).

Auch Milchlinge gibt es im Fichtenwald sehr viele. Aspektbestimmend ist manchmal der Rotbraune Milchling (s. S. 15). Durch seine lebhafte Farbe fällt der Milde Orangemilchling (694) auf. Er hat einen bitterlichen Nachgeschmack. Wir lassen ihn deshalb im Walde stehen.

Allgemein bekannt ist der Bruchreizker (Taf. 51). Seine wasserklare „Milch" ist nur an jungen Exemplaren zu bemerken. Der Volksmund nennt ihn „Maggipilz", weil sein Geruch trocken stark an Liebstöckelkraut erinnert, das u. a. zur Herstellung von Suppenwürze dient. Der Bruchreizker wird dazu nicht verwandt, denn er ist leicht giftig. Er darf daher weder frisch noch getrocknet gehandelt werden. Für den Eigenbedarf scheint er bei sparsamstem Gebrauch harmlos zu sein.

Der gemeine Olivbraune Milchling (Taf. 51) kommt nicht nur unter Fichten, sondern auch im Kiefernwald und unter Birken vor, ebenso wie der habituell ähnliche Kahle Krempling (Taf. 12). Der brennende, terpentinartige Geschmack des Olivbraunen Milchlings und sein derbes Fleisch empfehlen ihn nicht als Speisepilz. Ebenfalls nicht auf den Fichtenwald beschränkt sind Langstieliger Pfeffermilchling (Taf. 50), Wolliger Milchling (Taf. 48) und Kampfermilchling (699).

Ein Milchling des Fichtenwaldes muß besonders hervorgehoben werden: der Mohrenkopf (Taf. 50), das „Pasterle", wie ihn der Volksmund im Erzgebirge nennt, wohl nach den schneeweißen Lamellen, die sich von dem fast schwarzen Hut- und Stielgewand wie ein Beffchen abheben. Unter den Milchlingen ist er damit ebenso gut gekennzeichnet, wie der auffallend gefärbte Düstere Röhrling (Taf. 7) innerhalb seiner Röhrlingsverwandtschaft.

Seltenere Fichtenbegleiter sind Zottiger Violettmilchling (674) und Fichtentrichtermilchling (692).

Im Gegensatz zum Kiefernwald tritt der Perlpilz (Taf. 33) im Fichtenwald in kräftigen, sehr üppigen Exemplaren auf. Viel gesammelt wird hier auch der Graue Wulstling (Taf. 32). Der giftige Pantherpilz (Taf. 33) ist in Fichtenwäldern glücklicherweise selten.

Viel größer ist die Gefahr, Perlpilze mit dem im Gebirgsfichtenwald häufigen Braunen Fliegenpilz (369) zu verwechseln. Zum Glück gibt es ein untrügliches Kennzeichen. Braune Fliegenpilze sind unter der abgezogenen Huthaut gelbbraun durchgefärbt. Außerdem röten sie nicht im Fleisch. Rote Fliegenpilze (Taf. 32) dagegen sind allgemein bekannt und können höchstens in ganz jungem Zustand einmal mit Stäublingen verwechselt werden.

Noch gefährlicher als der Braune Fliegenpilz ist der Kegelhütige Knollenblätterpilz (Taf. 30). Glücklicherweise tritt er nur selten auf. Seine Knolle und die enganliegende Scheide sind wenig auffällig und können leicht übersehen werden.

In Fichtenwäldern besteht übrigens die Gelegenheit, die charakteristische *Scheide (Volva)* an der Stielbasis der tödlich giftigen Knollenblätterpilze genau kennenzulernen. Sie kommt auch bei den Streiflingen vor, von denen im Fichtenwald der Fuchsige (Taf. 34) und der Blaßrandige (355) vorkommen. Die Pilze sind allerdings sehr vorsichtig aus dem Boden zu heben, sonst wird die lappige Scheide zerstört. Nachdem wir die zarten Pilze betrachtet haben, reinigen wir sie und legen sie behutsam in den Korb. Exemplare mit bereits ausgebreitetem Hut bleiben stehen, denn sie werden im Korb von anderen derberen Pilzen zerdrückt.

Schwach giftig sind der bereits besprochene Gelbe Knollenblätterpilz (Taf. 30) und der wenig bekannte, aber nicht so seltene Porphyrbraune Wulstling (Taf. 30). Auch den widerlich-süßlich riechenden Lila Dickfuß (599) lassen wir stehen, selbst wenn seine Giftigkeit ebenfalls nur gering sein sollte.

Der Schwarzfaserige Ritterling (Taf. 20) wächst gleichfalls im Fichtenwald, ist hier aber weniger häufig als unter Kiefern. Andere Ritterlinge des Fichtenwaldes (Bärtiger Ritterling, Taf. 18 und Seifenritterling, Taf. 19) taugen nicht für Speisezwecke.

Auch größere Schleierlinge sind im Fichtenwald auf sauren Böden verhältnismäßig selten. Die häufigen Blaustielschleimfüße (650) sind als Speisepilze oft nicht brauchbar, weil sie stark vermadet sind, der Weißgestiefelte Schleimkopf (631) wird als Speisepilz kaum beachtet. Lediglich der Erdigriechende Schleimkopf (638) und der Bereifte Klumpfuß (633) sind nicht seltene, recht brauchbare Speisepilze.

Bemerkenswert sind im Fichtenwald buntblättrige Hautköpfe (581, 585, 587). Spannend ist jeweils die Frage, ob sich unter den ziemlich einheitlich gefärbten Hüten leuchtend gelbe, orangefarbene oder dunkelrote Lamellen verbergen. Im Alter werden sie dann bei allen Arten vom reifenden Sporenstaub braun, so daß die einzelnen Arten kaum noch unterschieden werden können. Das ist aber auch nicht nötig, denn Hautköpfe sind stets ungenießbar, vielleicht sogar leicht giftig.

Wie im feuchten Kiefernwald gibt es auch unter Fichten eine Fülle kleinerer Schleierlinge (Wasserköpfe, Gürtelfüße, Rißpilze, Fälblinge), die kaum übersehbar ist. Als Giftpilze sollten aber der verhältnismäßig kräftige Rübenstielige Rißpilz (561) und der leicht kenntliche, am Stiel gelbwollig gebänderte Goldgelbe Rauhkopf (592) beachtet werden.

Charakteristische, einprägsame Gestalten des Fichtenforstes sind der dünnfleischige, etwas zähe Trompetenpfifferling (Taf. 60), der sich gut zum Trocknen eignet, die mit Stacheln auf der Hutunterseite versehenen Rötlichen Stoppelpilze (bei 887) und die bodenbewohnenden Semmel- (Taf. 56) und Schafporlinge (798). Sie sind keine hervorragenden Speisepilze, können jedoch ein Mischgericht bereichern.

Sehr zäh und ganz und gar unbrauchbar ist die Stinkende Lederkoralle (877). Aber auch die echten ockergelben oder gelbgrünen Korallen des Fichtenwaldes (906, 907) taugen nicht viel!

Im Fichtenwald ersetzt der Natternstielige Schneckling (105) mit seinem gebänderten Stiel den Frostschneckling (s. S. 18). Er ist ebenso schmackhaft wie jener und sollte trotz seiner Kleinheit stärker beachtet werden. Ebenfalls weiße, entfernt stehende Lamellen hat der Punktierte Schneckling (102) mit dunklen Flöckchen an der Stielspitze.

Humusbewohner, die im Fichtenwald häufig sein können, sind Safranschirmpilz (377) und Schiefknolliger Anischampignon (bei 425). Der erste ist durch sein orangegelb anlaufendes Hutfleisch, der andere durch seinen gilbenden Hut festgelegt. Dieses Gilben bleibt auch beim Liegen bestehen. Dadurch unterscheidet er sich vom leicht giftigen Karbolchampignon (Taf. 36), bei dem die gegilbten Stellen am Hut bald wieder schmutzig weiß werden.

Im Spätherbst nimmt die Zahl der vielen Streubewohner im Fichtenwald sprunghaft zu. Unter den Trichterlingen sind der Fuchsige (Taf. 16, s. S. 43) und der Keulenfüßige Trichterling (Taf. 16) leicht kenntlich. Am auffallenden Geruch und braunen Nabel ist der häufige Genabelte Anistrichterling (153) zu erkennen. Die übrigen Arten lassen sich meist nur bestimmen, wenn sie feucht gesammelt und in geschlossenen Dosen transportiert wurden. Außerdem muß der Bestimmer über eine längere Erfahrung verfügen. In unserer Übersicht werden daher auch nur die wichtigsten Arten angeführt (155, 156, 163). Sehr charakteristisch ist hingegen der Starkriechende Körnchenschirmling (400), der meist scharenweise auftritt. Zu beachten ist an dieser dekorativen Art besonders der schön ausgebildete, kragenartige Ring.

Zwischen den Trichterlingen stehen wie gesät Scharen winziger, glockenförmiger Helmlinge (s. S. 44). Noch weniger als Vertreter dieser arten- und formenreichen Gattung fallen der mattstielige Nadelstinkschwindling (235) und der Roßhaarschwindling (254) mit kahlem, glänzendem Stiel auf. Nach ausgiebigen Regenfällen überziehen sie den Waldboden aber ebenso in Scharen, werden nur nicht bemerkt, weil sie die gleiche Farbe wie die Fichtennadeln haben. Der Name Schwindling bezeichnet eine wichtige Eigenschaft: bei Trockenheit schrumpfen sie stark zusammen, um nach Regenfällen erneut aufzuleben.

Im Flachland, wo es ebenfalls Fichtenanpflanzungen gibt, ist die Pilzflora meist stark verarmt. Rohhumusbewohner wie Gelbweiße Täublinge (Taf. 52), Kahle Kremplinge, Olivbraune Milchlinge (siehe S. 22), Falsche Pfifferlinge (Taf. 12) sowie Gefleckte Rüblinge (Taf. 24) bestimmen das Bild. Für den Speisepilzsammler sind diese standortfremden Bestände daher weniger interessant. Nur im Herbst kommen zu den genannten Arten mehrere große Streubewohner, die sich als Speisepilze eignen. Über sie ist im entsprechenden Kapitel auf S. 43 nachzulesen.

Fichtenbestände auf Kalk

Fichtenanpflanzungen auf Kalk weisen im Gebiet der DDR nur eine sehr verarmte Pilzflora auf. Mit den interessanten Kalkfichtenwäldern der südlichen BRD und der Alpen sind sie kaum zu vergleichen. Trotzdem bergen sie eine Reihe von pilzlichen Besonderheiten. Wertvoll sind die vielen Champignonarten, die es hier gibt. In der Nähe von Fütterungsstellen sind sie oft häufiger: vorzüglich sind Dünnfleischige (425) und Braunschuppige Anischampignons (422), recht ergiebig rötende Große Waldchampignons (411) und weniger lohnend Kleine Waldchampignons (Taf. 37). Alle erkennen wir daran, daß sie einen Ring haben, der bei jungen Exemplaren Hutrand und Stiel miteinander verbindet und die Lamellen völlig bedeckt. Dies ist eine *Teilhülle* oder *Velum partiale* (s. auch S. 35). Außerdem haben sämtliche Champignons Lamellen, die sich im Alter dunkel färben. Eine solche Merkmalskombination gibt es bei gefährlichen Giftpilzen nicht. Zwischen den Champignons wachsen reichlich Safranschirmpilze (377), im Spätherbst auch Violette Rötelritterlinge (Taf. 22).

Unter den Pilzen mit einem spinnwebartigen *Schleier* zwischen Hutrand und Stiel (*Cortina*, ebenfalls eine Form der *Teilhülle*) liebt der Semmelgelbe Schleimkopf (641) Fichtenbestände auf Kalk. Noch größer und kräftiger, aber weniger wohlschmeckend ist der Strohgelbe Klumpfuß (626); farblich nicht sehr auffallend und deshalb nicht leicht bestimmbar der Reihige Klumpfuß (640). Andere große und farbenprächtige Schleierlinge sind weitaus seltener, ebenso größere Schnecklinge; in unserer Übersicht ist davon nur der Wohlriechende Schneckling (103) aufgeführt.

Von ungenießbaren Arten sind im Kalkfichtenwald die auffallenden Orangegelben Ritterlinge (172) zu erwähnen. Duftender Stachelbeertäubling (763) und Grubiger Milchling (677) sind Vertreter der Sprödblättler und von den vielen Trichterlingen ist der Graublättrige Trichterling (139) eine kalkliebende Art. Der dickstielige Buchsblättrige Trichterling ist selten und fehlt in unserer Übersicht. Der Kenner mag ihn in seinen Korb legen. Er freut sich, daß andere ihn nicht umgestoßen haben, nur weil sie ihn nicht kannten.

Interessante Raritäten sind die Abgestutzte Riesenkeule (918), der Kleine Nest-, der Gewimperte und der Kammerdstern

(20, 21, 23). Aufgrund ihrer lederartigen Beschaffenheit können letztere bis zum nächsten Frühjahr ausdauern und erfreuen uns auch dann, wenn es wegen ungünstiger Witterungsbedingungen keine weichfleischigen Hutpilze gibt. Auch auf unterirdisch wachsende Pilze können wir in solchen Zeiten achten: wie ein weißlicher Kalksteinbrocken ragt die Weißtrüffel (989) ein wenig aus dem Boden. Ihr intensiver Geruch kennzeichnet sie eindeutig.

Buchenwälder auf sauren Böden

Die häufigsten Laubbäume in Mitteleuropa sind Rotbuchen. Sie können selbst gut im Schatten heranwachsen und unterdrücken mit ihrem dichten Laubdach später andere lichtliebende Bäume. Wird dieses Verhalten der Buche noch forstwirtschaftlich gefördert, entstehen große geschlossene Buchenwaldungen.

Über Urgestein, Sandstein und auch an vielen Stellen in der nördlichen DDR bilden sich in solchen Wäldern dicke Humusschichten. Blütenpflanzen gibt es dort kaum. Hier wächst im Sommer der Gebuckelte Trichterling (149). Er wird am Bittermandelgeruch erkannt und hat mit dem Fuchsigen Trichterling (151) nichts zu tun. Im Spätherbst folgen auf den Fallaubschichten zahlreiche, meist kleinere Streubewohner (s. S. 43). Viel Brauchbares finden wir nicht unter ihnen. Aber auch dort, wo Heidelbeeren, Gräser oder der hellgelbe Wiesenwachtelweizen weithin den Boden bedecken, ist die Pilzsuche wenig lohnend.

Dagegen ist die Pilzflora an den Stellen, wo der kahle Boden zum Vorschein kommt, oft überraschend reich ausgebildet. Auf der Suche nach solchen Stellen gelangen wir an Südhänge und Waldränder, wo Winde den Boden austrocknen und das Fallaub forttragen. Solche pilzreichen Stellen finden sich aber auch auf flachen Anhöhen, am Rand von Lichtungen oder in Parks. J. Schäffer hat bei seinen Untersuchungen an Täublingen der Potsdamer Parks von einer eigenen Pilzgesellschaft, dem sogenannten „Parkverband", gesprochen.

Gelangen wir an solch eine „Pilzoase", lohnt es sich schon, den Pilzkorb abzusetzen und den Waldboden Streifen für Streifen abzusuchen. Der Blaublättrige Weißtäubling (711) hebt mit seinem trichterförmigen Hut stets Erd– und Humusteilchen empor und verdient so den Namen „Erdschieber" zu Recht. Langstielige Pfeffermilchlinge (Taf. 50) und Wollige Milchlinge (Taf. 48) mit recht kurzen Stielen sind sauberer und leuchten bereits von weitem.

Nicht zu übersehen sind auch die roten Täublinge. Die Farbe der ausgereiften Lamellen, die Abziehbarkeit der Huthaut und die Stielfarbe sind aber sorgfältig zu prüfen, wenn der brennend scharfe Buchenspeitäubling (767) sicher von den hier vorkommenden milden Arten (743, 744) unterschieden werden will.

Weniger leicht kann einen scharfen Täubling sammeln, wer sich an violette und grüne Arten hält. Überall unter Buchen, auch auf besseren Böden, wächst der veränderliche Frauentäubling (Taf. 54), der an seinen weichen, biegsamen und verschmierenden Lamellen sicher erkannt wird. Zeitig im Jahr erscheint der kleine, zartfarbige Papageitäubling (738). Für die Hutfarben des Blaugrünen Reiftäublings (735) hat J. Schäffer einen treffenden Vergleich gefunden: wie Sturmwolken und Sturmwellen. Es muß einem nur die richtige Idee kommen, dann bereitet auch die Beschreibung schwer definierbarer Pilzfarben kein Problem mehr. Alle drei Arten sind gute Speisepilze, der Grünschuppige Täubling (732) ist sogar hervorragend. Zu ihnen kommen auf sauren Böden gern noch Fleischrote (Taf. 54) und Grüne Speisetäublinge (733).

Bei den gelben Arten wiederum ist Vorsicht geboten. Der leuchtende Sonnentäubling (730) ist brennend scharf, ebenso der in allen Teilen ockerblasse Gallentäubling (728). Von den derben Kohlentäublingen bevorzugt der Engblättrige (715) den Buchenwald auf sauren Böden. Der stärker rötende Scharfblättrige Kohlentäubling (714) ist auf basischen Böden häufiger.

Ungenießbare Milchlinge gibt es im Buchenwald auf sauren Böden reichlich. Besonders typisch ist der Buchenmilchling (698). Er ist kaum scharf, im Hals aber oft merklich bitter. Fast violettbraun sehen junge Exemplare des Kampfermilchlings (699) aus. Alt riechen sie stark nach Liebstöckel, kommen aber im Gegensatz zum ähnlich riechenden Bruchreizker (s. S. 22) nicht als Würzpilze in Frage. Der sehr scharfe Graugrüne Milchling (Taf. 51) ist überall unter Buchen zu Hause.

Gelbweißer Täubling (Taf. 52), Dickblättriger Kohlentäubling (712) und Gelber Knollenblätterpilz (Taf. 30) zeigen, daß in artenarmen Buchenwäldern oft dieselben Arten vorkommen, wie wir sie bereits in Nadelwäldern kennengelernt haben. So nimmt es auch nicht wunder, daß wir hier Röhrlinge antreffen können, die als charakteristisch für Nadelwälder angesehen werden.

Maronen (Taf. 8), Flockenstielige Hexenpilze (Taf. 10), Gallenröhrlinge (Taf. 8), Schönfußröhrlinge (Taf. 11), sie alle können ohne jeden Nadelbaum wachsen. Daneben finden sich in der

Regel auch Steinpilze (Taf. 8), Ziegenlippen (Taf. 7) und Rotfüßchen, im Spätherbst insbesondere das Derbe Rotfüßchen (58), außerdem Perlpilze und Graue Wulstlinge (s. S. 16). Sogar ganz besonders üppige Pfifferlinge (Taf. 60) können manchmal auftauchen.

Der Kegelhütige Knollenblätterpilz (Taf. 30) wächst im Bergland manchmal unter Buchen (s. S. 23). Auch der tödlich giftige Grüne Knollenblätterpilz (Taf. 31) kann im Flachland unter Buchen stehen. Auf diese beiden weißblättrigen Hutpilze mit Manschette und knolliger Stielbasis ist also besonders zu achten!

Unter den Ritterlingen des Buchenwaldes findet sich nicht viel Brauchbares. Grüngelbe Ritterlinge (Taf. 20) aus Laubwäldern haben bereits Vergiftungen verursacht. Schwefelritterlinge (Taf. 19) riechen widerlich und sind ungenießbar. Schärfliche Ritterlinge (183) schmecken bitter und sind daher nicht für den Kochtopf geeignet. Nur der seltene reinweiße Seidige Ritterling (Taf. 20) ist eßbar.

Charakteristische Pilzgestalten sind Trompetenpfifferlinge (Taf. 60), Semmelstoppelpilze (Taf. 60) sowie Herbst- (944) und Grubenlorcheln (Taf. 61).

Allgegenwärtig sind im Buchenwald schlankstielige Kahle Wurzelrüblinge (Taf. 23). Vorsichtig ausgegraben, bleibt ihre lange „Pfahlwurzel" erhalten. Sie entspringt aus Wurzeln von Laubbäumen. An dieser häufigen Art kann die *Veränderlichkeit (Variabilität)* der Pilze gut beobachtet werden. Es gibt nur 2–3 cm und 15 cm große Exemplare. Manche sind fast weiß, vor allem die kleineren, andere tief braun. Die Lamellen haben manchmal einen dunklen Rand. Die „Wurzel" ist sehr kurz, wenn der Pilz auf Holzteilen unmittelbar unter der Erdoberfläche wächst. In anderen Fällen ist sie über 50 cm lang. Schleimig-klebrige Oberhaut, dünnes Hutfleisch, zähe, schlanke Stiele und entfernte Lamellen weisen jedoch sämtliche Exemplare auf. Es sind dies die typischen Artkennzeichen. Auf sie beschränken sich unsere Kurzbeschreibungen im Artenverzeichnis.

Dort, wo die Buchen auf weiten ebenen Flächen oder an Nordhängen „Hallenwälder" bilden, brauchen sich unsere Blicke nicht ständig auf den Waldboden zu richten. Denn die kleinen Streubewohner, wie Rettichhelmling (290), Striegelstieliger Rübling (236) oder Widerlicher Trichterling (160) interessieren uns weniger, weil sie klein und leicht giftig sind. Wir können unseren Blick daher weit ins Waldesinnere streifen lassen und unsere Augen ausruhen. Wie in einer gotischen Hallenkirche streben die glattrindigen grauen

Stämme empor und wölben mit ihren bogig ausladenden Ästen das hohe Laubdach.

Kommt der Pilzfreund im Herbst in einem solchen Wald an Stellen, an denen Bäume gefallen sind oder Durchforstungen stattgefunden haben, lohnt sich die Suche an altem Buchenholz (s. S. 45). Auch die Stinkmorchel (Taf. 3) liebt die Nähe alter Buchenstümpfe und durchzieht mit ihren derben *Myzelsträngen* das Erdreich rings um die Stubben. Auch wenn die Fruchtkörper unangenehm riechen, bleiben sie stehen und werden nicht zerstört. In ganz kurzer Zeit sind sie ohnehin vergangen.

Buchenwälder auf Kalk und Lehm

Betreten wir anläßlich einer Urlaubsreise nach Thüringen zum ersten Mal einen Buchenwald auf Kalkverwitterungsboden, fühlen wir uns in eine fremde Welt versetzt. Mancherorts bildet das Bingelkraut geschlossene Bestände. An anderen Stellen finden wir zahlreiche Stauden, darunter seltene Orchideen, Türkenbundlilien und Vielblütige Maiblumen, überragt von hohen Gräsern wie Flatterhirse, Waldschwingel und Waldgerste.

Dickungen und Stangenhölzer sind auf Kalk- und Lehmböden meist pilzarm. Zumindest lohnt sich die Suche nach Speisepilzen dort nicht.

Im Hochwald sind Stellen mit dichtem Bewuchs von Blütenpflanzen ebenfalls nicht lohnend. Das gilt auch dort, wo im Frühjahr Bärlauch oder Märzenbecher ganze Hänge überziehen, selbst wenn der Boden nach dem Einziehen dieser Pflanzen später kahl ist. Die Böden sind dort nährstoffreich und auch ausreichend feucht, so daß die Bäume gute Wuchsleistungen erbringen. Vielleicht ist das der Grund, warum Mykorrhizapilze dort weitgehend fehlen.

Kommen wir aber an eine „*Pilzoase*" (s. S. 27), überrascht wieder der plötzliche Pilzreichtum. Selbst ein guter Kenner aus einer anderen Landschaft kommt sich hier wie ein Anfänger vor. Zahlreiche Schleierlinge, seltene Rißpilze, anderswo nicht vorkommende Ritterlinge, große Täublinge und Milchlinge sowie Raritäten von Schnecklingen geben sich auf dem schwach humosen Waldboden ein Stelldichein.

Anfänger müssen hier besonders vorsichtig sein, denn es gibt eine Vielzahl von Giftpilzen. Bereits Anfang Juni kann der Ziegelrote Rißpilz (Taf. 45) gefunden werden. Er enthält reichlich *Muskarin*, und ein größeres Exemplar genügt bereits für eine ernsthafte Vergiftung. Am Standort zunächst weißlich, ist der Pilz spätestens zu Hause, nach dem Transport, stellenweise rot angelaufen. Ein wichtiges, untrügliches Kennzeichen! Zahlreiche weitere Rißpilze schließen sich an. Glücklicherweise werden sie meist nicht beachtet, weil es größere und auffallendere Arten in ihrer Nähe gibt.

Im Sommer und Herbst wächst der berüchtigte, aber glücklicherweise nicht allzu giftige Satanspilz (Taf. 11). Roh allerdings sind auch kleine Stückchen nicht zu probieren, sie können heftige Störungen verursachen. Eine solche Kostprobe ist indes unnötig, denn die großen rotporigen Röhrlinge schmecken alle mild. Und Rohverzehr sollte bei allen Arten, auch guten Speisepilzen, unterlassen werden, denn es gibt viele Arten, die *roh giftig* wirken können.

Gefährlicher sind der unauffällige Tigerritterling (190) und der kräftige, nach Mehl duftende und leicht eingesammelte Riesenrötling (Taf. 28). Schöne und Blasse Koralle (902, 904) verursachen Leibschmerzen. Auch Pantherpilze (Taf. 33) können hier vorkommen und dort, wo Eichen eingestreut sind, muß auf den Grünen Knollenblätterpilz (s. S. 35) achtgegeben werden.

Selten sind auch hier der Fransige und der Stachelschuppige Wulstling (365, 366). Sie gehören zur selben Gattung wie die beiden vorgenannten Arten, sind aber nicht giftig wie jene. Von den Täublingen eröffnet der Taubentäubling (737) bereits im Juni den Reigen. Er ersetzt im Kalkbuchenwald den Papageitäubling, der auf saure Böden beschränkt bleibt. Später folgen zahlreiche weitere, manchmal recht schwer bestimmbare Arten. Unter ihnen möchten wir hier besonders Rot- und Weißstielige Ledertäublinge (752, 753) hervorheben, weil sie wertvolle Speisepilze sind. Gemeinsam mit dem Buchenheringstäubling (Taf. 53), einigen Pfifferlingen, Herbsttrompeten, Semmelstoppelpilzen (alle Taf. 60) und Steinpilzen (Taf. 8) können sie ein ganz besonders würziges Mischgericht ergeben. Auch Rötende Erdritterlinge (188) können in großen Hexenringen vorkommen.

Im Kalkbuchenwald kommen auch scharfe Täublinge vor. Aber sie sind in der Minderzahl und lassen sich mit Hilfe einer Kostprobe leicht aussondern.

Manchmal gibt es in Kalkbuchenwäldern Stellen, an denen unter einer einzigen Buche vier bis fünf verschiedene Schleimköpfe oder Klumpfüße vergesellschaftet sind: unscheinbar in den Farben, aber manchmal Hexenringe bildend, der Reihige Klumpfuß (640). Einem Grünling ähnlich, aber mit rostbraunen Lamellen und einer dicken Knolle der Grünlingsklumpfuß (629). In allen Teilen chromgelb bis fuchsig und von kräftiger Statur der Fuchsige Klumpfuß (627). Zierlich mit gelbem Hut und zart rosavioletten Lamellen und ebenfalls scharf geranderter Knolle der Rosablättrige Klumpfuß (643). In allen Teilen dunkelblau und farblich einem Violetten Ritterling durchaus ähnlich der Blaue Klumpfuß (642). Diese Reihe ließe sich fortsetzen.

Leider sind nicht alle Arten so farbenprächtig und leicht zu erkennen. Bei anderen blassen die leuchtenden Farben bald aus und machen wenig charakteristischen braunen Tönen Platz. Wertvolle Speisepilze gibt es unter ihnen allerdings nur wenige. Der Schöngelbe Klumpfuß (628) ruft sogar recht schwere Vergiftungen hervor, und eine der häufigsten Arten, der Buchenklumpfuß (623), scheidet wegen des bitteren Geschmacks von Huthaut und Stielrinde als Speisepilz aus.

Doch muß eigentlich jeder Pilz verspeist werden? Können prächtige Königsröhrlinge (81), seltene Sommerröhrlinge (82) und riesige Purpurröhrlinge (76) nicht auch aufgespürt, die Entdeckerfreude genossen, der Pilz betrachtet, fotografiert und für andere Naturfreunde stehengelassen werden? Im Winter darf der herrliche Fund dann anhand von Dias noch einmal in voller Pracht erstehen. Auf einer Bergwiese erfreut sich der Wanderer auch am Blütenreichtum und den herrlichen Farben, ohne jedes Blättchen auf seine Genießbarkeit zu prüfen! Wir appellieren daher an alle Pilzfreunde, das Sammeln von Speisepilzen auf die allgemein verbreiteten, häufigen Arten zu beschränken. In unserer belasteten Natur ist das auch bei Pilzen ein dringendes Gebot der Stunde. Es gilt auch für den glücklichen Finder der selten gewordenen Sommertrüffel (Taf. 64). Sie ist nicht so delikat wie ihr Nimbus, der ohnehin einer anderen südeuropäischen Art gilt. Sie kann daher getrost stehenbleiben!

Unter den Schnecklingen fallen Elfenbeinschnecklinge (Taf. 13) und Verfärbende Schnecklinge (98) von weitem auf. Sie bevölkern den Waldboden scharenweise und taugen nicht für den Kochtopf. Ihre Unterscheidung gelingt nur, wenn sie in größerer Zahl beobachtet und festgestellt werden kann, wie stark sie im Alter gilben (97 und 98). Feucht, ebenfalls stark schleimig und ähnlich im Habitus, aber ganz braun ist der delikate Orangefalbe Schneckling *(Hygrophorus unicolor)*. Der derbere, kaum klebrige Rosa Schneckling (*H. poëtarum*) hingegen, der örtlich häufig sein kann, schmeckt nur in jungem Zustand.

Zu einer ganz anderen Gattung, bei deren Vertretern die Lamellen nicht am Stiel angewachsen sind, gehören die Rotknolligen Wollstielschirmlinge (385), die im Fallaub stehen. Ebenfalls zur Schirmlingsverwandtschaft zählen der intensiv nach Leuchtgas riechende Stinkende (398) und der Zwergige Mehlschirmling (399), die wir am Wegrand stehen sehen.

Trupps von Herkuleskeulen (917), der gedrungene Hahnenkamm (901), braunstachelige Igelstäublinge (12) und wulstlingsartig mit Flocken besetzte Flockenstäublinge *(Lycoperdon mammiforme)* sowie der Rötliche Gallerttrichter (936) erwecken unser Interesse, bleiben aber ebenfalls für andere Naturfreunde stehen. Dasselbe gilt für ansehnliche Hexenringe des Rettichfälblings (Taf. 45) und Scharen von Fleischblassen Milchlingen (709). Nur ein Exemplar wird zur Bestimmung entnommen und verrät seine Untauglichkeit für die Bratpfanne durch eine kleine Kostprobe.

Wenn Buchenwälder auf sehr schweren tonigen Böden stocken, gibt es in ihnen häufig Abschnitte, in denen Eschen bestandsbildend auftreten. Dort sind im Hochsommer überhaupt keine größeren Pilze zu finden. Nur zur Maipilz- und Morchelzeit sowie im Spätherbst kann sich die Suche lohnen: Veilchen- (201), Marmorierte (203) und Würzige Rötelritterlinge (202) bilden große Hexenringe, ebenso Mönchsköpfe (138) und weniger schmackhafte Rillstielige Weichritterlinge (209). Gelegentlich kommen dazu auch Wiesenpilze, wie Lilastieliger Rötelritterling (200) und Wiesenellerling (110).

Eichen- und Hainbuchenwälder

Viele unserer Wälder sind – oft trotz Forstwirtschaft – Mischwälder. Daß es aber Pilze gibt, die vor allem im Mischwald vorkommen sollen, wie dies in manchen Pilzbüchern steht, trifft kaum zu. Sie sind entweder an ganz bestimmte Baumpartner und Substrate gebunden oder denselben gegenüber indifferent.

Häufig sind ganz bestimmte Bäume in unseren Wäldern miteinander vergesellschaftet. So wachsen Birken bevorzugt in Nadelwäldern, in Bruchwäldern und in Eichenwäldern auf sauren Böden. Eschen und Bergahorn gibt es dagegen besonders häufig in Buchenwäldern auf nährstoffreichen Böden.

Der in seinem Baumbestand am stärksten gemischte Auwald ist für den Pilzsammler kaum lohnend, wenn vom Frühjahr abgesehen wird, wo dort Maipilze (Taf. 21) und Morcheln (Taf. 62 und 63) zu sammeln sind. Später gibt es dort nur noch kleine, schwer bestimmbare Helmlinge, Mürblinge, Glöcklinge, Trichterlinge usw. Der Auwald wird daher hier nicht gesondert behandelt.

Reiche Pilzgründe gibt es dagegen in Eichen- und Hainbuchenwäldern. Unter den lichten Eichenkronen können zahlreiche andere Bäume aufkommen, und so sind Eichenbestände sehr oft reich mit Hainbuchen, Linden, Eschen, Haselnuß oder Elsbeeren untermischt, aber auch Ahorn, Birken und Buchen können eingestreut sein. Der Pilzreichtum dieser Mischwälder ist nicht zuletzt darin begründet, daß jede Baumart ihre charakteristischen Begleitpilze mitbringt. Außerdem gibt es in diesen Wäldern auch alle die Arten reichlich, die nicht an bestimmte Baumarten gebunden sind (s. S. 12).

Die meisten Mykorrhizapilze entfallen in solchen Wäldern auf die Eiche. Gemein auf allen Böden ist zum Beispiel der Eichenmilchling (Taf. 50). Er kann sogar im Torfmoos wachsen. Nur eine Eiche muß in der Nähe stehen. An seiner rahmgelben Milch kann er leicht von anderen braunen Milchlingen unterschieden werden. Obwohl etwas bitterlich, können einzelne Exemplare unbedenklich als Mischpilze mit verwendet werden.

Verblüffend ähnlich ist ihm der Schwefelmilchling (680), der aber fruchtbare Böden bevorzugt. Er schmeckt scharf, und seine Milch trocknet auf einem weißen Tuch gelb ein. Eine Massenerscheinung auf Kalk ist der Blaßrandige Orangemilchling (693), eine schwer erkennbare Art mit milder Milch, jedoch ungenießbar.

Unter den kurzstieligen gelblichen Milchlingen sind der charakteristische Queradrige Trichtermilchling (691) und der seltene Schöne Trichtermilchling (Lactarius insulsus) vertreten. Beide meiden saure Böden. Unverkennbar ist der Wässerige Milchling (683) mit seiner wasserklaren Milch. Er bevorzugt kahle Wegkanten, wo es manchmal auch Zwergige Lacktrichterlinge (136) gibt.

Ein gutes Beispiel für die unterschiedlichen Standortansprüche einander ähnlicher Pilzarten bieten die Korallenreizker. Im Eichen-Hainbuchenwald wachsen Milde (671) und Unerträgliche Korallenreizker (672). Ersterer unter Eichen auf kalkreichen und neutralen Böden, letzterer unter Hainbuchen und Buchen, jedoch nicht nur auf kalkreichen Böden. Schmierige Korallenreizker (673) finden sich ausschließlich in Kalkbuchenwäldern. Der Rußstielige Korallenreizker (Lactarius fuliginosus) bevorzugt verschiedene Laubwälder auf sauren Böden. Mohrenkopf (Taf. 50) und Pechschwarzer Milchling schließlich, die auch korallenrot verfärbendes Fleisch aufweisen, gibt es nur in Bergfichtenwäldern.

Doch zurück zum Eichenwald! Ganz besonderer Erwähnung bedarf hier der tödlich giftige Grüne Knollenblätterpilz (Taf. 31). Er ist aber keineswegs auf den Eichenwald beschränkt, sondern folgt der Eiche auch in Buchenwälder und findet sich selbst an Feldrainen und in Parks unter einzeln stehenden Eichen. Im Eichen-Hainbuchenwald kann er zuweilen eine Massenerscheinung sein. Ganz besonders wollen wir die lappige *Hauttasche (Scheide)* am Stielgrund beachten, die manchmal im Substrat verborgen ist. Ganz jung umschließt diese Hauttasche den Pilz vollständig, sie bildet eine *Gesamthülle*, ein *Velum universale*. Wenn sich der Stiel streckt, platzt sie am Scheitel und der Pilz kann sich ausbreiten.

Ein weiterer an Eichen gebundener Wulstling ist der Ockergraue Streifling (354). Diese kräftige Art hat manchmal einige große helle Hüllreste auf dem Hut. Viele kleine, grau werdende Flöckchen bedecken dagegen den Hut des am gleichen Ort vorkommenden Grauflockigen Streiflings (353).

Unter den roten Täublingen sind für Eichenbestände auf kalkhaltigen Böden vor allem der Gelbfleckende Täubling (768) und der Ockerblättrige Bittertäubling (751) erwähnenswert. Bei letzterem muß allerdings ausnahmsweise ein kleines Stück verschluckt werden, sonst bleibt der charakteristische bittere Geschmack leicht unbemerkt.

Einige sehr wertvolle Röhrlinge wachsen ebenfalls bevorzugt unter Eichen. Der auffallend braunstielige Bronzeröhrling (84) liebt Südhänge und nach Süden offene Waldränder, wo auch der Fahle Röhrling (79) gern steht. Anhängselröhrling (83) und Sommersteinpilz (85) können dagegen auch im Waldesinneren gedeihen. Alle vier haben matte, filzige Hüte, was sie von anderen Vertretern der Steinpilzgruppe unterscheidet.

Vor allem auf nährstoffreichen, tonigen Böden sind in Hainbuchen- und Eichenwäldern eine ganze Reihe auffallender, leicht kenntlicher Rißpilze zu Hause. Der Grünbucklige Rißpilz (536) hat einen tongrauen Hut, der nur am Scheitel leicht ins Grüngraue gehen kann. Der Birnenrißpilz (533) rötet etwas im Fleisch. Beide riechen charakteristisch obstartig. Dazu kommen der Rötende (530), der Hirschbraune (531) und der Weinrote Rißpilz (532), letzterer einer der ganz wenigen eßbaren Rißpilze. Sie sind alle nicht an Eiche oder Hainbuche gebunden, wachsen jedoch sehr häufig unter verschiedenen Laubbäumen auf kalkhaltigen Böden.

Einzigartig ist der Geruch des Schwärzenden Fälblings (576). Diesen Geruch muß ein Pilzkenner demonstrieren; denn nach Geruchsvergleichen, die in Pilzbüchern angegeben werden (gebrannter Zucker?), ist oft kein rechtes Bild möglich.

Bei Pilzsammlern besser bekannt sind einige an Eichen gebundene Schnecklinge. Der Trockene Schneckling (99) läßt sich in seinem Wachstum selbst auf sehr flachgründigen, skelettreichen Kalkböden nicht behindern und bildet auch dort üppige Fruchtkörper aus. Noch enger in seinen Standortansprüchen und demzufolge seltener ist der edelbittere Purpurschneckling (106). Beide wachsen unter Eichen, beide benötigen Kalk, unterscheiden sich aber in ihrer Wachstumsweise: der erste erscheint in unregelmäßigen Gruppen, der zweite bildet Hexenringe. Ebenfalls ein Eichenbegleiter, aber auf kalkhaltigen und neutralen Böden zu Hause, ist der sehr schmackhafte Hainschneckling (107). Scharenweise ist im Laubwald auch der Gelbflockige Schneckling (100) zu finden. Er ist jedoch nicht auf Eichen angewiesen, ja nicht einmal auf Laubbäume.

Die giftigen Riesenrötlinge (Taf. 28) bevorzugen schwere Lehm- und Tonböden. Da sie sehr groß und auffällig sind und vielfach in größeren Gruppen oder Hexenringen vorkommen, kann es passieren, daß sie von Unvorsichtigen eingesammelt werden.

Unter den größeren Schleierlingen gibt es nur wenige Arten, die ganz auf Eichen oder Hainbuchen spezialisiert sind. Der nach Schweiß riechende Gilbende Schleimkopf *(Cortinarius rufoalbus)* ist ein leicht kenntlicher Vertreter dieser Gruppe. Auch die robuste, sehr schmackhafte Schleiereule (634) ist unter Eichen zu finden. Weitere Schleierlinge aus dem Eichenwald sind der schwer erkennbare Verfärbende Schleimkopf *(Cortinarius nemorensis)* und der Bittere Schleimkopf (622), der im Gegensatz zum Buchenklumpfuß (s. S. 32) durch und durch bitter schmeckt.

Ein überall häufiger Vertreter des Eichenwaldes ist auch der Haselmilchling (705): Er ist überaus scharf und wächst nur unter Haselnußbüschen, die aber gerade in Eichenwäldern oft eine geschlossene Strauchschicht bilden.

Wenn von dem übelriechenden Schwefelritterling (Taf. 19) und dem giftverdächtigen Grüngelben Ritterling (Taf. 20) einmal abgesehen wird, sind Vertreter der Ritterlinge im Eichenmischwald selten.

Als Begleiter der Hainbuche sind eigentlich nur der Hainbuchenröhrling (70) und der Gebänderte Milchling (704) gut bekannt. Der erstere ist ein wertvoller Speisepilz, dessen Fleisch im

Anbruch dunkel verfärbt. Es gibt aber auch einen weißlichen Schneckling mit brauner Hutmitte *(Hygrophorus lindtneri)*, der besonders unter Hainbuchen wächst und einen **Hainbuchenledertäubling** (754), der sich durch kleineren Wuchs und manchmal gilbenden Stiel von den anderen Ledertäublingen unterscheidet.

Mit diesen besonders typischen Vertretern ist aber die Pilzflora der Eichen- und Hainbuchenwälder keineswegs erschöpft; denn bei günstiger Baumartenmischung können sie vielleicht die pilzartenreichsten Waldgesellschaften überhaupt sein.

Einer gesonderten Besprechung bedürfen Eichenbestände auf sauren Böden, wie sie vor allem in den nördlichen Bezirken vorkommen. Dort ist die Birke regelmäßig in der Baumschicht enthalten, und am Boden wachsen säureliebende Pflanzen, wie wir sie bereits im Kiefernwald kennenlernten: Heidelbeere, Rasenschmiele, Wiesenwachtelweizen. Viele Pilze sind die gleichen, wie wir sie in Kiefern- oder Fichtenwäldern kennenlernten: **Gelber Knollenblätterpilz** (Taf. 30), **Fuchsiger Streifling** (Taf. 34), **Gelbweißer Täubling** (Taf. 52), **Grauer Wulstling** (Taf. 32). Aber auch viele Birkenbegleiter (s. S. 38) sind hier häufig.

Außer dem sonst verbreiteten Eichenmilchling gibt es hier **Goldflüssige Milchlinge** (679). Anmoorige Stellen bevorzugt der milde **Flattermilchling** (681). Das unterscheidet ihn von anderen ähnlichen Arten. Seine wässerig-weiße Milch gilbt, wenn sie auf einem weißen Tuch eintrocknet.

Charakteristische Täublinge sind der leicht scharfe, aber dennoch eßbare **Purpurschwarze Täubling** (776), der **Blaugrüne Reiftäubling** (735) und der **Violettbraune Reiftäubling** (739). Auch der **Speisetäubling** (Taf. 54) findet sich bevorzugt auf sauren Böden.

Ungenießbar sind der hellbraune **Widerliche Kammtäubling** (721) und der dunkelbraune **Camemberttäubling** (Taf. 52). Letzterer siedelt an trockeneren Stellen, ähnlich wie die seltenen **Hasen-** und **Kornblumenröhrlinge** (beide Taf. 4). Auch der **Blutrote Röhrling** (Taf. 8) bevorzugt Laubwälder auf sauren Böden. Dort ist er fast ausschließlich auf Waldwegen und Schneisen zu finden. Von den häufigen **Lacktrichterlingen** ist auf sauren Böden vielfach der **Zweifarbige** (133) mit violettfilziger Stielbasis zu finden.

Auf den **Grünen Knollenblätterpilz** sind wir in diesem Kapitel bereits eingegangen (s. S. 35). Aber es gibt hier noch andere Giftpilze. Besonders hinzuweisen wäre auf den gefährlichen **Orangefuchsigen Rauhkopf** (Taf. 46), eine nicht besonders auffallende

Art, über deren Vorkommen in der DDR wenig bekannt ist. Wer aber in Eichen-Birken-Wäldern auf Suche geht, sollte sich im Artenverzeichnis genau über die Merkmale dieser Art unterrichten. Nur leicht giftig ist der Gemeine Fälbling (Taf. 45), der hier im Herbst scharenweise auftritt. Begleitet wird er meist von einer ganzen Reihe von Rißpilzen, im Artenverzeichnis sind insbesondere der Blaßhütige (538), der Filzige (554) und der Olivgelbe Rißpilz (543) zu vergleichen. Sie lassen sich jedoch nur ausnahmsweise sicher bestimmen. Wichtiger ist, im Verlauf der Zeit zu lernen, was ein Rißpilz ist, denn die Vertreter dieser umfangreichen Gattung sind größtenteils giftig. Schwer ist das nicht, wenn auf den Spermageruch, den oft radialrissigen oder schuppigen, kegeligen Hut und die erdbraunen, hell gerandeten Lamellen geachtet wird.

Im Laubwald auf sauren Böden gibt es einige leicht kenntliche kleinere Schleierlinge, auf die wir abschließend aufmerksam machen wollen. Rotbraunflockige Gürtelfüße (606) und Gelbgestiefelte Dickfüße (598) sind beim genauen Hinsehen an der zarten rotbraunen oder gelblichen Stielbänderung zu erkennen. Sie ist auch beim gelbhütigen Blaublättrigen Schleimfuß (648) sichtbar. Der Weißviolette Dickfuß (600) hat eine ganz charakteristische blaßviolette Farbe in allen Teilen, und der Bocksdickfuß (601) ist am auffallenden Geruch zu erkennen, der dem von faulenden Kartoffeln nicht unähnlich ist. Alle diese Arten kommen im Laubwald auf besseren Böden kaum vor. Wenn sie dort angetroffen werden, kann meist davon ausgegangen werden, daß der Boden dort wenigstens oberflächlich versauert ist. So können auch Pilzarten gute Zeiger für Bodeneigenschaften sein.

Bei Birken

Als Pionierholzart muß die Birke über besonders viele Mykorrhizapartner verfügen. Nur diese ermöglichen es ihr, sich auf sterilen Sandböden, nährstoffarmen Moorstandorten, jungen Schwemmländern und Halden anzusiedeln. Aufgrund ihrer Anspruchslosigkeit und Raschwüchsigkeit dringt die Birke auch immer wieder in die unterschiedlichsten Wald- und Forstgesellschaften ein und ist vielerorts allgegenwärtig.

Von den zahlreichen Mykorrhizapilzen, die bei Birken vorkommen, sollen hier nur einmal die birkenbegleitenden Täublinge aufgezählt werden: Gelber Graustieltäubling (Taf. 53), Grasgrüner

Täubling (734), Falscher Frauentäubling *(Russula medullata),* Rotstieliger Zwergtäubling *(R. font-queri),* Purpurroter Birkentäubling (759), Orangeroter Birkentäubling *(Russula aurantiaca),* die Birkenform des Speitäublings (bei 766), Karminroter Speitäubling *(R. carminea),* Rotstieliger Birkentäubling *(R. gracilis),* Vielfarbiger Birkentäubling (777), Ausblassender Birkentäubling (770) und Orangeroter Dottertäubling *(R. lundellii).* Das ist eine überraschend große Zahl! Aber es sind nicht die einzigen. Andere Arten wachsen wahlweise unter Buchen, Eichen und Birken, z. B. der Ziegelrote Täubling (748) oder unter Nadelbäumen und Birken. Wenn dann bedacht wird, daß Birken am Standort fast immer mit anderen Gehölzen gemischt zu finden sind, wird klar, wie sorgfältig beobachtet werden muß, wenn ein bei Birken gefundener Täubling benannt werden soll.

Auch unter den Milchlingen gibt es mehrere Birkenbegleiter. Besonders der Gezonte (Taf. 50) und der Ungezonte Birkenreizker (689) wachsen manchmal massenhaft, so daß ein Silierversuch gemacht werden kann. Der in der UdSSR als Speisepilz sehr begehrte Wimpernmilchling kommt bei uns nicht vor. Häufig ist aber der ungenießbare Graufleckende Milchling (708) und der etwas ähnliche kleinere Blasse Duftmilchling (Taf. 51). Der lilarosa Schüppchenmilchling und der zottig-striegelige Fransenmilchling (678) sind selten. Letzterer wächst im Gegensatz zu allen vorher genannten Arten außerdem auf Kalk- und Lehmböden.

Den Pilzfreund interessieren unter Birken mehrere Birkenpilzarten (65–68) und die festfleischige Birkenrotkappe (Taf. 6). Sie ist jung grauporig und hat schwärzliche Stielschuppen. Hellporige und braunstielige Rotkappen stehen immer unter anderen Bäumen. Birkenpilze sind nur jung zu gebrauchen. Die zähen Stiele lohnen aber auch dann kaum eine Verwertung.

Von den Giftpilzen siedelt sich allein der Rote Fliegenpilz (Taf. 32) gern unter Birken an. Er ist eine Zierde des Waldes und ist nicht zuletzt aufgrund seiner auffallenden Farbe so volkstümlich geworden.

Der Standort „unter Birken" kann ein wichtiges Bestimmungsmerkmal sein. Das gilt nicht nur für eine Reihe von Täublingen. Einige Beispiele mögen dies belegen. Bei einem Schleimkopf, der unter Birken steht, handelt es sich häufig um den Gelbgestiefelten Schleimkopf (636), bei einem braunen Ritterling meist um den Gelbblättrigen (178) und bei einem weißen Ritterling oft um den Strohblassen Ritterling. Ein weißer Schneckling mit leicht fleischfarbenem Hauch unter Birken ist der so lange verkannte und oft mit Elfenbeinschnecklingen verwechselte Birkenschneckling. Und bei einem scharenweise wachsenden Gürtelfuß bei Birken handelt es sich sehr oft um den Weißflockigen Gürtelfuß (608). Allerdings funktioniert eine solche „Pilzbestimmung nach Begleitbäumen" nicht immer. So können von den Fälblingen beispielsweise eine ganze Reihe Arten mit Birken vergesellschaftet sein. In solchen Fällen müssen die Pilze sehr genau untersucht werden, um ihren Namen festzulegen.

Es ist daher gut, wenn einige Arten auch ohne ihren Baumpartner sehr leicht kenntlich sind, wie der Geschmückte Gürtelfuß (Taf. 47) mit seinen rötlichen Stielbändern, der Schuppige Rauhkopf (Taf. 47) mit braunschuppigem und der Blaublättrige Schleimfuß (648) mit schön gelb genattertem Stiel.

Außer den streng an Birken gebundenen Mykorrhizapilzen gibt es dort aber auch Allerweltspilze, wie Kahle Kremplinge (Taf. 12) und Lacktrichterlinge (133, 135). Auch häufige Nadelwaldpilze können sich mit Birken begnügen, wenn andere Partner nicht zur Verfügung stehen. Wir nennen als Beispiele nur Rotbraune Milchlinge (Taf. 49) und Olivbraune Milchlinge (Taf. 51). Sogar Steinpilze (Taf. 8) und Netzstielige Hexenpilze (Taf. 10) sind ausnahmsweise unter Birken zu beobachten!

Bei Lärchen

Natürliche Lärchenvorkommen gibt es in Mitteleuropa nur in einigen Gebirgen. In tieferen Lagen sind Lärchen der Konkurrenz anderer Bäume nicht gewachsen. Vom Menschen sind aber europäische (und japanische) Lärchen vielfach im Flach-, Hügel- und Bergland angepflanzt worden. Sie gedeihen auf verschiedenartigen Böden und bringen meist gute Wuchsleistungen.

Geschlossene Lärchenparzellen sind in der Regel arm an speziellen Lärchenbegleitern und beherbergen nur allgemein verbreitete Streubewohner wie Gefleckte Rüblinge, Butterrüblinge (beide Taf. 24), verschiedene Helmlinge, Trichterlinge u. ä.

An Wegrändern und Schneisen sowie an Hängen werden angepflanzte Lärchen von mehreren Mykorrhizapilzen begleitet. Unter ihnen ist der Goldröhrling (Taf. 4) am weitesten verbreitet. Er folgt der Lärche auf sämtlichen Böden und in allen Höhenlagen. Der Graue Lärchenröhrling (44) wächst bevorzugt auf Kalk, der

Rostrote Lärchenröhrling (45) ist streng an Kalk gebunden und kommt daher nur im Südwesten der DDR vor. Der Hohlfußröhrling (42), der vierte im Bunde, ist im Hügelland weit verbreitet, fehlt aber fast überall im Flachland. Alle diese Arten sind erst mit der Lärche bei uns heimisch geworden. Aber trotz des gleichen Mykorrhizapartners stellt jede von ihnen andere Ansprüche an Klima und Boden. Als Speisepilze kommen sie alle nur in jungem und frischem Zustand in Frage.

Unter den Schmierlingen ist der zunächst rotbraun, später schwarz anlaufende Fleckende Schmierling (94) an Lärche gebunden. Das Gleiche gilt für den schön orangegelb gefärbten Lärchenmilchling (695). Beide sind eßbar, kommen aber recht selten vor. Der ockergelbe Lärchenritterling (179) dagegen ist – wie auch andere braunschuppige oder braunfilzige Ritterlinge – nicht schmackhaft.

Unter Erlen, Pappeln und Weiden

Speisepilzsammler schlagen meist einen weiten Bogen um Erlensümpfe, Brüche und Bachränder mit Erlen. Sie erwarten dort mit Recht nichts Eßbares. Für den Pilzfreund hingegen sind gerade solche Stellen von besonderem Interesse. Gibt es dort doch Pilze, die an anderen Stellen nicht zu finden sind. Und: Pilze können dort auch während langanhaltender Trockenperioden gesucht werden.

Unter Erlen gibt es scharenweise kleine Erlenschnitzlinge (577 bis 579), von denen oft zwei oder drei Arten gleichzeitig vertreten sind. Winzige braune Erlenmilchlinge (700) sind ebenfalls überall unter Erlen häufig. Lila Milchling *(Lactarius lilacinus)*, Erlengrübling (39) und Erlenkrempling (bei 89) sind schon seltener, fallen aber durch ihre Größe auf. Erlengrüblinge haben auffallend kurze, weit herablaufende Röhren. Erlenkremplinge unterscheiden sich nur wenig vom gewöhnlichen Kahlen Krempling, stellen aber wohl doch eine eigene Art dar. Findet sich ein Wulstling oder Täubling unter Erlen, so ist seine Bestimmung kein Problem, denn es gibt in beiden Gattungen nur je eine Art, die ausschließlich unter Erle vorkommt *(Amanita friabilis, Russula pumila)*. Mit den zahlreichen Wasserköpfen und Gürtelfüßen gibt es größere Schwierigkeiten. Lediglich der winzige, gänzlich Violette Erlengürtelfuß (607) ist unverkennbar.

Größere Pappelanpflanzungen an feuchten Stellen sind auffallend pilzarm. Außerdem ist der Boden dort oft von Brennesseln, hohen Gräsern und anderen Stauden überwuchert. Aber längs von Viehweiden, an Schneisen und Dämmen gibt es angepflanzte Pappeln, unter denen verschiedene größere Pilze wachsen können, gelegentlich sogar in großen Hexenringen: weißliche, undeutlich gezonte Blutfleckende Milchlinge (Taf. 49) und rötlichbraune Kuhrote Fälblinge (573), die jung wasserklare Tröpfchen an den kaffeebraunen Lamellen ausscheiden (es gibt unter Pappeln aber auch noch andere tränende Fälblinge!). Violett oder graugrün getönte, sehr scharfe, weißblättrige Täublinge unter Pappeln gehören zu *Russula pelargonia* oder *R. clariana.*

Unter den schmierigen braunen Ritterlingen gibt es mehrere giftige Arten. Sind jedoch allein Pappeln am Standort, können die fleischigen Pilze ziemlich bedenkenlos verzehrt werden, denn Pappelritterlinge (176) haben sich oft als eßbar erwiesen. Allerdings ist die bittere Oberhaut abzuziehen, damit der Pilz schmackhafter wird.

Zitterpappeln mit ihren rundlichen, gezähnten Blättern sollte ein Pilzsammler gut kennen. Unter ihnen gibt es nicht nur im Frühjahr manchmal Morcheln oder Verpeln, sondern später auch Espen- und Isabellfarbene Rotkappen (63 und 64). Auch Natternstielige Schleimfüße (649) lieben Zitterpappeln.

Daß der Blasse Trichtermilchling *(Lactarius evosmus)* und der Schuppige Rißpilz *(Inocybe squamata)* Pappelbegleiter sind, fällt dem Pilzfreund nur bei gezielter Aufmerksamkeit auf, denn Schuppige Rißpilze unterscheiden sich nur wenig vom ähnlichen Kegeligen Rißpilz (556) und Blasse Trichtermilchlinge wachsen in der Regel in bunt gemischten Laubwäldern, in denen das Vorhandensein von Zitterpappeln nicht sonderlich auffällt.

Weidengebüsche beherbergen ähnlich wenige große Mykorrhizapilze wie Erlenbrüche. Für denjenigen, der sich allseits über die Pilzflora informieren möchte, werden hier jedoch einige der charakteristischen Weidenpilze kurz vorgestellt:

Weidenmilchling *(Lactarius aspideus)*: Fruchtkörper gelblichweiß, bei Druck violett fleckend, sehr selten.

Bunter Weidentäubling: Hut lilarot, später wechselfarbig, Lamellen weiß, sehr alt gilbend. Sehr scharf (Varietät von 775).

Kleinster Fälbling: Hutmitte dunkelbraun, Rand blaß, 1–3 cm, klebrig. Lamellen milchkaffeebraun, tränend. Zerstreut (571).

Weidenschnitzling *(Alnicola langei, salicis)*: Hut rotbraun, 1–4 cm, matt, feucht gerieft. Lamellen braun, trocken. Zerstreut.

Kegeliger Hautkopf: Hut rotbraun, kegelig. Lamellen lebhaft gelb, dann orange (584).

Neben diesen speziellen Weidenbegleitern gibt es in Weidengebüschen zahlreiche Gürtelfüße oder Wasserköpfe, Rißpilze und Rötlinge, außerdem viele allgemein verbreitete Blätterpilze, wie Fastalkalische Rötlinge (314), Seidige Rißpilze (Taf. 44), Lacktrichterlinge (Taf. 15) und andere. Mit diesen haben wir bereits in anderen Kapiteln Bekanntschaft gemacht.

Streubewohner im Spätherbst

Auf einer Wiese lösen fast von Woche zu Woche immer neue Blumen und Kräuter einander ab und geben dieser stets ein neues Aussehen. Ähnlich wechselt auch der Pilzbestand in ein- und demselben Waldstück im Verlaufe eines Jahres ganz erheblich. Es sind die unterschiedlichen *„Aspekte"*, die aufeinanderfolgen. Zuletzt beschließen überall Streubewohner den Reigen.

Als *Substrat* benötigen sie nur dicke Fallaub- oder Nadelpackungen. Streubewohner können aber auch außerhalb des Waldes wachsen, die Hauptsache ist, sie finden auch dort genügend Abfallstoffe, in denen sich ihr *Pilzgeflecht (Myzel)* ausbreiten kann. Auf solchen Abfallstoffen wie Getreidestroh sind Streubewohner auch leicht zu züchten, beispielsweise der Riesenträuschling (Taf. 41).

Der Violette Rötelritterling (Taf. 22) ist in allen Teilen anfangs schön violett. Er hat einen eigenartigen Geschmack, von vielen gerühmt, von anderen abgelehnt. Zu ihm gesellt sich oft der Nebelgraue Trichterling (Taf. 16). Auch sein Geruch und Geschmack sind umstritten. Zu sammeln sind nur junge, feste Fruchtkörper. Vor der Zubereitung sind sie abzubrühen. Außerdem ist zunächst an einer kleinen Menge zu probieren, ob einem der Pilz schmeckt und bekommt.

Beiden leistet oft der Fuchsige Trichterling (Taf. 16) Gesellschaft. Scharf gebraten ist er schmackhaft. Er sollte aber nur in Mischgerichten Verwendung finden, da Gerichte nur von diesem Pilz bereits mehrfach Übelkeit und Erbrechen ausgelöst haben. Gelbbraune, fuchsige Farben in allen Teilen und sehr dichtstehende, vom Fleisch lösbare Lamellen lassen den ebenfalls in Hexenringen wachsenden Pilz leicht erkennen.

Im Spätherbst beherrschen in allen Wäldern weiße Trichterlinge das Feld. Laubfreundtrichterling (141) und Bleiweißer Trichterling (Taf. 15) erscheinen wie bereift. Viele andere Arten riechen unangenehm. Sie enthalten vielfach das Gift *Muskarin* und müssen gemieden werden.

Ein durchdringender Regen zaubert manchmal schon im Sommer zahlreiche Helmlinge auf die Nadelstreu. Im Spätherbst, wenn die Tage neblig werden, treffen wir sie allenthalben an. Der Gemeine Schleimfußhelmling (271) kann nicht abgepflückt werden. Eine dicke Schleimschicht am Stiel läßt unsere Finger immer wieder abgleiten. Der Stiel des Gelben Schleimstielhelmlings (270) trocknet leichter ab, so daß dieser Pilz eher abzupflücken ist. Andere Helmlinge lassen einen Tropfen weißen oder dunkelroten Saft austreten, wenn der Stiel durchgebrochen wird (266, 268, s. auch S. 52). Wieder andere Arten riechen auffallend nach Salpetersäuredämpfen (292) oder Rettich (278, 289, 290). Manchmal werden diese Rettichhelmlinge sogar mit eingesammelt. Sie sind aber giftig, besonders die unter Buchen vorkommende, rosa gefärbte Form (Taf. 26).

Eine ganze Reihe Helmlinge (273–278, 286) haben bunt gefärbte Lamellenränder, meist gelb, seltener rosa, violett oder feurig orangerot. Die überwiegende Zahl der Helmlinge jedoch ist unscheinbar grau oder braun gefärbt und schwierig zu bestimmen.

Häufige, auffallende Streubewohner sind auch einige Rüblinge, die oft massenhaft vorkommen. Gefleckter Rübling (Taf. 24), Brennender Rübling (Taf. 26) und Knopfstieliger Rübling (Taf. 23) geben sich aber schon durch ihren scharfen Geschmack als ungenießbar zu erkennen. Nur der geringwertige Butterrübling (Taf. 24) kann im Mischgericht Verwendung finden. Der Waldfreundrübling (252) bildet eine Ausnahme unter den Streubewohnern. Er wächst bereits im Frühsommer, ebenso wie der leicht giftige Striegelstielige Rübling (236). Oberflächlich betrachtet sind beide sehr ähnlich, doch hat der erste einen kahlen, der andere einen striegeligen Stiel.

Weichritterlinge (Gattung 45) sind im Gegensatz zu den echten Ritterlingen ebenfalls Streubewohner. Als Speisepilze eignen sie sich wegen des unangenehmen Geruchs weniger, können aber nichts schaden. Der Mykologe befaßt sich nicht gern mit ihnen, denn sie haben wenig auffallende Merkmale und sind schwer bestimmbar.

Streubewohner sind auch alle Champignons und größeren Schirmpilze. Sie sind daher auch nicht streng an bestimmte Biotope gebunden wie der Gemeine Anischampignon (Taf. 36), der auf Weiden, aber auch in lichten Wäldern angetroffen werden kann. Sie sind in den vorangegangenen Kapiteln behandelt worden, meist dort, wo sie besonders auffällig in Erscheinung treten. Manche Rötelritterlinge sind zwar auch keine Mykorrhizapilze, benötigen zum Gedeihen aber nicht so dicke Fallaub- oder Nadelpackungen wie die bisher besprochenen Arten. Sie kommen oft mit diesen gemeinsam vor, schmecken gut und tragen im herbstlichen Wald dazu bei, daß sich der Korb schnell füllt. Behandelt haben wir sie auf S. 33, weil sie in Eschenbeständen die einzigen lohnenden Pilze sind.

An Stubben, Stämmen und Ästen

Anhaltende Trockenheit läßt Pilze nicht zur Entwicklung kommen. An Stubben und Stämmen sind sie von der Witterung unabhängiger als Bodenpilze, denn Holz hält eine gewisse Feuchtigkeit für sehr lange Zeit. Vielfach sind holzbewohnende Pilze aber auch im Winterhalbjahr zu beobachten, besonders die mehrjährigen Porlinge, Schicht- und Rindenpilze sowie mehrere Gruppen mit gallertartigen Fruchtkörpern. Sie alle beschleunigen die Zersetzung des Holzes durch *Weiß-* oder *Braunfäule.*

Die meisten Holzbewohner sind während ihrer gesamten Lebenszeit *Fäulnisbewohner.* Sie spielen im Haushalt der Natur eine wichtige Rolle, indem sie sämtliches Totholz, auch Äste und kleine Zweige, bis zum völligen Zerfall abbauen.

Befallen Holzbewohner auch geschwächte oder geschädigte lebende Bäume, so töten sie als *Schmarotzer* oder *Parasiten* ihre Wirtspflanze langsam ab.

Von den zahlreichen Porlingen sind nur wenige jung eßbar. So der leuchtende Schwefelporling (s. S. 11) und der Riesenporling (Taf. 58), der bei Druck schwarz anläuft. Der auffallende Schuppige Stielporling (Taf. 57) kann zu einer wohlschmeckenden Brühe ausgekocht werden.

Ein wertvoller Speisepilz ist der vielhütige Eichhase (794), dessen Fund ein besonderes Erlebnis für den Sammler bedeutet. Auf der Unterseite der zentralgestielten Hütchen sind zahlreiche kleine Poren zu finden. Weil der Pilz aus einem großen, im Boden befindlichen *Dauerstadium (Sklerotium)* herauswächst, kann er alljährlich an der gleichen Stelle geerntet werden.

Der Leberpilz (Taf. 59) ist kein echter Porling. Er wächst an lebenden und abgestorbenen Eichen. Anfangs bildet er eine schwer zu deutende, kleine, orangefarbene Keule, später sieht der leberbraune Fruchtkörper zungenförmig aus. Sein längsfaseriges, rotsaftiges Fleisch erinnert an eine durchgeschnittene Zunge. Junge Pilze sind wohlschmeckend und angenehm säuerlich.

Damit wäre die Zahl der eßbaren Porlinge erschöpft. Erwähnt

werden soll aber noch, daß in einigen osteuropäischen Ländern Schiefe Schillerporlinge (Tschagapilze, 857) und Birkenzungenporlinge (795) mit Alkohol ausgezogen, ausgekocht oder pulverisiert als Mittel gegen Magengeschwüre Anwendung finden. Auch das Wachstum von Magenkrebs sollen diese Pilze hemmen.

Eine besondere Freude ist es, an einem Kiefernstamm eine Krause Glucke (Taf. 61) zu finden. Da sie mehrere Kilogramm wiegen kann, ist der Korb schnell gefüllt! Der zähe Strunk bleibt mit einigen Endästchen stehen, denn er ist fähig, einen neuen, wenn auch kleineren Fruchtkörper zu bilden. Von ähnlicher Gestalt, aber mit langen herabhängenden Stacheln versehen, ist der Ästige Stachelbart (889). Auch er ist eßbar, doch steht er meist an Buchenstämmen in *Naturschutzgebieten*, wo Pilze selbstverständlich ebenso unter Schutz stehen wie alle anderen Pflanzen und Tiere.

Besonders wichtig sind für den Pilzsammler die dichtbüschelig wachsenden Lamellenpilze. Unter ihnen sind mehrere sehr häufige, wohlschmeckende und ergiebige Arten. Daneben haben Stubbenpilze einen weiteren Vorzug: die ihnen zum Verwechseln ähnlichen Arten sind – außer dem Gifthäubling, s. unten – kaum stark giftig oder doch zumindest so bitter, daß sie leicht von den eßbaren Arten unterschieden werden können.

Geschmacklich am wertvollsten ist das Stockschwämmchen (Taf. 43). Es ist bereits an den braungelben Hüten mit der durchwässerten dunkleren *(hygrophanen)* Randzone sicher zu erkennen. Ein weiteres Merkmal sind die braunen Lamellen, die es – abgesehen vom Beringten Gifthäubling (659) – sonst bei keinem anderen Stubbenpilz gibt.

Von diesem Gifthäubling ist neuerdings viel die Rede, weil in ihm eines von den gefährlichen Giften *(Amanitinen)* des Grünen Knollenblätterpilzes gefunden wurde. Es sind aber bisher kaum Vergiftungen mit diesem Pilz bekannt geworden, denn er ist recht zierlich und wächst auch nicht in so üppigen Büscheln wie das Stockschwämmchen. Trotzdem sollte man beim Sammeln von Stockschwämmchen die Merkmale des Gifthäublings stets sorgfältig im Auge behalten: den *Geruch* nach Mehl (Pilz zerdrücken, dann riechen), den fein gerieften Hutrand und den unten völlig kahlen Stiel.

Schwefelköpfe sind die häufigsten Blätterpilze an Stubben. Sie gehen aber auch auf unterirdisch liegende Holzreste und Wurzeln über und stehen dann scheinbar auf dem Boden.

Der Grünblättrige Schwefelkopf (Taf. 42) ist sehr bitter. Er erregt Übelkeit und Darmstörungen. Nach manchen Berichten soll er sogar tödlich wirken können. Ältere Büschel ermöglichen gut die Beobachtung des olivpurpurbraunen Sporenpulvers, das sich auf den unteren Hüten ablagert. Ebenfalls bitter, aber nicht so lebhaft gefärbt, ist der **Wurzelnde Schwefelkopf** (Taf. 43), der nur vereinzelt an Nadelholz zu finden ist.

Der **Ziegelrote Schwefelkopf** (Taf. 42) ist der größte der drei häufigen Schwefelköpfe. Er gedeiht nur an Laubholz und ist bitter. Enthusiasten schneiden ihn in Stücke, bestreuen ihn mit Salz und lassen ihn vor der Zubereitung mehrere Stunden stehen oder legen ihn in Gewürzessig ein.

Der an Nadelholz häufige, würzig und mild schmeckende **Graublättrige Schwefelkopf** (Taf. 43) dagegen ist ein einwandfreier Speisepilz. Wer ihn genau kennengelernt hat, bringt im Spätherbst oder Vorfrühling, wenn andere Pilze selten sind, reiche Ernten heim. Wenn auf die grauen Lamellen geachtet wird, sind Verwechslungen mit **Flämmlingen** (590, 591) nicht zu befürchten, die ebenfalls häufig an Nadelholz wachsen. Denn diese haben auffallend gelbe, zuletzt oft rostbraun gefleckte Lamellen und schmecken bitter. Graublättrige Schwefelköpfe werden wie alle Stubbenbewohner *abgeschnitten*, denn die unteren Stielteile sind stets zäh. Bodenpilze dagegen sollten immer behutsam aus dem Boden *herausgedreht* werden, um Merkmale der Stielbasis (Wurzeln, Knollen, Scheiden) beobachten zu können.

Der **Hallimasch** (Taf. 17) ist der ergiebigste Stubbenpilz. Er befällt abgestorbenes und lebendes Laub- und Nadelholz. Mit schwärzlichen *Myzelsträngen (Rhizomorphen)* durchzieht er den Boden und sucht nach neuen Substraten. Früher galt er als eine Art mit großer Variationsbreite, heute werden mehrere Hallimascharten (165–167) genannt. Sie lassen sich aber nur schwer unterscheiden, so daß wir vorerst den Sammelnamen Hallimasch beibehalten können, zumal im Wert bisher keine Unterschiede bekanntgeworden sind. Sein Geschmack ist zunächst mild, bald jedoch unangenehm seifig und im Hals zusammenziehend. Da roher Hallimasch giftig ist, wird nur wenig gekostet und die Probe wieder ausgespuckt. Das empfiehlt ihn nicht, aber durch Dünsten oder Braten verliert sich der widerliche Geschmack. Wer ihn noch nicht ausprobiert hat, versuche es erst mit einem kleinen Gericht.

Oft wird der Hallimasch mit dem **Sparrigen Schüppling** (Taf. 44) verwechselt. Dessen strohgelber Hut und der Stiel unterhalb des braunen, zerschlitzten Ringes sind aber mit derberen, sparrig abstehenden Schuppen besetzt. Sein Fleisch ist zäh und wenig schmackhaft. Auch andere Schüpplinge gelten nicht als Speisepilze, so der bittere blasse Pappel- (500), der Nadel- (511) und der Starkriechende Schüppling (512). Lediglich der große leuchtende Goldfellschüppling (507) mag einmal versucht werden.

Der Samtfußrübling (Taf. 25) dagegen schmeckt ausgezeichnet. Er wächst in dichten Büscheln an Stümpfen und lebenden Bäumen, besonders gern an Weiden und Roßkastanien. Zur Weihnachtszeit und bis in den Februar hinein liefert er frische Pilze, falls nicht anhaltender Frost herrscht. Auch nach strengem Frost kann er wiederaufleben und weiterwachsen.

Ganz besonders zäh ist der Spindelige Rübling (Taf. 25). Heftige Beschwerden waren die Folge, wenn seine Stiele mit zum Essen verwendet worden sind. Aber auch die Hüte sind sehr zäh, oft überaltert und dann unbekömmlich. Die Fruchtkörper eines Büschels laufen in einen wurzelartigen Fortsatz aus, der im Holz oder von einer Wurzel entspringt.

Sehr häufig werden bei der Pilzberatung zwei große, auffallende Pilze vorgelegt, die jedoch kaum als Speisepilze taugen, es sei denn, sie werden abgekocht und sauer eingelegt. Es sind der farbenprächtige Rötliche Holzritterling (Taf. 17) und der Samtfußkrempling (Taf. 12). Sie wachsen an morschen Nadelholzstubben und fallen dem Pilzsucher auf, wenn er nach Maronen, Steinpilzen und Pfifferlingen Ausschau hält.

Gebrechliche, zierliche Pilze von geringem Wert sind der Blasse und der Dunkelbraune Mürbling (beide Taf. 40). Ihre Stiele sind weiß, röhrig-hohl und sehr gebrechlich. Bei letzterem, der auch den etwas unglücklichen Namen Weißstieliges Stockschwämmchen trägt, ist der Hut frisch durchfeuchtet und erscheint dunkelbraun. Später trocknet er aus und wird blaß. Pilze, deren Hüte sich beim Austrocknen farblich so stark verändern, nennt der Mykologe „hygrophan", ein Begriff, der sich nur schwer übersetzen läßt (s. auch S. 25).

Von noch geringerem Wert als diese beiden ist der zierliche Glimmertintling (Taf. 38), der in Massen rings um alte Baumstubben wächst. Sein Hut erscheint unter der Lupe wie mit feinen glitzernden Körnchen bestreut, was ihm seinen Namen eingebracht hat.

Sehr spät im Jahr, ebenfalls an Laubholzstümpfen, beschließen mächtige Büschel vom Austernseitling (Taf. 56) den Reigen des Pilzjahres. Junge Pilze liefern ein recht wohlschmeckendes Gericht. Nur die Stiele sind korkig. Alte, zähe Pilze können nur zu einer guten Pilzbrühe ausgekocht werden. Wenn ein Exemplar in das warme

Zimmer gebracht wird, kann eine merkwürdige Erscheinung beobachtet werden: Die *Pilzfäden (Hyphen)*, aus denen der Fruchtkörper aufgebaut ist, wachsen in ganz kurzer Zeit aus, was aussieht, als sei der Pilz mit Schimmel bedeckt.

Der Austernseitling gedeiht sehr gut auf Stroh und wird neuerdings als *Zuchtpilz* angebaut, sowohl die heimische Winterform als auch eine Sommerform, die aus Florida stammt. Im Frühsommer an Ulmen gebundene blasse Seitlinge mit weit am Stiel herablaufenden Lamellen gehören allerdings zu einer anderen Art, dem Gerippt-stieligen Seitling (781).

Die Reihe der eßbaren Stubbenpilze wäre damit erschöpft. Aber Baumstubben und gefallene Bäume sind auch dann von Interesse, wenn dort nichts Eßbares geerntet werden kann. Da gibt es besonders an Eichen, Erlen und Buchen den prächtigen, rotbraun lackierten Glänzenden Lackporling (Taf. 60). Beachtenswert sind am Stammfuß uralter Eichen Tropfende Schillerporlinge (856), die auf der Oberseite jung viele gelbliche Tropfen ausscheiden. An Birken überrascht der schöne Zinnoberschwamm (838) mit seiner leuchtenden Porenfarbe. Doch auch die weniger auffallenden Arten sind für den Naturfreund interessante Beobachtungsobjekte.

Verfolgen wir einmal das Schicksal frisch geschlagenen oder gefallenen Holzes. Auf Laubholz erscheinen zunächst Violette Knorpelschichtpilze (844) und Striegelige Schichtpilze (845). An stark besonnten Stellen auch seltsame Spaltblättlinge (796) und Striegelige Trameten (827), beide durch stark haarige Hutoberseiten vor allzu großer Austrocknung geschützt. Auf lagernden Eichenstämmen ist zunächst der Schwarze Gallertbecher (981) alleinherrschend.

Die Besiedlung von Nadelholzstämmen beginnt ebenfalls mit einem Schichtpilz, und zwar mit dem beim Reiben rot anlaufenden Blutenden Schichtpilz (846). Daneben ist der Gemeine Violettporling (836) überaus häufig, und auf Kahlschlägen dominiert der Zaunblättling (831).

Nach diesen Erstbesiedlern folgen an Laubholz verschiedene Trameten (823–826), der Birkenblättling (828) und der Flache Lackporling (866). Nur auf Eichen steht der Eichenwirrling (829), vorwiegend auf Buchen erscheint die Gebuckelte Tramete (823).

An Nadelholz führen Wurzelschwamm (841), verschiedene Saftporlinge (807, 808), Graublättrige Schwefelköpfe (s. S. 44) und Flämmlinge (590, 591) zu weitgehender Holzzerstörung. Auf

Fichtenholz ist der Fenchelporling (833) beschränkt. Gern an Kiefer wächst der zähe Schuppige Sägeblättling (Taf. 56), der an trockenen Sommertagen oft einzige Ausbeute ist. Ebenso wie der Zaunblättling (831) kommt auch er an verarbeitetem Holz wie Zaunpfosten und Balken vor. Die gelblichen Blätter sind an der Schneide sägeartig eingekerbt, was ihm seinen Namen gab.

An umgebrochenen Stämmen wachsen auch die Schmarotzer noch eine zeitlang weiter: Echter Zunderschwamm (842) an Buche und Birke, Birkenzungenporling (795) an Birke und Rotrandiger Baumschwamm (843) an Fichte und Buche – um nur die größten und auffälligsten Arten zu nennen.

Je weicher nun im Verlauf der Jahre das Holz wird, um so mehr Pilzarten finden sich zusammen, die einen Faulstamm oder Stubben besiedeln. Die häufigsten Blätterpilze wurden anfangs erwähnt. Hier sollen nun noch einige weitere Arten besprochen werden. Sehen wir uns zunächst an Nadelholz um!

Im Bergland bedecken manchmal riesige Scharen des Geselligen Glöckchennabelings (Taf. 14) Stubben um Stubben. Unübersehbar auch der hochgelbe Klebrige Hörnling (Taf. 61), der immer wieder zur Beratung gebracht wird. Er ist zäh und ungenießbar und höchstens zum Garnieren von Platten geeignet. Unverkennbar auch der Gallertige Zitterzahn (929), zwar geschmacklos, aber wegen seiner Konsistenz gelegentlich für Pilzsalate verwendet. Weniger auffallend sind drei weitere Arten: verhältnismäßig groß, braun und an seiner dunkelgerandeten Lamellenschneide gut kenntlich der Schwarzschneidige Dachpilz (343). In großen Scharen der leicht olivgelbliche, nach Salpetersäuredämpfen riechende Gelbstielige Helmling (286) und der dichtbüschelige Salpeterhelmling (280). Durch seinen fein genatterten, knackend-brüchigen Stiel fällt der Gesellige Schwefelkopf (498) auf. Er ist bitter.

An morschem Laubholz ist die Artenfülle so groß, daß unsere Aufzählung nur eine kleine Auswahl bieten kann. Besonders auffallend sind die beiden schwarzen Holzkeulen (997, 998). Der verwandte Brandfladen (1000) wird jung nicht immer erkannt. Er ist zunächst grau mit hellem Rand und wird erst später kohlschwarz. An der gelatinös-dehnbaren Huthaut zu erkennen ist der Gallertfleischige Krüppelfuß (524), am seltsamen Geruch und dem fein gesägten Lamellenrand der Aniszähling (786).

Graue, braune, gelbe und weiße Dachpilze sind als Gattung leicht kenntlich. Neben dem Standort auf Holz sind die reif rosabraunen, nicht bis an den Stiel reichenden (freien) Lamellen zu beachten.

Die Unterscheidung der vielen Arten bereitet einige Schwierigkeiten. Auch die an Holz wachsenden Helmlinge sind manchmal schwer bestimmbar.

An lagernden Stämmen fallen durch ihre Farben kleine Violette Gallertbecher (982) und gelbe stiftchenförmige Laubholzhörnlinge (928) auf. Wenn die Stämme sehr feucht liegen, kann sich dazu der leuchtend rote Langbewimperte Borstling (972) gesellen.

Für sehr morsche Stubben sind Kolonien des Birnenstäublings (Taf. 2) charakteristisch. Nach starken Regenfällen siedeln dort auch Gesäte Tintlinge (Taf. 39) in riesigen Scharen. Wegen ihrer Form sind auch Hundsruten (Taf. 3), Steife Korallen (905) und Riesenbecherlinge (962) unverkennbar. Das etwas zähe Breitblatt (Taf. 24) hat schon Vergiftungen hervorgerufen und sollte besser gemieden werden.

Manche holzbewohnenden Pilze sind in ihrer Substratwahl sehr stark spezialisiert. Vor allem an Eichen finden sich Rotbraune Borstenscheiben (848) und Eichenfeuerschwämme (861). An Buchenstämmen wächst der weiße Beringte Schleimrübling (263). Der häufige Pflaumenfeuerschwamm (862) ist an mehreren Steinobstarten zu Hause. Judasohren (Taf. 64) gibt es vor allem an Holunderästen, stark duftende Anistrameten (822) an Weide und Pappel, Strauchporlinge (858) gern an Stachel- oder Johannisbeersträuchern – die Liste ließe sich noch verlängern. Bei Ulmenrasling (218), Pappelschüppling (500) und manch anderen zeigen schon die deutschsprachigen Namen den charakteristischen Standort dieser Pilze an.

Bemerkenswert ist auch die Pilzflora kleinerer abgefallener Laubholzäste. Häufig werden sie durch den krustenförmig wachsenden Spaltporling (821) abgetötet. Manchmal sitzt an ihnen auch der Zimtfarbige Weichporling (805), dessen Fleisch *(Trama)* sich mit Laugen (Salmiakgeist, Imi-Lauge) leuchtend lila verfärbt.

Schon im Winter und Vorfrühling wachsen an Laubholzästen mehrere Gallertpilze. Am häufigsten ist der schwarze Gemeine Drüsling (933) vertreten. An Hainbuchenästen fällt der Goldgelbe Zitterling (931) auf. Im Juni folgen an Buchenästen Löwengelbe Stielporlinge (790). Dünne Ästchen werden von fallschirmartigen Weißen Halsbandschwindlingen (231) mit schwarzem oder Ästchenschwindlingen (239) mit blassem Stiel besiedelt. Ohne Stiel seitlich angewachsen sind mehrere Krüppelfüße.

In *Naturschutzgebieten* brechen Buchen, von der Weißfäule des Zunderschwamms mürbe gemacht, in sich zusammen. Ihre weit ver-

streut liegenden Äste sind stellenweise mit dicken Lagen Buchenlaub bedeckt. Dort sind scharenweise die schönen Orangemil-
chenden Helmlinge (267) zu finden. Durchgebrochene Stiele lassen einen Tropfen orangeroter Milch austreten – ein sehr charakteri-
stisches, eindeutiges Merkmal. Gemeinsam mit ihm wächst häufig
der Schwarzstielige Knoblauchschwindling (238). An solchen
Stellen gibt es auch häufig Tonfalbe Schüpplinge (504). Sie werden oft mit Fälblingen verwechselt, die aber Mykorrhizapilze sind
und auf dem Waldboden stehen. Mit der Nähe von morschem Holz
haben sie nie etwas zu tun.

Beendet wird das Jahr schließlich mit Winterschnitzlingen
(516). Sie sind ebenfalls Holzbewohner und wachsen vor allem dort,
wo Holz geschlagen wurde und viele Späne herumliegen. An solchen
Stellen gibt es – allerdings zeitiger im Jahr – gern auch Schuppige
Träuschlinge (488), Leberbraune Ackerlinge (Taf. 44) und
Blasse Mürblinge (Taf. 40). Im Winter folgen an der Unterseite
von Laubholzästen zahlreiche Rindenpilze, die aber nur von Spezialisten bestimmt werden können. Eine Ausnahme macht lediglich der
schöne Orange Reibeisenpilz (893).

Abfallhaufen von Sägespänen sind ein ganz besonderes Eldorado
für holzbewohnende Pilze. Sie können wahre Prachtexemplare von
sonst kleinen und unscheinbaren Pilzen hervorbringen. So werden
dem Bearbeiter dieses Buches Riesenexemplare von Löwengelben
Dachpilzen (347) und mächtige Trauben Bischofsmützen (954)
von einer solchen Stelle stets unvergessen bleiben.

Wiesen und Weiden

Viehweiden sind für Sammler besonders beliebte Pilzstandorte. Leider müssen sie heute aus Seuchenschutzgründen vielfach gesperrt
werden. Das Sammeln kann dort besonders erfolgreich sein, denn
die weißen Champignons leuchten manchmal von weitem. Die großen Wiesenpilze sind auch sämtlich gute Speisepilze, ein weiterer
Grund für die Beliebtheit von Wiesen und Weiden als Sammelplätze.

Zum anderen ist die Zahl der Giftpilze an solchen Stellen nicht besonders groß. Insbesondere fehlen dort – soweit wirklich keine
Bäume näher als 25 oder 30 m stehen – die tödlich giftigen Knollenblätterpilze.

Stark giftig ist der Feldtrichterling oder Rinnigbereifte
Trichterling (144), ein kleiner, unscheinbar weißlicher Blätterpilz

mit fleischfarbenem Ton. Er enthält sehr viel *Muskarin*. Dieses Gift wirkt sehr schnell. Bereits nach einer *Latenzzeit* von 20 Minuten können die ersten Vergiftungserscheinungen aufreten. Meist sind sie so heftig, daß alsbald ärztliche Hilfe gesucht wird. Trotzdem sind Todesfälle vorgekommen. Ähnlich wirkt der Bleiweiße Trichterling (Taf. 15), der stark unangenehm riecht und ebenfalls auf Wiesen vorkommen kann. Es ist daher Vorsicht bei kleinen weißlichen Wiesenpilzen geboten. Sie gelangen manchmal mit schmackhaften Nelkenschwindlingen (Taf. 23) ins Sammelgut. Solange der Pilzsammler nicht sicher ist, muß er immer wieder an den würzigen Nelkenschwindlingen riechen und sich deren Geruch nach Bittermandelöl gut einprägen. Typisch sind auch die entfernt stehenden, dicklichen Lamellen der Nelkenschwindlinge.

Giftig sind auch einige Düngerlinge (464–465, s. S. 57). Außerdem wäre vor dem Karbolchampignon (Taf. 36) zu warnen, der einen apothekenartigen Geruch ausströmt und in der Knolle auffallend stark gilbt (s. S. 25). Mit seiner schlanken Gestalt und dem hohen Stiel sieht er Anischampignons manchmal täuschend ähnlich.

Doch nun zu den Speisepilzen. Vielleicht der aromatischste Pilz überhaupt, der Gemeine Anischampignon (Taf. 36), ist am anisartig riechenden Fleisch und dem unterseits flockigen Ring gut zu erkennen. Seine Lamellen bleiben lange blaß und färben sich schließlich schokoladenfarben, ohne zwischendurch eine rein rosa Farbe anzunehmen. Es gibt noch andere Anischampignons, die deutlich vom stark gilbenden Typus mit leicht knolliger Stielbasis und verhältnismäßig schlanken Fruchtkörpern abweichen: der Derbe Anischampignon *(Agaricus nivescens)* gilbt kaum und hat einen deutlich spindeligen Stiel und der Rissigschuppige Anischampignon (424) reißt vom Hutrand her ein und ist ebenfalls ziemlich derb. Er wächst nicht in Hexenringen wie die anderen Arten und wurde häufig in Gras-Monokulturen des Bezirks Rostock beobachtet.

Der Weiße Riesenchampignon (417) gehört nicht zu den Anischampignons im engeren Sinn. Seine schneeballrunden Hüte gilben nur wenig und der auffallend kräftige Stiel kann 5 cm dick werden. Alt riecht er unangenehm.

Wiesenchampignons (Taf. 36) haben im Gegensatz zu den Anischampignons vorübergehend leuchtend rosafarbene Lamellen und gilben kaum. Sie lieben trockene, heiße Witterungsperioden. Kommt es danach zu ergiebigen Regenfällen, können sie knapp eine Woche danach eine reiche Ernte liefern. Glück hat derjenige, der zuerst den Pilzsegen entdeckt!

Wiesenchampignons sind *Hexenring*bildner (s. S. 10). Ein geübter Sammler setzt daher den Korb beim ersten Fruchtkörper, den er erspäht hat, ab und versucht, den Verlauf des Ringes zu erkunden. Dann erst beginnt die Ernte, die manchmal ergiebig sein kann.

Manch Champignonsucher wundert sich über „Champignons", deren *Lamellen* nicht dunkel werden. Tatsächlich handelt es sich um Pilze, die den Champignons nahestehen, also wie diese weiche, engstehende, nicht am Stiel angewachsene Lamellen (Abb. S. 66 d) und einen Stielring aufweisen. Bleiben die Lamellen ganz weiß, handelt es sich um den Ackerschirmpilz (380), werden sie reif zart rosa, um den Rosablättrigen (oder Champignonähnlichen) Schirmling (Taf. 35). Beide Arten sind eßbar.

Manchmal werden auch Krönchenträuschlinge (Taf. 40) für kleine Champignons gehalten. Mit ihren dunkel werdenden Lamellen, dem Ring und dem Vorkommen auf Weiden ähneln sie diesen auch tatsächlich. Nur haben Champignons weder am Stiel angewachsene Lamellen noch einen oberseits gerieften Ring.

Genarrt werden Champignonsammler manchmal von kleinen Stäublingen (9, 18). Sie sehen von oben wie junge Wiesenchampignons aus. Solange sie ganz jung und „knackig" sind, schadet das nichts, denn in Öl gebraten sind sie sehr schmackhaft. Doch werden sie bald weich und sind dann nicht mehr zu gebrauchen. Lohnender sind Hasenstäublinge (Taf. 2) oder Riesenstäublinge (6), die aber nicht so oft angetroffen werden.

In den letzten Jahren ist der jung schmackhafte Lilastielige Rötelritterling (200) sehr bekannt geworden. Champignonsucher fanden ihn immer wieder und nahmen ihn mit in die Pilzberatungsstelle. Er erscheint erst im Spätherbst und ist – im Gegensatz zu den meisten anderen Blätterpilzen – nicht empfindlich gegenüber kurzanhaltenden Bodenfrösten.

Gelegentlich werden auf Weiden auch Violette Rötelritterlinge (198), Marmorierte Rötelritterlinge (Taf. 21) und Safranschirmpilze (377) gefunden. Nur selten wird ein Pilzsammler das Glück haben, Riesenkrempentrichterlinge (137) zu entdecken. Sie alle sind Hexenringbildner.

Wie ein kleiner ausgespannter Sonnenschirm sieht der Hut eines Scheibchentintlings (Taf. 37) aus. Die Lamellen reichen nicht bis an den Stiel heran, sie sind „frei", wie es in der mykologischen Fachsprache heißt.

Eine ganz eigene, interessante Pilzflora haben Kalktrockenrasen und Dünenrasen. Dort herrschen Bauchpilze vor, die gut gegen Austrocknung geschützt sind: Heideboviste (16), Stielboviste (25), Erdsterne (8. Gruppe) und Steppentrüffeln *(Gastrosporium simplex)*. Auch Sandborstlinge (974) sind anfangs in den Boden eingesenkt und vor sengenden Sonnenstrahlen geschützt. Haarschwindlinge (259) und Rotbraune Halsbandschwindlinge (233) besiedeln tote Grashalme und -blätter. Andere kleine Blätterpilze sind nur während sehr günstiger Witterungsperioden vorhanden und äußerst kurzlebig.

Auch ungedüngte Bergwiesen sind für Pilzfreunde reizvolle Studienobjekte. Wie bunte Blumen überraschen dort gelbe und rote Saftlinge (111, 116–122) durch ihre Farbenpracht. Nur ganz selten sind sie bitter (112). Trotzdem sind sie nicht als Speisepilze einzusammeln. Einmal sind sie kaum lohnend, zum anderen gibt es einige leicht giftige Arten darunter (111, 119). Wer sie bestimmen will, muß bereits am Fundort sehr genau auf den Grad der Verschleimung von Hut und Stiel achten. Dieser wird bei der Bestimmung erfragt, ist später aber nicht mehr genau feststellbar.

Neben den Saftlingen gibt es viele bunte Zärtlinge (Gattung 69), die meisten dunkelblau, manchmal mit, manchmal ohne dunklen Lamellenrand. Der Braungrüne Zärtling (325) riecht unverkennbar nach verbranntem Horn. Belebt wird das Bild durch zart rosafarbene Fleischrosa Schönköpfe (Taf. 17), zierliche gelbe Wiesenkorallen (913) und größere Weiße Wiesenkorallen (912), Weiße und Gelbe Keulen (914–916) sowie tiefschwarze Haarzungen (984) und Erdzungen (Gattung 198).

Im Spätherbst kommen zu den Saftlingen und Zärtlingen verschiedene seltene Ellerlinge. Nur der zartfleischige Wiesenellerling (Taf. 13) fällt durch seine Größe und der Schnee-Ellerling (Taf. 13) durch seine weiße Farbe und sein truppweises Vorkommen auf.

Auf gedüngten Bergwiesen hat der blaßgelbe, langstielige Spitzkegelige Kahlkopf (520) in den letzten Jahren besondere Beachtung gefunden. Er enthält dieselben Stoffe wie die mexikanischen *Rauschpilze (Psilocybin)*, daneben aber auch andere Giftstoffe, so daß er keinesfalls probiert werden sollte.

Dungstellen, Komposthaufen, Strohschober, Silogruben

Flurteile, in denen Dung, Stroh oder Komposthaufen für längere Zeit gelagert werden, gibt es bei uns überall. Sie werden von ganz speziellen Pilzarten besiedelt, die einen hohen Nährstoff-, besonders

Stickstoffgehalt im Boden benötigen. „Düngerlinge" und „Mist-pilze" tragen ihren Namen nach diesen Standorten. Stellen wir zunächst die Speisepilze vor.

Ungestörte Komposthaufen sind stellenweise stark von Pilzgeflecht durchwuchert. Fruchtkörper entstehen oft tief im Substrat und bilden regelrechte Nester. In ihnen finden wir Kompostchampignons (406) und die Wildformen des Zuchtchampignons (407). Beide sind gute, der erste sogar ein sehr ergiebiger Speisepilz.

Der Schmächtige Rötelritterling (Taf. 22) ist eßbar, kann es aber mit seinem großen Verwandten an Wohlgeschmack nicht aufnehmen. Gelegentlich taucht an Strohschobern der Blasige Becherling (Taf. 63) in üppigen Exemplaren auf. Er wächst aber auch in Frühbeeten und Träuschlingskulturen als „Unkrautpilz". Er ist geschmacklos, kann aber aufgrund seiner Konsistenz für Pilzsalate zurechtgemacht werden und nimmt dann den Geschmack der Marinade an. Ansehnliche Scheidlinge (Taf. 28) geraten auf Strohschobern mitunter sehr üppig. Die kennzeichnende *Scheide (Volva)* an der Stielbasis sitzt manchmal tief und reißt leicht ab. Dann muß nach ihr gesucht werden, um die Bestimmung zu sichern.

Geradezu riesige Ausmaße erreichen auf Stroh manchmal Rehbraune Dachpilze (Taf. 29). Das liegt am guten Nährstoffangebot. Wer Scheidlinge oder Dachpilze von Strohhaufen essen will, muß Exemplare mit weißlichen Lamellen verwenden. Reife Fruchtkörper mit rosa gefärbten Lamellen haben dagegen weiches, widerlich schmeckendes Fleisch.

Ein guter Speisepilz auf altem Stroh ist der Riesenträuschling (Taf. 41). Vor einiger Zeit wurde er von Spontanvorkommen *in Kultur* genommen und erfreut sich als leicht zu züchtender Speisepilz bei Kleingärtnern großer Beliebtheit. Obwohl er aus solchen Gartenkulturen auch wieder in die Natur zurückverschleppt wird, ist er nur gelegentlich zu finden, vielleicht aufgrund seiner relativ hohen Wärmeansprüche.

Nun zu den weniger beachteten kleinen Pilzen. Mit seinen leuchtenden Farben hebt sich unter ihnen besonders der Goldmistpilz (470) hervor. In der Sonne vertrocknet er sehr schnell, doch stehen fast stets noch junge, geschlossene Fruchtkörper in der Nähe.

Bereits auf sehr frischem Mist wächst der Struppige Tintling (430). Er zerfließt wie alle seine Verwandten sehr rasch zu einer tintenartigen Flüssigkeit. Gut entwickelte Exemplare sind daher nur am frühen Morgen zu sehen. Der Gegürtelte Schönkopf (211) war früher selten. Er wuchs besonders an „vom Urin verbrannten

Stellen". Heute ist er auf eingetrockneter Gülle zu Tausenden und Abertausenden zu beobachten.

Auch ausgeräumte Silos haben eine eigene Pilzflora. Nicht selten siedelt dort der Purpurbraune Tintling (443) auf liegengebliebenen Maisspindeln. Kurzbewimperte Borstlinge (973) stehen manchmal so dicht, daß sie trotz ihrer geringen Größe von weitem auffallen.

Reichhaltig wird die Pilzflora, wenn Strohreste abgeräumt worden sind. Das liegengebliebene Stroh ist stellenweise mit Erde vermischt. Hier wachsen zahlreiche dünnfleischige Arten: Dungsamthäubchen (474) haben rostbraune Lamellen und einen dichtbewimperten Stiel (Lupe); das Milchweiße Samthäubchen (472) hat ebensolche Lamellen, fällt aber durch den Farbgegensatz rostbraune Lamellen – blasser kegeliger Hut auf. Die teilweise giftigen Düngerlinge (465–469) sind etwas kräftiger und leicht an den grauschwarz gescheckten Lamellen zu erkennen. Manche Arten sind am Hutrand fein weißflockig (469), andere völlig kahl. In den Korb geraten solche kleinen Giftpilze kaum einmal, höchstens der Dunkelrandige Düngerling (465) könnte aus Versehen mit eingesammelt werden. Hellere, nur grau gefärbte Lamellen weisen Graue Mürblinge (460) auf. Sie sind außerordentlich zart und brüchig. Scharenweise und dicht büschelig zu finden ist der braunblättrige Klebhautkahlkopf (521). Ganz frisch ist seine Huthaut dehnbar und läßt sich leicht abziehen. Er wächst auch zwischen Gräsern, dort aber viel weniger üppig.

Jede dieser Arten hat eine ganze Reihe von Verwandten. Wir mußten sie aber im Artenverzeichnis übergehen, denn sie lassen sich ohne Mikroskop und ohne spezielles Studium nicht unterscheiden. Eine Zuordnung der wichtigsten Arten zu ihren Gattungen ist für den aufmerksamen Naturbeobachter aber durchaus möglich, wenn die Farbe der reifen Lamellen berücksichtigt wird.

In Städten, in Gärten und auf Schutt

Ein schmackhafter Pilz wurde nach seinem Vorkommen in Städten benannt: der Straßenchampignon (Taf. 36). Er wächst unter Straßenbäumen, zwängt sich mit athletischen Kräften zwischen Pflastersteinen empor und hat mehr als einmal Asphaltdecken durchbrochen. Er ist aromatischer als der Zuchtchampignon, verträgt höhere

Temperaturen und ist deshalb seit einer Reihe von Jahren *in Kultur* genommen worden.

Auch der **Strähnige Champignon** (413) wächst gern in Städten unter Bäumen. Im Vorkommen ähnelt er dem Straßenchampignon, sieht aber dunkelbraun aus. Es war ungünstig, daß er bisher als „Kompostchampignon" bezeichnet wurde und dann oft zu Verwechslungen mit den zweisporigen Champignons (406, 407) Anlaß gab, die nur auf Kompost vorkommen.

Als Gebäudepilz ist der **Echte Hausschwamm** (870) zumindest dem Namen nach allgemein bekannt. Der **Fastfleischige Kellerschwamm** (872) ist weniger bekannt, aber ebenfalls recht häufig. Beide richten in alten Gebäuden mit unzureichender Isolierung erhebliche Schäden an.

Auf Schuttböden, an planierten Stellen und auf frisch aufgeschütteten Böden treten regelmäßig **Weichritterlinge** (205, 206), **Aschescheidlinge** (339), **Weißliche Ackerlinge** (Taf. 41) und manchmal auch **Blasige Becherlinge** (Taf. 63) auf. Sie sind sämtlich eßbar, jedoch nicht besonders schmackhaft. Dann suchen wir nach schmackhafteren Arten, die es dort auch gibt. Es sind verschiedene **Champignons** (406, 407) und vor allem **Schopftintlinge** (Taf. 38). Jung und geschlossen liefern sie eine ganz vorzügliche Pilzsuppe, man sollte daher nie achtlos an ihnen vorübergehen.

Ähnlich büschelweise wie der Schopftintling wächst auch der weniger schmackhafte, unberingte **Graue Tintling** (Taf. 38). Nach seinem Genuß darf auf keinen Fall *Alkohol* getrunken werden, weil sich sonst sehr unangenehme Vergiftungserscheinungen zeigen. Aus diesem Grund wird er gern „Antialkoholikerpilz" genannt.

Mehr an Wegrändern und in Parks gibt es büschelig wachsende **Raslinge** (215–217). Sie sind ergiebig und schmackhaft, doch nicht ganz leicht zu erkennen. Die weiße Form kann sogar mit giftigen weißen **Trichterlingen** (141, 142) verwechselt werden.

Leicht zu erkennen sind die kleinen **Haustintlinge** (Taf. 37). Auf ihrem Hut befinden sich weiße Flöckchen, die in einer feinen braunen Spitze enden. Ebenfalls ohne Speisewert ist der kleine **Topfteuerling** (Taf. 1).

Auf gut mit Dung versorgten Gartenbeeten wachsen die im vorigen Kapitel erwähnten Mistbewohner gern als „Unkrautpilze". Eine solche unerwartete und unbeabsichtigte Pilzzucht ist im eigenen Garten sehr erwünscht, leider aber nur selten ergiebig.

Unter alten Pflaumenbäumen können im Mai und Juni **Schildrötlinge** und **Blasse Pflaumenrötlinge** (s. S. 11) regelmäßig auftreten.

Die Verwechslungsgefahr mit dem giftigen Riesenrötling ist gering, denn dieser wächst im Wald und erscheint keinesfalls vor Juli.

Frisch angelegte Rasenflächen in Gärten sind manchmal mit Hexenringen von Nelkenschwindlingen (Taf. 23) bestanden. Liebhaber von Parkrasen möchten sie beseitigen. Doch warum? Sie zieren den Rasen, schmecken hervorragend und ergeben getrocknet eine willkommene Soßenwürze.

Immer, wenn der Rasen gemäht worden ist, erscheint dort mit bewundernswerter Standhaftigkeit der zierliche, leicht giftige Heuschnittpilz (464), meist begleitet von einer Vielzahl verschiedener Samthäubchen (473 u. a.). Auf einem regelmäßig besprengten Rasen fühlen sich solch vergängliche Arten sehr wohl!

In ungepflegten Obstgärten, wie sie auf dem Land nicht selten sind, gibt es regelmäßig weitere „Gartenpilze". Strauchporlinge (858) fallen wenig auf, weil sie am Grund alter Beerensträucher wachsen und häufig stark veralgt sind. Die prächtigen Zottigen Schillerporlinge (852) entgehen uns, weil unser Blick so selten nach oben schweift . . . Beide schädigen ihre Wirte nur wenig, so daß diese noch lange weiterleben können.

Pflaumenfeuerschwämme (862) gibt es in jedem Ort an alten Steinobstbäumen und auch der Hallimasch (167) befällt überall alte Obstbäume. Glimmertintlinge (Taf. 38) erscheinen in großen Scharen rings um Baumstubben. Schuppige Stielporlinge (Taf. 57) brechen aus Astwunden hervor und lenken wegen ihrer Größe aller Aufmerksamkeit auf sich. Der Schwefelgelbe Stachelbart (894) sitzt unter der Borke alter Apfelbäume und fällt nur wenig auf.

In großen Obstgärten treten regelmäßig auch verschiedene Wiesenpilze (s. S. 52) auf. Besonders häufig ist der Karbolchampignon (Taf. 36, s. S. 25). Dazu kommen stickstoffliebende Arten wie kleine Mürblinge (458, 460), Tintlinge, Stinkschirmlinge (388), Braunblättrige Grünspanträuschlinge (486) oder als besondere Rarität Goldfarbene Glimmerschüpplinge (404). In Gärten mit alten Komposthaufen siedeln sich aber auch gern verschiedene Streubewohner an, besonders Schmächtige Rötelritterlinge und Violette Rötelritterlinge (beide Taf. 22) sowie Fuchsige Trichterlinge (Taf. 16).

Gute Pilzstandorte sind Gewächshäuser. Hohe Temperaturen und gleichbleibende Feuchtigkeit können sogar Arten das Wachstum ermöglichen, die aus wärmeren Gegenden stammen (394, 396). In jedem Fall kann der Pilzliebhaber im Garten vielfältige Beobachtun-

gen anstellen. Insbesondere lassen sich dort das überraschend
schnelle Wachstum der Pilze, ihre Wachstumsrhythmik und Abhän-
gigkeit von den Witterungserscheinungen, ihre Standorttreue, in anderen Fällen aber auch ihre Unstetigkeit gut verfolgen.

In Hochmooren und auf Brandstellen

Moore und Sümpfe enthalten stets ausreichend Feuchtigkeit. Dort-
hin begeben wir uns, wenn der Boden ausgetrocknet ist und anderswo keine Pilze wachsen. Allerdings dürfen wir unsere Exkursio-
nen erst im Juli beginnen, wenn sich der Boden ausreichend erwärmt
hat.

Hochmoore sind nährstoffarm und im Zentrum weitgehend frei
von Bäumen. In den üppigen Torfmoospolstern finden sich nur kleinere, wenig ansehnliche Arten, diese jedoch oft in erstaunlicher In-
dividuenzahl. Ihre Einordnung ist nicht so schwierig:
Hut trichterig. Lamellen weit herablaufend
. . . . Sumpfnabeling (128)
Hut gewölbt oder nur leicht niedergedrückt
    Lamellen weiß bis graulich . . . . Sumpfgraublatt (224)
    Lamellen gelb bis orange, dick . . . . verschiedene Saftlinge
    Lamellen rostgelb bis -braun . Torfmooshäublinge (657–658)
    Lamellen reif olivbraun, graubraun
. . . . Torfmoosschwefelkopf (499)
    Wenn sich in Hochmooren Birken ansiedeln, tauchen weiße
Moorbirkenpilze (68) und Bunte Birkenpilze (67) auf. Auch
Gelbe Graustieltäublinge (Taf. 53) und die blaßrosa Fruchtkör-
per des Birkenspeitäublings (bei 766) fühlen sich auf dem feuchten
Moorboden wohl. Von den Milchlingen gedeihen auch Rotbraune
Milchlinge (Taf. 49) und Bruchreizker (Taf. 51) unter Birken. In
Mooren wachsen sie aber auch unter Nadelbäumen, oft gemeinsam
mit gelb- oder grünblättrigen Hautköpfen (585, 586 u. a. Arten).
Sehr selten kann auch einmal ein Moorröhrling (46) auftreten.

Sehr spezielle Standorte sind auch Brandstellen. Für den Pilzflori-
sten sind sie beinahe noch interessanter als Hochmoore. Zum Ken-
nenlernen der häufigsten Brandstellenpilze auch hier ein paar Tips:
sehr dünnfleischig sind der Kohlenmürbling (453) und der Kohlentintling (439). Helle Lamellen haben der graue Kohlennabeling (Taf. 14), das Kohlengraublatt (223) und der braune Kohlentrichterling (148). Alle drei riechen intensiv mehlartig. Dunk-

lere olivbraune oder kaffeebraune Lamellen haben der **Kohlenschüppling** (Taf. 44) und der **Kohlenfälbling** *(Hebeloma anthracophilum)*. Nicht zu den Blätterpilzen gehören die **Wurzellorchel** (959) und der **Kohlenbecherling** (975). Daneben gibt es dort zahlreiche weitere **Becherlinge**, die wir nicht in unser Artenverzeichnis aufnehmen konnten.

Substratspezialisten

Manche Pilze besiedeln so charakteristische Substrate, daß sie allein an dieser auffallenden Standortswahl sicher erkannt werden können. Daher schenken wir dem Standort und dem Substrat auf unseren Wanderungen immer genügend Aufmerksamkeit.

Zapfenrüblinge (255–257) wurden bereits auf S. 11 erwähnt. Sehr unscheinbar und daher meist unbemerkt bleiben im zeitigen Frühjahr pfenniggroße **Olivschwarze Becherlinge** *(Rutstroemia bulgarioides)* auf angefaulten Fichtenzapfen. Von seltsamer Gestalt ist der **Ohrlöffelstacheling** (888), der auf vergrabenen Kiefernzapfen gefunden wird. Der **Zapfenmäuseschwanz** (258) ist den Zapfenrüblingen ähnlich, hat aber gedrängte Lamellen und einen bereiften Stiel. Er wächst im Herbst.

Zwitterlinge (221, 222) fallen nur ins Auge, wenn sie in Scharen wachsen. Sie stehen auf Täublingsruinen, die nur langsam verfaulen und geschwärzt viele Wochen im Walde liegen. Auf Täublingsruinen gibt es auch **Sklerotienrüblinge** (241). Sie wachsen stets sehr gesellig und können daher trotz ihrer geringen Größe nicht übersehen werden. Wenn die Täublingsruinen vergangen sind, bilden diese kleinen Rüblinge gelbe oder braune, 1–3 mm große Dauerkörper, aus denen sie später wieder hervorwachsen können.

Noch interessanter sind **Schmarotzerröhrlinge** (Taf. 5) und **Parasitische Scheidlinge** (338). Erstere wachsen auf Kartoffelbovisten, letztere auf Nebelkappen. Vermutlich sind bereits die Pilzgeflechte der jeweils beiden Partner miteinander vergesellschaftet, denn die beiden „Parasiten" sind immer wieder an den gleichen Stellen zu finden, während Nebelklappen und Kartoffelboviste an anderen Stellen stets „gesund" sind. Das Verhältnis von **Kuhpilz** und **Rosa Schmierling**, die manchmal so eng vergesellschaftet sind, wie das unsere Tafel 5 zeigt, ist noch ungeklärt.

Kernkeulen besiedeln im Boden liegende Insekten. Es gibt solche auf Insektenpuppen (994), auf Raupen sowie auf Bienen und

Wespen. Andere Kernkeulen (995, 996) sind in ihrer Wirtswahl nicht weniger interessant. Sie entspringen Warzigen Hirschtrüffeln (993), unterirdisch wachsenden Schlauchpilzen. Eine bemerkenswerte Pilzgesellschaft gedeiht auf Buchen-Fruchthüllen. Die Fruchthüllenholzkeule ist gut mit bloßem Auge zu erkennen. Sie gilt als substratbedingte Kümmerform der häufigen Geweihförmigen Holzkeule (998). Für die kleinen, weißen und gelblichen Wollbecherlinge *(Dasyscyphus virgineus* und *D. bicolor)* wird eine Lupe benötigt, nur dann ist ihre Schönheit richtig zu erfassen.

Sumpfhaubenpilze (985) besiedeln Substrate, die im Wasser liegen und sind in Bergbächen manchmal massenhaft zu finden. Mit ihren gelben oder orangefarbenen Köpfchen leuchten sie weithin.

Ganz zeitig im Jahr, unmittelbar nach der Schneeschmelze, wächst an vorjährigen Erlenkätzchen der nur zentimetergroße Kätzchenbecherling *(Ciboria amentacea).* Gelbblättrige Schnitzlinge (515) bevölkern den Boden unter Weißdornbüschen und sind an dessen Streu gebunden. An alten Holunderbüschen stoßen wir mit etwas Glück auf ein paar der merkwürdigen Judasohren (938).

Besonders zahlreich sind die Substratspezialisten auf Fichtennadeln (s. S. 25). Aber auch Grasblätter (Rotbrauner Halsbandschwindling, 233) und Buchen- oder Eichenblätter haben ihre Spezialisten unter den Pilzen. Es gibt aber auch einen Efeuschwindling *(Marasmius epiphylloides)* und einen Beinwellscheinhelmling (299). Und auf Schilfhalmen und -blättern gibt es gleich eine ganze Pilzgesellschaft von Helmlingen, Schwefelköpfen, Schwindlingen und Tintlingen.

Größer als alle diese Winzlinge, die ein oft unbemerktes Dasein fristen, wird der Hauhechelrübling (bei 261), der dem Samtfuß- oder Winterrübling nahesteht. Der Elfenbeinröhrling (Taf. 5) schließlich ist ein Mykorrhizapilz der Weymouthskiefer und leitet damit wieder zu den Pilzen mit ansehnlichen Fruchtkörpern über, die wir in den Kapiteln über verschiedene Waldbäume und ihre Pilzpartner bereits besprochen haben.

Bestimmung

Pilze kennenzulernen, ist nicht ganz leicht. Am einfachsten erscheint der Vergleich mit *Abbildungen*. Auch der Wissenschaftler kann nicht darauf verzichten, denn viele Eigenschaften von Pilzen, wie der Habitus, die Art und Weise der Hutwölbung, manchmal auch die Farbe, lassen sich nur unvollkommen mit Worten umschreiben.

Der Vergleich mit einer ausführlichen *Beschreibung* ist aber ebenso wichtig, denn sie kann Merkmale erfassen, die im Bild nicht gezeigt werden können (Geruch, Geschmack, Brüchigkeit). Am schnellsten ist der Name eines Pilzes jedoch unter Zuhilfenahme eines *Bestimmungsschlüssels* zu ermitteln. In unserem Buch findet er sich auf den Seiten 65 bis 90. Er ermöglicht die Bestimmung der im Artenverzeichnis enthaltenen Gattungen, teilweise auch die einzelner, auffallender Arten.

Bei der Pilzbestimmung ist folgendermaßen vorzugehen: Zunächst erfolgt eine Entscheidung für eine der Gruppen A bis H (siehe S. 65). Wenn diese Entscheidung schwerfällt, sind auch die Zeichnungen am Rande der Tabellen mit zu Rate zu ziehen.

Bei der umfangreichen Gruppe A (Blätterpilze) ist eine Besonderheit zu beachten. Sie mußte aus Gründen der Übersichtlichkeit nochmals untergliedert werden. Anhand der Gruppenübersicht auf S. 66 ist die jeweilige Untergruppe (I, II, III a–c) leicht herauszusuchen und die Bestimmung dann gleich bei dieser Untergruppe zu beginnen.

Die eigentliche Bestimmungsarbeit besteht darin, F r a g e n nach den M e r k m a l e n der Pilze zu beantworten. Die einzelnen Fragen sind fortlaufend numeriert. Zwei von ihnen (z. B. 1 und 1$^+$, 2 und 2$^+$, 3 und 3$^+$ usw.) bilden jeweils ein zusammengehörendes F r a g e p a a r. Der Bestimmer muß sich immer für e i n e der unter einer Ziffer angegebenen Möglichkeiten entscheiden: entweder der Pilz hat das beschriebene Merkmal (es trifft also 1, 2, 3 usw. zu) oder er hat es nicht (dann trifft 1$^+$, 2$^+$, 3$^+$ usw. zu).

Seltener sind drei- oder vierfach gestellte Fragen, z. B. 3–3$^+$–3^{++} oder 6–6$^+$–6^{++}–6^{+++}. Zutreffen kann auch hier nur jeweils e i n e der drei oder vier angebotenen Möglichkeiten. Nummernhinweise in Klammern beziehen sich auf das Artenverzeichnis. Dort finden sich Skizzen, die das erfragte Merkmal im Bild zeigen. Sind die Ziffernhinweise in Klammern *kursiv gesetzt*, beziehen sie sich auf Skizzen am *Rande der Bestimmungstabellen.* Die Ziffern stimmen aber auch hier mit denen der einzelnen Arten im Artenverzeichnis überein.

Ein Pfeil am Ende der Fragezeile zeigt jeweils an, bei welcher Frageziffer weiterzulesen ist. So wird Frage für Frage beantwortet, bis wir auf die Pilzgattung oder Pilzart stoßen, zu der die zu bestimmenden Exemplare gehören. Auch in diesem Fall verweisen die Ziffern in Klammern auf das Artenverzeichnis.

Wählen wir ein Beispiel: Der auf Tafel 27 abgebildete Mehlpilz soll bestimmt werden. Als Blätterpilz gehört er in die Gruppe A (S. 65). Sein zentraler, faseriger Stiel verweist in die Untergruppe III, die am Stiel herablaufenden Lamellen (Schnittabbildung auf Tafel 27!) in die Untergruppe III c. Wir beginnen die Beantwortung der Bestimmungsfragen also auf S. 76 in der Gruppe A, III c: Blätterpilze mit breit angewachsenen oder herablaufenden Lamellen.

Dort wird beim Fragepaar $1-1^+$ zunächst nach einem Ring am Stiel gefragt. Er fehlt. Für unseren Pilz trifft also 1^+ zu. Das nächste Fragepaar ist $8-8^+$. Da der Pilz auch bei Regenwetter völlig trocken bleibt und damit 8^+ zutrifft, lesen wir bei $12-12^+$ weiter. Die Lamellen des Mehlpilzes sind weder auffallend dick, noch stehen sie entfernt voneinander, es folgt Frage 13. Diese ist dreifach gestellt und bezieht sich auf die Gestaltung der Lamellen: röhrlingsartig unterteilt (13), häufig gegabelt (13^+) oder ungegabelt (13^{++}). Wir entscheiden uns für ungegabelt und gelangen zu 15. Da der Stiel unseres Pilzes weder rot, orange oder gelb gefärbt ist, gelangen wir über 15^+ zu 22. Diese Frage könnte falsch beurteilt werden, wenn wir vorschnell urteilen. Bei reifen Exemplaren ist aber ein rosa Schein in den Lamellen deutlich zu erkennen: 23. Der weiße Hut führt uns dann zu 24. Dort fällt die Entscheidung nicht ganz leicht. Der niedergedrückte Hut könnte auf 24^+ verweisen, der filzige Hut dagegen deutet auf 24. Die entscheidende Sporenform können wir ohne Mikroskop nicht überprüfen. Solche Probleme tauchen bei der Bestimmungsarbeit oft auf und lassen sich nicht vermeiden. Es bleibt dann nichts anderes übrig, als beide Wege weiter zu verfolgen. In unserem Fall ist das leicht: die Nr. 326 ist sehr klein, hat einen gerieften Hut und ist geruchlos, was für unseren Pilz nicht zutrifft. Danach vergleichen wir Nr. 302. Sie gehört zur Gattung **65**, Schiefhut, auf S. 119. Dort prüfen wir zunächst die Gattungsmerkmale (trichterlingsartig, Stiel etwas exzentrisch, Mehlgeruch) und finden, daß sie zutreffen. Wir befinden uns also bei der richtigen Gattung. Aber auch beim Mehlpilz, der Nr. 302, treffen sämtliche angegebenen Merkmale zu. Wir haben den Mehlpilz also richtig bestimmt.

Der Bestimmungsgang noch einmal zusammengefaßt:

● Nach den Übersichten auf S. 65 und S. 66 entscheiden, in welche Gruppe (Untergruppe) der gesuchte Pilz gehört.

● Verfolgen des Bestimmungsweges von Ziffer zu Ziffer, bis am Ende einer Zeile nach einem Doppelpunkt auf eine bestimmte Gattung oder Art verwiesen wird.

● Anhand der Ziffernhinweise Aufschlagen der Gattung. Vergleich der Gattungsmerkmale. Falls die Gattung untergliedert ist, die passende Untergruppe auswählen und dann Art für Art vergleichen, bis eine zutreffende Beschreibung gefunden wird.

● Vergleich der angegebenen Farbtafel oder Vergleich mit den Schwarzweißskizzen. Wenn möglich, Nachlesen ausführlicherer Beschreibungen in anderen Pilzbüchern (und Vergleich mit den dortigen Abbildungen).

Nicht immer wird die Entscheidung für die eine oder andere Pilzart leicht fallen. Nicht selten wird auch ein Pilz gesucht werden, der in unsere Übersicht nicht aufgenommen werden konnte. Dann müssen ausführlichere Werke zu Rate gezogen werden (s. Literaturverzeichnis auf S. 187).

In den Schlüsseln verwendete Abkürzungen:

Frk	Fruchtkörper	Ger	Geruch
H	Hut	Ges	Geschmack
St	Stiel	(12)	Abbildung im Schlüsselteil
L	Lamellen	(388)	Abbildung im Artenverzeichnis
P	Poren		

Bestimmungsschlüssel

Gruppenübersicht

A. Blätterpilze

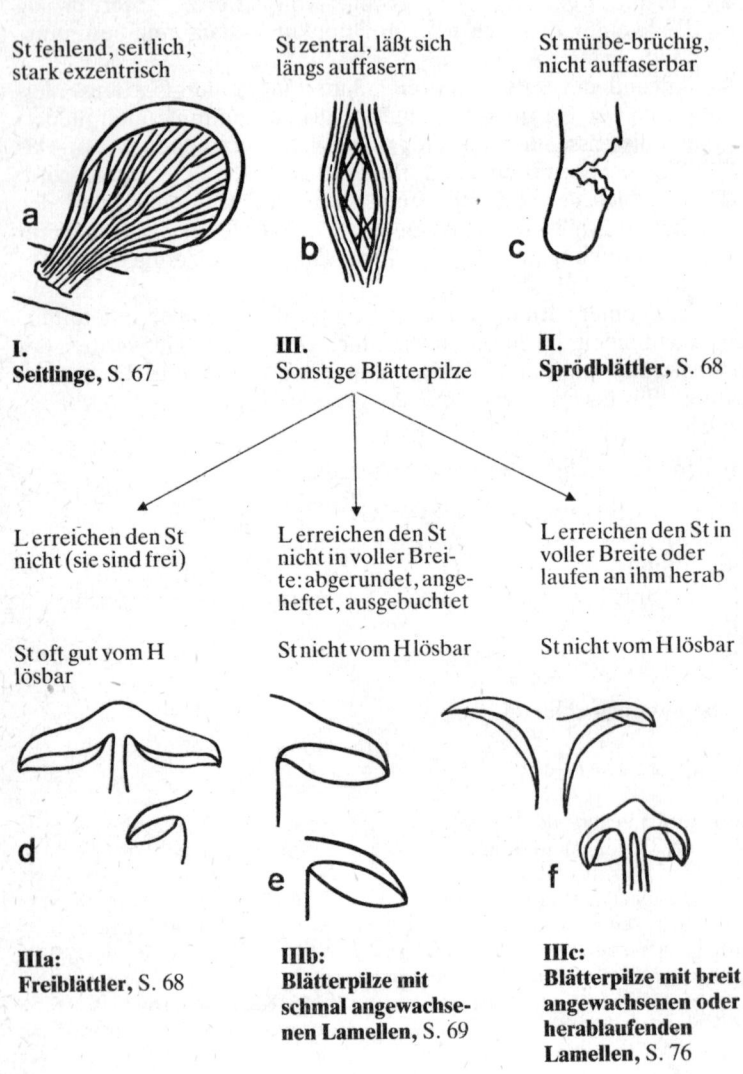

St fehlend, seitlich, stark exzentrisch

St zentral, läßt sich längs auffasern

St mürbe-brüchig, nicht auffaserbar

I.
Seitlinge, S. 67

III.
Sonstige Blätterpilze

II.
Sprödblättler, S. 68

L erreichen den St nicht (sie sind frei)

L erreichen den St nicht in voller Breite: abgerundet, angeheftet, ausgebuchtet

L erreichen den St in voller Breite oder laufen an ihm herab

St oft gut vom H lösbar

St nicht vom H lösbar

St nicht vom H lösbar

IIIa:
Freiblättler, S. 68

IIIb:
Blätterpilze mit schmal angewachsenen Lamellen, S. 69

IIIc:
Blätterpilze mit breit angewachsenen oder herablaufenden Lamellen, S. 76

66

I. Seitlinge

1	L längs gespalten, Ränder trocken eingerollt (796): Spaltblättling (796)	
1⁺	L nicht längs gespalten → 2	832
2	Rückseite des Frk breit angewachsen (*832*). Gezont. Korkig zäh → 3	
2⁺	Frk gestielt, stielartig ausgezogen, am Scheitel aufgewachsen → 4	
3	Substanz und Fruchtschicht weiß: Birkenblättling (828)	
3⁺	Substanz und Fruchtschicht holzfarben bis braun: Wirrling, Blättlinge (829–832)	
4	H-Haut gelatinös, dehnbar (*524*). L weiß. Nadelholz: Milder Zwergknäuling (227)	
4⁺	H-Haut gelatinös, dehnbar (*524*). L reif braun. Laubholz: Gallertfleischiger Krüppelfuß (524)	
4⁺⁺	H-Fleisch mit Gallertschicht (Schnitt, Lupe): Muschelinge (228–230)	524
4⁺⁺⁺	Weder H-Haut noch H-Fleisch gelatinös → 5	
5	Kleine Arten: H unter 3 cm → 6	
5⁺	Größere Arten: H über 3 cm → 7	
6	Ges herb, zusammenziehend: Herber Zwergknäuling (226)	
6⁺	Ger mehlartig (zerdrücken, kosten): Katzenohrschiefhut (303), Stummelfußrötling (333)	
6⁺⁺	Ohne auffallenden Ger und Ges: Krüppelfüße (525–528)	
7	L-Rand gesägt, gezähnt (786): Sägeblättlinge, Zähling (784–786)	
7⁺	L-Rand unversehrt, glatt (oder fein bewimpert) → 8	
8	St schwarzbraun-samtig. An morschem Nadelholz: Samtfußkrempling (90)	
8¹	St olivsamtig, gelbschuppig. An Laubholz: Muschelseitling (230)	
8⁺⁺	St nicht so auffallend samtig (schuppig) → 9	
9	L ocker, oliv, orange → 10	
9⁺	L weniger lebhaft gefärbt →12	
10	L oft gegabelt (*88*), olivgelb: Muschelkrempling (91)	
10⁺	L nicht gegabelt → 11	88
11	Fleisch geschichtet (*787*), zäh. Muschelförmig: Orangeseitling (787)	
11⁺	Fleisch ungeschichtet. Langgestielt: Ölbaumpilz (92)	787
11⁺⁺	Fleisch ungeschichtet, weich. Muschelförmig: Krüppelfüße (525–526)	
12	Ger mehlartig: Ulmenrasling (218), Geripptstieliger Seitling (781)	
12⁺	Ger fehlend: Seitlinge, Knäuling (779–780, 782,783)	

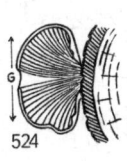

II. Sprödblättler

1   Fleisch frisch mit Milchsaft. St dem H farblich ähnlich, aber heller. H-Farben oft trüb. L kaum rein gelb: Milchlinge, Reizker (666–710)

1$^+$ Stets ohne Milchsaft. St weiß oder rot. H-Farben oft leuchtend. L weiß oder gelb: Täublinge (711–778)

III a. Freiblättler

1   L reif rosa, fleischfarben (fleischbraun) → 2

1$^+$ L schmutzig rot, dunkelrot. H körnig (*398*): Blutblättriger Zwergschirmling (405)

1^{++} L reif rostbraun → 4

1^{+++} L reif schwarz, schwarzbraun, dunkelbraun → 5

1^{++++} L reif hell bleibend: weiß, gelb, ocker, hellbraun → 6

2   St beringt. Sporenstaub weiß (wenn gefärbt, s. Champignons, 406–425): Rosablättriger Schirmling (381)

2$^+$ St ohne Ring → 3

3   St am Grund mit lappiger Hauttasche (Scheide, 341): Scheidlinge (334–341)

3$^+$ St-Grund ohne Hauttausche. Meist an Holz (auch Spänen): Dachpilze (342–352)

4   H häutig, kahl (*470*): Mistpilze (470–471)

4$^+$ H dickfleischig, körnig, trocken: Glimmerschüppling (404)

5   H dünnfleischig, häutig, gerieft. St meist unberingt, röhrig: Tintlinge (426–443)

5$^+$ H fleischig, nie gerieft. Trocken. St stets beringt, ± voll: Champignons (406–425)

6   St-Basis mit Hauttasche (Scheide, 357–359): Wulstlinge (353–361, 367, 370–371)

6$^+$ St-Basis spindelig-wurzelnd (397, Taf. 63) → 7

6^{++} St-Basis ohne eines dieser Merkmale → 8

7   H und St kahl, grau. Ger mehlartig: Wurzelgraublatt (225)

7$^+$ H schuppig, weinrot. Gedüngte Böden: Spindeliger Faltenschirmling (397)

7^{++} H und St samtig-haarig (Abb. S. 74), braun: Braunhaariger Wurzelrübling (265)

8   L zu einer Halskrause verbunden, die den St umgibt (231): Rädchenschwindlinge (231–233)

8$^+$ L dick, wachsartig, entfernt (Taf. 14 oben): Saftlinge (111, 113, 115, 117, 119–120)

398

470

8⁺⁺	L normal, dünnhäutig (meist gedrängt), ohne Halskrause → 9
9	H klebrig oder schleimig (anfeuchten, dann prüfen!): Schleim-schirmlinge, Schmierschirmling (372–375)
9⁺	H trocken (manchmal mit Flöckchen oder Schüpp-chen) → 10
10	St zäh. L sehr entfernt. Ges brennend: Brennender Rübling (244)
10⁺	St nicht zäh. L gedrängter → 11
11	St mit verschiebbarem Ring (380): Schirmpilze (376–380)
11⁺	Ring am St unbeweglich oder fehlend → 12
12	H pulverig-mehlig (Abb. 398, S. 68) → 13
12⁺	H-Oberfläche anders → 14
13	H-Rand gerieft. Bitter. Mit Ring oder Ringzone: Faltenschirmlinge (394–396)
13⁺	Ohne diese Merkmale: Mehlschirmlinge (398–399) (Vergleiche auch Schirmlinge i. e. S., 384–387, 390–391)
14	Mit Gesamthülle: Knolle gegürtelt (369, 370) oder mit abwischbaren, hellen H-Flöckchen (362). Manschette deutlich. Mittelgroß, groß: Wulstlinge (353, 360–366, 368–371)
14⁺	Ohne Gesamthülle. H meist farbig-schuppig (388, Taf. 34 unten). Ring schwindend, farbig-gerandet oder St nur gebändert (390). Mittelgroß oder klein: Schirmlinge i. e. S. (382–393). (H kahl, Ring deutlich, s. 381) (H kahl, St ohne Ring, meist büschelig, s. 243)

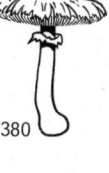

380

390

III b. Blätterpilze mit schmal angewachsenen Lamellen

1	L reif dunkel: schwarz, violettgrau (grau), schwarz-, violett-, pur-purbraun → 2
1⁺	L reif rost-, ocker-, oliv-, erd-, graubraun. Sporenstaub braun → 7
1⁺⁺	L reif hell bleibend: weiß, grau, gelb, orange, rosa rosabraun, hellbraun (Sporenstaub dann aber weiß-lich oder gelblich) → 48
2	L reif scheckig (467) (überreif nicht mehr!): Düngerlinge (463 – 469); Tränender Saum-pilz (444)
2⁺	L nie scheckig → 3
3	H-Haut nicht abziehbar. H nie klebrig → 4
3⁺	H-Haut abziehbar → 5
4	H häutig, faltig-gerieft, reif oft zerfließend: Tintlinge (426–443)

467

4⁺	H nur durchscheinend gerieft (oder ungerieft), nie zerfließend: Saumpilze, Faserlinge, Mürblinge (444–462) (Fleisch gelblich, etwas zäh, s. Schwefelköpfe, 494–498)
5	An Holz, oft büschelig. H trocken oder feucht: Schwefelköpfe (494–498)
5⁺	Andere Standorte. H klebrig, schmierig → 6
6	H bis 3 cm. St unberingt. L meist dunkelbraun: Kahlköpfe (519–522)
6⁺	H meist größer. St oft beringt. L reif violettgrau: Träuschlinge (484–492)
7	St deutlich beringt → 8
7⁺	St mit Ringzone, Faserzone, Schleierresten (Cortina, 635) oder H am Rand jung mit Flöckchen oder Fasern zart behangen (477) → 14
7⁺⁺	St (auch jung) ohne Ringzone oder Schleierreste. Auch H-Rand ohne Schleierreste (wenn hier nicht einzuordnen → 7⁺) → 33
8	Ger nach Marzipan. St. tief wurzelnd: Marzipanfälbling (562)
8⁺	Ges stark bitter. L rostgelb, rostbraun: Beringter Flämmling (589) (wenn klein, s. 403)
8⁺⁺	Ges widerlich-zusammenziehend. Büschelig an Holz: Hallimasche (164–167)
8⁺⁺⁺	Ger oder Ges andersartig → 9
9	H kahl, glatt → 10
9⁺	H fein bereift, körnig oder schuppig → 13
10	L tabakbraun, graubraun, olivbraun: Ackerlinge (478–480) (H blaugrün, s. 486; St unten sparrig, s. 446)
10⁺	L lebhafter gefärbt, rostbraun → 11
11	H ungerieft. St unten feinschuppig: Stockschwämmchen (493)
11⁺	H feucht gerieft. St unten kahl → 12
12	Ring glatt. Mehlgeruch. Sporen feinwarzig: Beringter Gifthäubling (659)
12⁺	Ring gerieft (*475*). Geruchlos. Sporen glatt: Glokkenschüpplinge (475 – 476)
13	H rostfarben, körnig. Außerhalb des Waldes: Glimmerschüppling (404)
13⁺	H tonfarben, lehmbraun, bereift. Nadelwald: Reifpilz (654)
13⁺⁺	H deutlich schuppig (Schuppen aber alt z. T. abgewaschen) → 14
14	An Holz (auch an Wurzeln, bei Stubben usw.) → 15
14⁺	Nicht an Holz wachsend → 21
15	H (und St) faserig. schuppig (*509*), körnig, kleiig → 16
15⁺	H ± kahl (*452*) (nur 591 feinfilzig) → 18
16	Unter 2 cm. Frk trocknend-wiederauflebend: Igelschüppchenschnitzling (523)
16⁺	Größer. Frk alt faulend → 17
17	H dicklich, fleischig. Haut (z. T.) abziehbar: Schüpplinge (500 – 514)

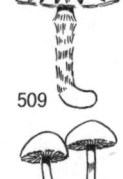

475

509

452

17+	H dünn, ± brüchig. Haut nie abziehbar: Mürblinge (445 – 447)
18	H-Haut nie abziehbar (zellig). H ± brüchig: Mürblinge (448 – 449, 451 – 452)
18+	H-Haut wenigstens etwas abziehbar (hyphig). H-Fleisch faserig→ 19
19	St tief wurzelnd (Taf. 43). Nadelholz. Bitter: Wurzelnder Schwefelkopf (497)
19+	St nicht wurzelnd. Laub- und Nadelholz, Boden (vergrabenes Holz), Brandstellen → 20
20	L rostgelb, -braun. Ges bitter. Sporen warzig. Nadelholz: Flämmlinge (590 – 591)
20+	L weniger lebhaft gefärbt. Mild oder bitterlich. Sporen glatt (wenn stark bitter, dann Sporen glatt !): Schüpplinge (503 – 506, 510 – 514) (s. auch Häublinge, 659 – 661 mit fein warzigen Sporen) (wenn Sporenpulver dunkler als braun, s. Schwefelköpfe, 494 – 496, 498)
21	H trocken → 22
21+	H feucht klebrig oder schmierig, meist kahl → 23
22	Oberfläche des Hutes filzig, faserig, rissig, schuppig → 26
22+	Oberfläche des Hutes kahl und glatt → 28
23	St jung schmierig (alt glänzend), unten oft verjüngt (652): Schleimfüße (645 – 653)
23+	St immer trocken (matt), unten nur selten verjüngt → 24
24	H unter 3 cm. Rand feucht gerieft: Kahlköpfe (519 – 522)
24+	H meist größer, ungerieft → 25
25	L milchkaffeebraun, braun, weißgerandet. H falb, braun. St-Fleisch oft dunkel. Rettich-Geruch: Fälblinge (562 – 566) (St-Knolle dick. Fl geruchlos, s. 635) (L mit Olivton, Spätherbst, s. 504)
25+	L lebhafter: ocker, rostbraun (jung manchmal gelb, blau . . .), ungerandet, H oft lebhafter gefärbt. St-Fleisch nicht dunkel. Kein Rettich-Ger (s. auch 645, 647, 648): Schleimköpfe, Klumpfüße (622 – 644)
26	L-Rand weißlich. Ger oft spermatisch. Sporenstaub schmutzigbraun. Sporen glatt oder höckerig: Rißpilze (529 – 561) z. T.
26+	L-Rand nicht weißlich. Ger oft rettich-(jod-) artig. Sporenstaub mehr rostbraun. Sporen feinwarzig → 27
27	L jung lebhaft gefärbt (rot, gelb, orange, zimtfarben). St schlank, flämmlingsartig (584) (587): Hautköpfe (580 – 588)
27+	L jung weniger lebhaft (oder blau!). Habitus nicht flämmlingsartig: Rauhköpfe (592 – 597) und Dickfüße (598 – 603), s. auch 604 und 621 (wenn klein und in Mooren, s. 657; wenn L ohne Rostton, s. Rißpilze, 529 – 561)
28	H-Rand fein weißflockig (450) → 29
28+	H-Rand nur feinfaserig oder völlig kahl → 30

652

584

450

29	L ockergelb, rostgelb. H klein, flachgewölbt: Weißflockiger Glokkenschüppling (477)
29⁺	L andersfarbig. H mittelgroß: Mürblinge (448, 450)
30	H grüngelb, blaßgelb,1–3 cm. Torfmoos: Torfmoosschwefelkopf (499)
30⁺	H olivgrün, olivbraun, 1-2 cm, matt. Morsches Holz: Olivfarbener Schnitzling (518)
30⁺⁺	H anders gefärbt und/oder größer → 32
32	H hygrophan (trocken heller als feucht), dünnfleischig, Haut hyphig. L oft entfernt. St manchmal weiß gegürtelt (*615*): Gürtelfüße, Wasserköpfe (605–621) (Huthaut zellig, St nie gegürtelt: Mürblinge, s. 461 bis 462)
32⁺	Mit anderen Merkmalen → 25; wenn H jedoch völlig trocken, s. auch Rauhköpfe (596–597) und Dickfüße (598–603)
33	L rostgelb gefleckt. An morschem Holz: Flämmlinge (590–591)
33⁺	L dunkelbraun gescheckt. Auf dem Boden: Düngerlinge (464–465) (an Holz: Spindeliger Rübling, 247)
33⁺⁺	L weder gefleckt noch gescheckt → 34
34	Ger nach Fisch, faulem Kohl, Knoblauch → 62
34⁺	Ger andersartig oder fehlend → 35
35	St recht zäh, knorpelig → 36
35⁺	St weichfleischiger → 37
36	St wurzelnd (655). Stets in Nadelwald: Wurzelschnitzlinge (655–656)
36⁺	St nicht wurzelnd (oder im Laubwald): Rüblinge (243–244)
37	H feucht gerieft (*611*) oder deutlich hygrophan (trocken heller werdend; trockene Frk mit dem St in Wasser hängen) → 38
37⁺	H feucht stets ungerieft. Nie hygrophan → 46
38	H schmierig, klebrig → 39
38⁺	H auch jung trocken → 40
39	L dunkelbraun. H dünnfleischig: Kahlköpfe (519–522)
39⁺	L rostbraun. H häutig: Mistpilze (470–471)
40	L rostgelb, rostbraun. Immer mild → 41
40⁺	L weniger lebhaft gefärbt: Ocker, dunkel-, schmutzigbraun → 44
41	H glockig, zart und brüchig (*473*) → 42
41⁺	H flacher (*516*), etwas fleischiger → 43
42	H matt, wie bereift (zellig). St jung gänzlich gleichmäßig fein bereift (Lupe). Sporen glatt: Samthäubchen (472–474) (vgl. auch 461 !)
42⁺	H kahl, glatt (hyphig). St jung oben bereift oder fein flockig. Sporen feinwarzig: Häublinge (658,661–665)

615

611

473

516

43	H kahl und glatt. Sporen feinwarzig: Gürtelfüße, Wasserköpfe (605–621)
43+	H ± matt. Sporen glatt: Schnitzlinge (515–518)
44	Ges bitterlich. St unten gefärbt. Feuchte Stellen bei Erle und/oder Weide: Erlenschnitzlinge (577 bis 579)

518

44+	Ges mild. Meist andere Standorte → 45
45	St mit Olivtönen, fein bereift (*518*): Olivfarbener Schnitzling (518)
45+	St ± weiß, nicht gänzlich bereift: Mürblinge (456–462)
46	H rissig, faserig, filzig, schuppig → 26
46+	H völlig glatt und kahl → 47
47	L-Rand weiß. St oben bemehlt. In Wäldern: Fälblinge (567–576; s. aber auch 563–566 mit vergänglichem Schleier)
47+	L-Rand gleichfarben. St oben fast kahl. Triften, Äcker, Wegränder: Ackerlinge (481–483)
48	St-Basis mit freier, lappiger Hauttasche (Scheide, 357–359): Wulstlinge (353–361, 367, 370–371)
48+	St mit Ring, Manschette oder ringartiger Zone → 49
48++	St unten ohne Hauttasche und jung ohne Ring oder Ringzone → 54
49	St unten spitz wurzelnd. Gedüngte Stellen: Gegürtelter Schönkopf (211)
49+	St unten deutlich knollig (635, 369) → 50
49++	St unten gleichdick oder nur leicht verdickt → 51
50	L weiß. Manschette deutlich. H mit Flöckchen: Wulstlinge (360 bis 366, 368–371; s. auch 353 ohne Manschette)
50+	L reif hellbraun. Keine deutliche Manschette: Schleierritterling (635)
51	H kahl und glatt, manchmal schleimig oder klebrig → 52
51+	H filzig, wollig, schuppig. Manchmal bitter: Ritterlinge (179–181, 185–190) (Ges herb-zusammenziehend, an Holz, Wurzeln, s. Hallimasche, 164–167)
51++	H (und St) kleiig-körnig (*400*). Immer mild: Körnchenschirmlinge (400–403)
52	An Ästen, frisch sehr schleimig: Beringter Schleimrübling (263)

400

52+	Bodenbewohnend → 53
53	L gedrängt, dünn und weich, angeheftet (s. Abb. e. S. 66 unten): Schleimschirmlinge (372–375)
53+	L etwas entfernt, nicht auffallend weich und dünn, ausgebuchtet (s. Abb. e. S. 66 oben). Frk festfleischig: Ritterlinge (170–178, 182 bis 184, 191–197)
54	Auf verfaulten Blätterpilzen (geschwärzte Reste!) → 55
54+	Auf vergrabenen Nadelholzzapfen → 56
54++	Andere Standorte (auf dem Boden, an Holz, im Moos) → 57

55	L auffallend dick. H oder L alt braun bestäubt: Zwitterlinge (221 bis 222)
55⁺	L normal. Alt nie staubig zerfallend: Sklerotienrübling (241)
56	L sehr gedrängt. St dicht und fein bereift: Zapfenmäuseschwanz (258)
56⁺	L normal entfernt. St fast kahl: Zapfenrüblinge (255–257)
57	St gänzlich gleichmäßig feinfilzig, samtig oder dicht bereift (mit bloßem Auge sichtbar!) → 58
57⁺	St kahl oder nur oben ganz fein bereift oder nur unten filzig oder striegelig → 64
58	L gelb oder gelblich. Frk fleischig. Morsches Holz → 59
58⁺	L weiß, grau, bräunlich → 60
59	St braun- oder schwarzsamtig. Laubholz: Samtfußrübling (261)
59⁺	St purpurfilzig. Nadelholz: Rötlicher Holzritterling (169)
60	St lang wurzelnd (*265*). H samtig-haarig: Braunhaariger Wurzelrübling (265)
60⁺	St nicht wurzelnd (*238*) → 61
61	Ger stark: Fisch, fauler Kohl, Knoblauch → 62
61⁺	Ger fehlend oder andersartig (anfeuchten!) → 63
62	Ger nach Gurke – Hering. H matt bereift: Veränderlicher Gurkenrübling (260)
62⁺	Ger nach faulem Kohl, Knoblauch. H kahl: Schwindlinge, Rüblinge (234–238)
63	H feinhaarig (259). An Gras (selten Holz): Brauner Haarschwindling (259)
63⁺	H kahl. Andere Standorte: Schwindlinge, Rüblinge (239–246)
64	St lang wurzelnd (s. auch 284): Wurzelgraublatt (225), Spindeliger Rübling (247), Kahler Wurzelrübling (264); vgl. auch die Helmlinge 282 und 284
64⁺	St nicht wurzelnd → 65
65	St unter 3 mm dick → 66 (Zweifelsfälle → 75!)
65⁺	St kräftiger, über 3 mm dick → 75
66	L aderig (*301*). Frk winzig → 67
66⁺	L auffallend dick (Abb. 133, S. 77), rosa, lila, violett: Lacktrichterlinge (132–135)
66⁺⁺	L normaldünn, meist mit anderen Farben → 68
67	St unten gefärbt. Auf Laub: Aderblättriger Schwindling (240)
67⁺	St völlig glasig-weiß. Holz, feuchter Humus: Aderhelmling (301)

265

238

301

68	L weiß, gedrängt. H flach gewölbt, rosa, lila: Schönköpfe (213–214)
68⁺	L und H mit anderen Merkmalen → 69
69	H in der Mitte niedergedrückt (*328*) → 70
69⁺	H lange gewölbt bleibend → 72
70	L weiß, graulich, bräunlich. Sporen glatt → 71
70⁺	L reif und Sporenstaub rosa, fleischbraun. Sporen eckig (*328*): Zärtlinge (325–331)

328

71	St auffallend zäh. L weiß, bräunlich: Schwindlinge, Rüblinge (231 bis 233, 239, 241)
71⁺	St weicher. L weißlich, grau, meist breit angewachsen: Trichterlinge (143–145, 152–155, 158–163), Graublättler (223–224)
72	Frk reinweiß (s. auch 240 und 288): Scheinhelmlinge (298–300)
72⁺	Frk irgendwo gefärbt → 73
73	St zäh. H meist flach gewölbt (*252*): Schwindlinge, Rüblinge (231–233, 249–250, 252–254) (L alt rosa, an Holz, s. 279, 281, 282, 284)
73⁺	St weicher. H oft kegelig-gewölbt (*270*), feucht oft stark gerieft → 74

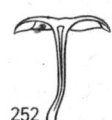

252

270

74	L hellgelb: Hellstieliger Häubling (662)
74⁺	L reif rosa, fleischbraun. Sporen eckig (Abb. 312, s. unten): Glöcklinge (318–324)
74⁺⁺	L weiß, graulich (zart rosa), Rand manchmal gefärbt (Lupe). Frk z. T. milchend. Sporen glatt: Helmlinge (266–297)
75	L gedrückt blau, grau, schwarz verfärbend: Schwärzlinge (219–220)
75⁺	L dicklich, entfernt (*121*), wachsartig. Frk glasig, meist lebhaft gefärbt: Saftlinge (111–115, 117–121)
75⁺⁺	L dicklich, entfernt (Abb. *133*, S. 77) aber nicht wachsartig, rosa-lila, violett. St zäh: Lacktrichterlinge (132–135)

| 75⁺⁺⁺ | L mit anderen Merkmalen → 76 |
| 76 | L (Sporenstaub!) reif rosa, fleischbraun (L bei 281, 284 und 289 manchmal rosa, aber Sporenstaub weiß!) → 77 |

121

76⁺	L reif anders gefärbt (ebenso Sporenstaub) → 79
77	Büschelig an Holz. St weiß, brüchig: Rötelblättriger Mürbling (456)
77⁺	Auf dem Boden. St oft gefärbt, faserig → 78
78	In Kreisen wachsend. L gedrängt. Ger ± aromatisch. Sporen glatt oder feinwarzig: Rötelritterlinge (198–203)
78⁺	Meist nicht in Kreisen. L mäßig gedrängt (*312*). Ger kaum aromatisch. Sporen eckig: Rötlinge (306–317), Glöcklinge (318–324)

| 79 | An oder bei morschen Stubben → 80 |
| 79⁺ | Auf dem Boden wachsend → 83 |

312

| 80 | L gelb. H filzig. Ges moderig-erdig: Rötlicher Holzritterling (169) |

80⁺	L weiß oder bräunlich → 81
81	H feinschuppig. Ges herb: Hallimasche (167–168)
81⁺	H kahl. Ges mild → 82
82	H alt rissig. Mit Myzelsträngen (*262*): Breitblatt (262)
82⁺	H nie rissig. Ohne Myzelstränge (s. auch 279–287): Schwindlinge, Rüblinge (246–250)
83	St jung lila, violett → 84
83⁺	St nie lila oder violett → 85
84	L reinweiß. Mit Mehl-Ger: Veilchenblauer Schönkopf (214)
84⁺	L gefärbt. Ger andersartig: Rötelritterlinge (198–199)
85	Büschelig wachsend (Abb. *217*, S. 79). Sporen rund (bei 215 auch elliptisch): Raslinge, 215–217
85⁺	Einzeln wachsend. Sporen meist ellipsoid → 86
86	H dünnfleischig (*208*). St. faserig, zäh → 87
86⁺	H und St fleischig. Meist kräftige Pilze. Ritterlinge (170–197), (Frk weinrot fleckig, s. 106; Ger stark aromatisch, s. 140; Ger aromatisch und Sporenstaub rosa, s. Rötelritterlinge, 198 bis 203; wenn Sporenstaub stark amyloid, s. Weichritterlinge, 204–210)
87	H gelb, rosa, violett: Schönköpfe (212–214)
87⁺	H weniger lebhaft gefärbt → 88
88	Frk reinweiß, weißlich: Trichterlinge (141–145, 153–154, 160–162) (s. auch 208: Sporenstaub stark amyloid und 215: Lamellen mit Eisensulfat violett !)
88⁺	Frk irgendwo deutlich gefärbt → 89
89	H niedergedrückt (*144*), trichterig: Trichterlinge (138–140, 146, 148–159, 163)
89⁺	H lange gewölbt bleibend → 90
90	St zäh, oft knorpelig → 91
90⁺	St nur faserig berindet. L gedrängt. Sporenstaub amyloid: Weichritterlinge (204–210)
91	H-Rand gerippt (*139*). L gelbgrau: Graublättriger Trichterling (139)
91⁺	H-Rand nicht gerippt. L weiß bis bräunlich: Schwindlinge, Rüblinge (246–252)

III c. Blätterpilze mit breit angewachsenen oder herablaufenden Lamellen

1	St jung mit häutigem oder schleimigem Ring bzw. mit Ring- oder Schleierresten → 2
1⁺	St völlig ohne Ring oder Ringreste → 8
2	L recht dick, entfernt, wachsartig, deutlich herablaufend → 3

2⁺	L normaldünn, kaum herablaufend (s. auch Tabelle III b, 7⁺) → 5
3	L alt dunkel bestäubt. St unten gelb (safranfarben) → 4
3⁺	L weißlich, gelb. Sporenstaub weiß: Schnecklinge (101, 104–105)
4	Fl weiß. H schleimig: Schmierlinge (93–95)
4⁺	Fl lachsfarben, orange. H kaum schleimig: Gelbfuß (96)
5	H schleimig oder schmierig → 6
5⁺	H trocken → 7
6	Bodenbewohnend. L violettgrau: Träuschlinge (484–492)
6⁺	Auf Buchenästen. L weiß: Beringter Schleimrübling (263)
7	Ges bitter. H ± kahl. An Nadelholz (591): Flämmlinge (590–591)
7⁺	Ges herb-zusammenziehend. H feinschuppig: Hallimasche (164 bis 167)
7⁺⁺	Ges völlig mild. L ocker: Schnitzlinge (515–517) (L dunkler, s. Mürblinge, 444–462)
8	H oder St frisch schleimig oder klebrig → 9
8⁺	H und St trocken (befeuchten, dann prüfen) → 12
9	L reif braun, dunkelbraun (*519*): Kahlköpfe (519 bis 522)
9⁺	L reif wesentlich heller gefärbt → 10
10	St oben fein weiß bemehlt: Schnecklinge (97–106)
10⁺	St oben kahl → 11
11	St unter 2 mm dick. H kegelig, glockig (Abb. 270, S. 75): Helmlinge (270–272)
11⁺	St kräftiger. H flacher. Auf Wiesen und in Mooren: Saftlinge (112, 114, 116, 121)
11⁺⁺	St kräftiger, wurzelnd. An Laubholzstubben: Kahler Wurzelrübling (264)
12	L sehr dick, entfernt (*133*), rosa-lila oder violett: Lacktrichterlinge (132–136)
12⁺	L nicht so dick und entfernt oder anders gefärbt → 13
13	L fast röhrlingsartig unterteilt (38): Goldblatt (38)
13⁺	L oft gegabelt (Abb. *88*, S. 76) → 14
13⁺⁺	L ungegabelt, höchstens in der Tiefe querverbunden (284) (wenn leistenförmig, s. 897) → 15
14	L olivbraun, gedrückt braunfleckend. Rand eingerollt (*89*): Kahler Krempling (89)
14⁺	L orange, nicht fleckend: Falscher Pfifferling (88)
14⁺⁺	L weißlich, sehr schmal: Rötender Gabeling (164)
15	Stiel lebhaft rot, orange oder gelb → 16
15⁺	Stiel anders gefärbt → 22
16	St zäh, unten braunschwarz (*131*). An Nadelholz: Geselliger Glöckchennabeling (131)

519

133

89

131

16⁺	St basal nicht so dunkel → 17
17	kräftige Pilze: H über 3 cm, St über 5 mm dick → 18 (wenn H leuchtend rot, s. aber 17⁺ !)
17⁺	Schmächtigere Pilze → 19
18	H gewölbt bleibend. St unten dünner: Hainschneckling (107), Wiesenellerling (110)
18⁺	H bald trichterig. St anders: Trichterlinge (138, 150–151)
19	L deutlich herablaufend (124) → 20
19⁺	L am St nur breit angewachsen (122) → 21
20	H kahl, feucht gerieft: Heftelnabeling (124)
20⁺	H in der Mitte feinfilzig, ungerieft: Trichterförmiger Saftling (123)
21	L dünn, ocker: Schnitzlinge (515–517)
21⁺	L dicker, lebhafter gefärbt: gelb, orange, rot: Saftlinge (121–123)
22	L reif rosa, rosabraun, rosagrau. Sporenstaub fleischbraun → 23
22⁺	L anders gefärbt (weiß, gelblich, graulich, seltener hellbräunlich). Sporenstaub weiß (gelblich, zart rosa) → 24
23	H weiß (seltener grau) → 15
23⁺	H anders (meist kräftiger) gefärbt → 16
24	H gewölbt bleibend, filzig. Sporen glatt: Mehlpilz (302)
24⁺	H alt niedergedrückt, kahl. Sporen eckig: Weißer Zärtling (326)
25	Fleischig. In Kreisen wachsend. H falb, fleischfarben, grau. Ger aromatisch, ranzig. Sporen elliptisch: Rötelritterlinge (201 bis 203)
25⁺	Dünnfleischig (328), meist klein. Nicht in Kreisen. H-Farbe oder Ger anders. Sporen höckerig-eckig: Zärtlinge (325–331), Nabelrötlinge (332–333) (stark kegelig (281) oder an Holz, Sporenstaub weiß, s. Helmlinge: 279, 281, 282, 284)
26	In Torfmoosrasen → 25
26⁺	Auf Brandstellen. Ger mehlartig → 28
26⁺⁺	Auf anderen Pilzen. L sehr dick: Zwitterlinge (221–222)
26⁺⁺⁺	An Stubben, Ästen, auf Wurzeln → 29
26⁺⁺⁺⁺	Auf dem Boden (auch auf Laub, im Gras …) → 30
27	H tief genabelt, trichterig (128). Geruchlos: Schuppiger Sumpfnabeling (128)
27⁺	H nur flach niedergedrückt (224). Mit Mehl-Ger: Sumpfgraublatt (224)
28	H fuchsig, braun. St-Basis mit Myzelfasern: Kohlentrichterling (148)
28⁺	H dunkel graubraun. H-Haut klebrig, dehnbar: Kohlennabeling (130)

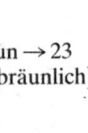

122

328

281

128

28++	H heller graubrau. H-Haut nicht dehnbar: Kohlengraublatt (223)
29	H groß, feinschuppig. Ges zusammenziehend: Hallimasch (168)
29+	H klein, stark gewölbt, verschieden gefärbt: Helmlinge (279–287)
29++	H klein, flach gewölbt, falb. Lamellen weißlich: Ästchenschwindling (239) (L ocker, s. Schnitzling, 515–517)

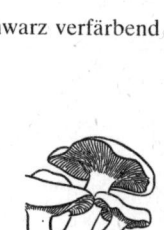

224

30	L oder H gedrückt (oder alt) grau, graublau, schwarz verfärbend → 31
30+	L oder H nicht so verfärbend → 32
31	Ges mild: Schwärzlinge (219–220)
31+	Ges bitterlich: Fleckender Bitterling (304)
32	Büschelig wachsend → 33
32+	Einzeln wachsend → 34
33	Kräftig (217). St x über 8 mm. Sporen rund: Raslinge (215–217)
33+	H dünnfleischig, oft niedergedrückt. St schlanker. Sporen eiförmig, länglich: Trichterlinge (142, 145, 151)

217

34	L dick, entfernt, wachsartig → 35
34+	L dünn, am Grund nicht breiter (Schnitt!) → 36
35	St kahl. Auf Wiesen: Ellerlinge (109–110)
35+	St oben fein bemehlt. Waldpilze: Schnecklinge (99, 106, 107 und 108)
36	L reif graubraun, violettgrau: Mürblinge (444–462)
36+	L reif creme, ocker, ockerorange → 38
36++	L anders gefärbt → 39
38	Frk kräftig. H über 3 cm, Stiel über 3 mm dick: Trichterlinge (138, 148, 150–151)
38+	Frk zierlicher. H unter 3 cm. Stiel unter 3 mm dick. L breit angewachsen: Schnitzlinge (515–517) (wenn L deutlich herablaufend, s. Nabelinge [124, 126, 127])
39	H unter 2 cm, niedergedrückt, genabelt (126): Nabelinge (124–127, 129) (H gewölbt bleibend, kegelig, s. Helmlinge, 266–269, 273–278)
39+	H über 2 cm → 37
40	H fleischig (202), ungerieft, niemals weiß. Sporenstaub fleischfarben: Rötelritterlinge (199–203) (wenn Sporenpulver weiß, s. auch Trichterlinge, 138, 140, 146, 147)

202

| 40+ | H weiß oder dünnfleischig (156) und trocken ausblassend (hygrophan), feucht oft gerieft. Sporenstaub meist weiß (gelblich, zart rosa): Trichterlinge (137–138, 141–163); wenn bitter: Weißlicher Bitterling (305) |

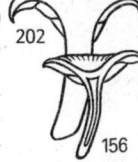

156

B. Röhrlinge, Porlinge

1	Völlig krustenförmig (*821*). Stets an Holz → 2
1⁺	Nicht krustenförmig. Wenigstens kleine Hütchen ausgebildet → 4
2	Poren violett, violettbraun: Violettporlinge (836 bis 837)
2⁺	Poren braun → 46
2⁺⁺	Poren grau, gelbgrau → 30
2⁺⁺⁺	Poren weiß, gelbweiß → 3
3	Poren eckig, zerschlitzt, zähnchenförmig. An Ästen: Veränderlicher Spaltporling (821)
3⁺	Poren rundlich. Nicht aufgenommene *Poria*-Arten und krustenförmige Stadien hutbildender Porlinge; letztere → 31
4	Frk gestielt („pilzförmig") oder stielartig-verschmälert → 5
4⁺	Frk konsolenartig (842), halbkreisförmig. Stets an Holz → 27
5	Frk vielhütig-verzweigt oder büschelig-verwachsen → 6
5⁺	Frk immer einzeln wachsend (oder unverzweigt) → 8
6	Ein verzweigter Strunk trägt zahlreiche Einzelhüte → 7
6⁺	Einzelstiele unten verwachsen. Hüte zusammenfließend: Fleischporlinge (797–799)
7	H zentral gestielt. Im Boden mit Dauerkörper (*794*): Eichhase (794)
7⁺	H seitlich gestielt. Mild. Laubholz. Sporen glatt: Klapperschwamm (801), Riesenporling (802)
7⁺⁺	H seitlich gestielt. Scharf. Nadelholz. Sporen warzig: Bergporling (803)
8	Frk fleischig, saftig. Oft bald faulend → 9
8⁺	Frk lederig-zäh, korkig, holzartig → 20
9	Substanz rot, strahlig-gestreift: Leberpilz (926)
9⁺	Substanz braun, ungestreift: Kiefernbraunporling (806)
9⁺⁺	Substanz weißlich, gelb, ungestreift → 10
10	Frk porlingsartig (829), an Holz → 24
10⁺	Frk röhrlingsartig (Abb. S. 81 oben), auf dem Boden (selten anders) → 11
11	Röhren kaum vom Fleisch lösbar, herablaufend → 12
11⁺	Röhren vom Fleisch lösbar, nicht am St herablaufend → 15
12	H trocken oder schuppig (*42*) → 13
12⁺	H schmierig → 14
13	St voll, unberingt: Fleischporlinge, Rußporling (797 bis 800)
13⁺	St hohl (*42*), beringt: Hohlfußröhrling (42)
14	Röhren bis 4 mm lang. Bei Erle: Erlengrübling (39)

14⁺	Röhren reif länger. Nadelbäume: Schleimröhrlinge (43–53)
15	St schuppig-rauh (66) (nie beringt): Rauhfußröhrlinge (62–70)
15⁺	St kahl, feinflockig oder genetzt → 16
16	St knollig, stark keulig, oft genetzt (76) → 17
16⁺	St gleichdick, schwach keulig (54). Ohne Netz → 18
17	P reif rosa. St-Netz derb. Bitter: Gallenröhrling (71)
17⁺	P weiß, gelb, oliv, graubraun, rot: Dickröhrlinge (72 bis 87)
18	H schmierig, Haut abziehbar: Schleimröhrlinge (43 bis 53)
18⁺	H jung filzig, samtig, trocken → 19
19	P blaß. St hohl: Blaßsporröhrlinge (40–41)
19⁺	P gelb oder oliv. St voll: Filzröhrling (54–61) (s. auch 52, 72, 74, 79, 80!)
19⁺⁺	P düster, grau (braun): Strubbelkopfröhrling (36), Porphyrröhrling (37)
20	H und St mit gelbroter, lackartiger Kruste: Glänzender Lackporling (865)
20⁺	H und St ohne solche glänzende Kruste → 21
21	P dunkel: oliv, braun → 22
21⁺	P hell: weißlich, fleischrötlich → 24
22	H gezont, dünnfleischig (850): Dauerporling (850)
22⁺	H ungezont. Fleischiger → 23
23	Frk trocken. Substanz zweischichtig (851): Filzporling (851)
23⁺	Frk jung saftig. Substanz einheitlich: Kiefernbraunporling (806)
24	Frk rötend. P groß, labyrinthisch (Abb. 830, S. 82 unten): Rötender Wirrling (835)
24⁺	Frk nicht rötend. P rund oder eckig → 25
25	St meist abgesetzt, unten oft dunkel (790): Stielporlinge (788–793)
25⁺	Frk nur stielartig verschmälert (795). St hell → 26
26	H glatt. Haut lederig-abziehbar: Birkenzungenporling (795)
26⁺	H striegelig. Ohne abziehbare Haut: Nördlicher Schwammporling (817)
27	P frisch blauviolett, dann violettbraun: Violettporlinge (836–837)
27⁺	P zinnoberrot: Zinnoberschwamm (838) (wenn fleischrot, s. 867)
27⁺⁺	P frisch intensiv gelb: Schwefelporling (804)
27⁺⁺⁺	P weniger lebhaft: weiß, grau, braun → 28
28	Substanz hell, weiß bis blaß holzfarben → 29

66

54

850

851

795

| 28⁺ | Substanz zimtbraun, rotbraun, dunkelbraun → 40 |

28⁺ Substanz zimtbraun, rotbraun, dunkelbraun → 40

29 Frk trocken mit dunkler Grenzlinie im Schnitt (*819*) → 30

29⁺ Frk trocken ohne dunkle Grenzlinie im Schnitt (*830*) → 31

819

30 P eng, rundlich. H feinfaserig: Rauchporlinge (818–819)

30⁺ P länglich-labyrinthisch. H striegelig: Aschgrauer Wirrling (834)

830

31 Mit lederig-abziehbarer Haut oder harter Kruste → 32

31⁺ Frk ohne abziehbare Haut und ohne harte Kruste → 34

32 Frk weißlich, hell graubraun. Einjährig: Zungenporling (795)

32⁺ Frk gelbbraun, rotbraun, dunkelbraun. Mehrjährig → 33

33 Substanz sehr dick. Kruste glatt: Rotrandiger Baumschwamm (843)

33⁺ Substanz dünner. Kruste höckerig, gefurcht: Wurzelschwamm (841)

34 Mit mehreren Röhrenschichten (Schnitt, *820*): Treppenförmiger Steifporling (820)

820

34⁺ Nur eine Röhrenschicht. Einjährig → 35

35 Substanz blaßbraun. P labyrinthisch (*830* unten): Wirrlinge (829–830)

35⁺ Substanz weiß, weißlich → 36

36 P rötend. Substanz knorpelig. Kiefer: Orangefarbener Knorpelporling (815)

36⁺ P unveränderlich oder gilbend → 37

37 Substanz schon jung trocken, zäh. H gezont: Trameten (823, 825 bis 827)

37⁺ Substanz schon jung trocken, zäh. H ungezont → 38

37⁺⁺ Substanz anfangs saftig, weich. H ungezont → 39

38 Einzelhüte ± gut ausgebildet: Trameten (822–824)

38⁺ Hüte oft reihig-verwachsen, krustig: Reihiger Lederschwamm (839)

39 Substanz einheitlich: Saftporling (807–815)

39⁺ Substanz trocken zweischichtig (Schnitt): Nördlicher Schwammporling (817)

40 P labyrinthisch (*830*) bis blättrig: Wirrling, Tramete, Blättling (830 bis 832)

40⁺ P rund bis eckig, jedoch nicht länglich → 41

41 Oberseite mit harter Kruste. Gezont → 42

41⁺ Oberseite ohne Kruste oder diese undeutlich → 44

42 Flachhütig (*866*). P anfangs weißlich: Flacher Lackporling (866)

830

42⁺ Dickhütig. P schon jung braun → 43

43 Substanz weich, wergartig: Zunderschwamm (842)

43⁺ Substanz hart, holzartig: Feuerschwämme (859 bis 863)

866

44	Frk mit Laugen (Imi) lila, sehr leicht: Zimtfarbiger Weichporling (805)
44⁺	Frk ohne diese Reaktion, schwerer → 45
45	Fenchel- oder Anisgeruch: Fenchelporling (833)
45⁺	Ger andersartig oder fehlend → 46
46	Röhren einschichtig (*854*), meist schillernd, oft weit. H jung ± behaart. Jung saftig, einjährig: Schillerporlinge (852–856)
46⁺	Röhren oft mehrschichtig, nicht schillernd, meist sehr eng. Kahl (feinfilzig). Hart, trocken, holzig: Feuerschwämme (858–863)

854

C. Stachelpilze

1	Stacheln außen auf einem ± kugeligen Kopf, s. Gruppe D!
1⁺	Frk anders geformt → 2
2	Frk auf vergrabenen Kiefernzapfen. St schlank, seitlich: Ohrlöffel (888)
2⁺	Frk auf morschem Holz (oder dicht daneben) → 3
2⁺⁺	Frk bodenbewohnend, zentral oder exzentrisch gestielt oder stielartig-zusammengezogen → 4
3	Frk zittrig-gallertig, halbkreisförmig-gestielt (929): Gallertiger Zitterzahn (929)
3⁺	Frk fleischig oder trocken, krustenförmig: Reibeisenpilze, Schwefelgelber Stachelbart (892–894)
3⁺⁺	Frk fleischig, hutförmig, knollig, buschig-verästelt: Stachelbärte (889–891)
4	H semmelblaß bis orangebraun. Ungezont. Geruchlos: Stoppelpilze (887)
4⁺	H anders gefärbt → 5
5	Ger frisch oder trocken nach Liebstöckel (Suppenwürze). Sporenstaub weiß: Duftstachelinge (884–886)
5⁺	Ger mehlartig oder fehlend → 6
6	H oder Substanz gezont (*880*). Korkig: Korkstachelinge (880–883)
6⁺	H und Substanz ungezont. Fleischig: Fleischstachelinge (878–879)

880

D. Bauchpilze, Trüffeln

1	Frk innen mit Gallertmasse (wenn außen, s. Gruppe G!) → 2
1⁺	Frk innen nicht mit Gallertmasse oder Gallertschicht → 5
2	Inneres ganz gallertig-weich, jung fein geadert: Wurzeltrüffeln (30 bis 31)
2⁺	Inneres nur teilweise gallertig → 3

3	Innen mit linsenförmigen Körperchen (27): Teuerlinge (26–28)
3+	Inneres des Frk anders gestaltet → 4
4	Junger Frk („Hexenei") unter 2 cm: Hundsrute (35)
4+	„Hexenei" über 2 cm. Kern weiß (*34*): Stinkmorchel (34)
4++	„Hexenei" über 2 cm, ohne weißen Kern: Gitterling, Tintenfischpilz (32–33)
5	Frk jung innen weit-hohl, später sternförmig aufreißend → 6
5+	Frk innen höchstens mit kleinen Kammern → 7
6	Außenseite kahl. Innen violettlich-grau: Kronenbecherling (960)
6+	Außen borstig-haarig (mit Erde beklebt!): Sandborstling (974)
7	St schlank, scharf vom Kopf abgesetzt (25): Stielbovist (25)
7+	Frk höchstens stielartig verschmälert → 8
8	An Holz wachsend. Hart, nie stäubend → 9
8+	Nicht an Holz (o d e r weichfleischig o d e r alt stäubend) → 10
9	Inneres gezont (*999*). Frk reif schwarz, glatt. Holzkohle (999)
9+	Inneres ungezont. Frk reif schwarz, rissig-bröckelig. Schiefer Schillerporling (857)
9++	Inneres ungezont. Frk braunrot, braun, klein. Kugelpilz (1001)
9+++	Frk mit anderen Merkmalen. Unreife Porlinge u. ä.
10	Inneres halbreif violettschwarz. Oberirdisch (*3*): Hartboviste (1–3)
10+	Inneres mit gelben Adern oder braunen Trennwänden: Erbsenstreuling (4)
10++	Inneres anders gestaltet → 11
11	Frk (z. T.) unterirdisch → 12
11+	Frk völlig oberirdisch → 13
12	Mit Myzelsträngen (*31*): Wurzeltrüffeln (30 bis 31)
12+	Ohne Myzelstränge. Bitter. Innen reif staubig (*993*): Hirschtrüffel (993)
12++	Ohne Myzelstränge. Mild. Innen reif marmoriert (*990*):Trüffel (989–992)
13	Frk reif sternförmig aufreißend (*29*) → 14
13+	Frk reif nicht so aufreißend → 15
14	Frk winzig, gelblich. Sägemehl, Holz: Kugelschneller (29)
14+	Frk größer, anders gefärbt. Auf dem Boden: Erdsterne, Wetterstern (20–24) (wenn sehr groß und derb, s. auch Sternstäubling, 5)
15	Hülle zäh, lederig. Reif korkig, hart → 16

15+	Hülle weichfleischig, reif dünn, papierartig oder völlig zerfallend → 17
16	Gedüngte Stellen, Siloplätze: Sternstäubling (5)
16+	Ungedüngte Stellen, Wälder: Hartboviste (1–3)
17	Kugelig. Innenmasse ganz verstäubend (*16*) → 18
17+	Frk ± kopfig-gestielt. Innen mit nicht stäubendem Basisteil (*8*) → 19
18	Über 10 cm groß. Reif ohne Hülle: Riesenstäubling (6)
18+	Unter 6 cm groß. Reif mit Hülle: Boviste (16–19)
19	Frk über 10 cm. Oben völlig zerfallend: Becherstäublinge (7–8)
19+	Frk kleiner, oben mit kleiner Öffnung: Stäublinge (9 bis 15)

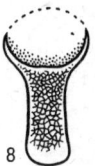

E. Keulen- und Korallenpilze

1	Frk unverzweigt (Einzelpilze aber manchmal dichtbüschelig) → 2
1+	Frk badeschwammähnlich → 9
1++	Frk aufrecht-verzweigt, strauchartig (905) → 10
2	An Holz (auch neben Stubben, an Wurzeln) → 3
2+	Auf dem Boden wachsend → 4
3	Frk schwarz. Sehr zäh oder holzig-hart: Holzkeulen (997–998)
3+	Frk lila, kaum 10 mm hoch, weichgallertig: Form des Violetten Gallertbechers (982)
3++	Frk gelb, orange. Gallertig-zäh oder knorpelig: Hörnlinge (927–928)
3+++	Frk weiß, unten rotbraun lackiert. Junge Frk von 865, Glänzender Lackporling
4	Frk schwarz, fein borstig-haarig: Haarzunge (984)
4+	Frk schwarz, braunschwarz, kahl: Erdzungen (nach 984)
4++	Frk heller gefärbt: grau, ocker, orange, weiß, gelb → 5
5	Aus einem „Dauerkörper" wachsend (*925*). Frk winzig, zart: Fadenkeulchen (922–923)
6	Frk bei Holzästen, zähfleischig, alt hohl: Röhrenkeule (920–921)
6+	Frk stets auf dem Boden, fleischig, nicht hohl werdend → 7
7	Frk orange, an der Oberfläche rauhlich (*994*): Kernkeulen (994–995)
7+	Frk gelblich, gelb, ocker: Keule, Riesenkeule (915–919)
7++	Frk weiß oder weißlich → 8
8	Frk alt runzelig. Ständer 2sporig: Runzelige Blaßkoralle (911)
8+	Frk glatt. Ständer 4sporig. Wurmförmige Keule (914)

9	Frk faust- bis kopfgroß, fleischig: Glucken (924–925) (ähnlich auch unreife Porlinge, s. Gruppe B)
9+	Frk kleiner, gallertig-zittrig: Zitterlinge (930–931)
10	Zweigenden becherartig erweitert und gezähnt (908): Becherkoralle (908)
10+	Frk nirgends mit so becherartig erweiterten Stellen → 11

908

11	Frk recht zäh, orangegelb oder schwarz → 3
11+	Frk weichfleischiger, andersfarbig → 12
12	Zweige ± abgeflacht. Frk dunkelbraun: Lederkorallen (875, 877)
12+	Zweige rundlich. Frk meist anders gefärbt → 13
13	Zweige höchstens nadeldünn, sehr dichtstehend: Borstenkoralle (923 a)
13+	Zweige kräftiger → 14
14	Locker verzweigt, Strunk schwach. Meist Wiesen: Wiesenkorallen (912–913)

| 14+ | Dicht verzweigt. Strunk oft kräftig (903). Wälder → 14 |

903

| 15 | Sporenstaub gefärbt (Frk auf weißes Papier legen). Nie weiß. Oft bitterlich. Ständer 4sporig: Korallen (901–907) |
| 15+ | Sporenstaub weiß. Frk weiß, grau, violettgrau, recht brüchig. Stets mild. Ständer 2sporig: Blaßkoralle (909–911) |

F. Becherpilze

1	Oberseite lebhaft orange, orangerot, scharlach → 2
1+	Oberseite spangrün (auch befallenes Holz grün): Grünspanbecherling (979)
1++	Oberseite rein violett oder braunschwarz (s. auch 960): Gallertbecher (981–982)
1+++	Oberseite anders gefärbt → 4
2	Frk deutlich gestielt, rot: Kelchbecherlinge (976 bis 977)
2+	Frk ungestielt, oft stärker orange → 3
3	Rand und Außenseite des Frk dunkelhaarig (972): Borstlinge (972–973)

972

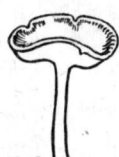

3+	Rand und Außenseite des Frk kahl oder kleiig: Orangebecherlinge (967–970)
4	St abgesetzt, deutlich ausgebildet (949) → 5
4+	Frk ungestielt oder nur stielartig verschmälert → 11
5	St gerippt oder faltig-grubig → 6

949

| 5+ | St weder gerippt noch faltig → 7 |

6	Frk becherförmig bleibend (*952*), nie runzelig: Rippenbecherlinge (950–952)
6⁺	Frk reif ausgebreitet, aderig-faltig. St kurz: Scheibenlorcheln, Flatschmorchel (957–958)
7	St flaumig: Grauer Stielbecherling (949)
7⁺	St kahl → 8
8	Frk unter 2 cm breit → 9
8⁺	Frk größer. St kurz und dick: Scheibenlorcheln (957–958)
9	Auf Brandstellen. Frk ocker: Kohlenbecherling (975)
9⁺	Nicht auf Brandstellen. Frk dunkelbraun → 10
10	Frk becherförmig. Im April: Anemonenbecherling (980)
10⁺	Frk trichterförmig. Später im Jahr: Trichterförmige Lederkoralle (876)
11	Frk innen mit linsenförmigen Körperchen (28): Teuerlinge (26–28)
11⁺	Frk innen ohne solche „Peridiolen" → 12
12	Becherrand auffallend borstig-haarig (*974*) → 13
12⁺	Becherrand nur kleiig-gekerbt → 14
12⁺⁺	Rand des Bechers ± glatt → 15
13	Frk in den Boden eingesenkt. Sternförmig öffnend: Sandborstling (974)
13⁺	Frk oberirdisch. Nicht sternförmig aufreißend: Halbkugeliger Borstling (971)
14	Frk büschelig an Holz (*978*): Büschelbecherling (978)
14⁺	Frk einzeln auf dem Boden: Kohlenbecherling (975)
15	Frk an Holz. Lederig, holzig, knorpelig, gallertig-zäh → 16
15⁺	Frk nicht an Holz (meist auf dem Boden) → 17
16	Frk lederig oder holzig. Außenseite fast kahl: Schichtpilze (844–847) (außen kleiig, s 978)
16⁺	Frk gallertig oder zäh-knorpelig. Außen filzig: Judasohr (938)
17	Frk trockenhäutig, lederartig (innen zuerst staubig) → 18
17⁺	Frk fleischig, innen nie staubig → 19
18	Hülle papierartig. Basalteil zellig (9): Hasenstäubling (7), Wiesenstäubling (9)
18⁺	Hülle dicklich, zäh. Basalteil nicht zellig: Hartboviste (1–3), Sternstäubling (5)
19	Frk einseitig ausgezogen, bis zum Grunde geteilt oder schneckenförmig eingerollt: Öhrlinge (965–966)
19⁺	Frk anders geformt → 20
20	Rand des Frk sternförmig aufreißend (*960*). Anfangs in den Boden eingesenkt: Kronenbecherling (960) (Basis ± gerippt, schwach gestielt, s. 952)
20⁺	Nie sternförmig aufreißend. Oberirdisch: Becherlinge (961–964)

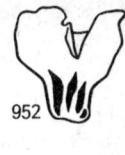
952

28

974

978

960

G. Käppchenartige Pilze

1	St wabig-porös. Stielgrund mit Resten des „Hexeneis": Stinkmorchel (34), Hundsrute (35)
1⁺	St anders gestaltet → 2
2	Kopf grubig gekammert, wabenartig (939): Morcheln (939–941)
2⁺	Kopf glatt, runzelig, unregelmäßig lappig, mehrspitzig → 3
3	H-Rand frei überhängend (wie eine Glocke, *943*) → 4
3⁺	H-Rand nicht in dieser Weise frei überhängend → 5
4	H gelb. Nadelwald: Helmkreisling (987)
4⁺	H braun. Laubwald im Frühjahr: Verpel (942–943)
5	Kopf wulstig, lappig, mehrspitzig, sattelförmig → 6
5⁺	Kopf ungegliedert: kugelig, tropfenförmig → 7
6	H bis 15 cm, meist braun. Sporen zweitropfig: Lorcheln (953–956)
6⁺	H bis 6 cm, weißlich (bis gelbbraun), grau, schwarz. St manchmal gerippt. Sporen eintropfig: Lorcheln (944 bis 948)
7	Kopf mit Öffnung. Reif innen staubig, s. Gruppe D
7⁺	Frk mit anderen Merkmalen → 8
8	Kopf grün, grüngelb, oliv, ± gallertig: Gallertkäppchen (983)
8⁺	Kopf braun, fein punktiert (*996*): Kopfige Kernkeule (996)
8⁺⁺	Kopf ocker, gelb, orange, nicht punktiert → 9
9	Kopf wulstartig am St herablaufend (*986*): Gelber Spateling (986)
9⁺	Kopf andersartig → 10
10	Kopf gelappt, graugelb. Nadelstreu: Helmkreisling (987)
10⁺	Kopf ungelappt (*985*), orange. Sümpfe: Sumpfhaubenpilz (985)

943

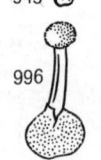

996

986

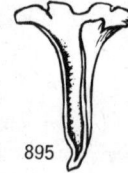

985

H. Verschiedene Pilzgruppen

1	Frk sternförmig, mit Staubkugel (21): Erdsterne (20 bis 23), Wetterstern (24); s. auch 29
1⁺	Frk mit roten „Armen" oder rotem Gitterwerk, stinkend: Gitterling, Tintenfischpilz (32–33)
1⁺⁺	Frk trichterförmig, trompetenförmig (*895*), zungenförmig → 2
1⁺⁺⁺	Frk blumenkohlartig, gekröse-lappenartig (Abb. *930*, S. 89), faltig-lappig, gallertig-klumpig, pustelförmig → 4
1⁺⁺⁺⁺	Frk krustenförmig, schichtartig, flach ausgebreitet → 10

895

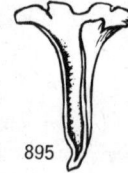

2	Frk orangerot, gallertig: Rötlicher Gallerttrichter (936)
2⁺	Frk dunkelbraun, lederig: Lederkorallen (874, 876)
2⁺⁺	Frk besonders am St mit Gelb, Olivgelb: Pfifferlinge, Leistling (897–899)
2⁺⁺⁺	Frk anders gefärbt, meist grau oder schwarz → 3

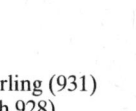
874

3	St hohl. Außenseite runzelig: Herbsttrompete (895)
3⁺	St voll. Außenseite mit Leisten: Grauer Leistling (896)
4	Frk über 10 cm breit. Fleischig, ocker: Glucken (924–925) (s. auch Klapperschwamm, 801 und Riesenporling, 802)
4⁺	Frk kleiner → 5
5	Frk leuchtend gelb, orange, rot → 6
5⁺	Frk anders gefärbt → 7
6	Frk über 5 mm, blattartig-gefaltet: Goldgelber Zitterling (931)
6⁺	Frk unter 4 mm, gelb bis orange: Gallertränen (nach 928)
6⁺⁺	Frk unter 4 mm, zinnober bis rot: Pustelpilz (nach 1001)
7	Frk fleischig, wachsartig-fleischig, s. Gruppe F
7⁺	Frk ± gallertig, trocken hornartig → 8
8	Innen: mit weißem, knorpeligem „Kern" (932): Weißkerniger Zitterling (932)
8⁺	Innen ohne solchen „Kern" → 9

932

9	Frk erst kreiselförmig, dann zusammenfließend, hirnartig-wellig, gewunden. Oben feinwarzig: Drüslinge (933–935)
9⁺	Frk lappenartig, fast konsolenförmig, filzig: Gezonter Ohrlappenpilz (937)
9⁺⁺	Frk mit verbogenen, gewellten Lappen, blattartig-gewunden (930), kahl: Blattartiger Zitterling (930)
10	Auf dem Boden wachsend → 11
10⁺	Holzbewohnend → 12

930

11	Frk schwarz, grau, krustenförmig: Brandfladen (1000)
11⁺	Frk braun, hell gerandet. Unterseits mit Myzelfasern: Wurzellorchel (959)
11⁺⁺	Frk braun. Meist halb aufgerichtet (874), ohne Myzelfasern: Erdwarzenpilz (874)
12	Frk mit orangefarbenen Höckern und Kämmen: Orangeroter Kammpilz (869)
12⁺	Fruchtschicht olivgelb, gelbbraun, junger Rand weiß: Hausschwämme, Kellerschwämme (870–873)
12⁺⁺	Fruchtschicht anders gefärbt. Rand nicht so hell → 13
13	Substanz gallertig-knorpelig, trocken hornartig → 14
13⁺	Substanz lederartig, korkig, holzartig → 15
14	Fruchtschicht blaß, fleischrosa, faltig (871) bis porig: Gallertfleischiger Fältling (867)

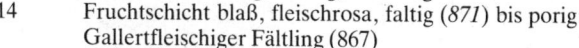
871

14⁺ Fruchtschicht grauviolett, graubraun, glatt: Gezonter Ohrlappenpilz (937) (stärker blauviolett, violett, Oberseite ungezont: Violetter Knorpelschichtpilz: 844)

15 Fruchtschicht jung grau, dann kohlschwarz: Brandfladen (1000)

15⁺ Fruchtschicht rost-, tabak-, rotbraun, mit zahlreichen
Borsten (*848*, starke Lupe!): Borstenscheiben (848 bis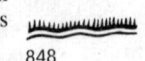
849) 848

15⁺⁺ Fruchtschicht anders gefärbt, ohne Borsten: Schichtpilze (844–847) (s. auch 868 und zahlreiche, im Artenverzeichnis nicht berücksichtigte, sog. „Rindenpilze")

ARTENVERZEICHNIS

Klasse: Ständerpilze, Basidiomycétes

Die Sporen werden (meist zu viert) an Ständern (Basidien) gebildet.

Unterklasse: Innensporer (Bauchpilze), Gasteromycétidae

Fruchtkörper jung kugelig, knollig, birnenförmig. Sporenbildung im Inneren.
Teilweise unterirdisch wachsend (vgl. auch Trüffelpilze, S. 185!).

Familie: Hartboviste, Sclerodermatáceae (einschl. Pisolitháceae)

Hülle einschichtig, derb. Innen jung geadert oder gekammert.

1. Gattung: Hartbovist, *Sclerodérma* ·
Innenmasse bald violettlich, weiß geadert. Mykorrhizapilze. 7 Arten.

1 Kartoffelbovist, *Scl. citrínum* (Taf. 1) **Giftig**
Bis 10 cm. Hülle 2–4 mm dick, blaßocker, derbwarzig. Innen weiß,
bald violettschwarz, zuletzt pulverig. Kartoffelähnlich. Wälder, Heiden, stets saure Böden, häufig.

2 Großer Hartbovist, *Scl. verrucósum* **Giftig**
Bis 7 cm. Hülle dünner, rötlichbraun, alt gelbbraun, zuletzt unregelmäßig schuppig, nicht areoliert. Stiel bis 5 cm lang, oft grubig. Sporen
stachelig. Wälder, zerstreut. – Wenig schuppig. Sporen netzig: *Scl. bovista!*

3 Kleiner Hartbovist, *Scl. areolátum* (Abb. S. 84) **Giftig**
Bis 3,5 cm. Hülle ebenfalls dünn, gelblich, schon jung kleinschuppig.
Schuppen von hellen Areolen umgeben (Leopardenfell). Stiel kurz.
Wälder, häufig.

2. Gattung: Erbsenstreuling, *Pisólithus* (nur 1 Art)
4 Gemeiner Erbsenstreuling, *P. arhízos* (Taf. 1) **Jung eßbar**
Bis 12 cm. Knollig, schmutzigbraun. Innen jung gelbbraun, gekammert, reif staubig zerfallend. Myzelstränge gelblich. Halden, sandige
Stellen, zerstreut.

Familie Staubpilze, Lycoperdáceae (einschl. Mycenastráceae)

Hülle doppelt. Äußere Hülle Schollen, Warzen oder Stacheln bildend. Innere
reif papierartig oder zerfallend. Innenmasse jung ungegliedert.

3. Gattung: Sternstäubling, *Mycenástrum* (nur 1 Art)
5 Gemeiner Sternstäubling, *M. córium*
Bis 15 cm, schmutziggrau, weißlich felderig. Hülle
dick, fleischig, dann korkig, alt sternförmig aufreißend. Gedüngte Stellen, zerstreut.

4. Gattung: Riesenstäubling, *Langermánnia* (nur 1 Art)
6 Gemeiner Riesenstäubling, *L. gigantéa* **Eßbar**
Bis 50 cm, kugelig, weiß, glatt. Hüllen ganz zerfallend. Reif eine

braune Staubkugel. Sterile Basis fehlend. Weideplätze, Gärten, Felder, stickstoffliebend, in Kreisen, zerstreut.

5. Gattung: Becherstäubling, *Calvátia*
Hüllen oben zerfallend. Sterile Basis becherartig. 5 Arten.
7 Hasenstäubling, *C. utrifórmis (= caeláta)* (Taf. 2) **Eßbar**
Bis 15 cm breit, birnenförmig, weißgrau, felderig getäfelt. Sterile Basis schüsselförmig. Weiden, Wegränder, häufig.
8 Beutelstäubling, *C. excipulifórmis* (Abb. S. 85) **Eßbar**
Kopfig-gestielt, bis 12 cm hoch und 6 cm breit. Stacheln zusammenneigend. Sterile Basis becherartig. Wälder, zerstreut. Größer als Nr. 15.

6. Gattung: Stäubling, *Lycopérdon* (einschl. *Vascéllum*)
Äußere Hülle flockig, warzig, stachelig. Innere Hülle beständig, oben öffnend. Mit sterilem Basisteil, daher meist kopfig-gestielt. 13 Arten.
9 Wiesenstäubling, *Vascéllum praténse*
Bis 4 cm hoch. Einzige Art mit pergamentartiger Querwand im Inneren. Weiden, Wegränder, häufig.

9

10 Birnenstäubling, *L. pyrifórme* (Taf. 2)
Bis 4 cm hoch. Birnenförmig, bräunend, grindig. Unten mit auffallenden Myzelsträngen. Stielteil innen weiß, fast kompakt. Moderige Laubholzstrünke, sehr gesellig, häufig.
11 Flaschenstäubling, *L. perlátum* (Taf. 2) **Eßbar**
Bis 8 cm hoch. Kopfig-gestielt, lange weiß, mit abwischbaren derben Warzen und festhaftenden kleinen Wärzchen (reif mit Netzzeichnung!). Stielteil innen zellig. Wälder, häufig.
12 Igelstäubling, *L. echinátum* **Eßbar**
Bis 4 cm hoch, kurzgestielt. Stacheln lang, braun, reif abfallend (Netzzeichnung!). Innenmasse reif dunkelbraun. Laubwald. Kalk, selten.

13 Stinkender Stäubling, *L. fóetidum*
Bis 6 cm hoch, kreiselförmig. Stacheln bis 3 mm

12

lang, braun, schlank, reif abfallend (Netzzeichnung!). Innenmasse reif olivbraun. Unreif stinkend. Wälder, arme Böden, besonders im Bergland, häufig.
14 Brauner Stäubling, *L. umbrínum* **Eßbar**
Bis 5 cm hoch. Stacheln bis 1 mm lang, braun, festhaftend (ohne Netzzeichnung). Innenmasse reif olivbraun. Wälder, zerstreut.
15 Weicher Stäubling, *L. mólle* **Eßbar**
Bis 7 cm hoch, kopfig gestielt. Stacheln grau, zart, bald abfallend. Innenmasse reif schokoladenbraun. Wälder, häufig. Kleiner als Nr. 8.

7. Gattung: Bovist, *Bovísta*
Äußere Hülle glatt oder körnig. Innere Hülle beständig, am Scheitel öffnend. Innen ohne sterilen Basisteil. Kugelig. 10 Arten.
16 Heidebovist, *B. pusílla* (Abb. S. 85)
Bis 3 cm, weißlich, kleiig, mit Basalstrang. Äußere Hülle nicht abblätternd. Basis reif nicht rotfleckig. Ohne sterilen Basisteil. Außerhalb des Waldes, Sand, zerstreut.
17 Sommerbovist, *B. polymórpha*
Bis 4,5 cm, weißlich, kleiig, mit Basalstrang. Äußere Hülle nicht abblätternd. Basis trocken oft rotfleckig. Basisteil kompakt, bis 15 mm hoch. Trockenrasen, lichte Wälder, zerstreut.

18 Bleigrauer Eierbovist, *B. plúmbea*   **Eßbar**
Bis 3 cm, weiß. Äußere Hülle abblätternd („Eierschale"). Trocken bleigrau. Weiden, besonders Flachland, häufig.
19 Schwärzender Eierbovist, *B. nigréscens* (Taf. 2)   **Eßbar**
Bis 6 cm, weiß. Hülle wie bei vorigem. Trocken bronzebraun, rotbraun, alt schwärzend. Weiden, besonders Bergland, zerstreut.

Familie: Sternpilze, Geastráceae (einschl. Astraeáceae)

Hülle mehrschichtig. Äußere Schicht sternförmig aufreißend.

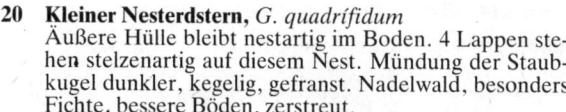

8. Gruppe: Erdstern, *Geástrum* **und Wetterstern,** *Astrǽus*
Außer bei *Astraeus* Staubkugel innen mit Mittelsäulchen, welches beim Wegblasen der Sporenmasse sichtbar wird. 25 und 1 Art.

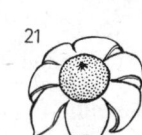

20 Kleiner Nesterdstern, *G. quadrífidum*
Äußere Hülle bleibt nestartig im Boden. 4 Lappen stehen stelzenartig auf diesem Nest. Mündung der Staubkugel dunkler, kegelig, gefranst. Nadelwald, besonders Fichte, bessere Böden, zerstreut.

21 Gewimperter Erdstern, *G. fimbriátum (= séssile)*
Ohne „Nest". Zipfel marzipanfarbig, alt zimtbraun. Mündung der Staubkugel fein gefranst. Wälder, zerstreut.

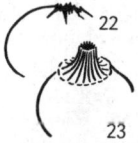

22 Rotbrauner Erdstern, *G. ruféscens (= vulgátum)*
Ohne „Nest". Zipfel frisch rötend, alt rotbraun. Mündung der Staubkugel gefranst. Wälder, zerstreut.

23 Kammerdstern, *G. pectinátum*
Ohne „Nest". Zipfel nicht rötend. Staubkugel unten längsgerippt. Mündung gestreift. Nadelwald, selten.

24 Wetterstern, *Astrǽus hygrométricus*
Hülle in 7–20 Lappen gespalten, die sich trocken um die Staubkugel schließen, feucht aber nach außen zurückrollen. Wälder, Sand, zerstreut. – Gehört zu den Hartbovisten. Ähnliche Erdsterne!

Familie: Stielstaubpilze, Tulostomatáceae

9. Gattung: Stielbovist, *Tulóstoma*
Stiel scharf abgesetzt. Staubkugel mit Hülle. 4 Arten.

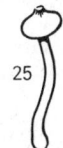

25 Zitzenförmiger Stielbovist, *T. brumále*
Staubkugel bis 1 cm. Mündung scharf begrenzt, braun. Trockenrasen, Spätherbst, selten.

Familie: Nestpilze, Nidulariáceae

Erst geschlossen, dann becherförmig. Innen linsenförmige Gebilde.

10. Gattung: Tiegelteuerling, *Crucíbulum* (nur 1 Art)
   26 Gemeiner Tiegelteuerling, *C. lǽve (= vulgáre)* (Taf. 1)
   Becher bis 1 cm hoch, außen gelbfilzig, innen kahl. Deckel des jungen
   Bechers orangegelb. Holzreste, häufig.

11. Gattung: Teuerling, *Cýathus*
Außen grau oder braun. Deckel nicht gelb. 3 Arten.
   27 Topfteuerling, *C. ólla* (Taf. 1)
   Bis 1,5 cm hoch, glockenförmig. Außen filzig, innen
   glatt, weißgrau. Erde, seltener Holz, außerhalb des   27
   Waldes, häufig.
   28 Gestreifter Teuerling, *C. striátus* (Abb. S. 87)
   Bis 1,5 cm hoch, becherförmig. Außen braunfilzig, innen gestreift.
   Holzreste und Boden im Laubwald, häufig.

Familie: Kugelwerferpilze, Sphaeroboláceae

Winzig. Sternförmig öffnend und Sporenmasse aktiv abschleudernd.

12. Gattung: Kugelschneller, *Sphaeróbolus* (nur 1 Art)
   29 Gemeiner Kugelschneller, *S. stellátus* (Abb. S. 84)
   Kugelig, 1–2 mm, orange, gesellig in filziger Unterlage. Später sternförmig, blaßgelb. Holzreste, Sägespäne, häufig.

Familie: Wurzeltrüffelpilze, Rhizopogonáceae

Knollenförmig, halbunterirdisch, von Myzelsträngen überzogen. Alt breiig
zerfallend. Nadelwald. Mykorrhizapilze. – Es gibt zahlreiche weitere unterirdische, sehr schwer bestimmbare Bauchpilze (Schleimtrüffeln, Schwanztrüf-
feln, Heidetrüffeln, Erdnüsse usw.).

13. Gattung: Wurzeltrüffel, *Rhizopógon* (Merkmale s. Familie; 6 Arten).
   30 Rötliche W., Hasenbrot, *Rh. roséolus* (einschl. *Rh. vulgaris)*   **Eßbar**
   Bis 5 cm, blaß, zuletzt gelb. Hülle unten rötend. Myzelstränge spärlich. Sporen über 8,5 (*vulgaris:* unter 8,5) μm. Nadelwald, besonders
   Kalk, häufig.
   31 Gelbbraune W., *Rh. obtéxtus (=lutéolus)* (Abb. S. 84)   **Eßbar**
   Wie Nr. 30, aber bereits zeitig gelb, dann olivbraun. Nie rötend. Myzelstränge reichlicher. Sporen unter 8,5 μm. Kiefer, Sand, häufig.

Familie: Pilzblumen, Clathráceae

Netz- oder armartig, innen mit stinkender Sporenmasse bedeckt.

14. Gattung: Gitterling, Tintenfischpilz, *Cláthrus* (2 Arten)
   32 Scharlachroter Gitterling, *Cl. rúber*
   Aus dem Hexenei entspringt die rote Gitterkugel, die innen graugrünen Sporenschleim trägt. Friedhöfe, Gärten, sehr selten.
   33 Tintenfischpilz, *Cl. (= Anthúrus) árcheri*
   Aus dem Hexenei entspringen 4–6 rote Arme, die (zuletzt oberseits)
   olivgrünen Sporenschleim tragen. Wälder, selten.

Familie: Rutenpilze, Phalláceae

„Stiel" zellig-porös. „Hut" außen mit graugrünem Sporenschleim.

15. Gattung: Stinkmorchel, *Phállus* (nur 2 Arten)
   34 Gemeine Stinkmorchel, *Ph. impudícus* (Taf. 3; Abb. S. 84)
   Hexenei bis 7 cm, weißlich, mit Myzelstrang. „Stiel" weiß, hohl. Kopf
   weiß, zellig, frisch olivgrün schleimig. Um Stubben, häufig.

16. Gattung: Hundsrute, *Mutínus* (3 Arten)
   35 Gemeine Hundsrute, *M. canínus* (Taf. 3)
   Hexenei bis 2 cm. „Stiel" ockerlich, hohl. Spitze ziegelrot, frisch mit
   olivgrünem Sporenschleim. Bei Stubben, zerstreut.

Unterklasse: Außensporer, Hymenomycétidae

Sporen in einer Fruchtschicht, die den Fruchtkörper (Korallen, Krusten ...)
oder Teile davon (Lamellen, Röhren, Stacheln) überzieht.

Familie: Dunkelröhrenpilze, Strobilomycetáceae

Wie Röhrenpilze, aber Sporen dunkel, oft skulpturiert. Meist tropisch.

17. Gattung: Strubbelkopfröhrling, *Strobilómyces* (nur 1 Art)
   36 Strubbelkopf, *S. strobiláceus (=flóccopus)*
   Hut bis 12 cm, schwarzgrau, sparrig-schuppig, Ring vergänglich. Poren weit, grau. Besonders Laubwald, saure
   Böden, selten.

36

18. Gattung: Porphyrröhrling, *Porphyréllus* (nur 1 Art)
   37 Düsterer Röhrling, *P. porphyrósporus (=pseudóscaber)* (Taf. 7)
   Hut bis 12 cm, schmutzigbraun, filzig. Stiel ebenso. Fleisch weiß, rötlichgrau (bläulich) anlaufend. Poren hellgrau, alt dunkelbraun. Wälder, Bergland, saure Böden, zerstreut. – Verwandt mit Gattung 26!

Familie: Röhrenpilze, Boletáceae

Mit meist ablösbarer Röhrenschicht. Weichfleischig. Sporen farblos bis
braun, glatt.

19. Gattung: Blätterröhrling, *Phyllóporus* (nur 1 Art)
   38 Goldblatt, *P. pelletiéri (= rhodoxánthus)*   **Eßbar**
   Hut bis 8 cm, zimtbraun, filzig. Lamellen goldgelb, porig
   verbunden. Wälder, selten.

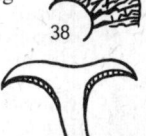

38

20. Gattung: Grübling, *Gýrodon* (nur 1 Art)
   39 Erlengrübling, *G. lívidus*   **Eßbar**
   Hut bis 12 cm, blaßgelb, schmutzigbraun, klebrig.
   Röhren kurz, herablaufend, schwer vom Fleisch lösbar. Blauend. Erlen, sumpfige Stellen, kalkliebend,
   selten.

39

21. Gattung: Blaßsporröhrling, *Gyróporus*

Stiel alt zellig-hohl. Poren und Sporenstaub blaß. 2 Arten.

40 Kornblumenröhrling, *G. cyanéscens* (Taf. 4) **Eßbar**
Blaß strohgelb bis ocker. Hut bis 12 cm, haarig-filzig. Stiel oben nackt und kahl, jung mit flüchtiger Ringzone. Kornblumenblau anlaufend. Wälder, Sand, selten.

41 Hasenröhrling, *G. castáneus* (Taf. 4) **Eßbar**
Hut bis 10 cm, wie der kurze Stiel zimtbraun, anfangs zartfilzig. Poren blaß. Fleisch weiß. Laubwald, Sand, selten.

22. Gattung: Schuppenröhrling, *Boletínus* (2 Arten)

42 Hohlfußröhrling, *B. cávipes* (Abb. S. 80) **Eßbar**
Hut bis 12 cm, rotbraun, goldgelb (zwei Farbrassen!), filzig-schuppig. Stiel hohl, mit weißlichem Ring. Poren eckig, strahlig angeordnet. Lärche, besonders Hügelland, zerstreut.

23. Gattung: Schleimröhrling, *Suíllus* (einschl. *Boletus piperatus*)

Feucht schleimig. Beringt oder Stiel oben punktiert. 15 Arten.

Stiel beringt

43 Goldröhrling, *S. flávus (=grevíllei = élegans)* (Taf. 4) **Eßbar**
Hut bis 12 cm, orangebraun, gelb, trocken glänzend. Poren gelb, bei Druck bräunlich fleckend. Lärche, häufig.

44 Grauer Lärchenröhrling, *S. víscidus (=aerugináscens)* **Eßbar**
Hut bis 10 cm, blaßgrau, graubraun. Stiel etwas grünend. Poren grau, bei Druck olivlich. Lärche, Kalk, zerstreut.

45 Rostroter Lärchenröhrling, *S. tridentínus* **Eßbar**
Hut bis 12 cm, orange, rostrot, strahlig geflammt. Poren orangerot, rostbraun. Lärche, Kalk, selten.

46 Moorröhrling, *S. flávidus* **Eßbar**
Hut bis 6 cm, graugelb, kegelig. Ring schleimig. Poren gelb, weit. Mooriger Nadelwald, selten.

47 Butterpilz, *S. lúteus* (Taf. 4) **Eßbar**
Hut bis 10 cm, schokoladenbraun, gelbbraun, einge-wachsen-faserig. Ring weiß, dann violettbraun. Fleisch blaßgelb. Kiefer, Sand, häufig.

Stiel ohne Ring

48 Körnchenröhrling, Schmerling, *S. granulátus* **Eßbar**
Hut bis 10 cm, gelb-, goldbraun. Stiel oben blaß, später bräunlich kör-nig. Poren jung mit milchigen Tröpfchen. Fleisch hellgelb. Kiefer, be-sonders Kalk, ab Juni, häufig.

49 Brauner Schmerling, *S. collinítus (=flúryi)* **Eßbar**
Hut bis 12 cm, dunkelbraun, eingewachsen-faserig. Stiel oben körnig. Myzelfilz rosa. Fleisch gelb. Kiefer, Kalk, zerstreut.

50 Elfenbeinröhrling, *S. plácidus* (Taf. 5) **Eßbar**
Hut bis 12 cm, weißlich, gelblich. Stiel mit rötlichbraunen Flöckchen. Poren gelblich. Weymouthskiefer, selten.

51 Kuhpilz, *S. bovínus* (Taf. 5) **Eßbar**
Hut bis 8 cm, lederbraun, orangebraun. Stiel kurz. Röhren kurz, etwas herablaufend. Poren graugelb, oft strahlig angeordnet, weit. Gum-miartig biegsam. Kiefer, Sand, häufig.

52 **Sandpilz,** *S. variegátus* (Taf. 5) **Eßbar**
Hut bis 15 cm, sandfarben, semmelbraun, vergänglich filzig, alt
schmierig. Stiel blasser, kräftig. Poren jung olivgrau, dann grüngelb.
Schwach blauend. Kiefer, Sand, häufig.

53 **Pfefferröhrling,** *Bolétus piperátus* (=*Chalcíporus*) **Eßbar**
Hut bis 6 cm, polsterförmig, gelbbraun. Stiel unten zitronengelb. Poren rostrot. Fleisch pfefferig. Besonders Nadelwald, häufig.

24. Gattung: Filzröhrling, *Xerócomus* (einschl. *Bolétus pulveruléntus*)
Hut trocken, jung filzig. Stiel schlank, meist ungenetzt. 10 Arten.

54 **Marone,** *X. bádius* (Taf. 8)(Abb. S. 81) **Eßbar**
Hut bis 12 cm, kastanienbraun, trocken, feinfilzig, alt klebrig. Stiel
braun gefasert. Poren grüngelb, bei Druck blaugrün. Fleisch schwach
blauend. Besonders Nadelwald, häufig.

55 **Ziegenlippe,** *X. subtomentósus* (Taf. 7) **Eßbar**
Hut bis 10 cm, olivbraun, nie rissig, mit NH$_3$ nicht blau. Stiel gelbbraun, schlank, fest, ungenetzt. Poren goldgelb, weit. Fleisch blaß, unveränderlich. Wälder, häufig.

56 **Brauner Filzröhrling,** *X. spadíceus* **Eßbar**
Ähnlich vorigem, aber Hut braun, rotbraun, mit NH$_3$ blau. Stielnetz
derb, langgezogen (längsrippig). Wälder, Kalk, selten.

57 **Gemeines Rotfüßchen,** *X. chrysénteron* (Taf. 6) **Eßbar**
Hut bis 8 cm, bräunlich, alt rissig-felderig, Risse rötlich. Stiel rötlich
überlaufen. Poren grüngelb, weit. Fleisch blaßgelb, schwach blauend
(nicht immer!). Wälder, häufig.

58 **Derbes Rotfüßchen,** *X. fragílipes* C. Martin (= *pruinátus*) **Eßbar**
Hut bis 15 cm, dunkelbraun, rotbraun. Nie rissig. Rand oft weinrot.
Stiel kaum rot, langsam grün werdend. Poren lange gelb. Fleisch gelb,
blauend. Wälder, Spätherbst, häufig.

59 **Blutroter Röhrling,** *X. rubéllus* (= *sanguíneus*) (Taf. 8) **Eßbar**
Hut bis 8 cm, kirschrot, blutrot, ausblassend, filzig. Stiel rot gefasert.
Poren gelb, grüngelb. Fleisch schmutziggelb, langsam blauend. Wald-
wege, auf sauren Böden, zerstreut.

60 **Schwarzblauender Röhrling,** *Bolétus pulveruléntus* **Eßbar**
Hut bis 10 cm, kastanienbraun, filzig. Stiel schlank,
gelb, unten braun. Poren gelb. Fleisch dunkelblau verfärbend. Wälder, zerstreut.

61 **Schmarotzerröhrling,** *X. parasíticus* (Taf. 5) **Eßbar**
Hut bis 5 cm, gelbbraun. Stiel schlank. Röhren herablaufend. Auf Kartoffelbovisten (Nr. 1), selten.

61

25. Gattung: Rauhfußröhrling, *Leccínum* (= *Tráchypus*)
Stiel schlank, schuppig-rauh. 12 Arten.

62 **Birkenrotkappe,** *L. versipélle* (=*testaceóscabrum*) (Taf. 6) **Eßbar**
Hut bis 20 cm, orangegelb, gelbbraun, mit Randsaum. Stiel derb, mit
schwärzlichen Schüppchen. Poren anfangs grau. Fleisch lila-violett-
grau verfärbend. Birke, häufig.

63 **Espenrotkappe,** *L. rúfum* (=*aurantíacum*) **Eßbar**
Hut bis 20 cm, orangerot, rotbraun, mit Randsaum. Stielschüppchen
weiß, dann rotbraun. Fleisch wie bei vorigem. Espe, häufig. – Ähnliche Arten bei Eiche und Nadelbäumen.

64 Isabellfarbene Rotkappe, *L. roseotínctum* **Eßbar**
Ähnlich Nr. 63, aber falb creme, isabell, fleckenweise dunkelnd. Stiel unten blaugrün fleckig. Espe, selten.

65 Gemeiner Birkenpilz, *L. scábrum* (Taf. 7) **Eßbar**
Hut bis 12 cm, graubraun, Rand gelegentlich olivlich, alt sehr weich. Stiel fein schuppig, oben sehr schlank. Röhren olivgrau, lang, polsterförmig. Fleisch unveränderlich (minimal gilbend). Birke, saure Böden, auch in Mooren, häufig.

66 Rötender Birkenpilz, *L. oxydábile* (Abb. S. 81) **Eßbar**
Hut bis 15 cm, ockerbraun, nie oliv, festfleischiger. Stiel derb-schuppig, oben nicht auffallend schlank. Fleisch schwach rötend. Birke, bessere Böden, zerstreut.

67 Bunter Birkenpilz, *L. variícolor* **Eßbar**
Hut bis 12 cm, schwarzbraun, oft heller fleckig, Rand überhängend (wie bei Rotkappen). Stiel schwärzlich schuppig, unten blaugrün. Fleisch rötend, in Stielbasis blaugrün. Birke, moorige Stellen, selten.

68 Moorbirkenpilz, *L.hólopus* **Eßbar**
Hut bis 8 cm, weißlich, Mitte olivlich. Stiel graulich, rauh, unten blaugrün verfärbend. Birke, Torfmoos, selten.

69 Gelber Birkenpilz, *L. nigréscens (=crocipódium)* **Eßbar**
Hut bis 15 cm, olivgelb, braun, oft rissig. Poren gelb. Fleisch gelb, alt schwärzend, fest. Laubwald, Kalk, selten.

70 Hainbuchenröhrling, *L. gríseum (= cárpini)* **Eßbar**
Hut bis 12 cm, graubraun, schwarz, runzelig, alt rissig. Stiel schwarzbraun punktiert. Fleisch alt schwärzend, fest. Besonders Hainbuche, bessere Böden, zerstreut.

26. Gattung: Rosasporröhrling, *Tylopílus* (nur 1 Art)
71 Gallenröhrling, *T. félleus* (Taf. 8)
Hut bis 15 cm, polsterförmig, hellbraun, lederfarben. Stiel olivlich, keulig, mit grobem, dunklem Netz. Poren weißlich, bald rosa. Gallebitter. Besonders Nadelwald, saure Böden, häufig.

27. Gattung: Dickröhrling, *Bolétus*
Stiel dick, bauchig, keulig. Mit Netz oder feinflockig. 24 Arten.

Poren mit roten Farbtönen
72 Flockenstieliger Hexenpilz, *B. erýthropus* (Taf. 10) **Eßbar**
Hut bis 20 cm, dunkelbraun, filzig. Stiel auf gelbem Grund dicht rotfilzig punktiert. Poren dunkelrot. Fleisch läuft sofort dunkelblau an. Wälder, saure Böden, häufig.

73 Netzstieliger Hexenpilz, *B. lúridus* (Taf. 10) **Eßbar**
Hut bis 15 cm, olivbraun, Rand rötlich, matt. Stiel mit grobem Netz. Poren orangerot, alt rotbraun. Fleisch läuft sofort dunkelblau an. Lichte Wälder, Parks, gern Kalk, zerstreut.

74 Glattstieliger Hexenpilz, *B. quelétii* **Eßbar**
Hut bis 12 cm, braunorange, oliv. Stiel gelblich, unten braunrot, oben nur fein flockig. Poren orangerot. Fleisch gelb, weniger intensiv blauend. Laubwald, selten.

75 Satanspilz, *B. sátanas* (Taf. 11) **Giftig**
Hut bis 30 cm, steingrau, alt olivgrau. Stiel bauchig, gelblich, mit karminroter Gürtelzone und feiner roter Netzzeichnung. Poren gelb, bald

karminrot. Fleisch weißlich, schwach blauend. Geruch aasartig. Warmer Laubwald, Kalk, selten.

76 Purpurröhrling, *B. rhodoxanthus* **Eßbar**
Hut bis 25 cm, weißlich, hellrosa, gelbbraun. Stiel gelb, Netz purpurn. Poren gelb, purpurrot. Fleisch gelb, schwach blauend. Geruchlos. Laubwald, Kalk, selten. – Ähnliche Arten!

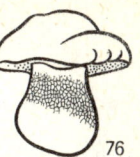
76

Poren weiß oder gelb

77 Schönfußröhrling, *B. cálopus (= páchypus)* (Taf. 11)
Hut bis 15 cm, hell graubraun. Stiel gelb, unten rot, mit weißem oder rotem Netz. Poren gelbgrün. Fleisch schwach blauend, bitter. Wälder, saure Böden, zerstreut.

78 Wurzelnder Bitterröhrling, *B. radícans* (Taf. 9)
Hut bis 20 cm, blaßgrau, braungrau. Stiel gelb, meist ohne Rot, fein genetzt, knollig-wurzelnd. Fleisch gelb, blauend, bitterlich. Lichte Stellen unter Laubbäumen, selten.

79 Fahler Röhrling, *B. impolítus* **Eßbar**
Hut bis 15 cm, blaßocker, hellbraun, matt. Stiel gelblich, wenig rötlich, feinflockig, ohne Netz. Poren gelb. Fleisch blaßgelb, unveränderlich. Karbolgeruch. Besonders Eiche, selten.

80 Primelgelber Röhrling, *B. junquílleus* (Taf. 9) **Eßbar**
Hut bis 12 cm, schwefelgelb, bräunlich. Andere Teile gelb. Stiel ungenetzt. Fleisch sofort stark grünblau. Buche, selten.

81 Königsröhrling, *B. régius* **Eßbar**
Hut bis 15 cm, rot, rosa auf braungelbem Grund. Stiel gelb, unten rosa, fein genetzt. Poren und Fleisch gelb, nicht blauend. Laubwald, Kalk, selten – *B. speziósus*: Hut kleiner, dunkler rotbraun, blutrot. Blauend. Laubwald, Kalk, selten.

82 Sommerröhrling, *B. féchtneri* **Eßbar**
Hut bis 15 cm, grau, dann korkbraun. Stiel zitronengelb, in der Mitte etwas karminrot, fein genetzt. Poren und Fleisch gelb, schwach blauend. Buche, Kalk, selten.

83 Anhängselröhrling, *B. appendiculátus* (Taf. 9) **Eßbar**
Hut bis 20 cm, hellbraun, schwach filzig. Stiel gelb, ohne Rot, fein genetzt, mit wurzelndem Anhängsel. Poren und Fleisch gelb, schwach blauend. Wälder, Kalk, zerstreut.

Steinpilzgruppe (Fleisch weiß, unveränderlich)

84 Bronzeröhrling, *B. áereus* **Eßbar**
Hut bis 15 cm, dunkelbraun, umbra, bronzefarben, fleckig-filzig. Stiel mit braunem Netz. Warme Laubwaldränder, selten.

85 Sommersteinpilz, *B. reticulátus (=aestivális)* **Eßbar**
Hut bis 20 cm, blaßbraun, ockerbraun, feinfilzig. Stiel schlank, mit weißem Netz. Laubwald, ab Frühsommer, häufig.

86 Rothütiger Steinpilz, *B. pinóphilus* **Eßbar**
Hut bis 20 cm, rotbraun, purpurbraun, kahl. Stiel rotbraun, schwach rötend. Netz oben weißlich, unten rotbraun. Fleisch unter der Rinde weinrot. Nadelwald, zerstreut.

87 Echter Steinpilz, *B. edúlis* (Taf. 8) **Eßbar**
Hut bis 25 cm, jung weiß, dann braun, kahl. Stiel weißlich bis bräun-

lich, hell genetzt. Poren weiß, dann gelbgrün. Wälder, häufig. – Tritt in verschiedenen Mykorrhizaformen auf.

Familie: Krempenpilze, Paxilláceae

Fleischig. Hutrand eingerollt. Lamellen häufig gegabelt oder querverbunden, leicht vom Fleisch lösbar (wie bei den Röhrlingen!).

28. Gattung: Gabelblättling, *Hygrophorópsis*
Mittelgroß. Hut dünnfleischig. Sporenstaub weiß. 3 Arten.

88 Falscher Pfifferling, *H. aurantíaca* (Taf. 12)   **Eßbar**
Hut bis 6 cm, orange, filzig, weich und biegsam. Stiel dünn, manchmal exzentrisch. Lamellen orangerot, oft gegabelt (Abb. S. 67). Nadelwald, häufig. – Gelegentlich blasse Formen.

29. Gattung: Krempling, *Paxíllus* (einschl. *Tapinélla*)
Mittelgroß bis groß, fleischig. Sporenstaub braun. 3 (und 1) Arten.

89 Kahler Krempling, *P. involútus* (Taf. 12) (Abb. S. 77)   **Giftig**
Hut bis 15 cm, ockerbraun, braun. Lamellen holzgelb, bei Druck braunfleckend. Stiel zentral. Fleisch bräunend. Wälder, Parks, Gärten, häufig. – **Erlenkrempling,** *P. filaméntósus*: Kleiner. Hut schuppig. Lamellen lebhaft gelb. Bei Erle.

90 Samtfußkrempling, *P. atrotomentósus* (Taf. 12)
Hut bis 25 cm, dickfleischig, olivbraun, samtig. Stiel kurz, derb, seitlich, schwarzbraun samtig. Lamellen ockergelb, bei Druck fleckend. Bitter. Morsche Nadelholzstubben, häufig.

91 Muschelkrempling, *Tapinélla panuoídes*
Hut bis 10 cm, muschel-, fächerförmig, dünnfleischig, olivbraun. Stiel stummelförmig oder fehlend. Nadelholz, Bretter, zerstreut.

91

30. Gattung: Ölbaumpilz, *Omphalótus* (nur 1 Art)
92 Leuchtender Ölbaumpilz, *O. oleárius*   **Giftig**
Bis 12 cm, halbkreisförmig-trichterig, orange. Stiel exzentrisch. Im Dunkeln leuchtend. Laubholz, im Süden, selten.

Familie: Gelbfußpilze, Gomphidiáceae

31. Gattung: Schmierling, *Gomphídius* (= *Leucogomphídius*)
Hut schleimig-schmierig. Stielbasis gelb. Fleisch weiß. 3 Arten.

93 Kuhmaul, *G. glutinósus* (Taf. 12)   **Eßbar**
Hut bis 10 cm, braunviolett, alt schwarzfleckig. Lamellen grauschwarz. Fleisch unveränderlich. Besonders Fichte, häufig.

94 Fleckender Schmierling, *G. maculátus*   **Eßbar**
Hut bis 8 cm, rosa, fleischbraun, schwarz fleckend. Lamellen weinrot, rostbraun fleckend. Fleisch rötend. Lärche, selten.

95 Rosa Schmierling, *G. róseus* (Taf. 5)   **Eßbar**
Hut bis 5 cm, rosa, niedergedrückt, nicht fleckend. Stiel unten rosagelb. Lamellen grau. Kiefer, Sand, zerstreut.

32. Gattung: Gelbfuß, *Chroogómphus (= Gomphídius)*
Nur klebrig (oder trocken). Stielbasis safranfarben. Fleisch lachs. 2 Arten.
96 Kupferroter Gelbfuß, *Chr. rútilus (= víscidus)* (Taf. 12)   **Eßbar**
Hut bis 10 cm, kegelig-gewölbt, stumpf gebuckelt, kupferbraun,
braunrot. Stiel schlank. Schleier faserig. Kiefer, häufig.

Familie: Wachsblätterpilze, Hygrophoráceae
Klein bis mittelgroß. Stielfleisch in Hutfleisch übergehend. Lamellen dicklich
(Querschnitt unter Lupe fast dreieckig!), wachsartig, saftreich, entfernt. Sporenstaub weiß.

33. Gattung: Schneckling, *Hygróphorus (= Limácium)*
Gewölbt, Rand jung eingerollt, klebrig. Stiel oben flockig, unten verschmälert. Lamellen ± herablaufend. Mykorrhizapilze. 35 Arten.

Weiße und gelbe Arten
97 Elfenbeinschneckling, *H. ebúrneus* (Taf. 13)
Hut bis 7 cm, weißlich, schleimig, mit KOH unverändert. Stiel oben
flockig, schleimig, zugespitzt. Lamellen reinweiß, trocken gilbend.
Geruch nach Weidenbohrerraupen. Buche, Kalk und Lehm, zerstreut.
98 Verfärbender Schneckling, *H. discoxánthus (=cóssus =chrysáspis)*
Vorigem ähnlich, aber zierlicher. Hut mit KOH rostbraun. Stiel oft
auffallend lang zugespitzt. Lamellen gelbweiß, trocken purpurbraun.
Geruch wie bei vorigem. Buche, bessere Böden, örtlich häufig.
99 Trockener Schneckling, *H. penárius*   **Eßbar**
Derb. Hut bis 12 cm, weißlich, trocken. Stiel zugespitzt, trocken. Lamellen weißlich, dick. Laubwald, Kalk, zerstreut.
100 Gelbflockiger Schneckling, *H. chrýsodon*   **Eßbar**
Hut bis 7 cm. Hutrand und Stielspitze mit gelben Flöckchen besetzt.
Pilz sonst weißlich. Laubwald, Kalk, zerstreut.
101 Lärchenschneckling, *H. lucórum*   **Eßbar**
Hut bis 5 cm, zitronengelb. Stiel, Lamellen und Fleisch blaßgelb oder
weißlich. Lärche, Kalk und Lehm, zerstreut.

Kräftiger gefärbte Arten
102 Punktierter Schneckling, *H. pustulátus*   **Eßbar**
Hut bis 5 cm, graubraun, dunkelgrau, schleimig-warzig.
Stielspitze dunkelflockig. Geruchlos. Fichte, Hügel-
und Bergland, häufig.
103 Wohlriechender Schneckling, *H. agathósmus*   **Eßbar**
Hut bis 6 cm, hellgrau, hell graubraun, Mitte mit klebrigen Wärzchen. Stiel oben weißlich-flockig. Lamellen
weißlich. Geruch nach Bittermandelöl. Fichte, besonders Kalk, zerstreut.

102

104 Frostschneckling, *H. hypothéjus* (Taf. 13)   **Eßbar**
Hut bis 6 cm, olivbraun, schleimig. Stiel und Lamellen
ockergelb. Kiefer, Sand, Spätherbst, häufig.
105 Natternstieliger Schneckling, *H. olivaceoálbus*   **Eßbar**
Hut bis 8 cm, graubraun, olivlich, alt mit flachem Buckel. Stiel olivbraun gebändert. Lamellen blaß. Fichte,
Bergland, Herbst, häufig.

105

106 Purpurschneckling, *H. rússula* **Eßbar**
Hut bis 12 cm, weinrot fleckig oder schuppig, wenig klebrig. Lamellen weinrot fleckig, abgerundet. Laubwald, Kalk, selten.

107 Hainschneckling, *H. nemóreus* **Eßbar**
Hut bis 10 cm, orangefuchsig, eingewachsen-faserig, wenig klebrig. Lamellen blaß gelblich. Stiel oben flockig, zugespitzt. Mehlgeruch (vgl. aber Nr. 110!). Eiche, zerstreut.

108 Märzschneckling, *H. marzúolus* (Taf. 13) **Eßbar**
Hut bis 10 cm, bald grauschwarz. Stiel und Lamellen alt graulich. Derb. Nadelwald, nur Vogtland, April-Mai, selten.

34. Gattung: Ellerling, *Camarophýllus*
Ähnlich Gattung 33. Hut trocken. Stiel kahl. Wiesen, Weiden. 10 Arten.

109 Schnee-Ellerling, *C. níveus* (Taf. 13) **Eßbar**
Ganz weiß. Hut bis 5 cm, dünnfleischig, glasig, gerieft. Alt oft rotflekkig (Befall durch parasitischen Pilz!). Wiesen, Spätherbst, häufig.

110 Wiesenellerling, *C. praténsis* (Taf. 13) **Eßbar**
Hut bis 7 cm, orangeocker. Stiel und Lamellen blaßocker. Stielspitze kahl. Geruchlos (vgl. Nr. 107!). Wiesen, Herbst.

35. Gattung: Saftling, *Hygrócybe*
Oft lebhaft gefärbt, glasig, zerbrechlich. Stielspitze kahl. Lamellen meist nicht herablaufend. Wiesen, Moore, lichter Wald. 40 Arten.

Mit besonderen Kennzeichen

111 Kleiner Schwärzender Saftling, *H. cónica* (Taf. 14) **Giftig?**
Hut bis 4 cm, orange, spitzkegelig. Stiel bis 5 mm dick. Lamellen gelb. Alt schwärzend. Wiesen, zerstreut. – Kräftiger, stumpfer, auch schwärzend, Lamellen graugelb: *H. nigréscens.*

112 Bitterer Saftling, *H. réai*
Hut bis 2 cm, rot, orange. Stiel gleichfarben. Lamellen orangegelb. Geschmack bitter. Wiesen, Gebüsche, zerstreut.

113 Papageigrüner Saftling, *H. psittácina*
Hut bis 4 cm. Verschiedenfarbig, doch stets irgendwo dunkelgrün. Lamellen gelblich. Sehr schleimig. Wiesen, häufig.

114 Grauer Saftling, *H. unguinósa* **Eßbar**
Hut bis 5 cm, grau, feucht sehr schleimig. Stiel ebenso. Lamellen weißlich. Wiesen, zerstreut.

115 Schwarzgelber Saftling, *H. spadícea* **Eßbar**
Hut bis 6 cm, dunkelbraun bis schwarz, sehr schleimig. Stiel gelblich, trocken. Lamellen gelb. Bergwiesen, selten.

Sonstige gelbe, orangefarbene oder rote Arten

116 Gelber Zwergsaftling, *H. vitellína*
Hut bis 2,5 cm, gelb, weißlich ausblassend, frisch gerieft. Lamellen herablaufend. Wiesen, häufig. – Sammelart!

117 Stumpfer Saftling, *H. chloróphana* **Eßbar**
Hut bis 6 cm, flach gewölbt, zitronen- bis schwefelgelb, schleimig. Lamellen fast frei. Wiesen, häufig.

118 Riechender Saftling, *H. quiéta* **Eßbar**
Ganz gelborange bis lebhaft gelb. Hut bis 7 cm, kaum schmierig. Lamellen ausgebuchtet, zerdrückt mit Blattwanzengeruch (Eichenmilchling!). Lichter Laubwald, gern Kalk, zerstreut.

119 Spitzhütiger Saftling, *H. acutocónica (=lángei)* (Taf. 14)   **Giftig**
Hut bis 5 cm, spitzkegelig, oft radialrissig, gelb, trocken
orange. Lamellen blaßgelb. Alt etwas bräunend. Wiesen, Wegränder, häufig.

119

120 Größter Saftling, *H. puŕ*nícea   **Eßbar**
Hut bis 10 cm, glockig, blutrot, ausblassend. Stiel kräftig, längsfaserig. Lamellen ausgebuchtet, heller. Wiesen, selten.

121 Kirschroter Saftling, *H. coccínea* (Abb. S. 75)   **Eßbar**
Hut bis 6 cm, gewölbt, dunkelrot, kirschrot, grauweiß ausblassend,
kaum schmierig, kahl. Stiel kahl. Wiesen, häufig.

122 Mennigroter Saftling, *H. miniáta* (Abb. S. 78)
Hut bis 3 cm, zinnoberrot, mennigrot, trocken, filzig. Lamellen
orange, breit angewachsen. Wiesen, saure Böden, häufig.

123 Trichterförmiger Saftling, *H. cantharéllus* (Taf. 14)
Hut bis 2,5 cm, trichterförmig, orange, trocken, feinschuppig. Lamellen gelb, weit herablaufend. Feuchte Erde, zerstreut.

Familie: Hellblätterpilze, Tricholomatáceae

Artenreiche Familie. Winzig bis sehr groß. Stiel fest mit dem Hut verwachsen.
Lamellen dicklich oder dünnfleischig, kaum wachsartig. Sporenstaub (oft
auch Lamellen) hell: weiß, gelblich, rosa, grau.

36. Gruppe: Nabeling; *Omphálina, Rickenélla, Leptoglóssum*

Sehr klein, fast häutig. Stiel röhrig. Erde, Moose, Flechten. 30 Arten, viele
davon alpin.

124 Heftelnabeling, *Rick. fíbula*
Hut bis 1 cm, gewölbt, dann genabelt, orange, ausblassend, gerieft. Lamellen weiß, gelblich, herablaufend. In
Moospolstern, häufig.

125 Violettstieliger Nabeling, *Rick. setipes (=swártzii)*
Hut bis 1 cm, flach genabelt, blaßbraun, Mitte violettbraun, stark gerieft. Stiel oben violettschwarz, unten
bräunlich. Lamellen weißlich. Gebüsche, zwischen
Moosen, zerstreut.

124

126 Heidenabeling, *O. ericetórum* (Taf. 14)
Hut bis 2 cm, genabelt, tief trichterig, creme bis rehbraun, dunkler gestreift. Lamellen blaß, entfernt.
Moose, Flechten, Torf, häufig.

127 Scherbenbrauner Nabeling, *O. pyxidáta*
Hut bis 2 cm, genabelt, rotbraun, fleischbraun, stark gerieft, trocken falb. Lamellen beigebraun, mäßig gedrängt, schmal.
Wegränder, zerstreut. – Vergleiche Nr. 136!

126

128 Schuppiger Sumpfnabeling, *O. sphagnícola* (Abb. S. 78)
Hut bis 4 cm, tief trichterig, beige, ockerbraun, fein dunkler geschuppt. Lamellen blaß, entfernt. Torfmoos, zerstreut.

129 Grauseidiger Nabeling (= Adermoosling), *Lept. griseopállidum*
Ganz grau. Hut bis 2 cm, trichterig, manchmal exzentrisch, seidig-filzig. Lamellen fast aderig. Wegränder, zerstreut.

37. Gattung: Kohlennabeling, *Myxomphália* (nur 1 Art)
130 Gemeiner Kohlennabeling, *M. (= Fayódia) maíra*
(Taf. 14)
Hut bis 4 cm, genabelt, schwarzbraun, ausblassend.
Haut gelatinös, abziehbar. Stiel knorpelig. Lamellen
weißlich. Mehlgeruch. Brandstellen, Nadelwald,
zerstreut.

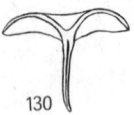
130

38. Gattung: Glöckchennabeling, *Xeromphálina*
Nabelingsartig. Zähfleischig wie Schwindlinge, gelbbraun. 4 Arten.
131 Geselliger Glöckchennabeling, *X. campanélla* (Taf. 14) (Abb. S. 77)
Hut bis 2 cm, rostgelb, rostbraun, glockig, genabelt, gerieft. Stielbasis
verschmälert, braun. Lamellen gelblich, entfernt, herablaufend. Morsches Nadelholz, Bergland, scharenweise.

39. Gattung: Lacktrichterling, *Laccária*
Völlig rosa(braun) oder violett. Stiel zäh. Lamellen dick. 9 Arten.
132 Lackbläuling, *L. amethýstina* (Taf. 15)   **Eßbar**
Alle Teile blauviolett, ausblassend. Laubwald, häufig.
133 Zweifarbiger Lacktrichterling, *L. bícolor* (Abb. S. 77)   **Eßbar**
Hut bis 6 cm, rötlichbraun. Stiel rosabraun, unten violett filzig. Lamellen lilarosa. Wälder, saure Böden, zerstreut.
134 Fuchsiger Lacktrichterling, *L. próxima*   **Eßbar**
Hut bis 8 cm, orangebraun. Stiel gleichfarben, unten weißlich filzig.
Lamellen fleischrosa. Heiden, Moore, zerstreut.
135 Rötlicher Lacktrichterling, *L. laccáta* (Taf. 15)   **Eßbar**
Hut bis 5 cm, fleischrötlich, ausblassend, ungerieft. Stiel rosa, unten
bräunlich. Lamellen fleischrosa. Wälder, sehr häufig.
136 Zwergiger Lacktrichterling, *L. tórtilis*
Hut bis 1,5 cm, fleischfarben, rosa, stark gerieft. Stiel bis 1 mm dick.
Wegböschungen, nackte Böden, zerstreut.

40. Gruppe: Trichterling, *Clitócybe* (einschl. *Aspropaxíllus, Gerronéma* z. T.,
Lepísta z. T. und *Pseudoclitócybe*). – Klein bis sehr groß, alt meist trichterig,
dünnfleischig bis fleischig. Lamellen angewachsen bis herablaufend. Stiel berindet. Geruch oft auffallend. Etwa 100 Arten, Streubewohner.

Sehr groß, kräftig
137 Riesenkrempentrichterling, *Asprop. gigantéus*   **Eßbar**
Hut bis 30 cm, trichterig, weiß, ledergelb, Rand stark
eingerollt. Stiel kurz, kräftig, voll. Lamellen gedrängt. Wiesen, besonders Bergland, in Kreisen, selten.
138 Mönchskopf, *Cl. geótropa (= máxima)*   **Eßbar**
Hut bis 20 cm, gebuckelt, Rand eingerollt, dann tief
trichterig, ocker. Stiel steif, zäh. Lamellen entfernt,
blaß. Bittermandelgeruch. Wälder, besonders Kalk,
Lehm, in Kreisen, zerstreut.

138

139 Graublättriger Trichterling, *Cl. inornáta* (Abb. S. 76)
Hut bis 10 cm, grau, braungrau, matt. Rand eingerollt, etwas gerippt.

Lamellen gelblichgrau, abgerundet, leicht lösbar. Geruch nicht angenehm. Wälder, besonders Kalk, zerstreut.

140 Nebelgrauer Trichterling, *Lepísta nebuláris* (Taf. 16)　　**Eßbar**
Hut bis 15 cm, lange gewölbt, graubraun, grau, alt bereift. Stiel kräftig. Lamellen weiß, gelblich, gedrängt. Fleisch weiß. Geruch parfümiert. Wälder, in Kreisen, häufig.

Weißlich, scheinbereift („Reif" ist abwischbar!) (s. auch Nr. 215)

141 Laubfreundtrichterling, *Cl. phyllóphila*　　**Giftig**
Hut bis 10 cm, flach gewölbt, bleiweiß, alt und durchwässert schmutzig bräunlich. Lamellen blaßcreme. Geruch angenehm, etwas anisartig. Sporenstaub rosa. Waldstreu, häufig.

142 Bleiweißer Trichterling, *Cl. cerussáta* (Taf. 15)　　**Giftig**
Ähnlich vorigem, jedoch etwas kleiner und dünnfleischiger. Geruch stark erdartig-widerlich (Mottenpulver). Sporenstaub weiß. Waldstreu, Kompost, dort oft büschelig, häufig.

143 Wachsstieliger Trichterling, *Cl. cándicans* (Taf. 15)　　**Giftig**
Ganz weiß. Hut bis 5 cm, flach trichterig, sehr dünnfleischig. Lamellen schmal, gedrängt. Stiel schlank, oben fein bemehlt. Geruch schwach (nach Tomatenblättern). Wälder, häufig.

144 Feldtrichterling (=Rinnigbereifter Tr.), *Cl. rivulósa (=dealbáta)* (Abb. S. 76)　　**Giftig**
Hut bis 5 cm, weißlich bis fleischfalb, nicht gestreift, Rand eingerollt. Stiel zentral, kurz. Lamellen beige, weißlich. Geruch schwach. Wiesen, Weiden, Trockenrasen, häufig.

145 Treibhaustrichterling, *Cl. augeána*
Hut bis 7 cm, weiß bis gelblich, oft unregelmäßig, lappig, alt einreißend. Stiel bald exzentrisch, basal verjüngt. Lamellen weiß. Mehlgeruch. Gewächshäuser, gedüngte Beete, Dunghaufen, zerstreut.

Nicht hygrophan (trocken nicht stark verfärbend)

146 Grüner Anistrichterling, *Cl. odóra* (Taf. 15)　　**Eßbar**
Ganz graugrün, alt ausgeblaßt. Anisgeruch. Wälder, häufig.

147 Keulenfüßiger Trichterling, *Cl. clávipes* (Taf. 16)　　**Eßbar**
Hut bis 7 cm, gewölbt, graubraun, Rand heller, kahl. Stielbasis verdickt, wasserhaltig. Lamellen blaßgelb, entfernt. Geruch angenehm. Nadelwald, häufig. – Giftig bei Alkoholgenuß!

148 Kohlentrichterling, *Cl. sinópica* (Taf. 17)
Hut bis 5 cm, rotbraun. Stiel ebenso, Basis mit Rhizoiden. Lamellen creme. Starker Mehlgeruch. Brandstellen, Kiefern, ab April, zerstreut.

149 Gebuckelter Trichterling, *Cl. gíbba*　　**Eßbar**
(= infundibulifórmis)
Hut bis 8 cm, jung kleingebuckelt, alt tief trichterig, gelbbraun, ledergelb, dünnfleischig. Stiel und Lamellen weißlich. Bittermandelgeruch. Laubwald, häufig. – Sammelart!

150 Fahlgelber Trichterling, *Lepísta gílva*　　**Eßbar**
Hut bis 10 cm, trichterig, Rand stark eingerollt, ocker, fleischig, oft dunkler fleckig. Stiel kurz, kräftig. Lamellen blaßgelblich, gedrängt, leicht vom Fleisch lösbar. Geruchlos. Bitterlich. Wälder, ab Juli, zerstreut.

151 Fuchsiger Trichterling, *Lepísta fláccida (= invérsa)* (Taf. 16)   **Eßbar**
Ähnlich vorigem, aber tiefer trichterig, rotbraun, fuchsig, dünnfleischig, meist ungefleckt. Lamellen rötlichocker. Wälder, Komposthaufen, Spätherbst, in Kreisen, häufig.

152 Bereifter Wurzeltrichterling, *Cl. radicelláta (=pruinósa)*
Hut bis 4 cm, beigebraun, graubraun, etwas hygrophan, scheinbereift (abwischbar!). Stielbasis mit Rhizoiden (Abb. S. 76, Nr. 262). Geruchlos. Nadelwald, Frühjahr, selten.

Hygrophan (trocken stark entfärbend); **mit Mehl- oder Anisgeruch**
153 Genabelter Anistrichterling, *Cl. suavéolens*   **Giftig**
Hut bis 5 cm, konvex-genabelt, fleischocker, im Nabel auch trocken dunkler. Stiel länger als Hutdurchmesser. Lamellen gedrängt. Anisgeruch. Nadelwald, Wegränder, häufig.

154 Flachhütiger Anistrichterling, *Cl. frágrans*
Hut bis 5 cm, flach niedergedrückt, ohne dunklen Nabel. Stiel kürzer. Lamellen entfernt. Anisgeruch. Nadelwald, zerstreut.

155 Bereifter Mehltrichterling, *Cl. dítopa* (Taf. 16)
Hut bis 6 cm, rußig braungrau, bereift und so bleibend, Rand lange eingerollt, ungerieft. Lamellen und Stiel grau. Mehlgeruch. Sporen winzig. Nadelwald, besonders Bergland, zerstreut.

156 Geriefter Mehltrichterling, *Cl. vibecína* (Abb. S. 79)
Hut bis 6 cm, grau, silberig überzogen, bald kahl, Rand gelbbraun, feucht stark gerieft, trocken weißlich. Stiel 4–7 mm dick. Mehlgeruch. Nadelwald, häufig. – Sammelart.

Hygrophan (trocken stark entfärbend); **ohne Anis- oder Mehlgeruch**
157 Kaffeebrauner Scheintrichterling, *Pseud. cyathifórmis*   **Eßbar**
Hut bis 8 cm, tief trichterig, kaffeebraun, Rand eingerollt. Lamellen ± abgerundet, alt mit rötlichem Schein. Stiel lang, bis 8 mm dick, netzfaserig. Schwacher Bittermandelgeruch. Laubwald, Wegränder, morsches Holz, Spätherbst, zerstreut.

158 Ausblassender Scheintrichterling, *Pseud. expállens*
Hut bis 5 cm, flach trichterig, grau, dann dunkelbraun, fast häutig, stark gerieft. Stiel bis 4 mm dick, kahl. Geruchlos. Obstplantagen, Wegränder, Spätherbst, häufig.

159 Kragentrichterling, *Gerronéma umbilicáta*
Hut bis 8 cm, tief genabelt, olivgrau, Rand lange eingerollt. Lamellen grau, trocken am Stiel kragenartig miteinander verbunden. Stiel kurz, knorpelig. Geruchlos. Laubwald, zerstreut.

159

160 Widerlicher Trichterling, *Cl. phaeophthálma (=hydrográmma)*
Ganz weißlich (selten hellgrau). Hut bis 6 cm. Lamellen gern gegabelt. Geruch widerlich. Bitterlich. Laubwald, häufig.

161 Fleischblasser Trichterling, *Cl. diatréta*   **Giftig**
Hut bis 5 cm, mit fleischfarben-bräunlichem Ton, kaum gerieft, kahl. Stiel, besonders unten, dem Hut gleichfarben. Lamellen weiß. Geruchlos. Nadelwald, zerstreut. – Sammelart!

162 Gelbstieliger Trichterling, *Cl. agréstis (=angustíssima* ss. Lge.)
Hut bis 5 cm, weiß, weißlich, nur teilweise hygrophan, kahl. Stiel gelblich (Gegensatz zu den weißen Lamellen): diese gedrängt, kaum herablaufend. Geschmack kratzend. Wiesen, häufig.

163 Graustieliger Trichterling, *Cl. metáchroa (=dícolor)*
Hut bis 5 cm, flach gewölbt-niedergedrückt, flach trichterig, braun-grau, dunkelgrau, Stiel oben blaß, unten dunkel, silberig gestreift, bald hohl. Lamellen grauweißlich. Geruch widerlich, unangenehm. Wälder, häufig.

40 a. Gattung: Gabeling, *Cantharéllula* (nur 1 Art)
164 Rötender Gabeling, *C. umbonáta*　　　　　　　　　　**Eßbar**
Hut grau, trichterlingsartig. Stiel schlank, grau. Lamellen weiß, dicklich, gegabelt. Fleisch und Lamellen langsam rötend. Nadelwaldränder, feuchte Wiesen, zerstreut.

41. Gattung: Hallimasch, *Armillária (=Armillariélla)*
Braun, feinschuppig. Meist beringt. Büschelig an Holz. 7 Arten.
165 Honiggelber Hallimasch, *A. méllea*　　　　　　　　　**Eßbar**
Hut olivbraun, honiggelb, schmierig, fast kahl. Stiele sehr lang, ausgedünnt-zugespitzt, dicht gebündelt. Ring abstehend, häutig, gelbbrandig. Camembertgeruch. Laubholz, zerstreut.
166 Rotbrauner Hallimasch, *A. obscúra*　　　　　　　　　**Eßbar**
Hut bis 10 cm, rotbraun, purpurbraun, schwarzbraun schuppig. Stiel braun getigert. Ring dick, beständig, rosabraun, braunflockig. Nadel- und Laubholz, besonders im Bergland sehr häufig.
167 Gelbschuppiger Hallimasch, *A. bulbósa*　　　　　　　**Eßbar**
Hut bis 8 cm, rosabraun, fleischrötlich-gelbbraun, olivschuppig. Stiel kurz, keulig-knollig, auseinanderstrebend-gekrümmt, weißgelb gebändert oder gelbflockig. Ring wattig, schleierartig zerreißend. Laubwald, kleine Büschel oder einzeln, oft am Boden, häufig.
168 Ringloser Hallimasch, *A. tabéscens*　　　　　　　　　**Eßbar**
Ähnlich vorigen, aber völlig ohne Ring. Eiche, selten.

42. Gattung: Holzritterling, *Tricholomópsis*
Ritterlingsartig. Lamellen gelb. Morsches Nadelholz. 4 Arten.
169 Rötlicher Holzritterling, *Tr. rútilans* (Taf. 17)
Hut bis 10 cm, purpurfilzig auf gelbem Grund, alt gelbbraun. Stiel ebenso. Morsches Nadelholz, häufig.

43. Gattung: Ritterling, *Tricholóma* (einschl. *Calócybe* z. T.)
Hut gewölbt, fleischig. Lamellen ausgebuchtet oder abgerundet angewachsen. Stiel fleischig, ohne Rinde. Mykorrhizabildner. 60 Arten.

Braun, schmierig, beringt oder Stielspitze farbig-abgesetzt
170 Riesenritterling, *Tr. colóssus* (Taf. 18)　　　　　　　**Eßbar**
Hut bis 20 cm, rotbraun, derb. Stiel bauchig, sehr dick, Spitze hell abgegrenzt. Lamellen fleckend. Fleisch langsam rötend. Geruchlos. Mild. Kiefer, Sand, selten.
171 Halsbandritterling, *Tr. focále* (Taf. 18)　　　　　　　**Giftig**
Hut bis 10 cm, fuchsig. Stiel beringt, fast wurzelnd. Nicht rötend. Mehlgeruch. Bitterlich. Kiefer, Sand, zerstreut.
172 Orangegelber Ritterling, *Tr. auróntium*
Hut bis 10 cm, orangebraun, gelbbraun, schmierig. Stiel orangebraun körnig-bestiefelt, jung oben scharf hell abgesetzt. Mehlgeruch. Bitter. Fichte, selten Birke, Kalk, zerstreut.

173 Fastberingter Ritterling, *Tr. fractícium (=subannulátum, bátschii)*
Hut bis 15 cm, kastanienbraun, dickfleischig. Stiel stämmig, oben
weiß, unten braun, Farbgrenze jedoch bald undeutlich. Mehlgeruch.
Bitter. Kiefer, Kalk, in Kreisen, häufig.

Braun, schmierig, unberingt (St. von unten her allmählich braun)
174 Gestreifter Ritterling, *Tr. albobrúnneum (=striátum)*   **Giftig**
Hut bis 7 cm, rotbraun, fein faserig, schmierig. Stiel schlank, weiß.
Mehlgeruch. Bitter. Kiefer, Sand, zerstreut.
175 Getropfter Ritterling, *Tr. pessúndatum* (Taf. 18)   **Giftig**
Hut bis 12 cm, kakaobraun, getropft-gefleckt, schmierig. Stiel kräftig,
bis 3 cm dick, anfangs weiß. Mehlgeruch. Mild (immer?). Kiefer,
Sand, zerstreut.
176 Pappelritterling, *Tr. populínum*   **Eßbar**
Hut bis 15 cm, braun, olivbraun, manchmal getropft-fleckig, Haut bitterlich. Stämmiger Stiel und Lamellen weiß, alt bräunend. Mehlgeruch. Mild. Bei Pappeln, in Kreisen, häufig.
177 Brandiger Ritterling, *Tr. ustále*
Hut bis 8 cm, rotbraun, olivbraun, wenig fleischig, Stiel bräunlich,
spindelig zugespitzt, alt schwärzend. Kaum mit Mehlgeruch. Bitterlich. Laubwald (Buche), zerstreut.
178 Gelbblättriger Ritterling, *Tr. fúlvum (= flavobrúnneum)*   **Eßbar**
Hut bis 8 cm, fuchsigbraun, braungelb, feinschuppig, dann schmierig.
Stiel schlank, etwas zugespitzt. Lamellen schmutzig gelb. Fleisch gelbbraun. Mehlgeruch. Mild. Birke, häufig.

Braun, trocken oder filzig
179 Lärchenritterling, *Tr. psámmopum*
Hut bis 6 cm, gelbbraun, wollig, faserschuppig. Stiel unten gelbbraun
körnig. Geruchlos. Bitterlich. Lärche, zerstreut.
180 Bärtiger Ritterling, *Tr. vaccínum* (Taf. 18)
Hut bis 8 cm, rotbraun, wollig-filzig, schuppig, jung am Rand bärtig.
Stiel blaß rotbraun, oben heller, bald hohl. Fleisch bitterlich, langsam
bräunend. Fichte, häufig.
181 Feinschuppiger Ritterling, *Tr. imbricátum*
Hut bis 8 cm, dattelbraun, vom Rand her rissig, kaum schuppig, Rand
feinfilzig. Stiel braunfaserig, alt hohl. Fleisch bitterlich, geruchlos.
Kiefer, besonders Sand, zersteut.

Grau. Hut glatt (vgl. auch Nr. 139)
182 Schwarzfaseriger Ritterling, *Tr. portentósum* (Taf. 20)   **Eßbar**
Hut bis 10 cm, grau, eingewachsen faserig, unter der Haut schwärzlich
durchgefärbt. Stiel und Lamellen weiß, gelblich angehaucht. Mehlgeruch. Kiefer, Sand, zerstreut.
183 Schärflicher Ritterling, *Tr. sciódes*
Hut bis 12 cm, stumpf kegelig, rußschwarz, violettgrau, eingewachsen
faserig. Stiel kräftig, dunkelfaserig. Lamellenrand manchmal dunkel.
Geschmack brennend. Buche, häufig.
184 Brennender Ritterling, *Tr. virgátum* (Taf. 20)
Ähnlich vorigem, aber kleiner, Hut spitz kegelig, gebuckelt, grau.
Stiel schlank, weißlich. Besonders Kiefer, häufig.

Grau. Hut filzig, schuppig

185 Gemeiner Erdritterling, *Tr. térreum* (Taf. 20)　　　**Eßbar**
Hut bis 8 cm, schwarzgrau, filzig-wollig. Stiel blaß. Lamellen grau, alt weiß. Geruchlos. Kiefer, in Kreisen, häufig.

186 Beringter Erdritterling, *Tr. cingulátum*　　　**Eßbar**
Hut bis 6 cm, blaßgrau, graubraun. Stiel weißlich, mit deutlichem Ring. Alt etwas gilbend. Mehlgeruch. Dünen, Kalkbrüche, nur Weide, selten.

187 Gilbender Erd-R., *Tr. scalpturátum* (einschl. *argyráceum)*　　**Eßbar**
Hut bis 6 cm, fast weißlich bis dunkelgrau, grindig-schuppig oder filzig. Stiel weiß. Lamellen grau bis weiß, alt stark gilbend. Mehlgeruch. Parks, Gebüsche, Wegränder, ab Mai, häufig.

188 Rötender Erdritterling, *Tr. orírubens*　　　**Eßbar**
Hut bis 8 cm, fast schwarz, dicht-schuppig. Stiel unten blaufleckig, Myzel gelbblaß. Lamellen alt rötend. Geruch im Schnitt mehlartig. Wälder, in Kreisen, zerstreut.

189 Schwarzschuppiger Erdritterling, *Tr. atrosquamósum*　　**Eßbar**
Hut bis 10 cm, grauschwarz, dicht schuppig. Stiel auffallend dunkelfaserig oder -schuppig. Myzel weiß. Lamellen grau, oft dunkelrandig. Geruch nach Haselwurz. Wälder, Kalk, zerstreut.

190 Tigerritterling, *Tr. pardolátum (=tigrínum, párdinum)*　　**Giftig**
Hut bis 12 cm, braungrau, lilagrau, grob schuppig. Stiel derb, weiß, Spitze jung tränend. Geruch mehlartig (mit Meerrettichanteil). Wälder, Kalk, selten.

Mit gelben Lamellen

191 Schwefelritterling, *Tr. sulphúreum* (Taf. 19)
Hut bis 8 cm, gelb, fuchsig. Leuchtgasgeruch. Laubwald, häufig.

192 Grünling, *Tr. equéstre* ssp. *pinastréti* (Taf. 19)　　　**Eßbar**
Hut bis 12 cm, gelbgrün, Mitte bräunlich, klebrig, etwas schuppig. Lamellen gedrängt. Fleisch weiß, nur in Rinde gelb. Mehlgeruch. Besonders Kiefer auf Sand, zerstreut.

Weder braun noch grau (meist weißlich)

193 Maipilz, *Calócybe gambósa (= geórgii)* (Taf. 21)　　　**Eßbar**
Hut bis 12 cm, weiß, ocker, matt. Stiel gleichfarben, stämmig. Lamellen weiß, gedrängt. Starker Mehlgeruch. Triften, lichte Wälder, gern Kalk, in Kreisen, Mai–Juni, häufig.

194 Seidiger Ritterling, *Tr. columbétta* (Taf. 20)　　　**Eßbar**
Ganz weiß. Hut bis 12 cm, etwas schmierig, seidig, manchmal buntfleckig. Geruchlos. Laubwald, besonders Buche, zerstreut.

195 Lästiger Ritterling, *Tr. lascívum (= álbum* auct. non Lange)
Hut bis 12 cm, weiß, lederblaß, matt. Lamellen entfernt, tief ausgebuchtet, wie der Stiel alt bräunend. Geruch stark widerlich. Bitter. Laubwald, besonders Eiche, häufig.

196 Seifenritterling, *Tr. saponáceum* (Taf. 19)
Hut bis 10 cm, weißlich, grau, olivgrün, meist glatt. Stielbasis spindelig, oft kupferrot gefleckt. Lamellen dick, entfernt. Alt rötend. Waschküchengeruch. Wälder, häufig.

197 Grüngelber Ritterling, *Tr. sejúnctum* (Taf. 20)　　　**Eßbar**
Hut bis 10 cm, gelbgrün, faserig, etwas klebrig. Stiel weiß. Lamellen

weiß, entfernt. Mehlgeruch. Mild (oder bitter: Sammelart!). Wälder, zerstreut. – Bittere Formen giftig?

44. Gruppe: Rötelritterling, *Lepísta* (einschl. *Rhodócybe* z. T.)
Ritterlingsartig. Lamellen jedoch gedrängt, abgerundet oder herablaufend, leicht lösbar. Sporenstaub rosa. Auf Streu, in Kreisen. Insgesamt 17 Arten. – Vergleiche Gruppe 66!

198 **Violetter Rötelritterling,** *L. núda* (Taf. 22)   **Eßbar**
Ganz blauviolett, dann violettbraun. Hut bis 12 cm. Geruch stark aromatisch. Waldstreu, Kompost, auch Wiesen, häufig.

199 **Schmächtiger Rötelritterling,** *L. sórdida* (Taf. 22)   **Eßbar**
Hut bis 6 cm, dünnfleischig, alt flatterig, lilabraun, rosafalb, hygrophan. Stiel und Lamellen blaß lila. Stiel zäh. Geruch 0 oder unangenehm. Gedüngte Stellen, Wegränder, manchmal büschelig, häufig.

200 **Lilastieliger Rötelritterling,** *L. personáta (= sáeva)*   **Eßbar**
Hut bis 18 cm, blaßgrau, blaßbraun. Stiel oft kurz, außen blauviolett. Lamellen alt rosagrau. Fette Weiden, häufig.

201 **Veilchenrötelritterling,** *L. írina*   **Eßbar**
Hut bis 12 cm, weißlich, fleischbraun. Stiel gleichfarben, etwas faserig. Geruch aromatisch. Wälder, zerstreut.

202 **Würziger Rötelritterling,** *Rhodócybe truncáta* (Abb. S. 79)   **Eßbar**
Hut bis 15 cm, fleischrötlich. Stiel zugespitzt. Lamellen blaß fleischrötlich. schmal. Derbfleischig. Geruch aromatisch. Wälder, Gebüsche, Kalk und Lehm, zerstreut.

203 **Marmorierter Rötelritterling,** *L. luscína* (Taf. 21)   **Eßbar**
Hut bis 15 cm, grau, matt, manchmal getropft-fleckig. Stiel etwas zäh. Lamellen alt rötlichgrau. Fleisch dünn. Geruch spermatisch-ranzig. Triften, Wälder, häufig.

45. Gattung: Weichritterling, *Melanoléuca*
Ritterlingsartig, aber dünnfleischig, z. T. hygrophan. Lamellen gedrängt, St. längsfaserig-berindet. Meist mit spitzen, kristalltragenden Zystiden. Humusbewohner. 30 Arten.

204 **Falber Weichritterling,** *M. cognáta* (Taf. 22)   **Eßbar**
Hut bis 10 cm, ocker. Stiel blasser. Lamellen bald ocker. Zystiden spindelig. Lichter Nadelwald, Frühjahr, zerstreut.

205 **Kurzstieliger Weichritterling,** *M. brévipes*   **Eßbar**
Hut bis 8 cm, graubraun. Stiel sehr kurz, nur oben bereift. Lamellen weißlich, Stielfleisch alt braun. Zystiden brennhaarförmig. Wegränder, Schutt, ab Frühjahr, zerstreut.

206 **Flockenstieliger Weichritterling,** *M. húmilis*   **Eßbar**
Hut bis 8 cm, dunkel graubraun. Stiel blaß, bis unten weißflockig. Lamellen creme. Stielfleisch alt bräunlich. Zystiden spindelig. Gedüngte Böden, Wegränder, zerstreut.

207 **Gemeiner Weichritterling,** *M. vulgáris (=melaleúca auct.)* (Taf. 22)   **Eßbar**
Hut bis 8 cm, dunkelbraun, graubraun, meist gebuckelt. Stiel schlank, blasser, sehr fein bereift (Lupe). Lamellen weiß. Stielfleisch hell. Zystiden spindelig. Besonders Nadelwald, häufig.

208 **Blasser Weichritterling,** *M. exscíssa* (Abb. S. 76)   **Eßbar**
Hut bis 6 cm, blaß grau, fast weißlich (Buckel manchmal dunkler).

Stiel weiß, schlank, fein bereift. Lamellen und Stielfleisch weiß. Zystiden brennhaarförmig, groß. Weiden, Wegränder, häufig.

209 Rillstieliger Weichritterling, *M. grammopódia* **Eßbar**
Hut bis 20 cm, graubraun, gebuckelt. Stiel kräftig, gestreift. Lamellen anfangs grau. Geruch spermatisch. Zystiden brennhaarförmig. Triften, Waldränder, in Kreisen, zerstreut.

210 Dunkelflockiger Weichritterling, *M. verrúcipes* **Eßbar**
Hut bis 10 cm, weißlich, ockerblaß, dickfleischig. Stiel derb, flockig-schuppig wie bei einem Birkenpilz. Geruch angenehm. Nadelholz-borke, Wegränder, selten.

46. Gattung: Schönkopf, *Calócybe*
Rüblings- oder ritterlingsähnlich. Lamellen gedrängt, weiß oder gelb. Streubewohner. 12 Arten. – Hierher auch Nr. 193!

211 Gegürtelter Schönkopf, *C. constrícta* **Eßbar**
Ganzer Pilz weiß. Hut bis 6 cm, seidig. Stiel mit Ringresten, wurzelnd. Mehlgeruch. Gedüngte Stellen, Weideland, zerstreut.

212 Dottergelber Schönkopf, *C. chryséntera* **Eßbar**
Ganz gelb. Hut bis 5 cm, Mitte bräunlich. Stiel unten verschmälert. Mehlgeruch. Bitterlich. Wälder, zerstreut.

213 Fleischrosa Schönkopf, *C. cárnea* (Taf. 17) **Eßbar**
Hut bis 3 cm, rosa, alt fleischbraun. Stiel rosa. Lamellen weiß. Geruchlos. Weideland, meist einzeln, zerstreut.

214 Veilchenblauer Schönkopf, *C. ionídes* **Eßbar**
Hut bis 5 cm, blauviolett, stark ausblassend. Stiel gleichfarben. Lamellen weißlich. Mehlgeruch. Wälder, selten.

47. Gattung: Rasling, *Lyophyllum* z. T. Ritterlingsartig, büschelig, Lamellen angewachsen. 4 Arten. (s. auch Gruppen 48 und 49!)

215 Weißer Rasling, *L. connátum* **Eßbar**
Ganz weiß. Hut bis 7 cm, dünnfleischig. Stiel schlank. Geruch angenehm. Mit FeSO$_4$ violett. Boden, zerstreut. – Vgl. Nr. 141!

216 Frostrasling, *L. fumósum (= conglobátum)* **Eßbar**
Hut bis 8 cm, lange gewölbt, dunkel graubraun, Rand eingerollt. Stiel blasser, derb, knäuelig verwachsen. Lamellen weißlich. Geruch mehlartig. Wälder, Parks, häufig.

217 Büschelrasling, *L. decástes (= aggregátum)* **Eßbar**
(Taf. 21) (Abb. S. 79)
Hut bis 12 cm, oft verbogen und flatterig, hell- bis dunkelbraun. Stiele blaß, etwas zäh, unten verwachsen. Lamellen reif blaßgelb. Geruchlos. Wälder, Wegränder, häufig.

48. Gruppe: Rasling z. T., *Lyophýllum* z. T. *(= Hypsízygus)* (nur 1 Art)
218 Ulmenrasling, *L. ulmárium (=tessulátum)*
Hut bis 25 cm, derb, graublaß, ockerweiß, oft rissig. Stiel seitlich, blaß, derb. Lamellen abgerundet. Mehlgeruch. Besonders Ulme, zerstreut.

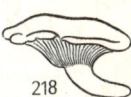

218

49. Gruppe: Schwärzling, *Lyophýllum* z. T.
Ritterlingsartig. Lamellen bei Druck schwärzend. 8 Arten.

219 Dickblättriger Schwärzling, *L. paelóchroum (=crassifólium* auct.*)*
Eßbar
Hut bis 10 cm, olivgrau, grau, kahl, eingewachsen faserig. Stiel stämmig, blaß. Lamellen blaß, dick, angewachsen, gedrückt blauend. Mehlgeruch. Gebüsch, Wegränder, zerstreut.

220 Gerbereischwärzling, *L. fumatofœtens*
Hut bis 8 cm, grauocker, graubraun, filzig-faserig. Lamellen gelbbraun, gedrängt, gedrückt blaugrau. Fleisch mit Gerberei- oder Fischgeruch. Gebüsche, Auwälder, zerstreut.

50. Gattung: Zwitterling, *Asteróphora* (Basidiosporenform: *Nyctális*)
Lamellen dick. Hut oder Lamellen ungeschlechtliche Sporen bildend (stäubend). Auf Ruinen von Täublingen und Milchlingen. 2 Arten.

221 Stäubender Zwitterling, *A. lycoperdoídes*
Hut bis 2 cm, weiß, dann bräunlich-mehlig zerfallend. Stiel kurz und dick, ohne Schleier. Zerstreut.

222 Beschleierter Zwitterling, *A. parasítica*
Ähnlich, aber schlanker, jung mit Schleier, nur Lamellen alt staubig zerfallend.

221

51. Gattung: Graublatt, *Tephrócybe*
Kleine Pilze. Lamellen graulich. Oft mit Mehlgeruch. 20 Arten.

223 Kohlengraublatt, *T. atráta*
Hut bis 4 cm, schwarzbraun, trocken heller. Stiel ebenso, etwas knorpelig. Lamellen graulich, angewachsen. Mehlgeruch. Sporen elliptisch (Sporen rund: *T. anthracóphila*). Brandstellen, sehr gesellig, häufig.

224 Sumpfgraublatt, *T. palústris* (Abb. S. 79)
Hut bis 4 cm, graubraun, gelbgrau, bald niedergedrückt, weit gerieft. Stiel lang und schlank. Lamellen tief ausgebuchtet. Mehlgeruch. Parasit an Torfmoosen, ab Frühsommer. In Mooren häufig.

225 Wurzelgraublatt, *T. ráncida*
Hut bis 5 cm, dunkelgrau, silberig. Stiel zäh, grauseidig, wurzelnd. Lamellen fast frei. Mehlgeruch. Laubholzwurzeln, zerstreut.

52. Gruppe: Zwergknäuling, *Panéllus* und *Urosporellína*
Kleine Seitlinge. Huthaut klebrig oder gallertig-elastisch. 4 Arten.

226 Herber Zwergknäuling, *P. stípticus*
Hut bis 3 cm, ockerblaß, kleiig, klebrig. Stiel stummelartig. Lamellen gedrängt, scharf abgesetzt. Geschmack herb. Besonders Eiche, häufig.

227 Milder Zwergknäuling, *P. (Urosporellína) mítis*
Ganz weiß. Hut bis 2 cm, Haut elastisch-dehnbar. Stiel stummelartig. Mild. Nadelholz, zerstreut.

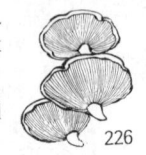
226

53. Gruppe: Muscheling, *Hohenbuehélia;* **Muschelseitling,** *Sarcomýxa*
Seitlinge mit Gallertschicht im Fleisch. Meist an Holz. 9 Arten.

228 Blaugrauer Muscheling, *H. atrocoerúlea*
Hut bis 5 cm, nierenförmig, gelappt, blauschwarz, braun, mit porösem weißem Filz bedeckt, ungestielt. Lamellen gelblich. Fleisch mit glasiggelatinöser Schicht. Laubholz, zerstreut.

229 Nadelholzmuscheling, *H. rickénii*   **Eßbar**
Hut bis 10 cm, muschelförmig, fächerförmig, braun, falb, kahl. Lamellen gedrängt. Gelatinöse Schicht dünn. Mehlgeruch. Nadelwald, zerstreut. – Ähnliche Laubwaldarten!

230 Muschelseitling, *Sarcomýxa serótina*
Hut bis 10 cm, muschelförmig, olivgrün, olivocker, samtig. Stiel ocker, braunsamtig, kurz. Lamellen okker. Fleisch mit Gallertschicht. Laubholz, Spätherbst, zerstreut. – Ungestielt: 91 und 787.

230

54. Gruppe: Schwindling, Rübling; *Marásmius, Collýbia* (einschließlich Astschwindling, *Marasmiéllus* und Stinkschwindling, *Micrómphale*).
Klein, mittelgroß, dünnfleischig, zäh. Nach Trockenheit teilweise wiederauflebend. Stiel roßhaarartig, saitendünn, knorpelig. 32 und 32 (6,7) Arten.

Lamellen mit Halsband (Collar)
  231 Weißer Halsbandschwindling, *M. rótula*
  Hut bis 1,5 cm, weiß, fallschirmartig gerieft. Stiel glänzend schwarzbraun. Holzreste, häufig.
  232 Öckerfarbener Halsbandschwindling, *M. bulliárdii*
  Hut bis 1 cm, ocker, faltig-gerieft. Stiel schwarz. Nadeln und Blätter, zerstreut.
  233 Rotbrauner Halsbandschwindling, *M. gráminum*
  Hut bis 1 cm, rotbraun, ziegelrot, stark ausblassend. Stiel schwarzbraun. Grashalme; Grasblätter, zerstreut.

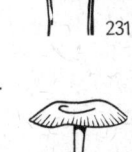

231

Geruch stark (knoblauchartig, wie fauler Kohl)
  234 Ästchenstinkschwindling, *Micrómphale fóetidum*
  Hut bis 3 cm, schmutzig rotbraun, fleischbraun, gefurcht. Stiel kurz, braun, bereift, unten schwarz und verschmälert. Geruch wie fauler Kohl. Laubholzäste, zerstreut.

234

  235 Nadelstinkschwindling, *Micrómphale pérforans* (T. 25)
  Hut bis 1 cm, bräunlich, runzelig. Stiel schwarzbraun, oben heller, fein bereift. Geruch wie fauler Kohl. Fichtennadeln, häufig.

235

  236 Striegelstieliger Rübling, *C. hariolórum*   **Giftig**
  Hut bis 6 cm, fleischfarben, lederblaß. Stiel blaß, abstehend-haarig (oben fast kahl). Geruch wie fauler Kohl. Meist Buchenlaub, zerstreut. – Vergleiche 252!
  237 Glattstieliger Knoblauchschwindling, *M. scorodónius* (Taf. 23) **Eßbar**
  Hut bis 2 cm, fleischbraun. Stiel rotbraun, kahl, glänzend. Knoblauchgeruch. Auf Nadeln, zwischen Gras, häufig.
  238 Schwarzstieliger Knoblauchschwindling, *M. alliáceus*   **Eßbar**
  Hut bis 4 cm, bräunlich, weißlich. Stiel schwarz, lang, filzig. Knoblauchgeruch. Zwischen Buchenästen, zerstreut. – Stiel braunfilzig, ebenfalls Knoblauchgeruch, selten zwischen Blättern: **Braunstieliger Knoblauchschwindling,** *M. prasiósmus*.

Stiel fein bereift oder flockig; winzige Pilze
  239 Ästchenschwindling, *Marasmiéllus rameális*
  Hut bis 1 cm, tonblaß. Stiel blaß, feinflockig (Lupe). Lamellen blaß, gut ausgebildet. Ästchen, sehr gesellig, häufig.

240 Aderblättriger Schwindling, *M. epiphýllus* (Taf. 25)
Hut bis 1 cm, weiß. Lamellen aderig, verzweigt. Blätter, häufig.

241 Sklerotienrübling, *C. coókei*
Ganz weißlich. Hut bis 1,5 cm, Mitte etwas vertieft, Stiel basal aus gelbem Knöllchen. Lamellen gut ausgebildet. Boden, alte Pilzreste, häufig. – Knöllchen braun: *C. tuberósa.* Ohne Knöllchen direkt auf geschwärzten Pilzruinen: *C. amanítae (=cirráta).*

Stiel bereift, filzig; mittelgroße Pilze

242 Nelkenschwindling, *M. oréades* (Taf. 23) **Eßbar**
Hut bis 6 cm, blaßbraun, ocker. Stiel blaß, feinst filzig. Geruch angenehm würzig (Bittermandelöl). Lamellen dick, entfernt. Wiesen, Weiden, Gärten, in Kreisen, häufig.

243 Knopfstieliger Rübling, *C. cónfluens* (Taf. 23)
Hut bis 4 cm, fleischblaß. Stiel bräunlich, trocken blaß, filzig-striegelig, oben etwas erweitert, leicht vom Hut lösbar. Lamellen sehr gedrängt. Wälder, dichtbüschelig, häufig.

244 Brennender Rübling, *C. peronáta* (Taf. 26)
Hut bis 5 cm, rötlichbraun. Lamellen gelbbraun, zimtbraun, entfernt, frei. Geschmack brennend. Wälder, häufig.

245 Beschuhter Schwindling, *M. lupuletórum*
Hut bis 3 cm, gelbbraun, gerieft-gefurcht, flach kegelig. Stiel fein kleiig, mit knolligem Myzelfilz. Lamellen entfernt. Laubwald, zerstreut.

246 Violettlicher Schwindling, *M. wýnnei*
Hut bis 5 cm, weiß, hell violettgrau. Stiel kurz, nach unten verjüngt, sehr fein flockig (Lupe). Lamellen entfernt, weiß, lilabräunlich. Laubwald, zerstreut.

Stiel völlig kahl, zumindest oben

247 Spindeliger Rübling, *C. fúsipes* (Taf. 25) **Eßbar**
Büschelig. Hut bis 8 cm, rotbraun, oft dunkelfleckig. Stiel spindeligwurzelnd, gefurcht-gerillt, sehr zäh. Lamellen alt rostfleckig, dicklich. Laubholz, besonders Eiche, zerstreut.

248 Gefleckter Rübling, *C. maculáta* (Taf. 24)
Hut bis 12 cm, weiß, rostfleckig, selten rotbraun. Stiel starr, etwas wurzelnd (wie abgebissen), alt rostfleckig. Lamellen weiß, gedrängt, gezähnt. Bitter. Nadelwald, häufig.

249 Büschelrübling, *C. acerváta*
Büschelig. Hut bis 4 cm, rotbraun, fleischblaß. Stiel rotbraun, unten filzig-striegelig. Lamellen blaß, mäßig gedrängt. Geruch etwas wie fauler Kohl. Nadelholz, zerstreut.

250 Rotbraunstieliger R., *C. erýthropus (=bresádolae, marasmioídes)*
Ähnlich vorigem: etwas größer, nicht immer dichtbüschelig. Lamellen entfernt. Laubholz, zerstreut.

251 Butterrübling, *C. butyrácea* (Taf. 24) **Eßbar**
Hut bis 8 cm, rotbraun, grau (Farbvarietät *aséma*), hygrophan, ausblassend. Stiel gleichfarben, mit knorpeliger Rinde, unten gern erweitert. Lamellen gedrängt, blaß. Wälder, häufig.

252 Waldfreundrübling, *C. dryóphila* (Abb. S. 75) **Eßbar**
Hut bis 6 cm, braungelb, ledergelb, blaß. Stiel orangegelb, braun,

fleischblaß, kahl, mit zarten Rhizoiden. Lamellen gedrängt, weißlich, fleischblaß, gelb. Geruchlos. Wälder, ab Juni, häufig. – Vgl. 236!

253 **Hornstieliger Schwindling,** *M. cohærens*
Hut bis 3 cm, fleischbraun, zimtbraun, fein samtig. Stiel glänzend, blaß-rotbraun-schwarz, mit knolligem Myzelfilz (Abb. bei Nr. 245). Lamellen entfernt. Laubwald, selten.

254 **Roßhaarschwindling,** *M. androsáceus*
Hut bis 1 cm, rotbraun, fleischbraun. Stiel schwarz, glänzend, roßhaarartig. Lamellen fleischbraun. Nadeln, häufig.

55. Gattung: Zapfenrübling, *Strobilúrus*
Rüblingsartig. Auf vergrabenen Zapfen. Frühjahr. 3 Arten.

255 **Fichtenzapfenrübling,** *Str. esculéntus*
Hut bis 3 cm, graubraun, rußbraun. Stiel kahl. Fichtenzapfen, ab Spätherbst, häufig.

256 **Milder Kiefernzapfenrübling,** *Str. stephanocýstis*
Hut bis 2 cm, graubraun, ockerbraun. Mild. Zystiden stumpf. Kiefernzapfen, Frühjahr, häufig.

257 **Bitterer Kiefernzapfenrübling,** *Str. tenacéllus*
Ähnlich vorigem. Mild oder bitter. Zystiden spitz. Kiefernzapfen, spätes Frühjahr, zerstreut.

56. Gattung: Mäuseschwanz, *Baeóspora* (2 Arten)
258 **Zapfenmäuseschwanz,** *B. myosúra*
Hut bis 2 cm, fleischbraun, flockig. Stiel bereift. Lamellen sehr gedrängt, weiß. An (vergrabenen) Fichtenzapfen, Herbst, selten.

57. Gattung: Haarschwindling, *Crinipéllis* (nur 1 Art)
259 **Brauner Haarschwindling,** *Cr. stipitária*
Hut bis 1,5 cm, braun, feinfaserig oder schuppig. Stiel rußig, haarig-filzig. Lamellen weiß. Zwischen Gräsern, an Ästchen, zerstreut.

58. Gattung: Gurkenrübling, *Macrocystídia* (nur 1 Art)
260 **Veränderlicher Gurkenrübling (= -schnitzling),**
M. cúcumis
Hut bis 5 cm, wie der Stiel braun und bereift. Lamellen weiß, bräunlich. Geruch: Gurke, dann Hering. Wegränder, zerstreut. – Sehr variabel.

59. Gattung: Samtfußrübling, *Flammulína* (2 Arten)
261 **Gemeiner Samtfußrübling,** *Fl. velútipes* (Taf. 25)   **Eßbar**
Hut bis 10 cm, rostgelb, schleimig. Stiel unten schwarzbraun samtig, manchmal wurzelnd. Lamellen blaßgelb. Laubholz, Winter, büschelig, häufig. – An Hauhechel, einzeln: *Fl. onónidis*.

60. Gattung: Breitblatt, *Megacollýbia* (nur 1 Art)
262 **Großes Breitblatt,** *M. platyphýlla* (Taf. 24) (Abb. S. 76)
Hut bis 15 cm, graubraun, faserig, rissig. Stiel knorpelig, mit Myzelrhizoiden. Lamellen dick, entfernt. Stubben, häufig.

61. Gattung: Schleimrübling, *Oudemansiélla* (nur 1 Art)

263 Beringter Schleimrübling, *Ou. múcida* **Eßbar**
Ganz weiß (selten Hut etwas gefärbt). Hut bis 8 cm, runzelig, schleimig. Stiel beringt. Lamellen entfernt. Besonders Buche, zerstreut.

263

62. Gattung: Wurzelrübling, *Xérula*
Stiel steif, wurzelnd. Lamellen entfernt. Holz. 4 Arten.

264 Kahler Wurzelrübling, *X. radicáta* (Taf. 23) **Eßbar**
Hut bis 12 cm, braun, weißlich, runzelig, schleimig. Stiel schlank, spindelig-wurzelnd, starr. Lamellen weiß, breit. Dünnfleischig. Buchenwurzeln, Stubben, häufig.

265 Braunhaariger Wurzelrübling, *X. púdens (=lóngipes)* (Abb. S. 74)
Vorigem ähnlich, aber Hut und Stiel braun samtig-haarig. Lamellen frei. Bitterlich. Besonders Eichenwurzeln, selten.

63. Gattung: Helmling, *Mycéna*
Klein, kegelig-glockig, dünnfleischig bis häutig, feucht meist gerieft. Stiel schlank. An Pflanzenresten, Holz. Über 100 Arten.

Mit Milchsaft im Stiel (frische Pilze durchbrechen!)

266 Weißmilchender Helmling, *M. gálopus*
Hut bis 2 cm, schwärzlich, braungrau, weißlich. Stiel blaß, an Bruchstelle mit weißer Milch. Wälder, scharenweise, häufig.

267 Orangemilchender Helmling, *M. crocáta*
Hut bis 2 cm, graubraun, braunrot. Stiel schlank, mit orange Milchsaft. Buchenäste (oft vergraben!), zerstreut.

268 Kleiner Bluthelmling, *M. sanguinolénta*
Hut bis 2 cm, braunrot, Rand glatt. Stiel 1 mm dick. Milch dunkelrot, wäßrig. Lamellenrand dunkel. Waldboden, häufig.

269 Großer Bluthelmling, *M. haemátopus*
Hut bis 4 cm, braunrot, Rand gezähnt. Stiel bis 3 mm dick. Milch dunkelrot. Lamellen blaß. Morsches Laubholz, selten.

Stiel feucht schleimig

270 Gelber Schleimfußhelmling, *M. epipterýgia* (Abb. S. 75)
Hut bis 2 cm, graubraun, gelblich. Stiel zitronengelb, schleimig (abziehbare Haut!), trocken glänzend. Wälder, häufig.

271 Gemeiner Schleimfußhelmling, *M. vulgáris*
Hut bis 1,5 cm, fast genabelt, kahl. Stiel blaß, schleimig (kaum abzupflücken!). Wälder, häufig.

272 Kleiner Schleimfußhelmling, *M. rórida*
Hut bis 1 cm, gelblich, blaßgrau, wie körnig (Lupe). Stiel mit Schleimhülle. Geschmack manchmal brennend. Besonders Nadelwald, zerstreut.

272

Lamellenrand farbig (Lupe!) (vergleiche auch Nr. 286)

273 Braunschneidiger Helmling, *M. avenácea*
Hut bis 3 cm, olivgrau, gefurcht. Lamellen graulich, Rand gelbbraun. Geruch nitrös-rettichartig. Zwischen Gras, häufig.

274 Gelbschneidiger Helmling, *M. citrinomargináta*
Hut bis 2 cm, gelblich, Mitte graubraun, gerieft. Lamellen weiß, mit zartgelbem Rand. Geruchlos. Wälder, zerstreut.

275 Rosaschneidiger Helmling, *M. rosélla*
Hut bis 1,5 cm, rosarot, hellrosa, gestreift. Stiel gleichfarben. Lamellen mit dunkelrotem Rand. Nadelwald, häufig.
276 Orangeschneidiger Helmling, *M. aurantiomargináta*
Hut bis 2 cm, graubraun, Rand lebhafter. Lamellenrand lebhaft orange. Stielbasis orangefaserig. Nadelwald, zerstreut.
277 Purpurschneidiger Helmling, *M. purpureofúsca*
Hut bis 3 cm, kegelig, braunviolett. Stiel bis 3 mm dick. Lamellenrand dunkellila, ungezähnt. Geruchlos. Nadelwald, selten.
278 Gezähnter Rettichhelmling, *M. peliánthina*
Hut bis 5 cm, flach gewölbt, graubraun, lilagrau. Stiel bis 5 mm dick. Lamellenrand schwarzviolett, gekerbt. Rettichgeruch. Laubwald, besonders Buche, zerstreut.

An Holz wachsend, oft büschelig
279 Winterhelmling, *M. tintinábulum*
Hut bis 2 cm, dunkelbraun, graubraun, klebrig. Stiel knorpelig. Geschmack herb (schlucken!). Laubholz, dichtbüschelig, November bis März, häufig.
280 Salpeterhelmling, *M. alcalína*
Hut bis 3 cm, graubraun, gelbgrau, gerieft, glänzend. Stiel gleichfarben, gebrechlich. Lamellen hellgrau. Geruch stechend (Stickoxide). Besonders Nadelholz, büschelig, zerstreut.
281 Schönfußhelmling, *M. inc, I náta* (Abb. S. 78)
Hut bis 3 cm, graubraun, Rand gezähnt. Stiel oben blaß und bereift, unten gelbbraun. Lamellen alt rosa. Mehlgeruch. Besonders Eiche, dichtbüschelig, zerstreut.
282 Rillstieliger Helmling, *M. polygrámma* (Taf. 26)
Hut bis 5 cm, braungrau, runzelig-gefurcht. Stiel grau, silberig glänzend, fein gerillt, steif, zäh. Laubholz, häufig.
283 Rindenhelmling, *M. hiemális*
Hut bis 1,2 cm, graubraun. Stiel weißlich, fädig. Lamellen weißlich. Moosige Borke, gesellig, häufig. – Ähnliche Arten!
284 Rosablättriger Helmling, *M. galericuláta* (Taf. 26)
Hut bis 6 cm, graubraun, hellbraun, runzelig-gefurcht. Stiel blaß, bräunlich, kahl, glänzend, zäh (wurzelnd). Lamellen entfernt, am Grund aderig, alt rosa. Laubholz, nicht büschelig, häufig.
285 Gefleckter Helmling, *M. maculáta*
Alt rotbraun fleckend. Hut bis 5 cm, graubraun. Stiel unten rotbraun, kahl, glatt, zäh. Laubholz, zerstreut.
286 Gelbstieliger Helmling, *M. viridimargináta (= luteoalcalína)*
Hut bis 4 cm, rotbraun, gelbbraun, oliv. Lamellen graulich, Rand manchmal gelbbraun. Stiel gelbbraun, unten dunkler. Geruch nach Stickoxiden. Fichte, besonders Bergland, häufig.
287 Weißstieliger Helmling, *M. nivéipes*
Hut bis 5 cm, graubeige, weißlich. Stiel silberig, kahl, seidig. Geruch schwach stechend. Laubholz, Frühsommer, zerstreut.

117

Nicht an Holz, einzeln oder scharenweise

288 **Postamenthelmling,** *M. stylóbates*
Ganz weiß. Hut bis 1,5 cm. Stielbasis mit diskusartigem
Scheibchen. Auf Laub, zerstreut.

289 **Rosa Rettichhelmling,** *M. rósea* (Taf. 26) **Giftig**
Hut bis 6 cm, rosa. Stiel rosa, kahl. Lamellen zartrosa,
entfernt, breit. Rettichgeruch. Buchenwald, häufig.

290 **Gemeiner Rettichhelmling,** *M. púra* **Giftig**
Hut bis 4 cm, violett, graublau, weißlich. Stiel gleichfarben. Lamellen
blaß, entfernt. Rettichgeruch. Wälder, häufig.

291 **Orangehütiger Prachthelmling,** *M. acícula*
Hut bis 1 cm, orange. Stiel sehr dünn, lebhaft gelb, wurzelnd. Lamellen weiß bis gelb. Zwischen Ästchen, zerstreut.

292 **Stechender Helmling,** *M. leptocéphala*
Hut bis 2,5 cm, kegelig, graubraun, fleischbraun, gerieft. Lamellen
und Stiel blasser. Geruch stechend. Wälder, häufig.

293 **Rostfleckiger Helmling,** *M. zéphirus*
Hut bis 4 cm, fleischbraun, Rand weißlich, gerieft. Lamellen (und
Hut) alt rostfleckig. Stiel gleichfarben. Kiefer, häufig.

294 **Kegeliger Helmling,** *M. metáta*
Hut bis 1,5 cm, kegelig, fleischbraun. Stiel gleichfarben. Lamellen
schmutzig rosa. Wälder, besonders Fichte, häufig.

295 **Jodhelmling,** *M. fílopes* (= *amygdálina* = *iodíolens*)
Hut bis 2 cm, braungrau. Stiel grau, lang. Geruch angetrocknet nach
Jod. Geschmack manchmal brennend. Laubwald, zerstreut.

296 **Fadenstieliger Helmling,** *M. vítilis* (= *fílopes* sensu Ricken)
Hut bis 2 cm, braungrau, gebuckelt-geschweift. Stiel sehr lang,
grau, zäh, glänzend, frisch etwas klebrig. Geruchlos. Vergrabene Ästchen (scheinbar zwischen Laub), häufig.

297 **Geriefter Helmling,** *M. vítrea* (= *fílopes* sensu Konr.-Maubl.)
Hut bis 1 cm, kegelig, grau, liniiert-gerieft. Stiel grau, schlank, gerillt
(Lupe), brüchig. Besonders Nadelwald, häufig.

64. Gruppe: Schein-, Aderhelmling; *Hemimycéna* (= *Trógia*), *Delicátula*
Klein, helmlingsartig, weiß. Lamellen manchmal aderig. 15 Arten.

298 **Milchweißer Scheinhelmling,** *H. láctea*
Ganz weiß. Hut bis 1,5 cm, flach. Lamellen gut ausgebildet. Nadeln,
häufig. – Mehrere ähnliche Arten.

299 **Beinwellscheinhelmling,** *H. cándida*
Ganz weiß. Hut bis 2 cm. Lamellen gut ausgebildet. Geruchlos. Bein-
wellstrünke, häufig.

300 **Ranziger Scheinhelmling,** *H. márei*
Hut bis 3 cm, halbkugelig, weißlich, Mitte gelblich, gerieft. Stiel unten verjüngt. Lamellen bogig herablaufend. Geruch ranzig. Gebrechlich. Rasen, zerstreut.

301 **Aderhelmling,** *Del. integrélla* (Abb. S. 74)
Ganz weiß. Hut bis 8 mm, etwas niedergedrückt, durch-
scheinend. Lamellen aderig. Moderiges Holz, Humus,
zerstreut.

65. Gattung: Schiefhut, *Clitopílus*

Trichterlingsartig. Stiel etwas exzentrisch. Oft Mehlgeruch. 6 Arten.

302 Mehlpilz, Mehlschiefhut, *Cl. prúnulus* (Taf. 27) **Eßbar**
Hut bis 10 cm, weiß, grau, feinfilzig, Rand eingerollt. Stiel kurz. Lamellen reif rosa, herablaufend. Weichfleischig. Mehlgeruch. Wälder, Parks, häufig.

303 Katzenohrschiefhut, *Cl. passeckeriánus*
Hut bis 3 cm, weiß. Lamellen reif rosa, nicht herablaufend. Stiel verkümmert. Mehlgeruch. Champignonkulturen, zerstreut.

66. Gattung: Bitterling, *Rhodócybe* (z. T.; vergleiche Gruppe 44!)

Trichterlingsartig. Bitterlich (andere Arten auch mild!). 11 Arten.

304 Fleckender Bitterling, *Rh. múndula* (=*popinális*)
Hut bis 7 cm, weißlich, graugelb, alt langsam schwarzfleckend. Stiel und Lamellen graugelb. Alt manchmal völlig grau. Wälder, Triften, selten.

305 Weißlicher Bitterling, *Rh. fállax*
Hut und Stiel weiß, nicht grauend. Hut bis 5 cm, filzig. Lamellen weiß, alt ockerrosa. Geruch unangenehm. Gebüsche, Triften, Kalk, selten.

Familie: Rötelpilze, Entolomatáceae (= Rhodophylláceae)

Sehr klein bis mittelgroß, Hut- und Stielfleisch ineinander übergehend. Ohne Hüllbildungen. Sporenstaub fleischfarben, rosabraun. Sporen unregelmäßig eckig (Abb. S. 75 unten). – Nur 1 Gattung mit mehreren Untergattungen.

67. Untergattung: Rötling, *Entolóma,* subgenus *Entolóma*

Gewölbt, fleischig, mittelgroß. Lamellen ausgebuchtet. 40 Arten.

Blaue Arten

306 Stahlblauer Rötling, *E. nítidum*
Hut bis 5 cm, stahlblau, grau verblassend. Stiel schlank, bis 6 mm dick. Geruchlos. Nadelwald, saure Böden, selten.

307 Blauer Rötling, *E. mádidum*
Hut bis 6 cm, blauviolett, Stiel bis 12 mm dick. Geruch mehlartig ranzig. Grasige Stellen, Weiden, sehr zerstreut.

Frühlingspilze

308 Frühlingsgiftrötling, *E. vérnum* **Giftig**
Hut bis 6 cm, kegelig, dunkelbraun, fein radialrinnig, kaum gerieft, ausblassend, seidig glänzend, gebrechlich. Stiel graubraun. Geruchlos. Wälder, Triften, April, in Kreisen, zerstreut.

309 Aprilrötling, *E. apríle* **Eßbar**
Hut bis 8 cm, stumpfkegelig, hornbraun, streifig ausblassend, fleischiger als voriger. Stiel blaßgrau, faserig. Lamellen grau, graurosa. Mehlgeruch. Laubwald, Mai, gesellig, zerstreut.

308

310 Schildrötling, *E. clypeátum* (Taf. 27) **Eßbar**
Hut bis 10 cm, graubraun, hornbraun, streifig ausblassend, klebrig. Stiel weiß, fleischig. Lamellen grauweiß, graurötlich. Mehlgeruch. Gebüsche, besonders Weißdorn, Mai–Juni, häufig.

311 Blasser Pflaumenrötling, *E. sépium* (Taf. 27) **Eßbar**
Hut bis 10 cm, blaßbraun, weißlich, klebrig. Stiel weiß, in Madenfraß-

gängen schwach rötend. Lamellen weiß, dann rosa. Mehlgeruch. Besonders unter Pflaumen in Obstgärten, Mai–Juni, häufig.

Im Sommer und Herbst

312 Riesenrötling, *E. eulívidum (= sinuátum, lívidum* ss. auct.) (Taf. 28) (Abb. S. 75) **Giftig**
Hut bis 20 cm, gewölbt, hell graubraun, weißlich, fleischig. Stiel bis 3 cm dick. Lamellen entfernt, gelbgrau, reif rosa. Mehlgeruch. Laubwald, besonders Kalk und Lehm, ab Juli, zerstreut.

313 Porphyrbrauner Rötling, *E. porphyrophǽum*
Hut bis 8 cm, graubraun, lilabraun, faserschuppig, später glatt. Stiel gleichfarben, schlank, faserstreifig. Geruchlos. Nachgeschmack unangenehm. Waldränder, Wiesen, zerstreut.

314 Fastalkalischer Rötling, *E. sericátum*
Hut bis 8 cm, flach konvex mit Buckel, hellbraun, braun, dünnfleischig, gerieft. Stiel weiß, schlank. Lamellen weiß, reif rosa. Geruch leicht alkalisch, im Schnitt mehlartig (Geruchlos: *E. rhodopolium*). feuchte Wälder, zerstreut.

315 Alkalischer Rötling, *E. nidorósum* **Giftig**
Hut bis 6 cm, leicht niedergedrückt, graubraun, ockergrau. Stiel schlank, weiß. Geruch (frisch) stechend, im Schnitt nicht nach Mehl. Laubwald, häufig.

316 Grauseidiger Rötling, *E. túrbidum*
Hut bis 6 cm, nicht gebuckelt, braungrau, olivgrau, trocken silbergrau. Stiel blasser. Lamellen weißlichgrau, dann schwach rosa. Geruchlos. Feuchter, moosiger Nadelwald, zerstreut.

317 Schmutziggrauer Rötling, *E. sordídulum*
Hut bis 5 cm, stumpf gebuckelt, graubraun. Stiel und Lamellen weißlichgrau. Lamellen reif rosagrau. Fleisch etwas zäh. Mehlgeruch. Laubwald, zerstreut. – Mehrere ähnliche (große) Arten.

68. Untergattung: Glöckling, *Entolóma,* subgenus *Noláńea*
Klein, glockig oder kegelig, dünnfleischig, gerieft. Über 25 Arten.

318 Seidiger Glöckling, *E. seríceum* **Giftig**
Hut bis 4 cm, flach gewölbt, dunkelbraun, trocken graubraun, seidig, nicht auffallend zerbrechlich. Lamellen rötlichbraun, tief ausgebuchtet. Mehlgeruch. Grasige Stellen, zerstreut.

318

319 Kreuzsporiger Glöckling,
E. conferéndum (= staurósporum)
Hut bis 4 cm, flach kegelig, graubraun, sehr brüchig. Lamellen rosagrau, allmählich verschmälert. Mehlgeruch. Sporen kreuzförmig. Wälder, häufig.

319

320 Traniger Glöckling, *E. hírtipes* (einschl. *mammósum*)
Hut bis 6 cm, kegelig, gebuckelt, dunkelbraun, ausblassend. Stiel schlank, röhrig. Lamellen graubraun, rosabraun. Geruch tranig. Nadelwald, grasige Stellen, zerstreut.

321 Warzenglöckling, *E. papillátum*
Hut bis 3 cm, glockig, mit Papille, braun. Stiel gleichfarben, blasser. Lamellen anfangs graubraun. Geruchlos. Grasige Stellen, zerstreut.

321

322 **Geriefter Glöckling,** *E. cucullátum*
Hut bis 4 cm, kegelig-gebuckelt, düstergrau, gerieft, austrocknend.
Stiel blaß. Lamellen erst blaßbraun. Geruchlos. Sporen fast kreuzförmig. Wälder, ab April, zerstreut. Vergl. Nr. 308.
323 **Scherbenbrauner Glöckling,** *E. cetrátum*
Hut bis 5 cm, stumpf kegelig, fuchsig, trocken ockerfalb. Stiel ockerlich. Lamellen jung weißlich. Geruchlos. Ständer zweisporig. Nadelwald, häufig.
324 **Gelber Glöckling,** *E. ictérinum*
Hut bis 3 cm, gelb, gelbbraun. Stiel blasser, flockig. Lamellen erst gelblich.Geruch nach Fruchtbonbon. Wälder, zerstreut.

69. Untergattung: Zärtling, *Entolóma,* subgenus *Leptónia*
Halbkugelig, leicht genabelt, oft schuppig. Lamellen breit angewachsen. Stiel knorpelig, röhrig. 45 Arten, schwer bestimmbar.
325 **Braungrüner Zärtling,** *E. incánum*
Hut bis 4 cm, niedergedrückt, braungrün. Stiel unten grün, verletzt blaugrün. Geruch wie verbranntes Horn. Weiden, häufig.
326 **Weißer Zärtling,** *E. sericéllum* (Taf. 27)
Cremeweiß. Hut bis 2 cm, niedergedrückt, gerieft, feinfilzig. Lamellen reif zartrosa. Geruchlos. Wälder, Wiesen, zerstreut.
327 **Violettgrauer Zärtling,** *E. griseocyáneum*
Hut bis 3 cm, grau, violettgrau, feinflockig, feucht gerieft. Stiel violettgrau, glänzend. Grasige Stellen, häufig.
328 **Gelbbrauner Zärtling,** *E. sarcítulum* (Abb. S. 78)
Hut bis 3 cm, glockig, leicht niedergedrückt, gelbbraun. Stiel hornbraun. Lamellen erst weißlich. Grasige Stellen, zerstreut.
329 **Gesägtblättriger Zärtling,** *E. serrulátum*
Hut bis 3 cm, blauschwarz, alt bräunend, schuppig. Stiel graublau. Lamellen bläulich, blauschwarz gesägt. Grasige Stellen, häufig.
330 **Schwarzblauer Zärtling,** *E. chalybaéum*
Hut bis 3 cm, schwarzblau, schuppig. Stiel gleichfarben, kahl. Lamellen bläulich, nicht dunkel gerandet. Wiesen, häufig.
331 **Violetter Zärtling,** *E. éuchroum*
Hut bis 4 cm, violettblau, schuppig. Stiel gleichfarben. Lamellen blau, blauschwarz gesägt. Morsches Laubholz, selten.

329

70. Untergattung: Nabelrötling, *Entolóma* subgenera *Eccília, Claúdopus*
Trichterig, genabelt oder seitlich. Lamellen herablaufend. 15 Arten.
332 **Dunkelblättriger Nabelrötling,** *E. (Eccília) sericeonítidum*
Hut bis 4 cm, dunkel graubraun. Stiel gleichfarben, kurz. Mehlgeruch (zerdrücken!). Wegränder, zerstreut. – Mehrere ähnliche Arten!
333 **Stummelfußrötling,** *E. (Claudopus) byssísedum*
Hut bis 2,5 cm, grau, zottig. Stiel seitlich, unten stark faserig. Mehlgeruch. Morsches Holz, zerstreut.

332

Familie: Dachpilzartige, Pluteáceae

Klein bis groß, weichfleischig. Stiel leicht vom Hut lösbar, krümmt sich stark. Lamellen dünn, frei, reif rosa. Sporenstaub rosabraun.

71. Gattung: Scheidling, *Volvariélla*
Stielgrund mit lappiger Scheide (Volva). Meist auf Humus. 13 Arten.

334 Ansehnlicher Scheidling, *V. speciósa* (Taf. 28) **Eßbar**
Hut bis 12 cm, schmierig, trocken glänzend, kahl, creme, graulich.
Scheide blaß. Gedüngte Stellen, häufig.

335 Wolliger Scheidling, *V. bombýcina* (Taf. 29) **Eßbar**
Hut bis 20 cm, weiß, gelblich, seidig-wollig. Scheide groß, weiß bis
bräunlich. Laubholzstämme, Baumhöhlen, selten.

336 Blaugrauer Scheidling. *V. caesiotíncta* **Eßbar**
Hut bis 10 cm, braun, blaugrau, bleigrau, filzig-faserig. Scheide braun.
Sporen unter 7 µm. Laubholzstrünke, selten.

337 Schwarzstreifiger Scheidling, *V. volvácea* (Taf. 28) **Eßbar**
Hut bis 10 cm, sepia, grauschwarz, filzig-faserig. Scheide dunkel. Sporen über 8 µm. Wälder, Späne, Kompost, selten.

338 Parasitischer Scheidling, *V. surrécta*
Hut bis 6 cm, weiß, etwas bräunend, feinfilzig. Scheide weiß. Verformte Hüte der Nebelkappe u. a. Pilze. Selten.

339 Aschescheidling, *V. táylori*
Hut bis 6 cm, grau, rußbraun, faserig, rissig. Scheide
graubraun. Halden, Asche, altes Gemäuer, häufig.

340 Mausgrauer Scheidling, *V. murinélla*
Hut bis 5 cm, Rand weißlich, Mitte grau, feinfilzig.
Scheide weißlich. Pelargoniengeruch. Wälder, zerstreut.

341

341 Weißfilziger Scheidling, *V. hypópitys* (Taf. 28)
Ganz weiß. Hut bis 4 cm, feinfilzig. Stiel weißflaumig.
Geruch schwach. Wälder, selten.

72. Gattung: Dachpilz, *Plúteus*
Stielgrund ohne Scheide. An Holz. 45 Arten.

Größere Arten
342 Rehbrauner Dachpilz. *Pl. atricapíllus (= cervínus)* (Taf. 29) **Eßbar**
Hut bis 15 cm, braun, meist glatt. Stiel dunkel gefasert. Kartoffelkellergeruch. Hakenzystiden. Stubben, Späne, häufig.

343 Schwarzschneidiger Dachpilz,
Pl. tricuspidátus (=atromarginátus) **Eßbar**
Hut bis 15 cm, umbra, Mitte feinschuppig. Lamellenrand dunkel. Mit
Hakenzystiden. Nadelholzstubben, Späne, zerstreut.

344 Schwarzflockiger Dachpilz, *Pl. umbrósus* **Eßbar**
Hut bis 7 cm, wie der Stiel schwarzbraun borstig. Lamellenrand dunkelflockig. Zystiden ohne Haken. Laubholzstubben, selten.

345 Seidiger Dachpilz, *Pl. petasátus* (Taf. 29) **Eßbar**
Hut bis 20 cm, weißlich, Mitte fein bräunlich-schuppig. Stiel kräftig,
unten braunfaserig oder -schuppig, nicht bereift. Mit Hakenzystiden.
Laubholz, Sägemehl, zerstreut.

346 Grauer Dachpilz, *Pl. salicínus*
Hut bis 6 cm, grau, graugrün, kahl (außer Hutmitte). Stiel weiß, nicht
bereift, alt unten manchmal grünfleckig. Mit Hakenzystiden. Laubholz, zerstreut.

Kleinere Arten. Immer ohne Hakenzystiden
347 **Löwengelber Dachpilz,** *Pl. leonínus*
Hut bis 5 cm, gelb, Mitte bräunlich. Stiel unten gelbbraun faserig, kahl. Lamellen jung gelbrandig. Laubholz, selten.
348 **Grauer Zwergdachpilz,** *Pl. cinereofúscus (=olivóceus)*
Hut bis 4 cm, grau, olivgrau, braunoliv. Stiel weißlich,
kahl. Huthaut rein zellig. Bei Holzresten im Boden,
zerstreut.
349 **Samtfüßiger Dachpilz,** *Pl. pláutus* (einschl. *semibulbósus* ss. K.–R.)
Hut bis 6 cm, sepiabraun bis weißlich, filzig. Stiel bereift, unten dunkelflockig (nicht bei hellen Formen!). Morsches Holz, zerstreut. Sehr variabel!
350 **Mehlstieliger Zwergdachpilz,** *Pl. thomsónii* (= *cinéreus*)
Hut bis 4 cm, graubraun, trocken grau, stark netzig-runzelig. Stiel
blaßgrau, gänzlich fein bereift. Holzreste, zerstreut.
351 **Gelbstieliger Zwergdachpilz,** *Pl. roméllii* (= *lutéscens*)
Hut bis 5 cm, braun, gelbbraun, matt, runzelig. Stiel goldgelb, kahl.
Lamellen jung gelb. Morsches Holz, häufig.
352 **Kahlstieliger Zwergdachpilz,** *Pl. nánus* s. l.
Hut bis 5 cm, dunkelbraun, matt, manchmal stark netzig. Stiel kahl,
weißlich. Laubholz, häufig. – Sammelart!

Familie: Knollenblätterpilze, Amanitáceae

Mittelgroß, groß, weichfleischig. Stiel leicht vom Hut lösbar, krümmt sich
stark. Lamellen dünn, frei oder schmal angewachsen, weiß, weich. Mit allge-
meiner Hülle: Hutflocken, Scheidenreste; oft beringt. Abgesehen von
Gruppe 74 mykorrhizabildend.

73. Gattung: Wulstling, Knollenblätterpilz, Streifling, Amaníta
Hut trocken. Stielgrund mit häutiger Scheide (Volva) oder Flöckchen auf
dem Hut (Reste der allgemeinen Hülle, Velum universale). 30 Arten.
**Ohne Manschette, mit häutiger Scheide am Stielgrund. Hutrand stark ge-
streift. Stiel schlank, schon jung hohl. – Streiflinge** (Sektion *Amanitópsis*)
353 **Grauflockiger Streifling,** *A. ceclíiae* (=*strangulóta*)　　　　**Eßbar**
Hut bis 15 cm, gelb-, graubraun. Flöckchen grau werdend. Stiel gemasert, unten mit undeutlichen Gürteln. Wälder, Kalk, selten.
354 **Ockerbrauner Streifling,** *A. lividopalléscens*　　**Eßbar**
Hut bis 15 cm, ockergrau, kahl oder mit wenigen großen
Hüllfetzen. Stiel unten mit undeutlichem Gürtel. Eiche,
zerstreut.
355 **Blaßrandiger Streifling,**
A. báttarae (= *umbrinolútea*)　　　　**Eßbar**
Hut bis 12 cm, gelb-, oliv- oder graubraun, Mitte umbra,
Rand jung auffallend hell, kahl. Bergnadelwald, dort
häufig.
356 **Fuchsiger Streifling,** *A. fúlva* (Taf. 34)　　**Eßbar**
Hut bis 10 cm, rotbraun, fuchsig. Stiel blaß orangebraun
gemasert. Wälder, saure Böden, häufig. – Größer,
leuchtender orange, orangeblaß, selten: **Orangegelber
Streifling,** *A. crócea*.

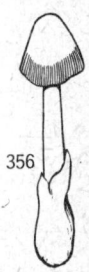

357   Grauer Streifling, *A. vagináta*   **Eßbar**
Hut bis 12 cm, manchmal gebuckelt, grau. Stiel und Scheide weißlich.
Waldwiesen, Wälder, häufig.

Mit Manschette, Hutrand kaum gerieft (höchstens alt!)
358   Grüner Knollenblätterpilz, *A. phalloídes* (Taf. 31)
                                   Tödlich giftig!

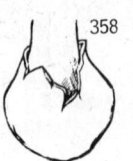

358

Hut bis 12 cm, olivgrün, blaßgrün, auch weiß, kahl, ein-
gewachsen gefasert. Stiel blaßgrün gemasert. Man-
schette schlaff. Basis dickknollig, mit lappiger Scheide.
Geruch alt unangenehm süßlich. Laubwald, besonders
Eiche, auch Buche, häufig. – Weißliche Formen oft als
„Weißer Kn." bezeichnet.

359   Kegelhütiger Knollenblätterpilz, *A. virósa* (Taf. 30)
                                   Tödlich giftig!
Hut bis 8 cm, lange stumpf-kegelig bleibend. Stiel
schlank, weißfaserig. Manschette flüchtig. Scheide
hoch, eng anliegend. Geruch unangenehm. Wälder,
im Bergland, selten an der Küste.

360   Gelber Knollenblätterpilz, *A. citrína* (Taf. 30)   **Giftig**

359

Hut bis 12 cm, grüngelb, weiß. Hüllreste gleichfarben,
alt bräunend. Manschette schlaff. Knolle kugelig, ge-   360
säumt. Kartoffelkeimgeruch. Wälder, saure Böden,
häufig.

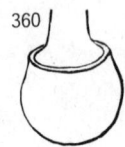

361   Porphyrbrauner Wulstling, *A. porphýria* (Taf. 30)
                                   Giftig
Hut bis 8 cm, graubraun, violettbraun. Flöckchen abwischbar, gleichfarben. Manschette vergänglich, alt
braun. Knolle saumartig gerandet oder etwas lappig.
Kartoffelkellergeruch. Nadelwald, saure Böden, zerstreut.

362   Perlpilz, *A. rubéscens* (Taf. 33)   **Eßbar**

Hut bis 15 cm, weinrot bis rötlichweiß. Flöckchen weiß
bis rötlichgrau. Stiel kräftig, rötlichweiß. Manschette
enggestreift. Knolle ungerandet. Fleisch unter der Haut
und in Madengängen rötend. Wälder, häufig. – Zierliche Varietät mit schwefelgelber Manschette: var. *annu-*
losulfúrea, besonders in Nadelwald.   362

363   Rauher Wulstling, *A. áspera*
Hut bis 8 cm, gelbbraun. Flöckchen graugelb, fest haftend. Manschette gestreift, gelbrandig. Knolle graugelb. Fleisch unter der Huthaut gelb, unveränderlich. Wälder, selten.

364   Grauer Wulstling, *A. excélsa* (= *spíssa*) (Taf. 32)   **Eßbar**
Hut bis 15 cm, grau, graubraun. Flöckchen weißlich, grau werdend.
Stiel kräftig. Manschette enggestreift. Knolle ungerandet. Nicht rötend! Geruch rübenartig. Wälder, häufig. – Varietäten mit wurzelndem Stiel und gerieftem Hutrand.

365   Fransiger Wulstling, *A. strobilifórmis*   **Eßbar**
Hut bis 18 cm, weißlich, Rand oft behangen. Flocken quarkartig, später kantig-warzig, weiß bis grau. Stiel flockig-schuppig. Manschette
flockig. Knolle rübenartig. Lichte Wälder, selten.

366 Stachelschuppiger Wulstling, *A. solitária (= echinocéphala)*
Hut bis 15 cm, grauweiß, grünlichgrau. Schüppchen spitz, kegelig.
Stiel derb, Knolle wurzelnd. Lamellen mit grünlichem Hauch. Geruch
unangenehm. Laubwald, Kalk, selten.

Stiel mit Manschette. Hutrand gerieft
367 Kaiserling, *A. caesárea* **Eßbar**
Hut bis 15 cm, orangerot, goldgelb. Lamellen, Stiel und Fleisch gelb.
Knolle mit lappiger Scheide. Südeuropa, selten.
368 Roter Fliegenpilz, *A. muscária* (Taf. 32) **Giftig**
Hut bis 15 cm, orangegelb, alt gerieft. Flocken weiß. Manschette ungerieft. Knolle warzig gegürtelt. Fleisch unter der Haut orange bis gelb
durchgefärbt, auch bei jungen Fruchtkörpern. Birke, auch Nadelwald,
häufig.
369 Brauner Fliegenpilz, *A. regális* **Giftig**
Hut bis 15 cm, braun, gelbbraun. Flöckchen weißlich,
gelbbraun. Manschette ungerieft, gelbbraun gerandet.
Knolle gelblich, warzig gegürtelt. Fleisch unter der Haut
gelb, gelbbraun. Nadelwald, Bergland, zerstreut.
370 Pantherpilz, *A. panthérina* (Taf. 33) **Giftig**
Hut bis 10 cm, graubraun, hellbraun. Flöckchen weiß, in
Kreisen angeordnet. Stiel schlank. Manschette schlaff,
ungerieft. Knolle wulstartig gerandet, darüber oft ein
weiteres ringartiges Gebilde. Fleisch unter der Haut
weiß, nie rötend. Geruch schwach. Wälder, gern auf
Sand. – Im Bergland kräftiger, mit ungerieftem Hutrand.

371 Narzissengelber Wulstling, *A. gemmáta* (Taf. 31) **Giftig**
Hut bis 10 cm, ockergelb, wachsgelb. Flöckchen weißlich, oft fehlend. Manschette ungerieft, flüchtig. Knolle
abgesetzt, mit Saum. Nadelwald, besonders Kiefer auf
Sand, seltener Laubwald, zerstreut.

74. Gruppe: Schleimschirmling, Schmierschirmling, *Limacélla, Chamæmy-ces* – Hut schmierig, kahl. Stiel mit Manschette oder Resten davon, aber ohne
Scheide. Humusbewohner. 6 und 2 Arten.
372 Glänzender Schleimschirmling, *L. illiníta* **Eßbar**
Hut bis 8 cm, weiß (Mitte grau, rötlich), schleimig, trocken glänzend.
Stiel schlank, schleimig bis zur Ringzone. Lamellen fast frei (vgl. Gattung 33!). Wälder, zerstreut.
373 Großer Schleimschirmling, *L. guttáta* **Eßbar**
Hut bis 12 cm, falb, isabell, ocker, frisch schmierig. Stiel kräftig, frisch
oben mit Tröpfchen, sonst trocken, knollig. Ring häutig. Mehlgeruch.
Besonders Nadelwald, zerstreut.
374 Rotbrauner Schleimschirmling, *L. gliodérma* **Eßbar**
Hut bis 6 cm, rotbraun, fleischblaß. Stiel unten flockig-schuppig, trok-
ken. Mehlgeruch. Wälder, Gärten, selten.
375 Schmierschirmling, *Chamæmyces frácidus* **Eßbar**
Hut bis 6 cm, elfenbein, blaßocker, schmierig. Stiel unten flockig.
Ring schmal, vergänglich. Lamellen frei. Geruch ähnlich Nr. 388. Gebüsch, Kalk, selten.

Familie: Champignon- und Schirmpilzartige, Agaricáceae im weiten Sinn

Klein bis sehr groß. Stiel meist leicht vom Hut lösbar. Lamellen dünn, frei, angeheftet. Stiel beringt oder aufsteigend schuppig bis zur Ringzone. Sporenstaub meist weiß oder purpurbraun. Humusbewohner.

75. Gattung: Schirmpilz, *Macrolepióta*

Mittelgroß bis sehr groß. Hut schuppig. Ring meist beweglich. 11 Arten.

376 Riesenschirmpilz, Parasol, *M. procéra* (Taf. 35) **Eßbar**
Sehr ansehnlich. Hut bis 25 cm, braun, grobschuppig, Mitte glatt, jung paukenschlegelförmig. Stiel knollig, braun genattert. Ring doppelt gerandet. Fleisch unveränderlich. Lichte Wälder, Waldwiesen, häufig.

377 Safranschirmpilz, *M. rhacódes* **Eßbar**
Hut bis 18 cm, dunkelbraun, grobschuppig. Stiel jung weißlich, dann braun, glatt, mit Knolle. Fleisch orange anlaufend, alte Schnittstellen schwärzend. Besonders Fichte, häufig.

378 Warzenschirmpilz, *M. mastoídea* **Eßbar**
Hut bis 12 cm, zitzenförmig gebuckelt, weißlich, cremeocker, fein körnig. Stiel zart genattert, alt bräunend. Ring einfach. Lichter Laubwald, Triften, gern Kalk, zerstreut.

379 Grobscholliger Schirmpilz, *M. konrádii* **Eßbar**
Hut bis 10 cm, Buckel stumpf und dunkelbraun, sternförmig-grobschollig aufgerissen. Rand feinflockig. Stiel fein genattert. Ring einfach, braun gerandet. Laubwald, selten.

380 Ackerschirmpilz, *M. excoriáta* (Abb. S. 69) **Eßbar**
Hut bis 10 cm, ocker, blaß, glatt, nur am Rand aufgerissen, gern behangen. Stiel glatt, kaum knollig. Ring gezackt, doppelt. Wegränder, Brachäcker, Triften, zerstreut.

76. Gattung: Schirmling i. e. Sinn, *Lepióta* (einschl. *Leucoagáricus*)

Klein bis mittelgroß, glatt bis schuppig. Ring unbeweglich oder Stiel aufsteigend-beringt. Lamellen weiß. 50 und 6 Arten. – Für die Bestimmung ist die Sporenform wichtig: patronenförmig (p), spindelig (s) oder eiförmig (e).

Hut blaß, nahezu kahl

381 Rosablättriger Schirmling,
Leucoagáricus leucothítes (=*púdicus*) (Taf. 35) **Eßbar**
Hut bis 8 cm, weiß, Mitte alt bräunlich, leicht körnig-grindig. Stiel weiß. Ring häutig, fast beweglich. Lamellen reif zart rosa. (e). Grasland, Wegränder, häufig. – Sammelart!

382 Rettichschirmling, *L. ermínea*
Hut bis 5 cm, weiß, Scheitel falb und körnig-schuppig, Rand rissig, oft behangen. Stiel faserig. Ring vergänglich. Geruch rettichartig. (s). Grasige Stellen, Wegränder, selten.

383 Weißer Wollstielschirmling, *L. álba* **Eßbar**
Hut bis 6 cm, weiß, blaßocker, Rand schuppig-rissig. Stiel weiß, flockig-gestiefelt. Geruchlos. (s). Grasland, zerstreut.

Hut gefärbt, feinschuppig, seltener wollig-filzig

384 Gemeiner Wollstielschirmling, *L. clypeolária* (Taf. 34) **Eßbar**
Hut bis 8 cm, Mitte ockerbraun, Rand mit ockerlichen Schüppchen. Stiel unten weißflockig. Ring flüchtig, zartfaserig (Reste davon am Hutrand). Obstgeruch. (s). Wälder, häufig.

385 Rotknolliger Wollstiel-Sch., *L. ignivolváta*   **Eßbar**
Hut bis 12 cm, vorigem ähnlich. Stielbänder jedoch
braun gesäumt. Stielbasis alt oder gerieben rot. Rettichgeruch. (s). Laubwald, Kalk, zerstreut.

386 Gelber Wollstielschirmling, *L. ventriosóspora*   **Eßbar**
Hut bis 8 cm. Schüppchen gelbbraun. Stiel ockergelb,
flockig-gestiefelt. (s). Wälder, zerstreut.

387 Kleiner Wollstielschirmling, *L. subgrácilis*
Hut bis 4 cm, rußbraun, körnig-schuppig. Ring und
Stielbänder braun gerandet. (e). Laubwald, zerstreut.

385

388 Stinkschirmling, *L. cristáta*
Hut bis 5 cm, rotbraun-kleinschuppig auf hellem Grund.
Mitte glatt braun. Stiel kahl, glänzend. Ring häutig, vergänglich, blaß. Geruch unangenehm. (p). Wälder, Wegränder, stickstoffliebend, häufig.

389 Lila Schirmling, *L. lilácea* (Taf. 35)   **Giftig**
Hut bis 4 cm, Schüppchen purpurbraun, dann grau-
braun, Mitte glatt braun. Stiel blaß. Ring dunkelrandig.   388
Geruch schwächer. (e). Gebüsche, Gärten, zerstreut.

390 Fuchsiger Schirmling, *L. castánea* (Abb. S. 69)
Hut bis 4 cm, fuchsig-schuppig. Stiel ringlos, unten fuchsig-schuppig.
Lamellen alt bräunend. Geruchlos. (p). Wälder, zerstreut.

391 Fleischbräunlicher Schirmling, *L. brunneoincarnáta*   **Giftig?**
Hut bis 6 cm, dunkelbraun schuppig auf zartrosa Grund, fleischig. Stiel
mit braungerandeten Gürteln, basal weinrot überlaufen. Obstgeruch.
(e). Wälder, zerstreut. – Ähnliche Arten!

391a Graugrüner Schirmling, *Lepiota grángei*
Hut bis 4 cm, graugrün schuppig, alt schwärzlich. Stiel unten graugrün
gebändert. Geruch wie bei 388. (p). Laubwald, Gebüsch, selten.

Hut kegelwarzig
392 Dunkelschneidiger Schirmling, *L. hýstrix*
Hut bis 6 cm, braun, kegelwarzig auf hellem Grund, Rand behangen.
Stiel braunschuppig bis zur Ringzone. Lamellen dunkelrandig (Lupe),
gedrängt, nicht gegabelt. Geruch schwach. (s). Laubwald, selten.

393 Spitzschuppiger Schirmling, *L. áspera* (Taf. 34)
Hut bis 15 cm, rostbraun, spitzkegelig-schuppig auf hellem Grund.
Stiel unten bräunlich, etwas schuppig. Ring braungerandet. Lamellen
weiß, sehr gedrängt, gegabelt. Geruch widerlich. (s). Wälder, Parks,
stickstoffliebend, häufig.

77. Gattung: Faltenschirmling, *Leucocóprinus*
Dünnfleischig, Rand gerieft (oft von Flöckchen verdeckt) oder
rötend. Vorwiegend subtropisch. 10 Arten.

394 Gelber Faltenschirmling, *L. birnbáumii*
Hut bis 8 cm, gelbflockig, alt bräunlich. Stiel ebenso, beringt. Lamellen gelblich, Rand alt bräunlich. Bitter. Gewächshäuser, zerstreut.

395 Weißer Faltenschirmling, *L. cretátus*
Hut bis 6 cm, weiß. Flöckchen abwischbar, weiß. Stiel
unten ebenso. Lamellen mit rosa Schein. Bitter. Säge-   395
mehl, selten.

396 **Zwiebelstieliger Faltenschirmling,**
L. cepaestípes (Taf. 34)
Hut bis 4 cm, weiß. Schüppchen festhaftend, braun.
Stielbasis zwiebelig, bräunend. Bitter. Gewächshäuser,
selten.

397 **Spindeliger Faltenschirmling,** *L. bresádolae* **Eßbar**
Hut bis 15 cm, graubraun, schuppig, bald purpurbraun.
Stiel ringlos, spindelig, hohl, alt purpurbraun. Fleisch
gilbend-rötend, zuletzt schwärzend. Sägemehl, Gärten,
selten.

397

78. Gattung: Mehlschirmling, *Cystolepióta*
Hut und Stiel pulverig-mehlig. Unberingt. 7 Arten.
398 **Stinkender Mehlschirmling,** *C. bucknállii* (Abb. S. 68)
Hut bis 4 cm, violettgrau, ausblassend, mehlig. Stiel unten violett,
mehlig. Leuchtgasgeruch. Wälder, Kalk, selten.
399 **Zwergiger Mehlschirmling,** *C. seminúda* (= *sistráta* ss. auct.)
Hut bis 2 cm, weißlich, fleischrosa, mehlig, Rand behangen. Stiel unten rosabraun, mehlig. Laubwald, Wegränder, zerstreut.

79. Gattung: Körnchenschirmling, *Cystodérma*
Schirmlingsähnlich, aber Lamellen angeheftet. Hut und Stiel miteinander
verwachsen, kleiig-körnig. 13 Arten.
400 **Starkriechender Körnchenschirmling,** *C. carchárias* (Abb. S. 73)
Hut bis 6 cm, creme, fleischblaß. Einzige Art mit häutigem Ring. Geruch widerlich-leuchtgasartig. Nadelwald, häufig.
401 **Rostbrauner Körnchenschirmling,** *C. granulósum*
Hut bis 5 (8) cm, kakaobraun, fuchsbraun. Stiel schlank, meist gleichdick. Ohne spitze Zystiden. Wälder, zerstreut.
402 **Zinnoberroter Körnchenschirmling,** *C. térrëi* (=*cinnabárinum*)
Fleischig, kräftiger als voriger. Hut bis 8 cm, zinnoberbraun. Stiel oft
bauchig, kräftig. Spitze Zystiden. Wälder, selten.
403 **Amiantkörnchenschirmling,** *C. amiánthinum*
Hut bis 4 cm, ockergelb, oft runzelig. Stiel ringlos, unten körnig wie
der Hut. Geruch: Mehl im Schnitt, alt widerlich. Nadelwald, zerstreut.
– Ähnlich, aber geruchlos, kleiner und häufiger: **Geruchloser Körnchenschirmling,** *C. jasónis* (=*longísporum*).

80. Gattung: Glimmerschüppling, *Phaeolepióta* (nur 1 Art)
404 **Goldfarbener Glimmerschüppling,** *Ph. áurea* **Eßbar**
Hut bis 20 cm, löwengelb, körnig. Stiel beringt, unten keulig, gleichfarben körnig. Lamellen rostgelb, fast frei. Fleisch blaßgelb. Parks,
Gebüsche, stickstoffliebend, selten.

81. Gattung: Zwergschirmling, *Melanophýllum*
Lamellen rot oder graugrün. Hut und Stiel körnig. 2 Arten.
405 **Blutblättriger Zwergschirmling,** *M. haematospérmum* (=*echinátum*)
Hut bis 4 cm, dunkelbraun, braungrau, körnig-flockig. Lamellen dunkelrot. Wälder, Parks, feuchter Humus, selten.

82. Gattung: Champignon, *Agáricus (= Psallióta)*
Klein bis groß. Stiel beringt. Lamellen reif dunkel, frei (Abb. S. 66, d). 55 Arten.

Ring nach unten abziehbar
406 **Kompostchampignon,** *A. bísporus* (Taf. 37)   **Eßbar**
Hut bis 15 cm, jung umbra, dann braunschuppig, derbfleischig. Scheitel niedergedrückt. Ring einfach. Fleisch rötlich anlaufend. Ständer 2sporig. Komposthaufen, Gärten, häufig.
407 **Zuchtchampignon,** *A. horténsis*   **Eßbar**
Hut bis 12 cm, schmutzig-weißlich. Mitte später bräunend. dort niedergedrückt. Ring einfach. Fleisch wenig anlaufend. Ständer 2sporig. Gärten, gedüngte Stellen, zerstreut.
408 **Straßenchampignon,** *A. bitórquis* (Taf. 36)   **Eßbar**
Hut bis 15 cm, weiß, gelblich, festfleischig, Scheitel niedergedrückt. Stiel mit 2 getrennten Ringen oder gamaschenartiger Scheide, hart. Straßenränder bei Laubbäumen, zerstreut.
409 **Grobschuppiger Champignon.** *A. bernárdii*
Hut bis 20 cm, weißlich, grob und dick felderig-schuppig. Stiel kurz, sehr dick. Ring einfach. Fleisch derb, rötend. Geruch unangenehm (Fisch). Salzstellen, Wiesen, zerstreut.

Ring hängend. Fleisch rötend. Hut meist braunschuppig
401 **Kleiner Waldchampignon,** *A. silváticus* (Taf. 37)   **Eßbar**
Hut bis 8 cm, dicht braunschuppig. Stiel schlank, kahl. Lamellen graurot. Fleisch rötlich. Besonders Fichte, häufig.
411 **Großer Waldchampignon,** *A. lángei*   **Eßbar**
Hut bis 15 cm, dicht braunfaserig bis -schuppig. Stiel lang, kräftig, kahl. Lamellen jung rosa. Fleisch intensiv rötend. Wälder, zerstreut.
412 **Wollfußwaldchampignon.** *A. lánipes*   **Eßbar**
Hut bis 10 cm, braun, schuppig, Mitte etwas niedergedrückt. Stiel gedrungen, unten braunflockig. Knolle gilbend. Lamellen anfangs rosa. Fleisch weniger rötend. Wälder, zerstreut.
413 **Strähniger Champignon,** *A. vaporárius*   **Jung eßbar**
Hut bis 15 cm, schmutzigbraun, strähnig-schuppig. Stiel derb, unten zugespitzt. Ring dick, nicht deutlich nach oben abziehbar. Schwach rötend. Unter Straßenbäumen, selten.
414 **Kleinschuppiger Champignon,** *A. squamúlifer*   **Jung eßbar**
Hut bis 12 cm, weiß, derb, grindig-schuppig. Stiel keulig, abwärts grindig-schuppig. Ring unterseits gesternt. Fleisch rot anlaufend. Gebüsche, besonders Kalk, zerstreut.

Ring hängend. Fleisch nicht rötend. Ohne Anisgeruch
415 **Wiesenchampignon,** *A. campéstris* (Taf. 36)   **Eßbar**
Hut bis 12 cm, weißfilzig, Rand behangen, kaum gilbend. Stiel stämmig, ohne Knolle. Ring schmal, vergänglich. Lamellen anfangs rein rosa. Weiden, Wiesen, Wegränder, häufig.
416 **Frühlingschampignon,** *A. véneris*   **Eßbar**
Hut bis 10 cm, weiß, wenig gilbend. Stiel leicht zugespitzt. Ring schmal, vergänglich. Lamellen jung rein rosa. Laubwald, Mai, zerstreut. – Schlanker, Fichte, Hochsommer: *A. aestivális*.
417 **Weißer Riesenchmapignon,** *A. macrósporus*   **Jung eßbar**
Hut bis 25 cm, weiß, gilbend, zuletzt ledergelb. Stiel sehr kräftig, etwas

keulig, oft schuppig. Fleisch wenig rötend. Geruch alt unangenehm. Wiesen, in Kreisen, zerstreut.

418 Karbolchampignon, *A. xanthodérmus* (Taf. 36) **Giftig**
Hut bis 15 cm, kalkweiß, alt etwas bräunlich. Rand gerieben gilbend (wieder weiß werdend!). Stiel knollig. Lamellen jung schön rosa. Fleisch in der Knolle gilbend. Geruch nach Tinte, besonders beim Kochen. Wälder, Parks, Gebüsche, Wiesen, häufig.

419 Perlhuhnchampignon, *A. placómyces* **Giftig**
Hut bis 12 cm, mit grauen, schmutzigbraunen Schüppchen. Lamellen jung rosa. Fleisch in der Knolle gilbend. Geruch wie bei vorigem, jedoch schwächer. Wälder, Parks, zerstreut.

Ebenso, aber mit Anis- (Mandel-) Geruch. Hut und Stiel gilbend

420 Zwergiger Anischampignon, *A. semótus* **Eßbar**
Hut bis 5 cm, weiß, Mitte ockergelb, wenig purpurfaserig. Stiel knollig, stark gilbend. Lamellen jung graurosa. Wälder, häufig. – Ähnlich, aber Lamellen lange rosa, geruchlos: **Rosablättriger Zwergchampignon,** *A. rusiophýllus.*

421 Purpurfaseriger Anischampignon, *A. porphyrízon* **Eßbar**
Hut bis 8 cm, purpurbraun, weinrot faserig. Stiel knollig, stark gilbend. Besonders Nadelwald. zerstreut.

422 Braunschuppiger Anischampignon, *A. augústus* **Eßbar**
Hut bis 20 cm, gelbbraun-schuppig, gilbend. Stiel unten flockig, hohl. Lamellen lange blaß, schmal. Anisgeruch. Wälder. zerstreut.

423 Gemeiner Anischampignon, *A. arvénsis* (Taf. 36) **Eßbar**
Hut bis 15 cm, weißlich, kahl, glatt, gilbend. Stiel fast kahl, unten leicht keulig. Lamellen jung graurosa. Wiesen, Wälder, in Kreisen, häufig.

423

424 Rissigschuppiger Anischampignon, *A. fissurátus* **Eßbar**
Hut bis 20 cm, weiß, ockerbräunlich, glanzlos, felderig-schuppig, radialrissig. Stiel keulig, unter dem Ring flockig. Lamellen jung graurosa. Intensivgrünland, gesellig, zerstreut.

425 Dünnfleischiger Anischampignon, *A. silvícola* **Eßbar**
Hut bis 10 cm, jung mit grüngelbem Hauch, dann weiß, stark gilbend, dünnfleischig. Stiel schlank. Knolle klein, unterseits flach. Lamellen jung graurosa. Sporen unter 6 μm. Wälder, häufig. – Etwas größer, jung reinweiß, Knolle breiter, Sporen über 6 μm: **Schiefknolliger Anischampignon,** *A. esséttei* = *abruptibúlbus* ss. auct. eur.

Familie: Tintenpilze, Coprináceae

Klein, mittelgroß. Huthaut nie abziehbar (zellig). Lamellen dünn, frei bis angewachsen, dunkelbraun, grau, schwarz. Meist unberingt (einige Ausnahmen). Humus-, Holz- oder Dungbewohner.

83. Gattung: Tintling, *Cóprinus*
Hut dünn, faltig-gefurcht. Bald zerfließend (welkend). Über 80 Arten.

Mit faserigen, haarigen Schüppchen (Velumresten) auf dem Hut (Lupe!)

426 Schopftintling, *C. comátus* (Taf. 38) **Eßbar**
Hut bis 12 cm hoch, walzig, weißlich, faserig-schuppig. Scheitel ocker, glatt. Lamellen weiß, rosa, schwarz. Ring beweglich. Schutt, gedüngter, fetter Boden, häufig. – Zuchtpilz.

427 Grauer Tintling, *C. atramentárius* (Taf. 38) **Eßbar**
Hut bis 8 cm hoch, grau, graubraun, längsfaltig. Stiel unten ringartig angeschwollen, etwas zugespitzt. Humusböden, bei Stubben, büschelig, häufig. – Zusammen mit Alkoholgenuß **giftig!**

428 Silberhaariger Tintling, *C. alopécia* **Giftig**
Hut bis 8 cm hoch, bräunlichgrau, mit feinen silberigen Haaren bedeckt. Stielbasis ohne ringartige Anschwellung. Sporen rauh. Am Grund von Laubholzstämmen, einzeln, selten.

429 Spechttintling, *C. picáceus*
Hut bis 6 cm hoch, anfangs weißfilzig, dann grob weißfleckig auf dunklem Grund. Stiel schlank, weiß, feinflockig. Geruch unangenehm. Laubwald, zerstreut.

430 Struppiger Tintling, *C. cinéreus (= fimetárius)*
Hut bis 4 cm, schmutzig weiß, grau, weißstruppig-haarig, spaltend-zurückgerollt. Stiel sparrig, bald kahl, verdickt-wurzelnd. Dunghaufen, häufig.

431 Hasenpfote, *C. lagópus*
Hut bis 3 cm, bald grau, haarig, Rand spaltend-zurückgerollt. Stiel haarig. Laubwald, zerstreut.

432 Ringtintling, *C. sterquilínus*
Hut bis 5 cm, weiß, dann graubraun, Scheitel ockerlich, haarig-filzig. Stiel mit beweglichem Ring (oder scheidenartiger Bildung). Dung, Gartenbeete, selten.

430)

433 Rotflockiger Tintling, *C. erythrocéphalus*
Hut bis 2 cm, lederblaß, mit rötlichen Flöckchen. Stiel mit rotbraunen Flöckchen, wurzelnd. Wegränder, selten.

Hut glimmerig-mehlig-körnig

434 Glimmertintling, *C. micáceus* (Taf. 38) **Eßbar**
Hut bis 5 cm, rostgelb, fuchsig, mit gleichfarbigen glimmerigen Körnchen (Lupe). Stiel weiß, anfangs oben feinhaarig (Lupe). An und bei Stubben, dichtbüschelig, häufig.

435 Schneeweißer Tintling, *C. níveus* (Taf. 37)
Hut bis 4 cm, schneeweiß, dicht weiß wollig-mehlig, häutig. Stiel weiß, flockig. Rinder- oder Pferdedung, zerstreut.

436 Haustintling, *C. domésticus* (Taf. 37)
Hut bis 5 cm, ocker, körnig-flockig (blasse Kegel mit braunen Spitzen). Stiel unten verdickt, dort ocker geflockt. Moderiges Holz, einzeln oder wenige büschelig, zerstreut. – Mit derbem fuchsigem Myzelfilz: **Strahlfüßiger Tintling,** *C. rádians.*

437 Braunflockiger Tintling, *C. xánthothrix*
Sehr ähnlich vorigem (Hutschüppchen blaß mit bräunlichen Spitzen), aber zierlicher und einzeln auf Waldboden, häufig.

438 Stinkender Tintling, *C. narcóticus*
Hut bis 1,5 cm, weißgrau, mehlig. Stiel feinhaarig. Geruch mistartig stinkend. Gedüngter Boden, zerstreut. – Sammelart.

Hut kahl (nur mikroskopisch Huthauthaare sichtbar)

439 Kohlentintling, *C. angulátus*
Hut bis 2,5 cm, rotbraun, rostbraun, gefurcht. Stiel ockerblaß, flaumig. Sporen dreilappig. Brandstellen, zerstreut.

440 Gemeiner Scheibchentintling, *C. plicátilis* (Taf. 37)
Hut bis 3 cm, Scheibe ocker, bald flach, nicht zerfließend. Stiel kahl. Lamellen grau, den Stiel nicht erreichend. Wegränder, häufig.

441 Gefurchter Tintling, *C. impátiens*
Hut bis 3 cm, lederblaß, trocken weißlich, stark gefurcht, nicht zerfließend. Stiel feinflaumig. Laubwald, zerstreut.

442 Gesäter Tintling, *C. disseminátus* (Taf. 39)
Hut bis 1,5 cm, ockerlich bis grau, gefurcht, anfangs
feinhaarig (Lupe). Stiel weiß, flaumig. Lamellen dunkelgrau. Nicht zerfließend. An und um morsche Stubben, scharenweise, häufig.

443 Purpurbrauner Tintling, *C. hexagonósporus*
Hut bis 2 cm, haselbraun, Mitte purpurbraun, wie der
Stiel feinflaumig (Lupe). Geschmack bitterlich. Sporen
sechskantig. Maissilos, häufig. – Zahlreiche ähnliche,
oft bitterliche Arten auf Waldboden und Dung.

84. Gattung: Mürbling, *Psathyrélla* (**einschl. Saumpilz,** *Lacrymária*)
Hut hygrophan, mürbe-brüchig, nicht zerfließend. 90 Arten.

Mit dauerhaften Fasern und Schüppchen auf dem Hut (vgl. auch Nr. 462)

444 Tränender Saumpilz, *L. lacrymabúnda (=Ps. velutína)* (Taf. 39)   **Eßbar**
Hut bis 10 cm, braun, filzig-faserig, Rand behangen. Lamellen schek-
kig, schokoladenbraun, dann braunschwarz, frisch am Rand tränend.
Sporen warzig. Wegränder, Kulturland, häufig. Nicht selten eine rostbraune Farbform *pyrótricha*.

445 Gelbfüßiger Mürbling, *Ps. cotónea*
Hut bis 9 cm, tonweiß, Mitte bräunlich, dunkler faserschuppig. Stiel
lang, dunkelfaserig, unten wie das Myzel gelblich. Lamellen lange
blaß, manchmal tränend. Geschmack bitterlich. Laubholzstubben
(Buche), im Bergland, büschelig, selten.

446 Medusenhaupt, *Ps. cáput-medúsae*
Hut bis 6 cm, weißlich, ocker, mit weißen Flocken, die alt schwärzen.
Stiel schwach beringt, unten sparrig-schuppig. Seifengeruch. Nadel-
holzstubben, büschelig, selten.

447 Schuppigfaseriger Mürbling, *Ps. populína (=silvéstris* auct.)
Hut bis 5 cm, graugelb, olivbraun, dunkler faserschuppig. Stiel braunfaserig, fast kahl. Myzel weiß. Zystiden mit lichtbrechenden Tröpfchen. Laubholzstubben, zerstreut.

Hutrand jung mit Saum oder vergänglichen weißen Flöckchen

448 Blasser Mürbling, Lilablättriger M., *Ps. candolleána* (Taf. 40)   **Eßbar**
Hut bis 6 cm, bald flach, ocker, trocken weißlich. Rand jung mit flüchtigen Flöckchen. Stiel weiß, sehr brüchig. Lamellen lilagrau. Laubwald, Holzplätze, Wegränder, gesellig, häufig.

449 Beringter Mürbling, *Ps. leucótephra*   **Eßbar**
Ähnlich vorigem, aber kräftiger und Stiel jung deutlich beringt. Stiel
oben gestreift. Laubholz, selten.

450 Langstieliger Mürbling, *Ps. marcessíbilis* (Abb. S. 71)
Hut bis 4 cm, glockig bleibend, schmutzig braungrau, trocken ton-

weiß, flockig. Stiel weiß, sehr schlank, knackend-brüchig. Lamellen graubraun. Wegränder, häufig.

451 Graublättriger Mürbling, *Ps. tephrophýlla*
Hut bis 7 cm, ockerbraun, dann graubraun, trocken creme. Schleier flüchtig. Stiel weiß, bis 8 mm dick. Lamellen reif grau. Laubwald, häufig.

452 Dunkelbrauner Mürbling, Wässriger M., *Ps. pilulifórmis (=hydróphila)* (Taf. 40, Abb. S. 70) **Eßbar**
Hut bis 5 cm, dattelbraun, trocken blaßocker. Rand dunkelbleibend, zart weißgesäumt. Stiel bis 5 mm dick. Lamellen schokoladenbraun. Sporen unter 6 μm. An Laubholz, häufig.

Vergängliche weiße Fasern auf dem Hut (Faserlinge)
453 Kohlenmürbling, *Ps. pennáta*
Hut bis 3 cm, flach gewölbt, graubraun, vergänglich weißfaserig. Stiel weiß. Lamellen purpurgrau. Brandstellen, zerstreut.

453

454 Dungmürbling, *Ps. hírta*
Hut bis 3 cm, halbkugelig, fein weißfaserig. Stiel feinschuppig. Lamellen auffallend breit angewachsen. Dung, selten.

455 Dichtbüscheliger Mürbling, *Ps. pannucioídes*
Hut bis 4 cm, glockig, schmutzigbraun, mit vergänglichen Fasern bedeckt, am Rand behangen. Stiele 5 mm dick, dicht gebüschelt. Lamellen purpurbraun. Bei Strünken, selten.

Hut völlig kahl (außer bei allerjüngsten Stadien)
456 Rötelblättriger Mürbling, *Ps. sarcocéphala* (Taf. 39) **Eßbar**
Hut bis 8 cm, dunkelbraun, kakaobraun, trocken falb. Lamellen erst mit fleischfarbenem Ton. Stiel kräftig, bis 10 mm dick. Zystiden beschopft. Laubholzstrünke, Spätherbst, zerstreut.

457 Frühlingsmürbling, *Ps. spadiceogrísea* **Eßbar**
Hut bis 6 cm, flach kegelig, dattelbraun, trocken hellocker. Stiel kahl. Lamellen grau mit violettbraunem Ton. Laubwald, gesellig, gern bei Esche, ab April, häufig.

458 Wurzelnder Mürbling, *Ps. corrúgis (=grácilis)*
Hut bis 3 cm, glockig, dunkelgrau, trocken graublaß, oft mit rosa Ton, runzelig. Stiel steif, etwas wurzelnd. Lamellen mit rosa Rand. Wegränder, häufig. – Mehrere ähnliche Arten.

459 Braunbewimperter Mürbling, *Ps. conopílus (=subatráta)*
Hut bis 5 cm breit, kegelig, jung braun, unter der Lupe dicht braun bewimpert (!). Stiel hoch, schlank, weißlich. Lamellen tabak- bis purpurbraun. Laubwald, zwischen Ästen, zerstreut.

460 Grauer Mürbling, *Ps. próna (=atomáta)*
Hut grau, grauweiß, glimmerig, kahl. Stiel blaß, kahl. Lamellen grauschwarz. Lamellenschneide (und trockener Hut) manchmal rosa. Wegränder, Strohreste, häufig.

461 Braunblättriger Mürbling, *Ps. clivénsis*
Hut bis 2 cm, flach gewölbt, rotbraun, trocken falb. Stiel nicht wurzelnd. Lamellen braun bleibend. Triften, auf Kalk, Frühjahr, häufig.

460

462 Gesäter Mürbling, *Ps. pygmǽa*
Hut bis 2 cm, bräunlich, chamois, sehr hygrophan, gestreift, jung am

Scheitel feinschuppig. Lamellen erst fleischfarben. Zystiden beschopft. Morsche Stubben, besonders Pappel, zerstreut.

85. Gruppe: Düngerling, *Panæolus* einschl. *Panaeólina* und *Anellária*
Klein, gebrechlich. Lamellen dunkelscheckig. Dung. 12 Arten.

463 Beringter Düngerling, *P. (Anellária) fimíputris (=semiovátus)*
Hut bis 6 cm, glockig, rotbräunlich, tonblaß, schmierig.
Stiel lang, steif, beringt. Dungstellen, Bergland, selten.
– Vgl. Nr. 492!

464 Heuschnittpilz, *P. (-ina) foenisécii* **Giftig**
Hut bis 2 cm, rotbraun, trocken tonbraun (Rand dunkler), sehr brüchig, kahl. Stiel bis 2 (3) mm dick. Lamellen braun, fleckig. Sporen warzig. Rasen, häufig.

465 Dunkelrandiger Düngerling, *P. subbalteátus* **Giftig**
Hut bis 5 cm, stumpf gebuckelt, kupferfalb, ockerbraun,
Rand lange hygrophan und dunkler, kahl. Stiel bis 6 mm
dick. Lamellen rotbraun, reif braunschwarz. Sporen
glatt. Dung, fast büschelig, häufig.

466 Grauer Düngerling, *P. fimícola* (Taf. 39) **Giftig**
Hut bis 4 cm, nicht gebuckelt, dunkelbraun bis schwarzgrau, trocken grau. Rand kahl. Stiel bis 4 mm dick. Weiden, häufig.

467 Spitzhütiger Düngerling, *P. acuminátus (= rickénii)* (Abb. S. 69)
Hut bis 3 cm, langkegelig, rotbraun, trocken fleischfalb, Rand kahl.
Stiel schlank, bis 2 mm dick. Wälder, Dung, häufig.

468 Blasser Düngerling, *P. papilionáceus*
Hut bis 3 cm, halbkugelig, graublaß, Mitte ockerblaß, zuletzt weißlich,
runzelig, oft rissig aufbrechend. Rand jung behangen. Stiel kurz, blaß.
Dung, Gartenbeete, zerstreut.

469 Glockendüngerling, *P. sphínctrinus* (Taf. 39)
Hut bis 4 cm, glockig, grau, olivgrau, Rand weißflockig behangen.
Stiel grau, rotbräunlich, bereift. Dung, Weiden, häufig.

Familie: Mistpilzartige, Bolbitiáceae
Klein (bis mittelgroß). Huthaut nicht abziehbar (Ausnahme: Ackerling). Lamellen dünn, frei bis angewachsen. Unberingt oder beringt (Ackerling). Lamellen rostbraun, tabakbraun. Humus, Dung, Holz.

86. Gattung: Mistpilz, *Bolbítius*
Häutig, nicht zerfließend. Lamellen rostfarben. 4 Arten.

470 Goldmistpilz, *B. vitellínus* (Abb. S. 68)
Hut bis 5 cm, dottergelb, bald blaß, schmierig, Rand aufspaltend,
schnell welkend. Stiel blaßgelb. Altes Stroh, häufig.

471 Lila Mistpilz, *B. reticulátus (=aleuriátus)*
Hut bis 4 cm, graulila, isabell, dünnfleischig, oft runzelig, gerieft. Lamellen fleischrosa, alt rotbräunlich. Stiel feinflockig. Morsches Laubholz, selten. – Vergleiche Gattung 72!

87. Gattung: Samthäubchen, *Conócybe*
Klein, fingerhutförmig, matt, wie bereift. Lamellen rostbraun. 45 Arten, nur mikroskopisch bestimmbar. – Vergleiche Gattung 110!

472 Milchweißes Samthäubchen, *C. láctea (= laterítia)*
Hut bis 4 cm, kegelig-ausgezogen, cremeweiß, isabell. Stiel weiß.
Dung, Wiesen, zerstreut.

473 Gesägtblättriges Samthäubchen, *C. rickeniána* (Taf. 40) (Abb. S. 72)
Hut bis 3 cm, kräftig rotbraun, ockerbraun, lang gerieft. Stiel ocker-
braun, fein flockig (nicht haarig, Lupe!). Lamellenrand fein gesägt.
Wegränder, häufig. – Viele ähnliche Arten.

474 Dungsamthäubchen, *C. rickénii*
Hut bis 4 cm, glockig, hellgrau, ockerblaß, alt weißlich, ungerieft. Stiel
blaß, oben oft gerieft, behaart (starke Lupe), oft gedrungen. Lamellen
ocker. Gedüngte Stellen, häufig.

88. (Unter)Gattung: Glockenschüppling, *Pholiótina*
Klein, flach gewölbt. Stiel oft beringt oder Hutrand behangen. 16 Arten.

475 Frühlingsglockenschüppling, *Ph. áporos* (Abb. S. 70)
Hut bis 4 cm, ockerbraun, gerieft. Ring gerieft. Lamellen ockerbraun.
Lichte Wälder, Gebüsche, April–Mai, zerstreut.

476 Krönchenglockenschüppling, *Ph. arrhénii (=blattária)* (Taf. 40)
Hut bis 3 cm, flach gewölbt (manchmal etwas gebuckelt), gerieft. Stiel
etwas länger als Hutbreite. Ring gerieft. Wälder, grasige
Stellen, Herbst, zerstreut. – Mehrere ähnliche Arten.

477 Weißflockiger Glockenschüppling, *Ph. appendiculáta*
Hut bis 2 cm, hellocker, honigblaß. Stiel weißlich. Hutrand
weißflockig. Wegränder, häufig.

477

89. Gattung: Ackerling (=Erdschüppling), *Agrócybe*
Klein, mittelgroß, nicht gebrechlich, Haut zum Teil abziehbar. Lamellen schmutzigbraun. 16 Arten.

478 Leberbrauner Ackerling, *A. erébia* (Taf. 44)   **Eßbar**
Hut bis 6 cm, dunkelbraun, hygrophan, fast schmierig. Stiel blaßbraun. Ring häutig, gerieft. Wälder, Holzplätze, zerstreut.

479 Frühlingsackerling, *A. præcox* (Taf. 41)   **Eßbar**
Hut bis 6 cm, olivbraun, bald ockerblaß, hygrophan. Stiel mit Myzelfa-
sern. Ring häutig. Lamellen alt olivbraun. Geruch mehlartig. Bitterlich. Wälder, Wegränder, Sägemehl, Mai, Juni, häufig.

480 Weißlicher Ackerling, *A. dúra* (Taf. 41)
Hut bis 8 cm, blaßocker, weißlich, fleischig, Rand rissig,
alt felderig-rissig, nicht hygrophan. Stiel mit Myzelfa-
sern. Ring flüchtig. Bitterlich. Äcker, Wegränder, besonders Kalk, zerstreut.

481 Langstieliger Ackerling, *A. semiorbiculáris*
Hut bis 4 cm, ockergelb, blaßocker, glatt. Stiel länger als
Hutbreite, blaßgelb. Mehlgeruch (zerdrücken). Brach-   481
äcker, Weiden, Juni, Juli, häufig. – Vgl. 492!

482 Kurzstieliger Ackerling, *A. vervácti*
Hut bis 4 cm, ocker, glatt. Stiel nicht länger als Hutbreite, weiß. Geruchlos. Triften, Wegränder, selten.

483 Samtstieliger Ackerling, *A. putáminum*
Hut bis 8 cm, fleischig, ockerbraun, wildlederartig-matt.
Stiel ebenso, längsgerillt. Mehlgeruch. Altes Stroh,   482
Wegränder, selten.

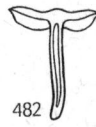

Familie: Schüpplingsartige Pilze, Strophariáceae

Klein, mittelgroß. Huthaut abziehbar (Ausnahme: Schnitzling). Stiel mit Ring oder Ringzone. Lamellen dünn, angewachsen, braun, violettbraun bis violettgrau. Humus- und Holzbewohner.

90. Gattung: Träuschling, Strophária

Mittelgroß, schleimig. Stiel beringt. Fäulnisbewohner. 18 Arten.

484 Riesenträuschling, *Str. rugosoannuláta* (Taf. 41) **Eßbar**
Hut bis 12 cm, rotbraun, ausblassend, fleischig. Ring dick, gerieft. Lamellen blaugrau. Faulendes Stroh, selten. – Zuchtpilz.

485 Echter Grünspanträuschling, *Str. aeruginósa* (Taf. 40) **Eßbar**
Hut bis 8 cm, blaugrün, schleimig, weißflockig. Stiel grünlich, dauerhaft beringt, unten weißflockig. Lamellen violettgrau, mit weißem Rand. Wälder, morsches Holz, zerstreut.

486 Braunblättriger Grünspanträuschling, *Str. caerúlea* **Eßbar**
Ähnlich vorigem, aber bald gelblich entfärbend, weniger schleimig. Ring flüchtig. Lamellen braun, ohne weißen Rand. Laubwald, Parks, gedüngte Stellen, auch Wiesen, häufig.

487 Violettbrauner Träuschling, *Str. inúncta*
Hut bis 5 cm, braun, lilabraun, graugelb, schleimig. Stiel graugelb, schleimig. Stiel weiß. Ring flüchtig. Lamellen violettgrau. Wegränder, zerstreut.

488 Schuppiger Träuschling, *Str. squamósa*
Hut bis 5 cm, gebuckelt, ockergelb, oberflächlich schuppig, bald kahl. Stiel schlank, unten rostfarben. Unter dem Ring fransig-geschuppt. Wegränder in Wäldern, Holzplätze, zerstreut.

489 Weißlicher Träuschling, *Str. melaspérma*
Hut bis 5 cm, weißlich, blaßgelb, oft rissig, wenig schmierig. Stiel weiß. Ring teilweise gerieft. Lamellen grauschwarz. Wegränder, selten.

490 Krönchenträuschling, *Str. coronílla* (Taf. 40) **Eßbar**
Hut bis 5 cm, gewölbt, ocker, zitronengelb, dickfleischig. Stiel weiß, dicklich. Ring gerieft. Lamellen violettgrau, breit angewachsen. Weiden, Wegränder, häufig.

491 Gebuckelter Träuschling, *Str. luteónitens*
Hut bis 3 cm, kegelig-glockig, gern gebuckelt, ockerbraun, honiggelb. Stiel ockerbräunlich, klebrig, manchmal wurzelnd. Ring flüchtig. Geruch mehlig-erdartig. Wegränder, selten. – Vgl. 482!

492 Halbkugeliger Träuschling, *Str. semiglobáta* (Taf. 41)
Hut bis 4 cm, halbkugelig, ocker, zitron. Stiel schlank. Ring zart, vergänglich. Lamellen olivschwarz, breit angewachsen, geruchlos. Dung im Wald, häufig. – Vgl. 519!

91. Gattung: Stockschwämmchen, Kuehnerómyces (2 Arten)

493 Gemeines Stockschwämmchen, *K. mutábilis* (Taf. 43) **Eßbar**
Hut bis 8 cm, honiggelb, hygrophan (dunklere Randzone), ungerieft. Stiel unten rostbraun, feinschuppig. Ring häutig, vergehend. Lamellen blaß, dann braun. Geruch würzig. Laubholz, selten Fichte, büschelig, häufig.

92. Gattung: Schwefelkopf, Hypholóma (=Naematolóma)

Mittelgroß (klein). Fädiger Schleier (Hutsaum, Ringzone). Lamellen oliv-braun, olivschwarz. Büschelig an Holz oder einzeln in Heiden und Mooren. 16 Arten.

494 Grünblättriger Schwefelkopf, H. fasciculáre (Taf. 42) **Giftig**
Hut bis 6 cm, schwefelgelb, Mitte fuchsig. Stiel ebenso, unten rostfar-ben. Lamellen schwefelgelb (zierlicher Pilz, Frühsommer, eigene Art!), grünlich, olivschwarz. Bitter. Stubben, Wurzeln, büschelig, häufig.

495 Ziegelroter Schwefelkopf, H. sublaterítium (Taf. 42)
Hut bis 10 cm, ziegelrot, rotbraun, in Randnähe gelblich-flockig. Stiel derb, mit Ringzone. Lamellen olivgrau, olivschwarz. Bitterlich. Laub-holzstubben, büschelig, häufig.

496 Graublättriger Schwefelkopf, H. capnoídes (Taf. 43) **Eßbar**
Hut bis 8 cm, blaßgelb, Mitte rostgelb, kahl. Stiel ohne faserige Ring-zone. Lamellen gelblichblaß, dann grau. Mild. Nadelholz, büschelig, im Spätherbst und Frühjahr, häufig.

497 Wurzelnder Schwefelkopf, H. radicósum (= epixánthum ss. Ri.) (Taf. 43)
Hut bis 6 cm, tonfalb, Mitte rostgelb, vom Velum faserig. Stiel tief wurzelnd. Lamellen tonfalb, bräunlich. Geruch stark. Bitter. Nadel-holz, Wurzeln, oft einzeln, zerstreut.

498 Geselliger Schwefelkopf, H. marginátum (= dispérsum)
Hut bis 4 cm, glockig, gelblichbraun, rotbraun, mit Rand-saum. Stiel schlank, steif, knackend-brüchig, weißfaserig-gemasert. Lamellen graubraun. Bitter. Morsches Nadel-holz, zerstreut.

499 Torfmoosschwefelkopf, H. elongátum (=elongátipes)
Hut bis 2 cm, grüngelb, blaßgelb, kahl. Stiel blaß, sehr lang, Basis fuchsig. Lamellen blaß, dann graubraun. Sporen über 10 μm. Torfmoos, dort häufig. – Mehrere ähnliche Arten.

498

93. Gattung: Schüppling, Pholióta

Mittelgroß bis groß, oft gelb oder fuchsig, teilweise schuppig. Lamellen braun. Meist an Holz, oft büschelig. Etwa 35 Arten.

Hut trocken. Schuppig

500 Pappelschüppling, Ph. déstruens
Hut bis 15 cm, holzblaß, falb, hart. Jung weißwollig, dann angedrückt schuppig. Rand behangen. Stiel schup-pig bis zur Ringzone. Lamellen tabakbraun. Bitter. Pap-pelstämme, zerstreut.

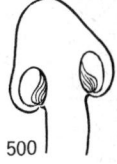

501 Sparriger Schüppling, Ph. squarrósa (Taf. 44)
Hut bis 12 cm, strohgelb, gelbbraun, wie der derbe Stiel
rostbraun sparrig-schuppig. Lamellen olivbraun. Ge-ruch und Geschmack rettichartig. Besonders Laubholz, gern Obstbäume, häufig.

500

502 Feuerschüppling, Ph. flámmans
Hut bis 7 cm, gelb, goldgelb, wie der Stiel mit gekrümmten Schuppen. Lamellen rostbraun. Bitterlich. Nadelholz, selten.

503 Bitterer Schüppling, Krummstieliger Sch., *Ph. cúrvipes*
Hut bis 4 cm, goldgelb, klein eingewachsen-schuppig. Stiel oft gekrümmt, feinfaserig. Lamellen erst hellgelb. Sehr bitter.. Laubholz, besonders Linde, meist einzeln, zerstreut.

Hut schleimig. Jung weißlich schuppig. Blaß
504 Tonfalber Schüppling, *Ph. lénta*   **Eßbar**
Hut bis 8 cm, falb, bräunlich, sehr schleimig, trocken glänzend. Stiel weißlich-schuppig, unten rostbraun. Lamellen jung gelblich, olivfarben. Besonders bei Laubholzästen, X–XI, häufig.
505 Fuchsiger Schüppling, *Ph. lúbrica*
Ähnlich vorigem. Hut stärker fuchsig, nur Rand tonfalb. Lamellen jung grauweiß. Bei Nadelholzästen, Bergland, zerstreut.
506 Grüngelber Schüppling, *Ph. gummósa* (Taf. 44)
Hut bis 6 cm, blaß olivgelb, schmutzig grüngelb. Schüppchen sehr flüchtig. Stiel schuppig bis zur Ringzone. Fleisch geruchlos, mild. Eingefahrenes Holz, Laubholzstubben, zerstreut.

Hut schmierig. Mit gefärbten Schuppen
507 Goldfellschüppling, *Ph. aurivélla*   **Eßbar**
Hut bis 12 cm, goldgelb, angedrückt braunschuppig. Stiel trocken, faserig. Lamellen olivgelb, rostbraun. Kaum bitter. Sporen über 7 μm. Besonders Buche, oft hoch büschelig, zerstreut.
508 Ganzschleimiger Schüppling, *Ph. adipósa*   **Eßbar**
Ähnlich vorigem. Schleimiger, Schuppen bald abfließend. Stiel schleimig. Sporen kleiner. Laubholz, Bergland, selten.
509 Pinselschüppling, *Ph. muélleri* (Abb. S. 70)
Hut bis 8 cm, goldgelb. Schuppen dauerhaft, aufgerichtet, braun mit schwarzer Spitze, wie „getigert". Stiel trocken, rotbraun schuppig bis zur Ringzone. Mild. Laubholz, selten.
510 Fettiger Schüppling, *Ph. lucífera*
Hut bis 6 cm, zitronengelb, goldgelb. Schüppchen klein, vergänglich. Stiel trocken, schuppig bis Ringzone. Fleisch blaßgelb, bitter. Vergrabenes Holz, in kleinen Gruppen, zerstreut.

Hut kahl, kaum schleimig
511 Nadelschüppling, *Ph. spumósa*
Hut bis 6 cm, gelb, Mitte fuchsig, glatt. Stiel kahl, unten rostbraun. Lamellen olivrostig, nicht gefleckt. Fast geruchlos. Mild. Sporen unter 8 μm. Nadelholzstubben, häufig.
512 Starkriechender Schüppling, *Ph. alnícola*
Hut bis 10 cm, gelb. Mitte später rostbraun, Rand olivgelb. Stiel kahl. Lamellen blaß, dann olivbraun. Geruch frucht-, rettichartig. Mild. Sporen über 8 μm. Laubholz, zerstreut.
513 Safranroter Schüppling, *Ph. astragálina*
Hut bis 6 cm, safranrot, gelborange. Stiel faserschuppig. Bitter. Alt bräunend-schwärzend. Nadelholzstubben, zerstreut.
514 Kohlenschüppling, *Ph. carbonária* (Taf. 44)
Hut bis 5 cm, gelbbraun, braun, schmierig, trocken glänzend. Stiel kurz, unten braun. Bitterlich. Brandstellen, dort häufig.

94. Gattung: Schnitzling, Tubária (einschl. *Simócybe*)
Klein. Hut trocken, brüchig. Lamellen ocker, rostbraun. 8 und 6 Arten.
515 Gelbblättriger Schnitzling, *T. dispérsa* (= *autóchthona*)
Hut bis 1,5 cm, ockerlich, nicht hygrophan. Stiel weiß, ockerlich. Lamellen lange lebhaft gelb. Auf Weißdornstreu, häufig.
516 Winterschnitzling, *T. hiemális* (einschl. *furfurácea*) (Abb. S. 72) **Eßbar**
Hut bis 3 cm, röstbraun, gerieft, trocken fleischfalb, fast kahl. Stiel unten verschmälert. Lamellen zimtbraun. Holzstückchen, Winterhalbjahr, häufig. – Im Sommer ähnliche Arten!
517 Kleiiger Schnitzling, *T. conspérsa*
Hut bis 2 cm, dicht graulich schuppig-flockig auf braunem Grund. Stiel blaß, flockig-faserig. Gebüsche, häufig.
518 Olivfarbener Schnitzling, *Simócybe* (= *Naucória*) *centúnculus* (Abb. S. 73)
Hut bis 3 cm, olivgrün, olivbraun, matt, bereift. Stiel blasser, bereift. Lamellen schmutzigbraun. Morsches Holz, selten.

95. Gattung: Kahlkopf, Psilócybe (= *Decónica*)
Klein. Hut schmierig. Lamellen alt dunkelbraun. 14 Arten.
519 Olivgelber Dungkahlkopf, *Ps. merdária* (Abb. S. 77)
Hut bis 4 cm, olivgelb, gelbbraun, Rand jung behangen. Haut dehnbar. Stiel blaß, mit Ringzone, geruchlos. Dung, zerstreut. – Vgl. 492!
520 Spitzkegeliger Kahlkopf, *Ps. semilanceáta*   **Giftig**
Hut bis 2 cm, spitzkegelig, braungelb, gelb. Rand fein gerieft. Stiel blaß, schlank, basal manchmal blaugrün. Weiden, zerstreut.
521 Klebhautkahlkopf, *Ps. inquilína*
Hut bis 2 cm, braun, frisch mit dehnbarer, abziehbarer Haut, trocken lederblaß. Hutflöckchen sehr flüchtig. Stiel anfangs weißfaserig. Im Gras, häufig. Massenhaft auf altem Stroh.

520

522 Weißflockiger Kahlkopf, *Ps. cróbulus*
Hut bis 2 cm, braun, frisch mit dehnbarer, abziehbarer Haut. Hut und Stiel dicht weißflockig. Auf Ästchen, zerstreut.

96. Gattung: Schüppchenschnitzling, Phaeomarásmius
Klein. Völlig flockig-schuppig. Pflanzenreste. 22 Arten.
523 Igelschüppchenschnitzling, *Ph. erináceus*
Hut bis 2 cm, rostbraun. Hut und Stiel sparrig-schuppig. Lamellen rostocker. Besonders Weidenäste am Busch, zerstreut.

523

Familie: Krüppelfußpilze, Crepidotáceae

Klein, muschelförmig. Lamellen rosa, ocker, braun. 20 Arten.

97. Gattung: Krüppelfußpilze, Crepidótus (Merkmale siehe Familie!)
524 Gallertfleischiger Krüppelfuß, *Cr. móllis* (Abb. S. 67)
Hut bis 5 cm, weißlich bis ockerbraun, kahl. Einzige Art mit dehnbarer, abziehbarer Haut. Laubholz, häufig.

525 Geriefter Krüppelfuß, *Cr. applanátus*
Hut bis 5 cm, blaß, schmutziggelb, hygrophan, etwas ge-
rieft. Lamellen bräunlich, gedrängt. Sporen kugelig.
Morsches Holz, zerstreut.

526 Gebrechlicher Krüppelfuß, *Cr. autóchthonus*
Vorigem ähnlich, aber sehr brüchig. Sporen zitronenför-
mig. Wege, eingefahrenes Holz, büschelig, zerstreut.

525

527 Gelblicher Krüppelfuß, *Cr. lutéolus*
Hut bis 2,5 cm, weiß, filzig, trocken ockergelb. Lamellen ockerfarben,
mäßig gedrängt. Äste, Stengel, häufig.

528 Gemeiner Krüppelfuß, *Cr. variábilis*
Hut bis 3 cm, weiß bleibend, oft lappig. Lamellen rosabräunlich. Ästchen, Stengel, häufig. – Mehrere ähnliche Arten.

Familie: Haarschleierpilze, Cortinariáceae

Artenreiche Familie. Klein bis groß. Huthaut wenigstens teilweise abziehbar.
Lamellen reif braun. Hutrand oder Stiel mit Schleierresten (fehlend: manche
Fälblinge und Rißpilze). Meist Mykorrhiza.

98. Gattung: Rißpilz, *Inócybe*
Klein, mittelgroß. Hut trocken, oft kegelig, radialrissig, wirrfaserig. Schleier
sehr flüchtig. Geruch oft spermatisch. Sporen glatt (g) oder höckerig-eckig
(h). Zystiden beschopft (b) oder unbeschopft (u). Mykorrhizapilze, meist giftig (Muskarin). 130 Arten.

Alt rötend (manchmal mit auffallendem Geruch)

529 Ziegelroter Rißpilz, *I. patouillárdii* (Taf. 45) **Giftig**
Hut bis 8 cm, weißlich, alt ockerbraun, kegelig-gebuckelt, faserig.
Stiel weiß, wenig bereift, über 6 mm dick, manchmal rundknollig. Alt
ziegelrot anláufend. Geruch alt wie faules Obst (g-u). Laubwald,
Parks, Kalk, Juni, zerstreut.

530 Rötender Rißpilz, *I. godéyi*
Hut bis 5 cm, weißlich, ocker, seidig-faserig. Stiel blaß,
schlanker, bereift. Knolle gerandet. Rötend. (g-b). Wälder, Kalk, häufig.

531 Hirschbrauner Rißpilz, *I. cervícolor*
Hut bis 5 cm, ocker-, dunkelbraun, sparrig-filzig. Stiel   530
schlank, braun, faserig. Alt (langsam) rötend. (g-u). Geruch moderig, wie Weinfaß. Wälder, ab Juni, zerstreut.

532 Weinroter Rißpilz, *I. adaequáta* (=*jurána*) **Eßbar**
Hut bis 8 cm, stumpf-kegelig, weinrot-rotbraun, schmutzig purpurfa-
serig. Stiel alt weinrot, lila werdend, ohne Knolle. (g-u). Wälder,
Parks, besonders Kalk, zerstreut.

533 Birnenrißpilz, *I. pyriodóra*
Hut bis 8 cm, kegelig-glockig, ockerbraun, faserschuppig. Stiel kräftig,
blaß, kahl. Starker Obstduft. Fleisch alt etwas rötend. (g-b). Laubwald, Kalk und Lehm, zerstreut.

534 Grünroter Rißpilz, *I. haemácta*
Hut bis 4 cm, schmutzigbraun, filzig, schuppig. Stiel olivgrün. Fleisch
rötend. (g-b). Gebüsche, selten. – Vgl. 546!

Hut weiß oder weißlich (auch violett!)

535 Seidiger Rißpilz, *I. geophýlla* (Taf. 44) **Giftig**
Hut bis 4 cm, kegelig, ausgebreitet-gebuckelt, weiß (violett). Stiel weiß (violett), schlank, kahl, unten kaum knollig. Geruch spermatisch. (g-b). Wälder, häufig.

536 Grünbuckliger Rißpilz, *I. corydálina* **Giftig**
Hut bis 7 cm, blaß, Scheitel graugrün. Stiel weißlich, kahl, kaum knollig. Angenehm duftend. (g-b). Laubwald, Kalk, selten.

537 Fliederweißer Rißpilz, *I. sambucína* **Giftig**
Hut bis 8 cm, weißlich, blaß ockergrau, kaum rissig. Stiel kräftig, fast kahl. (g-u). Kiefer, Sand, zerstreut.

538 Blaßhütiger Rißpilz, *I. kuéhneri*
Hut bis 4 cm, óckerblaß, Rand anfangs deutlich behangen. Stiel blaß, völlig bereift. (g-b). Wälder, häufig. – Vgl. Nr. 535!

Mit besonderen, auffallenden Merkmalen

539 Violettlicher Rißpilz, *I. obscuroídes* **Giftverdächtig**
Hut bis 4 cm, braun, radialfaserig. Fleisch und Stiel oben violett, unten bräunlich-faserig. (g-b). Wälder, häufig.

540 Lilaspitziger Rißpilz, *I. cincinnáta* **Giftig**
Hut bis 2 cm, dunkelbraun, filzig-schuppig, sparrig. Stiel braun, im Schnitt oben violett. (g-b). Wälder, zerstreut.

541 Rußfüßiger Rißpilz, *I. átripes*
Hut bis 3 cm, graubraun, filzig. Stiel völlig bereift (nur oben: *I. símilis*), unten olivschwarz werdend. (g-b). Bei Laubbäumen, selten.

542 Beringter Rißpilz, *I. terrígena*
Hut bis 7 cm, flach gewölbt, gelbbraun, umbra, wollig-faserig bis sparrig-schuppig. Stiel kräftig. Ringzone deutlich. Lamellen olivfarben. (g-u). Wälder, saurer Boden, zerstreut.

543 Olivgelber Rißpilz, *I. dulcamára* **Giftig**
Hut bis 4 cm, flach gewölbt, gelbocker, olivbraun, filzig. Stiel ockerbraun, jung mit deutlichem Schleier. Lamellen olivgelb, olivbraun. (g-u). Wälder, besonders saure Böden, häufig.

544 Bittermandelrißpilz, *I. hirtéllu*
Hut bis 4 cm, strohgelb, goldgelb, glatt oder schuppig. Stiel weißlich, völlig bereift. Bittermandelgeruch (in kleine Büchse legen, dann prüfen). (g-b). Laubwald, zerstreut.

545 Graugezonter Rißpilz, *I. petiginósa*
Hut bis 2 cm, bräunlich, Rand mit grauweißlicher Zone. Stiel bis 2 mm stark, hell rötlichbraun, völlig bereift. (h-b). Nackter Boden unter Buche, zerstreut.

546 Grünfüßiger Rißpilz, *I. calamistráta* (= *hirsúta* ss. Ri.)
Hut bis 3 cm, dunkelbraun, sparrig-schuppig. Stiel ebenso, unten blaugrün (manchmal braun überdeckt). Geruch obstig. Fleisch minimal rötend. (g-u). Nadelwald, selten.

Mit auffallender, abgesetzter, gerandeter Knolle (vgl. auch 530!)

547 Rotbraunstieliger Rißpilz, *I. asteróspora* **Giftig**
Hut bis 6 cm, kegelig, rotbraun, rissig. Stiel rotbraun, völlig bereift, Knolle gerandet. (h, sternförmig-b). Wälder, zerstreut.

547

548 Blaßstieliger Rißpilz, *I. míxtilis*   **Giftig**
Hut bis 4 cm, ocker, radialrissig. Stiel blaß, völlig bereift. Knolle deutlich gerandet. (h-b). Nadelwald, häufig. – Mehrere ähnliche Arten.

549 Strohgelber Rißpilz, *I. cóokei*
Hut bis 5 cm, kegelig, blaßocker, faserig-feinrissig. Stiel blaß, kahl. Geruch schwach. (g-u). Wälder, zerstreut.

550 Weißknolliger Rißpilz, *I. assimiláta (=umbrína)*   **Giftig**
Hut bis 3 cm, dunkelbraun, alt rissig. Stiel gleichfarben, nicht bereift (oder nur oben). Knolle rundlich, weiß. Geruch schwach. (h-b). Wälder, feuchte Stellen, häufig. – Sammelart.

Stiel ohne auffallende Knolle; von oben bis unten fein bereift

551 Kurzstieliger Rißpilz, *I. lángei*
Hut bis 4 cm, bald flach, intensiv ockergelb, schuppig. Stiel weißlich, kurz, kräftig. (g-b). Wegränder, Parks, häufig.

552 Braunweißer Rißpilz, *I. phaeolaíca*
Hut bis 4 cm, bald flach, dunkelbraun, wenig faserig, fast glatt. Stiel weiß, kurz. (g-b). Besonders Buche, zerstreut.

Stiel ohne auffallende Knolle; nur oben bereift

553 Gemeiner Rißpilz, *I. nitidiúscula (=fríesii)*   **Giftig**
Hut bis 4 cm, mit rundem Buckel, rotbraun, zimtbraun, Rand heller, faserig bis schuppig. Stiel hell rotbräunlich, schlank. (g-b). Nadelwald, besonders Bergland, häufig.

554 Filziger Rißpilz, *I. gausapáta*   **Giftig**
Hut bis 5 cm, stumpf glockig, stumpf gebuckelt, schmutzig graubraun, filzig, filzig-schuppig, jung deutlich behangen. Stiel blaß. (g-b). Wälder, häufig.

555 Faseriger Rißpilz, *I. virgátula*
Hut bis 4 cm, kegelig, kegelig-gebuckelt, fein kastanienbraun faserig auf hellem Grund. Stiel weißlich, unten faserig vom üppigen Schleier. (g-b). Nadelwald, häufig.

Stiel ohne auffallende Knolle; nicht bereift
(manchmal faserig)

556 Kegeliger Rißpilz, *I. fastigiáta*   **Giftig**
Hut bis 6 cm, kegelig, ocker bis braun, stark radial-rissig-faserig. Stiel blaß, mit einzelnen Fasern, ohne Knolle. Lamellen oliv. Fast geruchlos. (g-u). Wälder, Parks, häufig.

557 Gefleckter Rißpilz, *I. maculáta*   **Giftig**
556
Hut bis 6 cm, kegelig, kastanienbraun, radial-rissig. Scheitel mit angedrückten, flüchtigen, blassen Flöckchen. Stiel unten braun. Geruch schwach. (g-u). Laubwald, häufig.

558 Struppiger Rißpilz, *I. lácera*   **Giftig**
Hut bis 4 cm, stumpf gebuckelt, braun, angedrückt-filzig. Stiel graubraun, faserig. Lamellen graubraun. Geruch schwach spermatisch. (g, länglich-b). Nadelwald, saure Böden, häufig.

559 Wolliger Rißpilz, *I. lanuginósa*   **Giftig**
Hut bis 3 cm, gewölbt bleibend, dunkelbraun, sparrig-schuppig. Stiel dunkelbraun, wollig-schuppig. Lamellen gedrängt, blaßbraun. Geruchlos. (h-b). Nadelwald, häufig.

560 Dunkelbrauner Rißpilz, *I. boltónii*
Hut bis 5 cm, nur stumpf-gebuckelt, dunkelbraun, radialfaserig bis schuppig. Stiel braun, befasert, schwach knollig. (h-b). Nadelwald, zerstreut.

561 Rübenstieliger Rißpilz, *I. nápipes*   **Giftig**
Hut bis 5 cm, spitzkegelig, dunkelbraun, radialfaserig. Stiel heller braun, Basis keulig-knollig, weiß. (h-b). Nadelwald, saure Böden, häufig.

99. Gattung: Fälbling, *Hebelóma*
Klein bis groß. Hut klebrig, kahl. Schleier am Stiel vorhanden oder fehlend. Lamellen weiß gesäumt. Oft Rettichgeruch. 45 Arten, alle ungenießbar.

Wurzelnde, angenehm riechende Arten (s. auch Nr. 574 und 576)
562 Marzipanfälbling, *H. radicósum* (Taf. 45)
Hut bis 12 cm, tonfalb, mit Schleierresten. Stiel mit zackigem Ring. Marzipangeruch. Bitter. An Laubholzwurzeln, zerstreut.

563 Beschleierter Wurzelfälbling, *H. bírrum (=púmilum)*
Hut bis 4 cm, lebhaft ockerbraun, Rand falb. Stiel beschleiert, meist wurzelnd. Sporen mandelförmig. Buche, selten.

564 Kahler Wurzelfälbling, *H. dánicum ined. (=spoliátum)*
Hut bis 5 cm, braun. Stiel unbeschleiert, wurzelnd. Sporen mandelförmig. Laubwald, selten.

565 Kiefernfälbling, *H. spoliátum (=cylindrospórum)*
Hut bis 4 cm, braun. Stiel unbeschleiert, in Sandboden wurzelnd, sonst nicht wurzelnd. Sporen zylindrisch. Kiefer, Sand, zerstreut.

564

Nicht wurzelnde, beschleierte Arten
566 Fastbüscheliger Fälbling, *H. subcaespitósum (=versipélle?)*
Hut bis 6 cm, gelbbraun. Stiel bis 12 mm dick, von unten her bräunend. Sporen über 10 µm. Pappel, Weide, Sand, zerstreut. – Sammelart!

567 Dunkelscheibiger Fälbling, *H. mesopháeum*
Hut bis 4,5 cm, Mitte dunkelbraun, feucht schmierig, Rand falb, beschleiert. Stiel bis 4 mm dick, gelbbraun überzogen, innen braun. Sporen unter 10 µm, fast glatt. Besonders Nadelwald, Birke, häufig.

568 Trockenhütiger Fälbling, *H. collariátum*
Ähnlich 567, aber kleiner, trockenhütig. Sporen über 10 µm, warzig. Feuchte Stellen, Weiden, zerstreut.
Es gibt mehrere beschleierte Arten mit mandelförmigen Sporen!

Nicht wurzelnde, unbeschleierte Arten. Lamellen tränend (Rand alt fleckig)
569 Gemeiner Fälbling, *H. crustuliniфórme* (Taf. 45)
Hut bis 8 cm, tonblaß, grauweiß. Stiel mäßig lang, oben grobflockig. Rettichgeruch. Zystiden keulig. Wälder, häufig.

570 Schlankstieliger Fälbling, *H. longicáudum* (einschl. *stenocýstis, velútipes*)
Hut bis 6 cm, ockerlich, braun. Stiel schlank, spärlich bereift. Geruch schwach. Zystiden schlank. Feuchte Wälder, im Bergland häufig.

571 Kleinster Fälbling, *H. pusíllum (=magnimámma)*
Hut bis 3 cm, gebuckelt, rotbraun, Rand hell (ähnlich 567). Stiel hyalin-weiß, fein bereift. Sümpfe, bei Weide, zerstreut.

Nicht wurzelnde, unbeschleierte Arten. Lamellen trocken (alt nie fleckig)
572 Kakaofälbling, *H. truncátum*
Hut bis 6 cm, kakaobraun, rotbraun, wie bereift. Stiel weiß, kurz. Kakaogeruch. Sporen schmal mandelförmig, wenig warzig. Wälder, zerstreut.
573 Kuhroter Fälbling, *H. vaccínum*
Ähnlich 572, aber nur bis 4 cm breit. Sporen breit mandelförmig, stark warzig. Pappeln, häufig.
574 Bräunender Fälbling, *H. senéscens (= Pedúrum)*
Hut bis 12 cm, robust, ockerbraun. Rand eingerollt, gekerbt. Stiel schuppig, alt bräunend. Obstgeruch. Besonders Kiefer, Kalk, in Kreisen, häufig.
575 Rettichfälbling, *H. sinapízans* (Taf. 45) **Giftig**
Hut bis 12 cm, rötlichfalb. Stiel derb, weiß, oben schuppig, etwas knollig, innen mit Zapfen. Rettichgeruch. Wälder, in Kreisen, häufig.
576 Schwärzender Fälbling, *H. pallidoluctuósum (=saccharíolens* ss. auct.)
Hut bis 6 cm, ocker. Stiel blaß, verjüngt, bald lasch werdend, bräunend. Stark duftend (Seife, Traubenkirsche). Trocken geschwärzt. Laubwald, Kalk und Lehm, häufig. – Ähnliche Arten!

575

100. Gattung: Erlenschnitzling, *Alnícola (=Naucória)*
Klein. Hut trocken. Schleier flüchtig. Bei Erle und Weide. 20 Arten.
577 Honiggelber Erlenschnitzling, *A. melinoídes (=escharioídes)*
Hut bis 3 cm, bald flach, blaßocker, alt zimtbraun, schülferig. Lamellen gelbbraun, ocker. Stiel unten dunkler, besonders alt. Geruchlos. Bitterlich. Erlensümpfe, häufig.
578 Dunkler Erlenschnitzling, *A. scolécina*
Hut bis 2 cm, braun, trocken blasser, kahl, matt. Stiel und Lamellen rotbraun. Geruchlos. Bitterlich. Erlensümpfe, häufig.
579 Hellstieliger Erlenschnitzling, *A. bohémica*
Hut bis 3 cm, braun, feucht gerieft, trocken blasser, kahl. Stiel schlank, silberig (innen aber braun!). Geruchlos. Erlensümpfe, zerstreut. – Mit Mehlgeruch: *A. alnetórum.*

101. Gattung: Hautkopf, *Dermócybe*
Mittelgroß. Hut trocken. Stiel schlank. Lamellen jung lebhaft gefärbt. Rettich- (Jod-)Geruch. 20 Arten. Alt unbestimmbar.

Lamellen jung rot
580 Blutroter Hautkopf, *D. sanguínea*
Hut bis 5 cm, dunkelblutrot, alt braunrot. Stiel und Lamellen jung gleichfarben. Nadelwald, Bergland, zerstreut.

581 **Blutblättriger Hautkopf,** *D. semisanguínea* (Taf. 46)
Hut bis 6 cm, olivbraun, umbra. Stiel gelb. Lamellen jung dunkelrot,
alt braun. Nadelwald, saure Böden, häufig.

582 **Rotüberfaserter Hautkopf,** *D. phoenícea*
Hut bis 6 cm, rötlichbraun. Stiel falb, gelblich, vom roten Schleier
überzogen (teilweise auch Hut!). Lamellen jung rot, dann braun. Wälder, gern Kiefer, saure Böden, zerstreut.

583 **Zinnoberroter Hautkopf,** *D. cinnabárina*
Hut bis 6 cm, auffallend zinnoberrot, alt dunkler. Stiel und Lamellen
gleichfarben, später bräunlich. Buche, selten.

Lamellen jung anders gefärbt

584 **Kegeliger Hautkopf,** *D. uliginósa* (Abb. S. 71)
Hut bis 5 cm, kegelig, kupferrot, orangebraun. Lamellen gelb bis orangebraun. Stiel rot überfasert. Feuchte Stellen, meist bei Weide, zerstreut.

585 **Gelbblättriger Hautkopf,** *D. crócea* (*=cinnamomeolútea* ss.Mos.)
(Taf. 47)
Hut bis 6 cm, gelbbraun, olivbraun, braun. Lamellen jung lebhaft
gelb. Nadelwald, häufig.

586 **Olivblättriger Hautkopf,** *D. palústris*
Hut bis 6 cm, umbrabraun. Lamellen olivgrün, alt olivbraun. Moosige Wälder, Moore, zerstreut.

587 **Zimthautkopf,** *D. cinnamómea*
Hut bis 5 cm, oliv-, umbrabraun. Stiel oben gelb. Lamellen jung zimtorange. Fleisch gelb. Nadelwald, häufig. 587

588 **Orangegrüner Hautkopf,** *D. malicória*
Hut bis 5 cm, braun, Rand orange überzogen. Stiel
ebenso überzogen, im Fleisch oliv. Lamellen bräunlich, rostbraun.
Nadelwald, Moore, selten.

102. Gattung: Flämmling, *Gymnopílus*
Mittelgroß, gelb-fuchsig. Bitter. Meist Nadelholz. 14 Arten.

589 **Beringter Flämmling,** *D. junónius* (*= spectábilis*) (Taf. 46)
Hut bis 15 cm (manchmal riesig!), fleischig, goldbraun, schuppig-fase-
rig. Stiel kräftig, manchmal knollig-wurzelnd, mit häutigem Ring.
Laubholzstubben, zerstreut.

590 **Kahlhütiger Flämmling,** *G. hýbridus* (einschl. *G. pénetrans*)
Hut bis 8 cm, orangefuchsig, kahl, glatt. Stiel mit Ringzone. Lamellen
alt gefleckt oder insgesamt bräunend. Fleisch blaßgelb. Nadelholzstubben, auch im Flachland, häufig.

591 **Filziger Flämmling,** *G. sapíneus*
Hut bis 8 cm, auf gelbem Grund bräunlich samtig-filzig. Fleisch kräftig
gelb. Nadelholzstubben, Bergland, häufig.

Gattung: Schleierling, *Cortinárius* (s. Gruppe 103–107)

103. Untergattung: Rauhkopf, *Cortinárius* subgen. *Leprócybe* (einschließlich
Cortinárius im engeren Sinn) – Nr. 593 zum folgenden subgenus!
Klein, mittelgroß, faserig, filzig, nicht hygrophan. 30 Arten.

592 Goldgelber Rauhkopf, *C. gentílis* **Giftig**
Hut bis 3 cm, kegelig, gelbbraun, trocken gelb, feinfil-
zig. Stiel gelbfilzig gezont. Geruch rettichartig. Feuchter
Nadelwald, zerstreut.

593 Schuppiger Rauhkopf, *C. pholídeus* (Taf. 47)
Hut bis 10 cm, stumpf kegelig, wie der Stiel dicht dunkelbraun sparrig-schuppig. Stiel oben und Lamellen jung
bläulich-violett. Birke, moorige Stellen, zerstreut.

594 Dunkelvioletter Rauhkopf, *C. violáceus*
Ganz dunkelviolett. Hut bis 14 cm, filzig-schuppig. Fleisch mit Laugen
(Imi) rot. Zedernholzgeruch. Laubwald, selten. – In Nadelwald sehr
ähnliche Art: *C. hercýnicus.*

595 Rotschuppiger Rauhkopf, *C. boláris*
Hut bis 5 cm, tonblaß, kupfer- bis weinrot schuppig. Stiel ähnlich, stärker faserig. Schwach gilbend. Laubwald, selten.

596 Olivbrauner Rauhkopf, *C. cotóneus*
Hut bis 10 cm, stumpf gebuckelt, olivbraun, fein schuppig-filzig, alt
kahl. Stiel keulig-knollig. Lamellen gleichfarben. Rettichgeruch.
Laubwald, zerstreut. – Mehrere ähnliche Arten!

597 Orangefuchsiger Rauhkopf, *C. orellánus* (Taf. 46) **Giftig**
Hut bis 8 cm, stumpf gebuckelt, orangefuchsig, bald dunkler, angedrückt feinfaserig, dann kahl. Stiel gelblich, rostgelb, unten verjüngt.
Lamellen zimtbraun, dick, entfernt, breit. Geruch schwach rettichartig. Laubwald, saure Böden, selten.

104. Untergattung: Dickfuß, *Cortinárius* subg. *Seriócybe* (= *Inolóma*)
Mittelgroß. Trocken, glimmerig, seidig, nicht hygrophan. 35 Arten.

598 Gelbgezonter Dickfuß, *C. anómalus* **Eßbar**
Hut bis 6 cm, flach gewölbt, violett-graubraun, rostbräunlich, trocken.
Stiel violettweiß, schwach ockerlich gezont. Lamellen jung violettlich.
Wälder, saure Böden, häufig. – Vgl. 648!

599 Lila Dickfuß, *C. tráganus*
Hut bis 10 cm, violett, bald weißlich oder ocker verblassend, seidig,
mit bronzefarbenen Velumresten. Stiel gestiefelt, keulig. Lamellen
ocker, braun. Fleisch gelbbraun, rötlichgelb. Geruch süßlich-gasartig.
Bitter. Nadelwald, zerstreut.

600 Weißvioletter Dickfuß, *C. alboviolaceus*
Hut bis 7 cm, silberig-violett, alt gelbbräunlich, seidig. Stiel keulig, mit
Schleierzonen. Lamellen jung violettlich. Geruch wie rohe Kartoffel.
Besonders Eiche, saurer Boden, zerstreut. – Mehrere ähnliche Arten.

601 Bocksdickfuß, *C. camphorátus* (= *hircínus*)
Hut bis 8 cm, violettweiß, Scheitel ockerlich. Stiel gleichfarben. Lamellen jung violett, dann rostbraun. Starker Bocks- oder Käsege-
stank. Wälder, saure Böden, seltener.

602 Rostbrauner Dickfuß, *C. canínus* **Eßbar**
Hut bis 12 cm, gewölbt, fuchsbraun, dattelbraun, trocken, kahl. Stiel
keulig-knollig. Unter dem Schleier ringartige Gürtelzone. Lamellen
anfangs violettbraun, dann braun. Geruchlos. Mild. Fichtengebüsch,
in Kreisen.

603 Derbkeuliger Dickfuß, *C. suíllus*
Hut bis 10 cm, fleischig, dattelbraun, korkbraun, Rand eingerollt.

Stiel und Lamellen manchmal violett behaucht. Stiel keulig, schwach gezont. Buche, Kalk, in Kreisen, zerstreut.

105. Untergattung: Gürtelfuß, Wasserkopf, *Cortinárius* subgen. *Telamónia (= Hydrócybe)*
Klein bis mittelgroß, kahl, hygrophan. Stiel oft gegürtelt. 160 Arten.

Mit auffallenden Merkmalen
604 Geschmückter Gürtelfuß, *C. armillátus* (Taf. 47) **Eßbar**
Hut bis 10 cm, rotbraun, gelbbraun, matt, feinschuppig. Stiel zinnoberrot gegürtelt. Birke, saure Böden, zerstreut.

605 Feuerfüßiger Wasserkopf, *C. bulliárdii*
Hut bis 8 cm, rotbraun, tonbraun. Stielknolle leuchtend zinnoberrot. Lamellen jung mit violettem Ton. Besonders Buche, zerstreut.

606 Rotbrauner Gürtelfuß, *C. praestigiósus*
Hut bis 4 cm, rotbraun, kahl. Stiel unten undeutlich rotbraun gegürtelt. Lamellen und Stiel oben mit violettem Ton. Feuchte Wälder, häufig. – Nicht hygrophan: *C. spilómeus.*

607 Violetter Erlengürtelfuß, *C. bíbulus*
Jung ganz dunkelviolett, alt violettbraun. Hut bis 1,5 cm, spitz kegelig. Lamellen entfernt. Erlensümpfe, zerstreut.

608 Weißflockiger Gürtelfuß, *C. hemítrichus*
Hut bis 5 cm, oft gebuckelt, dunkelbraun, trocken graubraun, dicht weißlich-haarig, alt kahl. Stiel fast beringt, weißlich gegürtelt. Geruchlos. Birke, häufig. – Stark nach Pelargonien duftend, Nadelwald: *C. paleáceus.*

609 Gegürtelter Rettichwasserkopf, *C. scutulátus*
Hut bis 7 cm, erst violett, dann braun. Stiel violett wie das Fleisch, mit Gürtelzone(n), unten verjüngt. Lamellen jung violett, entfernt. Rettichgeruch. Wälder, zerstreut.

610 Kahlstieliger Rettichwasserkopf, *C. bícolor*
Hut bis 6 cm, violett- bis kastanienbraun, trocken ockerblaß. Stiel violett, unten verjungt, ohne Velumzonen. Lamellen jung violett, entfernt. Rettichgeruch. Wälder, zerstreut.

Kleinere Arten (Hut bis 5 cm, Stiel oben unter 5 mm dick)
611 Spitzer Wasserkopf, *C. acútus* (Abb. S. 72)
Hut bis 2 cm, spitz gebuckelt, ocker, weit gerieft, kahl. Stiel blaß, kahl, schlank. Lamellen ocker, Rand weißlich (Zystiden). Feuchter Nadelwald, zerstreut.

612 Jodoformwasserkopf, *C. obtúsus*
Hut bis 4 cm, kegelig, rostbraun, feucht gerieft, trocken falb. Stiel okkerfalb, weißseidig überzogen, zugespitzt, über 4 mm dick. Lamellen entfernt. Jodoformgeruch. Nadelwald, häufig.

613 Starkriechender Wasserkopf, *C. rígidus*
Hut bis 4 cm, stumpf gebuckelt, schwarzbraun, Rand weiß überzogen. Stiel braun, weiß gegürtelt, fast ringartig. Lamellen entfernt. Geruch pelargoniumartig, dann stark widerlich. Birke, zerstreut.

614 Rosastieliger Wasserkopf, *C. erýthrinus* (einschl. *decípiens*)
Hut bis 4 cm, kegelig, dunkelbraun, purpurbraun, Rand feinfaserig. Stiel rosa-violettlich (undeutlich!), weißseidig überfasert, kaum gegür-

telt. Lamellen rostbraun, fast gedrängt. Geruchlos. Nadelwald, ab
April, häufig.
615 **Zerrissener Gürtelfuß,** *C. incísus* (Abb. S. 72)
Hut bis 4 cm, glockig, ausgebreitet-gebuckelt, braun, ungerieft, faserig, Rand oft eingerissen. Stiel weiß gegürtelt. Lamellen entfernt,
dünn. Geruchlos. Wälder, häufig.

Kräftiger (Hut bis über 5 cm, Stiel oben über 5 mm dick)
616 **Wurzelnder Wasserkopf,** *C. durácinus*   **Eßbar**
Hut bis 8 cm, gebuckelt, Rand abgeknickt, rötlich- bis
tonbraun, trocken blaß. Haut fast knorpelig. Stiel blaß,
steif, verjüngt-wurzelnd. Lamellen mäßig gedrängt. Geruch schwach. Wälder, häufig.

617 **Wohlriechender Gürtelfuß,** *C. tórvus*
Hut bis 10 cm, violettbraun, braun. Stiel keulig. Ring
schmal, beständig. Lamellen blaß lila, bald braun. Geruch süßlich,
obstartig. Laubwald, besonders Buche, zerstreut.
618 **Schwarzbrauner Gürtelfuß,** *C. brúnneus* (einschl. *glandícolor*)
Hut bis 7 cm, glockig-gebuckelt, schwarzbraun, trocken graubraun,
Rand weißfaserig. Stiel schwarzbraun, weiß gegürtelt. Lamellen dick,
dunkelbraun, entfernt. Nadelwald, zerstreut.
619 **Zwiebelwasserkopf,** *C. privignoídes*   **Eßbar**
Hut bis 8 cm, rötlich-ockerbraun, Rand abgeknickt. Stiel blaß, wenig
gegürtelt. Knolle eiförmig. Lamellen entfernt. Geruch schwach (rohe
Kartoffel). Wälder, häufig. – Sammelart!
620 **Aprikosenwasserkopf,** *C. armeníacus*   **Eßbar**
Hut bis 8 cm, orangebraun, ockergelb, seidig, Rand weißfaserig. Stiel
weiß, keulig, ungegürtelt. Lamellen rostgelb, mäßig eng. Geruch süß-
lich-rettichartig. Nadelwald, zerstreut.
621 **Erdigriechender Gürtelfuß,** *C. hinnúleus* (Taf. 47)
Hut bis 6 cm, flach kegelig, gebuckelt, zimtgelb, trocken ocker. Stiel
gleichfarbig. ohne Knolle, gegürtelt oder fast beringt. Lamellen entfernt. Fleisch rostbraun, stark erdartig riechend. Wälder, zerstreut.

106. Untergattung: Schleimkopf, Klumpfuß, *Cortinárius* subgen.
Phlegmácium (einschl. *Leucocortinárius*)

Mittelgroß bis groß, ritterlingsartig. Hut feucht schleimig. Stiel trocken,
gleichdick, keulig oder knollig-gerandet. 180 Arten.

Geschmack bitter (vgl. auch Nr. 645 bis 647)
622 **Bitterer Schleimkopf,** *C. infráctus*
Hut bis 10 cm, olivbraun, radial-gefasert. Lamellen olivrußig. Stiel
keulig. Überall bitter. Wälder, häufig.
623 **Buchenklumpfuß,** *C. amœnolens*
Hut bis 12 cm, olivocker, hellocker. Huthaut und Stielüberzug bitter,
Fleisch mild. Lamellen jung violett. Geruch frucht- bis staubartig. Buche, Kalk, zerstreut.
624 **Bunter Klumpfuß,** *C. díbaphus*
Hut bis 8 cm, lilaviolett, ockerbraun gefleckt. Stiel violettlich, Knolle
ockerlich. Lamellen violettblaß, ockerbraun. Fleisch mit KOH rot,
bitter. Laubwald, Kalk, selten.

Lamellen (und Stiel) anfangs gelb, gelbgrün oder grün
625 **Violettbraungestiefelter Schleimkopf,** *C. nanceiénsis* **Eßbar**
Hut bis 8 cm, braunfuchsig, Rand olivgelb. Stiel gelbgrün, keulig verdickt. Schleierzonen schwach, schokoladenbraun. Lamellen gelbgrün. Fleisch blaßgelb. Buche, Kalk, zerstreut.
626 **Strohgelber Klumpfuß,** *C. elegántior* **Eßbar**
Hut bis 12 cm, olivgelb, braun, eingewachsen faserig. Stiel strohgelb, kräftig. Knolle gerandet. Lamellen wachsgelb, oliv. Fleisch weißgelb. Besonders Nadelwald, Kalk, zerstreut.
627 **Fuchsiger Klumpfuß,** *C. fulmíneus*
Hut bis 15 cm, fuchsig, fein schuppig, Rand gelb. Stiel orangefuchsig, kräftig. Knolle gerandet, oft etwas wurzelnd. Lamellen orangegelb. Fleisch blaßocker. Buche, Kalk, zerstreut.
628 **Schöngelber Klumpfuß,** *C. spléndens* **Giftig**
Hut bis 8 cm, goldgelb, Mitte leicht braunfleckig. Stiel gelb, knollig. Lamellen ocker bis rostocker. Fleisch gelbgrün. Huthaut mit KOH oliv. Wälder, Kalk, selten.
629 **Grünlingsklumpfuß,** *C. pseudosulphúreus*
Hut bis 8 cm, olivgrün, Rand gelbgrün, alt olivbraun, eingewachsenfaserig. Stiel gelbgrün, mit Knolle. Lamellen chromgelb. Fleisch gelb. Geruch wie frisches Brot. Buche, Kalk, selten. – Ähnlich, aber Geruch mehlartig: *C. flavóvirens*.
630 **Blutroter Klumpfuß,** *C. orichálceus* **Eßbar**
Hut bis 8 cm, rotbraun, kupferrot, Rand graugrün. Stiel gelbgrün, Knolle purpurbraun gerandet. Lamellen gelb, olivgrün. Fleisch weißlich, grünlich. Wälder, Kalk, selten.

Lamellen anfangs weißlich, tonfarben, bräunlich
631 **Weißgestiefelter Schleimkopf,** *C. clarícolor* **Eßbar**
Hut bis 15 cm, fuchsig, gelb, Rand stark weißfaserig, manchmal runzelig. Stiel derb, keulig, mehrfach weißfaserig gegürtelt. Lamellen sehr gedrängt. Fichte, zerstreut.
632 **Sägeblättriger Klumpfuß,** *C. multifórmis* **Eßbar**
Hut bis 10 cm, ocker, gelbbraun, Mitte bereift. Rand behangen. Knolle rundlich. Lamellen weißlich, hellbraun, gesägt. Schwacher Honiggeruch. Wälder, zerstreut.
633 **Bereifter Klumpfuß,** *C. allútus (= mellíolens)* **Eßbar**
Hut bis 8 cm, fuchsig, ocker, Scheitel wenig bereift. Rand weder behangen noch hygrophan. Stiel faserig, bräunend, mit Knolle. Geruch etwas honigartig. Nadelwald, saurer Boden, Bergland, häufig.
634 **Schleiereule,** *C. variécolor (= práestans)* **Eßbar**
Hut bis 15 (20) cm, derb, dunkelbraun, weiß-violettlich überzogen, oft gerunzelt. Stielknolle stumpf gerandet. Laubwald, Kalk, zerstreut.
635 **Schleierritterling,** *L. búlbiger* **Eßbar**
Hut bis 10 cm, braun, milchkaffeebraun, Rand weiß beschleiert. Stiel blaß. Knolle rundlich, breit. Lamellen weißlich, reif nur hellbraun. Fleisch weiß. Wälder, zerstreut.

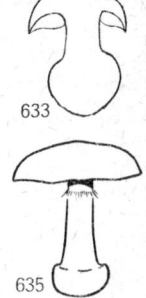
633

635

Lamellen anfangs blau, violett (oft bald bräunend)

636 Gelbgestiefelter Schleimkopf, *C. triúmphans* **Eßbar**
Hut bis 10 cm, ockergelb, Rand flockig. Stiel ocker,
schwach keulig, mehrfach ockergelb wollig gegürtelt.
Lamellen grauviolett, dann holzbraun. Fleisch blaßok-
ker. Birke, zerstreut.

637 Blaßvioletter Schleimkopf, *C. lárgus* **Eßbar**
Hut bis 10 cm, blaß violett, bald verblassend (Rand
weiß, Mitte ockerlich). Stiel keulig, wie Lamellen jung 636
blaß violett. Fleisch jung lila, im Schnitt weiß werdend,
mit KOH gelb. Geruchlos. Buche, zerstreut.

638 Erdigriechender Schleimkopf. *C. largiúsculus (= variécolor)* **Eßbar**
Hut bis 15 cm, derb, lilaviolett, Mitte bald fuchsigbraun, eingewachsen-faserig. Stiel oben violettlich, keulig. Fleisch weißlila, mit KOH
gelb. Geruch erdartig. Fichte, zerstreut.

639 Purpurfleckender Klumpfuß, *C. purpuráscens* (Taf. 47) **Eßbar**
Hut bis 8 cm, kastanienbraun mit violetten Tönen. Stielknolle ± gerandet. Stiel und Lamellen bei Druck purpurn fleckend. Fleisch purpurn anlaufend. Nadelwald, saure Böden, zerstreut.

640 Reihiger Klumpfuß, *C. gláucopus* var. *oliváceus* **Eßbar**
Hut bis 10 cm, olivgrün, Mitte fuchsig, stark radialfaserig. Stiel oben
blauviolett, kleinknollig. Lamellen blaß lila. Fleisch im Stiel oben
blau, sonst blaß. Nadelwald, häufig.

641 Semmelgelber Schleimkopf, *C. várius* **Eßbar**
Hut bis 10 cm, semmelgelb, Mitte rostbraun. Stiel weißlich, zwiebelig
verdickt. Lamellen lange violett, gedrängt. Fleisch weißlich. Besonders Fichte, Kalk, dort häufig.

642 Blauer Klumpfuß, *C. coerulĕscens* **Eßbar**
Ganz sattblau, blauviolett. Hut bis 8 cm, dunkler gefasert, ocker ausblassend. Stiel kurz. Knolle weiß, geran- 642
det. Fleisch blaßblau, weißlich. Geruch dumpf. Buche,
Kalk, selten.

643 Rosablättriger Klumpfuß, *C. calóchrous* **Eßbar**
Hut bis 6 cm, gelb (Mitte fuchsig). Stiel schlank, ockerfarben. Knolle gerandet. Lamellen erst blaß lila. Laubwald, zerstreut.

644 Violettroter Klumpfuß, *C. rufooliváceus* var. **Eßbar**
Hut bis 10 cm, weinrot, Rand violett. Stiel violett, purpurfaserig, ge-
randet-knollig. Lamellen violett. Fleisch unveränderlich, mit KOH
grün, dann rot. Buche, Kalk, zerstreut.

107. Untergattung: Schleimfuß, *Cortinárius* subgenus *Myxácium*
Mittelgroß. Stiel feucht schleimig, unten oft verjüngt. 30 Arten.

645 Bitterster Schleimfuß, *C. vibrátilis* (Taf. 46)
Hut bis 4 cm, gelborange. Stiel weißlich, keulig. Lamellen ocker. Alle
Teile stark bitter. Besonders Nadelwald, zerstreut.

646 Ockerweißer Schleimfuß, *C. ochrolaícus*
Hut bis 4 cm, glockig-gewölbt, weißlich, ocker. Stiel weißlich, meist
spindelig, verjüngt. Lamellen ocker. Bitter. Besonders Laubwald, zerstreut. – Mehrere ähnliche Arten.

647 Safranblauer Schleimfuß, *C. croceocaerúleus*
Hut bis 4 cm, blau, ocker verblassend. Stiel wenig klebrig. Lamellen
(lila) tonocker. Bitter. Laubwald, selten.

150

648 Blaublättriger Schleimfuß, *C. delibútus* **Eßbar**
Hut bis 6 (8) cm, ockergelb, braungelb. Stiel oben bläulichweiß, unten zart gelb genattert. Lamellen lila, dann zimtbraun. Wälder, saure Böden, häufig. Vgl. 598!

649 Natternstieliger Schleimfuß, *C. triviális* **Eßbar**
Hut bis 10 cm, olivbraun, tonbraun, Rand eingerollt. Stiel gleichdick, deutlich olivgrau gebändert. Lamellen blaß (violettlich), rostbraun, wenig gedrängt. Laubwald, zerstreut.

650 Blaustielschleimfuß, *C. collinítus* **Eßbar**
Hut bis 10 cm, rostbraun, orangebraun. Stiel blau (alt aufreißend), schlank, gleichdick oder unten verjüngt. Besonders Fichte, moosige Stellen, häufig.

649

651 Heideschleimfuß, *C. mucósus* **Eßbar**
Hut bis 12 cm, rotbraun, glänzend. Stiel weiß, alt gelblich, zugespitzt. Lamellen rostbraun. Kiefer, Sand, häufig.

652 Hoher Schleimfuß, *C. elátior* (Abb. S. 71) **Eßbar**
Hut bis 12 cm, kegelig-gewölbt, braun, olivocker, stark runzelig. Stiel schlank, blaßviolett, unten verjüngt. Lamellen blaß, dann rostbraun, queraderig. Wälder, zerstreut.

653 Runzeliggeriefter Schleimfuß, *C. integérrimus* (Taf. 48) **Eßbar**
Hut bis 8 cm, ocker, olivocker, blaßocker, etwas runzelig. Stiel weißlich-blaßviolett, unten verjüngt, ziemlich kurz. Lamellen tonfarben. Laubwald, häufig.

108. Gattung: Reifpilz, *Rozítes* (nur 1 Art)
654 Gemeiner Reifpilz, *R. caperátus* (Taf. 48) **Eßbar**
Hut bis 10 cm, blaß ockerbraun, Scheitel weißlich bereift, Rand manchmal runzelig. Ring schmal, häutig. Lamellen hellocker, rostgelb, gesägt. Nadelwald, saurer Boden, häufig.

109. Gattung: Wurzelschnitzling, *Phaeocollýbia*
Mittelgroß, kegelig, knorpelig. Stiel wurzelnd. Nadelwald. 6 Arten.
655 Gemeiner Wurzelschnitzling, *Ph. lúgubris*
Hut bis 8 cm, ockerbraun, fuchsig. Stiel knorpelig, unten weinrot, wurzelnd. Lamellen tonblaß, rostfleckig. Nadelwald, selten.

656 Feuerroter Wurzelschnitzling, *Ph. jénnyae*
Hut bis 3 cm, kastanienbraun, rotbraun. Stiel rotbraun, wurzelnd. Lamellen zimtfarben. Nadelwald, selten.

655

110. Gattung: Häubling, *Galerína*
Klein, glockig, gelbbraun bis rostbraun, feucht gerieft. Stiel mit zarten Schleierresten. Zwischen Moos, an Holz. 40 Arten. – Vgl. Gattung 87!

In Toorfmoospolstern
657 Weißflockiger Torfmooshäubling, *G. paludósa*
Hut bis 3 cm, schmutzigbraun, honigocker, kleiig überzogen, Rand gesäumt. Stiel spinnwebartig beringt, unten weißflockig. Lamellen entfernt, herablaufend. Geruchlos. Sommer, häufig.

658 Kahler Torfmooshäubling, *G. sphagnórum*
Ähnlich vorigem, aber Schleier spärlicher. Daher Hut kahl, gerieft. Stiel nur feinflockig-faserig. Lamellen breit angewachsen. Mehlgeruch. Zerstreut. – Völlig kahl, geruchlos, Lamellen abgerundet: **Geruchloser Torfmooshäubling,** *G. tibiicýstis.*

658

An morschem Holz (gelegentlich in der Nadelstreu)
659 Beringter Gifthäubling, *G. margináta*   **Giftig**
Hut bis 4 cm, braun, gerieft, trocken gelbbraun. Stiel honigbraun, kahl. Ring häutig, welkend-anliegend. Lamellen blaßbraun, schmal. Geruch mehlartig. Meist feuchtes Nadelholz, zerstreut.

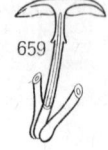
659

660 Stumpfgebuckelter Häubling, *G. pseudocamerína*
Hut bis 12 mm, stumpf gebuckelt, ockerfuchsig, trocken ockerblaß. Stiel unter der Ringzone weiß überfasert. Mehlgeschmack. Nadelwald, morsche Ästchen im Boden, Frühsommer, zerstreut.

661 Kegeliger Häubling, *G. tríscopa*
Hut bis 2 cm, spitz kegelig, dann flacher, rostbraun, trocken ockerbraun. Stiel dunkelbraun, oft gekrümmt, leicht gefasert. Ohne Mehlgeruch. Morsches Nadelholz, zerstreut.

661

Zwischen Moosen, auf dem Boden
662 Hellstieliger Häubling, *G. lǽvis (= gramínea)*
Hut bis 1,5 cm, ocker, stark gerieft, trocken weißlich. Stiel sehr hell, nur unten manchmal fuchsig, ohne Schleier. Lamellen schön gelb. Grasplätze, Spätherbst, sehr häufig.

663 Bereiftstieliger Häubling, *G. vittaefórmis*
Hut bis 1,5 cm, glockig, rötlichbraun, kahl. Stiel honigfarben, unten dunkler, schlank, völlig fein bereift (Lupe). Geschmack rettichartig? Zwischen Moosen, häufig. – Ähnlich, aber Hut bereift (mit Zystiden): *G. atkinsoniána.*

664 Mooshäubling, *G. hypnórum*
Hut bis 1 cm, gelbbraun, gerieft. Stiel ockerlich. Schleier flüchtig. Mehlgeruch. Moospolster, häufig. – Ähnliche Arten!

665 Gestiefelter Häubling, *G. púmila (=mycenópsis)*
Hut bis 1,5 cm, lebhaft ockergelb, gerieft. Stiel oben bereift, jung unten faserig von Schleierresten. Lamellen leuchtend gelbocker. Geruchlos. Zwischen Moosen, häufig.

Familie: Sprödstielpilze, Russuláceae

Fleisch spröde, brüchig. Stiel ebenso, nicht zerfasernd. Sporen ornamentiert.

111. Gattung: Milchling, Reizker, *Lactárius*

Verletzt milchend. Hut weniger lebhaft als bei den Täublingen. Stiel ± gleichfarben. Lamellen kaum rein gelb, nicht splitternd. Mykorrhizabildner. 100 Arten. Scharfe Arten nach besonderer Vorbehandlung eßbar.

Milch (Fleisch) von Anfang an orange oder rot – Blut- und Edelreizker

666 Blutreizker, *L. sanguífluus* **Eßbar**
Hut bis 12 cm. Einzige mitteleuropäische Art mit dunkelroter Milch und ebensolchem Fleisch. Kiefer, Kalk, zerstreut.

667 Echter Reizker, *L. deliciósus* **Eßbar**
Hut bis 12 cm, orange, deutlich gezont, wenig grünend. Stiel grubig. Milch (Fleisch) karottenrot, kaum dunkelrot werdend. Kiefer, Kalk und Sand (dort stark grünend!), häufig.

668 Fichtenedelreizker, *L. detérrimus* (Taf. 50) **Eßbar**
Hut bis 10 cm, orange, undeutlich gezont, stark grünend. Stiel kaum grubig. Milch (Fleisch) karottenrot, beim Eintrocknen auf dem Fleisch dunkelrot werdend. Fichte, häufig.

668

Milch (Fleisch) weiß, korallenrot bis rötlichbraun verfärbend–Korallenreizker

669 Mohrenkopf, *L. lignyótus* (Taf. 50) **Eßbar**
Hut bis 8 cm, gebuckelt, braunschwarz, matt, runzelig. Stiel schwarzbraun, oben gerippt. Lamellen anfangs weiß. Fleisch schwach anlaufend. Milch mild. Fichte, Bergland, zerstreut.

670 Rußstieliger Korallenreizker, *L. fuliginósus*
Hut bis 10 cm, rußbraun, matt. Stiel braun, ungerippt. Lamellen erst blaßgelb. Milch bitter. Laubwald, zerstreut.

671 Milder Korallenreizker, *L. azoníes*
Hut bis 8 cm, rauchgrau, kaum runzelig, matt. Stiel und Lamellen blaß. Milch bitterlich. Besonders Eiche, gern Kalk, zerstreut.

672 Unerträglicher Korallenreizker, *L. pterósporus*
Hut bis 10 cm, ockerbraun, runzelig, matt. Stiel blaß. Lamellen ocker. Milch scharf, nur auf dem Fleisch langsam rötend. Hainbuche, Buche, kalkliebend, zerstreut.

673 Schmieriger Korallenreizker, *L. ácris*
Hut bis 10 cm, braun, bald blaß, jung schmierig. Stiel blaß. Milch scharf, auch abgetropft rötend. Buche, Kalk, selten.

Milch (Fleisch) weiß, violett verfärbend – Violettmilchlinge

674 Zottiger Violettmilchling, *L. repraesentáneus*
Hut bis 15 cm, gelb, Rand eingerollt und fransig. Milch mild bis bitter. Nadelwald, saurer Boden, selten.

675 Hellgelber Violettmilchling, *L. flávidus*
Hut bis 10 cm, blaßgelb, Rand kahl. Laubwald, Kalk, selten.

676 Schleimiger Violettmilchling, *L. úvidus*
Hut bis 10 cm, violettgrau bis graubraun, kaum gezont, schmierig. Rand kahl. Lamellen blaß. Feuchte Wälder, zerstreut

Milch weiß, gilbend (auf weißem Tuch eintrocknen lassen!)
(s. auch Nr. 693!)

677 Grubiger Milchling, *L. scrobiculátus*
Hut bis 20 cm, gelb. Rand eingerollt, stark zottig. Stiel grubig. Rasch gilbend. Bergfichtenwald, gern auf Kalk, selten.

678 Fransenmilchling, *L. citríolens* (= *cilicioídes*)
Vorigem ähnlich. Stärker ocker bis rostbraun. Stiel höchstens undeutlich fleckig. Wälder, Kalk, selten.

679 Goldflüssiger Milchling, L. chrysórrheus
Hut bis 8 cm, orangegelb, dunkler gefleckt oder gezont, Rand kahl.
Rasch gilbend. Eiche, saure Böden, häufig.

680 Schwefelmilchling, L. decípiens
Hut bis 7 cm, rosabraun, fleischfarben, ungezont. Milch scharf, nur auf
dem Fingernagel (Tuch) gilbend. Besonders Eiche, Hainbuche (selten
Nadelwald), fruchtbarer Boden, zerstreut.

681 Flattermilchling, L. thejógalus (=tábidus)
Hut bis 6 cm, roströtlich, gerieft, ockerbeige ausblassend, bald welk.
Milch fast mild, bitterlich, nur schwach gilbend (weißes Tuch). Wäl-
der, besonders kalkarme Böden, häufig.

Milch wasserklar

682 Bruchreizker, L. hélvus (Taf. 51)   **Leicht giftig**
Hut bis 15 cm, rosabraun, ockerrötlich, filzig-grindig. Lamellen rötlich
ockerblaß. Fleisch brüchig, trocken starker Liebstöckelgeruch. Mild.
Nadelwald, saurer Boden, Moore häufig.

683 Wässeriger Milchling, L. serífluus ss. Neuh.
Hut bis 8 cm, braun, alt oliv, matt. Lamellen kräftig ocker. Blattwanzengeruch. Mild. Eiche, gern an Wegrändern, zerstreut.

Milch weiß, unveränderlich – weiße und zottige Arten

684 Wolliger Milchling, L. velléreus (Taf. 48)
Hut bis 25 cm, Mitte stark vertieft, weiß, wollig. Stiel weiß, kurz, gedrungen, filzig. Lamellen weiß, ocker, entfernt, fleckend. Abge-
tropfte Milch mild oder scharf. Wälder, häufig.

685 Langstieliger Pfeffermilchling, L. pargaménus (Taf. 50)
Ganz weiß. Hut bis 15 cm, fast kahl. Stiel kräftig, lang, kahl. Lamellen
sehr gedrängt, sehr schmal. Milch auf dem Fleisch und mit KOH fast
unveränderlich, scharf. Besonders Buche, häufig.

686 Grünender Pfeffermilchling, L. piperátus (einschl. L. glaucéscens)
Ähnlich vorigem, aber Hut ockerlich. Stiel kaum länger als Hutdurchmesser. Lamellen gedrängt. Milch grün eintrocknend, mit KOH kräftig gelb, scharf. Laubwald, besonders Kalk, zerstreut.

687 Blutfleckender Milchling, L. controvérsus (Taf. 49)
Ähnlich Nr. 684, aber Hut kahl, schwach gezont. Stiel sehr kurz. La-
mellen gedrängt, blaßrosa. Alt rosa fleckig. Scharf. Pappel, besonders
Lehm, in Kreisen, zerstreut.

688 Gezonter Birkenreizker, L. torminósus (Taf. 50)
Hut bis 15 cm, fleischrot, karmin gezont. Rand eingerollt, stark zottig.
Scharf. Birke, auf Kalk fehlend, häufig.

689 Ungezonter Birkenreizker, Flaumiger M., L. pubéscens
Kleiner als voriger, blaß, ungezont. Rand zottig. Birke, häufig.

Milch weiß, unveränderlich – orangefarbene Arten

690 Brätling, L. volémus (Taf. 49)   **Eßbar**
Hut bis 20 cm, leicht niedergedrückt, braunorange, zimtgelb, ungezont. Stiel kräftig. Lamellen hellgelb, stark braun fleckend. Heringsgeruch. Mild. Wälder, zerstreut.

691 Queradriger Trichtermilchling, *L. acérrimus*
Hut bis 15 cm, trichterförmig, orangegelb, gezont.
Stiel kurz. Lamellen am Stiel netzig verbunden.
Scharf. Eiche, besonders Kalk, zerstreut.

692 Fichtentrichtermilchling, *L. zonarioídes*
Ähnlich vorigem, doch regelmäßiger in der Form, 691
gefleckt – gezont. Lamellen am Stiel nicht netzig.
Fichte, Bergland, selten.

693 Blaßrandiger Orangemilchling, *L ichorátus* ss. Neuh.
Hut bis 8 cm, orangefuchsig, Rand blasser. Mitte jung dunkel braunrot. Nicht auffallend regelmäßig. Stiel alt dunkelnd. Fast mild. Milch
gilbt (weißes Tuch). Laubwald, Kalk, häufig.

694 Milder Orangemilchling, *L. mitíssimus* ss. Neuh.
Einfarbig orange. Hut bis 6 cm, spitz gebuckelt, wie gedrechselt, ungezont, trocken. Fast mild. Besonders Nadelwald, häufig.

695 Lärchenmilchling, *L. pornínsis*   **Eßbar**
Hut bis 8 cm, ungebuckelt, orange, schwach gezont, schmierig. Stiel
und Lamellen gleichfarben, blasser. Obstgeruch. Bitterlich. Lärche,
Kalk, selten.

Milch weiß, unveränderlich – braune, wenig gezonte Arten

696 Rotbrauner Milchling, *L. rúfus* (Taf. 49)
Hut bis 10 cm, spitz gebuckelt, rotbraun, ungezont, nicht ausblassend,
trocken. Geruchlos. Scharf. Nadelwald, häufig.

697 Eichenmilchling, *L. quiétus* (Taf. 50)
Hut bis 10 cm, niedergedrückt, schmutzig braun, fleischbraun,
schwach gezont. Einzige Art mit sahnegelber Milch. Blattwanzengeruch. Fast mild. Eiche, sehr häufig.

698 Buchenmilchling, Süßlicher M., *L. subdúlcis*
Hut bis 6 cm, rotbraun, ungezont, fleischbraun bis grauocker verblas-
send. Stiel unten stark striegelig. Milch wässerig-weiß, molkeartig.
Bitterlich (nicht scharf). Buche, häufig.

699 Kampfermilchling, *L. camphorátus*
Hut bis 6 cm, schwach gebuckelt, violettbraun bis braunrot, ungezont.
Stiel unten dunkelpurpurn. Milch mild. Geruch trocken nach Lieb-
stöckel. Wälder, saure Böden, zerstreut.

700 Erlenmilchling, *L. obscurátus*
Hut bis 4 cm, gebuckelt, braun, Mitte oliv, dünnfleischig. Stiel 2–4 mm
dick. Mild. Erle, feuchte Stellen, häufig.

Milch weiß, unveränderlich – Hut grün oder deutlicher gezont

701 Olivbrauner Milchling, *L. túrpis (=necátor)* (Taf. 51)
Hut bis 20 cm, schwarzgrün, dunkel olivgrün, Rand lange eingerollt,
jung kurzfilzig. Stiel kurz, dick, hart, gern grubig. Scharf. Birke, Nadelwald, saure Böden, häufig.

702 Graugrüner Milchling, *L. blénnius* (Taf. 51)
Hut bis 10 cm, graugrün, oft zonenartig gefleckt, schmierig, Rand
kahl. Stiel nicht grubig. Lamellen erst weiß, graugrün fleckend.
Scharf. Buche, häufig.

703 Verbogener Milchling, *L. flexuósus*
Hut bis 12 cm, oft verbogen, braunviolett bis rosagrau, gezont, dick-

fleischig. Stielbasis ockerfleckig. Lamellen dick und entfernt. Sehr scharf. Birke, Nadelwald, auf Sand, zerstreut.

704 Gebänderter Milchling, *L. pyrógalus* (= *circellátus* auct.)
Hut bis 10 cm, violettgrau, graubraun (olivgrau), deutlich gezont, mäßig fleischig. Lamellen mäßig entfernt, ockergelb. Milch mäßig scharf, mit KOH nicht gelb. Besonders Hainbuche, häufig.

705 Haselmilchling, *L. horténsis* (= *pyrógalus* auct.)
Hut bis 8 cm, grauoliv, gelboliv, undeutlich gezont, dünnfleischig. Lamellen sehr entfernt, zuletzt goldgelb. Milch sehr scharf, mit KOH meist gelb. Haselnuß, auch in Gärten, häufig.

Milch weiß, unveränderlich – weder grün noch braun, noch gezont

706 Dunkler Duftmilchling, *L. fúscus* (= *mammósus* auct. = *hibbárdiae*)
Hut bis 8 cm, dunkel violettgrau, trocken. Blätter reif ockergelb. Kokosgeruch. Schärflich. Nadelwald, Sand, zerstreut.

707 Blasser Duftmilchling, *L. glyciósmus* (= *cyáthula*) (Taf. 51)
Hut bis 6 cm, lilagrau, fleischfalb, trocken. Lamellen blaßocker. Kokosgeruch. Schärflich. Birke, arme Böden, häufig.

708 Graufleckender Milchling, *L. viétus*
Hut bis 8 cm, violettbraun, violettgrau, Rand ausblassend. Lamellen blaß, olivgrau fleckend. Geruchlos. Scharf. Birke, saure und feuchte Böden, häufig.

709 Fleischblasser Milchling, *L. pállidus*
Hut bis 15 cm, lederfarben, fleischfalb, schleimig. Lamellen blaß, rostfarben fleckend. Fast mild. Buche, besonders Kalk, häufig.

710 Blaureizker, Nordischer Milchling, *L. triviális*   **Eßbar**
Hut bis 15 cm, violett, violettbraun, stark ausblassend, schleimig. Stiel bald hohl, aufgeblasen. Lamellen blaß, graugrün fleckend. Scharf. Nadelwald, feuchte Stellen, zerstreut.

112. Gattung: Täubling, *Rússula*
Ohne Milchsaft. Hutfarben oft lebhaft. Stiel weiß oder rot. Lamellen weiß oder gelb. Sporenstaub weiß bis blaß (Mehlsporer, M), hellgelb (Buttersporer, B) oder ocker bis dottergelb (Ockersporer, O). Mykorrhizabildner. 160 Arten. Eßbar, wenn mild schmeckend.

Mit vielen Zwischenlamellen (Weiß- und Kohlentäublinge)

711 Gemeiner Weißtäubling, *R. délica*
Hut bis 18 cm, trichterig, weiß, hellocker. Stiel kurz, derb. Lamellen blaß. Wälder, bessere Böden, zerstreut. – Kleiner, Lamellen gedrängt, mit bläulichem Schimmer. Wälder, häufig: **Blaublättriger W.,** *R. chloroídes.*

712 Dickblättriger Kohlentäubling, *R. nígricans*
Hut bis 18 cm, matt. Lamellen dick, sehr entfernt (3–7 je cm Hutrand). Fleisch rötend, dann schwärzend, scharf. Wälder, häufig.

713 Glänzender Kohlentäubling, *R. adústa*
Hut bis 16 cm, braun, glänzend. Fleisch langsam schwärzend (kaum rötend). Mild. Besonders Kiefer, Spätherbst, zerstreut.

714 Scharfblättriger Kohlentäubling, *R. acrifólia*
Hut bis 12 cm, braun, glänzend. Lamellen gedrängt. Fleisch deutlich rötend, langsam schwärzend. Lamellen recht scharf. Wälder auf neutralen Böden, häufig.

715 **Engblättriger Kohlentäubling,** *R. densifólia*
Hut bis 8 cm, Rand lange hell, glanzlos. Lamellen gedrängt. Fleisch
wenig rötend, langsam schwärzend, mild oder wenig scharf. Wälder
auf sauren Böden, häufig.
716 **Schwärzender Kohlentäubling,** *R. albónigra*
Hut bis 15 cm. Fleisch nie rötend, schnell schwärzend.
Mild (kühlendes Empfinden auf der Zunge). Wälder,
Sand, selten. – Ähnlich, aber Lamellen mit cremerosa
Schein. Schärflich, auf Kalk, selten: **Lachsblättriger**
Kohlentäubling, *R. anthrácina.*

Ohne Zwischenlamellen. Alt grauend (Graustieltäublinge)
717 **Orangeroter Graustieltäubling,** *R. decolórans* (Taf. 52) **Eßbar**
Hut bis 10 cm, lange gewölbt, orange, orangerot, stark ausblassend.
Stiel weiß. Lamellen creme, gelblich (B). Mild. Nadelwald, besonders
Kiefer, saure Böden, auch Moore, häufig.
718 **Weinroter Graustieltäubling,** *R. vinósa (=obscúra)* (Taf. 52) **Eßbar**
Hut bis 10 cm, dunkelrot, trüb weinrot, weinbraun. Lamellen gelblich
(B). Mild. Nadelwald, besonders Kiefer, häufig.
719 **Gelber Graustieltäubling,** *R. claroflává (= fláva)* (Taf. 53) **Eßbar**
Hut bis 10 cm, satt chromgelb, Rand stumpf. Stiel weiß. Lamellen
blaßocker (B). Birke, feuchte Stellen, Moore, zerstreut.

Braune Täublinge
720 **Wieseltäubling,** *R. mustelína* (Taf. 54) **Eßbar**
Hut bis 15 cm, derb, lehmbraun, dunkelbraun, kaum gerieft. Stiel
weißlich, festfleischig. Lamellen blaß (M), etwas biegsam. Völlig mild.
Fichte, Bergland, besonders Wegränder, zerstreut.
721 **Widerlicher Kammtäubling,** *R. pectinatoídes (= pectináta)*
Hut bis 8 cm, schmutzigbraun, stark gerieft. Stielbasis gern kupferrot
gefleckt. Lamellen schmutzigocker (B). Geruch unangenehm. Mild,
im Hals kratzend. Wälder, häufig.
722 **Camemberttäubling,** *R. amoénolens (= sorória)* (Taf. 52)
Hut bis 6 cm, dunkelbraun, stark geriett. Lamellen creme (M). Sehr
scharf. Camembertgeruch. Eiche, saure Böden, häufig.
723 **Morsetäubling,** *R. illóta*
Hut bis 12 cm, jung kugelig, dunkelbraun (violette
Beifarben!), alt gerieft. Lamellen jung tränend, alt
dunkel punktiert. (M). Halb stinkend, halb Bittermandelgeruch. Scharf. Laubwald, zerstreut.

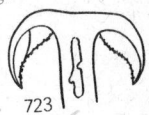

Gelbe und gelbbraune Täublinge (vgl. auch Nr. 761)
724 **Stinktäubling,** *R. foétens* (Taf. 52)
Hut bis 15 cm, jung kugelig, schmutzig ocker, sehr schmierig, alt gerieft. Stiel blaß. Lamellen jung tränend (M), alt nur bräunend. Geruch
ölig-stinkend. Sehr scharf. Wälder, häufig.
725 **Gilbender Stinktäubling,** *R. subfoétens*
Vorigem ähnlich, aber Fleisch gilbend (mit KOH goldgelb), mild. Geruch etwas obstig. Laubwald, besonders Birke, zerstreut.
726 **Mandeltäubling,** *R. gráta (= laurocérasi)*
Ähnlich Nr. 724, aber kleiner und mit Bittermandelgeruch. Sporen ge-
flügelt. Geschmack mild bis mäßig scharf. Wälder, zerstreut.

727 **Gelbweißer Täubling,** *R. ochroléica* (Taf. 52) **Eßbar**
Hut bis 10 cm, ockergelb, olivocker, Haut halb abziehbar. Stiel weißlich, alt und feucht grauend. Lamellen weißlich (M). Geruchlos. Mäßig scharf. Besonders Nadelwald, häufig.

728 **Gallentäubling,** *R. féllea*
Hut bis 8 cm, ockergelb. Stiel und Lamellen gleichfarben (M). Pelargoniengeruch (Senfsoße). Sehr scharf. Besonders Buche, häufig.

729 **Starrer Täubling,** *R. farínipes*
Hut bis 8 cm, elfenbein, oft fleckig, matt. Haut unabziehbar. Stiel matt (wie geschälte Banane!). Lamellen weißlich (M), elastisch. Sehr scharf. Laubbäume, Kalk, sehr zerstreut.

730 **Sonnentäubling,** *R. soláris*
Hut bis 6 cm, chromgelb, Rand heller, gerieft. Haut halb abziehbar. Stiel weiß. Lamellen reif creme (B), brüchig. Geruch nach Senföl. Scharf. Buche, saure Böden, zerstreut.

731 **Violettstieliger Täubling,** *R. violéipes* (Taf. 55) **Eßbar**
Hut bis 8 cm, mattgelb, selten mit grünen oder violetten Beitönen, samtig-matt. Unabziehbar. Stiel etwas zugespitzt, violett überhaucht. Lamellen blaß (B). Festfleischig. Geruch alt heringsartig. Mild. Wälder, besonders Buche, zerstreut.
– Lamellen reif orangegelb (O). Hut klein, s. Nr. 761!

Milde grüne Täublinge (vgl. auch vorige Art!)

732 **Grünschuppiger Täubling.** *R. viréscens* **Eßbar**
Hut bis 15 cm, lange halbkugelig, spangrün bis blaß, trocken, warzig gefeldert oder grindig. Stiel derb, weiß. Lamellen blaß (M). Mild. Besonders Laubwald, neutrale Böden, zerstreut.

733 **Grüner Speisetäubling,** *R. heterophýlla* (= *furcáta*) **Eßbar**
Hut bis 10 cm, oliv, gelbgrün, glänzend. Stiel zugespitzt, oft rostfleckig. Lamellen creme (M), weich (nicht verschmierend), am Stiel gegabelt. Mild. Laubwälder, zerstreut.

734 **Grasgrüner Täubling,** *R. aerugínea* (Taf. 54)
Hut bis 12 cm, grasgrün, olivgrün, etwas schmierig. Haut halb abziehbar. Lamellen blaßgelb (B). Schärflich. Birke, häufig.

735 **Blaugrüner Reiftäubling.** *R. parazúrea* **Eßbar**
Hut bis 8 cm, dunkel blaugrün, graugrün (wie Sturmwellen und -wolken), matt, bereift. Lamellen reif blaßgelb (M). FLeisch mild (jung leicht schärflich). Besonders Laubwald, saure Böden, zerstreut.
– Vgl. auch Nr. 736 mit violettem oder grünem Hut!

Milde violette Täublinge

736 **Frauentäubling,** *R. cyanoxántha* (Taf. 54) **Eßbar**
Hut bis 15 cm, violett oder grün, beide Farben gemischt oder nebeneinander, frisch klebrig, etwas abziehbar. Lamellen weiß, verschmierend (M). Mild. Laubwald, besonders Buche, häufig.

737 **Taubentäubling,** *R. grísea* **Eßbar**
Hut bis 12 cm, ähnlich vorigem, doch stärker grauviolett, an Fraßstellen und unter der Haut violett, wenig abziehbar. Stiel oft violett behaucht. Lamellen reif creme (M), spröde. Jung schärflich. FeSO₄: orange. Laubwald, besonders Buche, Kalk, Lehm, zerstreut.

738 **Papageitäubling,** *R. ionochlóra* **Eßbar**
Hut bis 8 cm, Rand violett, fleischfarben, Mitte gelbgrün (pastellfar-

ben), etwas abziehbar. Lamellen creme (M), spröde, jung schärflich.
Besonders Buche, humos-sandige Böden, zerstreut.

739 Violettbrauner Reiftäubling, *R. brunneoviolácea*   **Eßbar**
Hut bis 8 (10) cm, violettschwarz, blauviolett, violettbraun, körnigsamtig, halb abziehbar. Lamellen blaßgelb (M). Fast mild. Laubwald,
besonders Eiche, saure Böden, zerstreut.

740 Jodoformtäubling, *R. túrci* (Taf. 53)   **Eßbar**
Hut bis 8 cm, bald niedergedrückt, amethystfarben, lilabraun, purpurn, bereift, matt. Lamellen reif ocker (O). Jodoformgeruch in Stielbasis. Mild. Kiefer, Sand, häufig.

741 Buckeltäubling, *R. caerúlea* (Taf. 53)   **Eßbar**
Hut bis 8 cm, etwas gebuckelt, dunkelviolett, lila, glänzend, etwas abziehbar. Huthaut bitterlich. Stiel weiß. Lamellen reif ocker (O). Mild,
Kiefer, Sand, zerstreut.

Milde (höchstens bitterliche) rote Täublinge

742 Speisetäubling, *R. vésca* (Taf. 54)   **Eßbar**
Hut bis 10 cm, braunrot, fleischrot, blaß, wenig abziehbar, Rand oft
1–2 mm ohne Haut. Stiel ausspitzend. Lamellen weiß (M), weich, alt
rostfleckig. Mild. Wälder, häufig.

743 Harter Bittertäubling, Zinnobert., *R. rósea* (=*rosácea*)   **Eßbar**
Hut bis 10 cm, zinnober, oft fast weiß, glanzlos, bereift, unabziehbar.
Stiel weiß oder zinnober. Lamellen reif creme (M). Fleisch hart, herb,
bitterlich. Laubwald, häufig.

744 Weicher Bittertäubling, Rosa T., *R. velútipes* (=*rósea*)   **Eßbar**
Hut bis 10 cm, niedergedrückt, rosa, himbeerrot, Mitte oft blaß, halb
abziehbar. Stiel weiß, bereift, bald weich. Lamellen blaß (M). Wenig
bitterlich. Wälder, besonders Buche, zerstreut.

745 Honigtäubling, *R. mellíolens*   **Eßbar**
Hut bis 10 cm, purpurn, rot, orange, halb abziehbar. Stiel manchmal
rötlich, bräunend. Lamellen creme (M). Trocken starker Honiggeruch. Besonders Eiche, saurer Boden, zerstreut.

746 Roter Heringstäubling, *R. xerampélina*   **Eßbar**
Hut bis 12 cm, schwarzrot, purpurn, weinrot, halb abziehbar. Stiel rot.
Lamellen blaßocker (B), sehr brüchig. Alt bräunend. Geruch dann heringsartig. Mild. Nadelwald, häufig.

747 Apfeltäubling, *R. paludósa* (Taf. 55)   **Eßbar**
Hut bis 14 cm, lange gewölbt, blutrot, orangerot, glänzend, halb abziehbar. Stiel kräftig, oft rot behaucht. Lamellen buttergelb (B), fast
elastisch. Feuchter Nadelwald, häufig.

748 Ziegelroter Täubling, *R. velenóvskyi*   **Eßbar**
Hut bis 8 cm, ziegelrot, Rand etwas gerieft, halb abziehbar. Stiel oft
rötlich behaucht. Lamellen hellocker (B), brüchig. Mild. Besonders
Laubwald (Birke, Buche, Eiche), häufig.

749 Braunroter Täubling, *R. boreális* (einschl. *R. lǽta*)   **Eßbar**
Hut bis 8 cm, dunkelrot, braunrot (orangerot), festfleischig, kaum gerieft, halb abziehbar. Stiel weiß. Lamellen reif ocker (O). Mild (wenig
bitterlich). Laubwald, häufig.

750 Goldtäubling, *R. aúrea* (=*auráta*)   **Eßbar**
Hut bis 10 cm, rot, orange. Unter der Haut, Lamellenrand und Stiel
goldgelb. Mild. Wälder, besonders Kalk, zerstreut.

751 Ockerblättriger Bittertäubling, *R. pseudoíntegra*
Hut bis 15 cm, zinnoberrot, matt, wenig abziehbar. Stiel weiß. Lamellen reif dotterfarben (O), sehr spröde. Fleisch bitter (schlucken!). Eiche, auf besseren Böden, zerstreut.
– Vergleiche auch rote Formen der folgenden beiden Gruppen!

Milde, wechselfarbige, große Täublinge (Ledertäublinge)

752 Rotstieliger Ledertäubling, *R. olivácea*   **Eßbar**
Hut bis 15 cm, weinrot-purpur, olivbraun, oliv, matt, konzentrisch-wellig, kaum abziehbar. Stiel oben karminrosa. Lamellen ocker (O). Mild. Besonders Laubwald, Kalk und Lehm, häufig.

753 Weißstieliger Ledertäubling, *R. roméllii (= alutácea)*   **Eßbar**
Hut bis 15 cm, violett, himbeerrot, gelbgrün, glänzend, halb abziehbar. Stiel weiß, unveränderlich. Lamellen reif dottergelb (O), brüchig. Mild. Wälder, häufig.

754 Hainbuchenledertäubling, *R. cárpini*   **Eßbar**
Hut bis 10 (12) cm, violett, purpurn, rot, oliv, glänzend, etwas geriert, gut abziehbar. Stiel und Fraßstellen langsam gilbend (Liegenlassen). Lamellen reif dottergelb (O). Mild. Hainbuche, bessere Böden, zeitig im Jahr, zerstreut.

755 Glänzender Ledertäubling, *R. íntegra*   **Eßbar**
Hut bis 12 cm, purpurschwarz, violettbraun, braunrot, glänzend, alt geriert, halb abziehbar. Stiel weiß. Lamellen dottergelb (O). Mild. Nadelwald, Bergland, zerstreut.

756 Kurzstieliger Ledertäubling, *R. cúrtipes*   **Eßbar**
Hut bis 12 cm, weinrot, braunrot, matt, kaum abziehbar. Stiel weiß, auffallend kurz, fest. Lamellen reif dottergelb (O). Geruch schwach obstig. Mild. Laubwald, besonders Buche, zerstreut.

757 Buchenheringstäubling, *R. fagínea* (Taf. 53)   **Eßbar**
Hut bis 14 cm, weinbraun, Mitte olivgelb, bald trocken, wenig abziehbar. Stiel weiß. Lamellen ockerfarben (O). Fleisch bräunend. Alt Heringsgeruch. Buche, häufig. – Andere Heringstäublinge (Eiche, saurer Nadelwald usw.) sind violett oder olivbraun. Alt ebenfalls bräunend und dann mit Heringsgeruch. Fleisch mit FeSO₄ immer grün!

Milde, wechselfarbige, kleine Täublinge (Zwergtäublinge)

758 Gilbender Zwergtäubling, *R. puelláris*   **Eßbar**
Hut bis 5 cm, purpurn, purpurbraun, geriert, halb abziehbar. Stiel weiß, stark gilbend. Lamellen reif wachsgelb (B), alt gelbbraun. Mild. Wälder, saure Böden, häufig.

759 Pupurroter Birkentäubling, *R. nítida*   **Eßbar**
Hut bis 7 cm, karmin, purpurn, Mitte oliv, glänzend, stark geriert, weit abziehbar. Stiel rötlich, gern aufgeblasen. Lamellen hellgelb (B). Mild. Birke, saure Böden, Brüche, häufig.

760 Fichtenzwergtäubling, *R. nauseósa*   **Eßbar**
Hut bis 5 cm, violett, purpurn, fleischrot, oliv, glänzend, geriert, abziehbar. Stiel weiß. Lamellen orangegelb (O). Gebrechlich. Jung schärflich. Fichte, Bergland, häufig.

761 Orangegelber Zwergtäubling, *R. lútea (=chamaeleóntina)*   **Eßbar**
Hut bis 5 cm, orange, rosa, gelb, matt, alt geriert, abziehbar. Stiel weiß, bald lasch. Lamellen orangegelb (intensiver als Hutfarbe,O). Mild. Wälder, bodenvag, häufig.

Scharfe rotstielige Täublinge (Hut nie kirschrot)

762 **Zitronenblättriger Täubling, Säufernase,** R. sardónia (Taf. 55)
Hut bis 10 cm, violett, dunkelpurpur, oliv ausblassend, wenig abziehbar. Stiel violett. Lamellen jung tränend, zitronengelb,reif buttergelb (B). Fleisch fest, zitronengelb, mit NH_3 rosa. Fast geruchlos. Sehr scharf. Kiefer, Sand, häufig.

763 **Stachelbeertäubling,** R. quelétii
Hut bis 8 cm, violettpurpurn, Rand oliv ausblassend, halb abziehbar. Stiel purpurviolett. Lamellen reif creme (B). Fleisch weicher, weiß, mit NH_3 negativ. Starker Obstgeruch. Scharf. Fichte, Berg- und Hügelland, gern Kalk, zerstreut.

764 **Bluttäubling,** R. sanguínea
Hut bis 10 cm, blutrot, ausblassend, rauhlich, nicht abziehbar. Stiel rot, gelbfleckend. Lamellen creme (B), etwas herablaufend. Mäßig scharf, bitter. Kiefer, bessere Böden, häufig.

765 **Zedernholztäubling,** R. bádia
Hut bis 10 cm, braunrot, purpurn (wie Nr. 742), matt, kaum abziehbar. Stiel oft rot überhaucht. Lamellen ocker (O), gerieben mit Zedernholzgeruch. Langsam sehr scharf. Nadelwald, besonders Kiefer, saure Böden, häufig.

– Rot angehauchte Stiele haben manchmal auch Nr. 768, 769, 771.

Scharfe rote Täublinge mit weißem Stiel

766 **Gemeiner Speitäubling,** R. emética var. silvéstris (Taf. 55)   **Giftig**
Hut bis 6 cm, kirschrot, Mitte dunkler, glänzend, reif weit abziehbar. Unter der Haut teilweise weiß. Lamellen gelblichweiß (M). Gebrechlich. Sehr scharf. Besonders Nadelwald, saure Böden, häufig. – Nur mäßig scharf, stark ausblassend, bei Birke: **Birkenspeitäubling,** R. betulárum. – In Mooren die größere Typusform var. emética.

767 **Buchenspeitäubling,** R. maírei
Hut bis 6 cm, oft unregelmäßig, kirschrot, wenig abziehbar. Unter der Haut rot. Lamellen mit bläulichem Schein (M). Festfleischig. Sehr scharf. Buche, bessere Böden, zerstreut. – Eine größere Form dieser Art kommt Nr. 766 nahe!

768 **Gelbfleckender Täubling,** R. luteotácta
Hut bis 8 cm, kirschrot, rauh, unabziehbar. Stiel kurz. Lamellen weißlich (M), entfernt, herablaufend, alt und gedrückt chromgelb. Scharf, bitter. Laubwald (Eiche), Kalk, zerstreut.

769 **Gelbblättriger Speitäubling,** R. persícina (= intáctior)
Hut bis 8 cm, kirschrot, etwas rauh, nicht abziehbar. Stiel selten rot behaucht. Lamellen etwas entfernt, herablaufend, reif gelblich (B). Mäßig scharf. Laubwald, zerstreut.

770 **Ausblassender Birkentäubling,** R. pulchélla (= depállens)
Hut bis 8 cm, fleisch-, wundrot, ausblassend (oft nur noch Rand rot), wenig abziehbar. Stiel alt grauend. Lamellen reif strohgelb (B). Wenig scharf. Birke, besonders Kalk, zerstreut.

771 **Fleckender Dottertäubling,** R. maculáta
Hut bis 10 cm, rot, orange, ausblassend, oft rot- oder rostfleckig, kaum abziehbar. Stiel manchmal rot behaucht. Lamellen reif orangegelb (O). Alt gilbend, bräunend. Festfleischig. Mäßig scharf. Wälder, besonders Kalk, zerstreut.

772 **Weicher Dottertäubling,** *R. veternósa*
Hut bis 8 cm, fleischrot, rosa, Mitte blaß, halb abziehbar. Stiel weiß, bald weich. Lamellen dottergelb (O). Geruch trocknend honigartig. Mäßig scharf. Buche, besonders Kalk, zerstreut. – Ähnlich, aber ohne Honiggeruch: *R. rútila.*

773 **Weinroter Dottertäubling,** *R. decípiens*
Hut bis 10 cm, dunkelrot, weinrot, creme ausblassend, wenig abziehbar. Stiel kräftig, alt und feucht grauend. Lamellen reif dottergelb (O). Langsam scharf. Laubwald, zerstreut.

Verschiedenfarbige scharfe Täublinge mit weißem Stiel
774 **Wechselfarbiger Speitäubling,** *R. frágilis*
Hut bis 6 cm, violett, purpurn, Mitte schwärzlich, alt oft graugrün, halb abziehbar. Lamellen weiß (M), mäßig gedrängt, oft gesägt. Obstgeruch. Sehr scharf. Wälder, häufig.

775 **Dunkelroter Speitäubling,** *R. atrórubens*
Hut bis 8 cm, karmin, purpurn, alt oft sehr wechselfarbig, wenig abziehbar. Lamellen entfernt, weiß (M), nie gesägt. Stiel und Lamellen sehr alt gilbend. Obstgeruch. Sehr scharf. Nadelwald, feuchte Gebüsche, häufig.

776 **Purpurschwarzer Täubling,** *R. krombhólzii (=atropurpúrea)* **Eßbar**
Hut bis 12 cm, violett, purpurn, oft rostfleckig, wenig abziehbar. Stiel kräftig, alt grauend. Lamellen reif blaß (M), grauend. Mäßig scharf. Besonders Eiche, saure Böden, häufig.

777 **Vielfarbiger Birkentäubling,** *R. versícolor*
Hut bis 7 cm, rot, purpurn, violett, oliv, gelbgrün, weit abziehbar. Blätter reif wachsgelb (B). Stiel alt (über Nacht) gilbend (nicht immer). Mäßig scharf. Birke, häufig.

778 **Purpurbrauner Dottertäubling,** *R. cúprea*
Hut bis 10 cm, violettbraun, olivbraun bis olivgrün entfärbend, halb abziehbar. Stiel festfleischig, manchmal rot. Lamellen reif ockergelb (O). Recht scharf. Laubwald, häufig. – Ähnliche Formen auch in Nadelwald *(R. fírmula)*.

Familie: Zähblätterpilze und Stielporlinge, Polyporáceae

Bald zäh oder lederig, oft seitlich gestielt (s. auch Gruppe 52 und 53!). Ungezont. Einjährig (z. T. überwinternd). Langsames Streckungswachstum, keine Fremdkörper einschließend.

113. Gattung: Seitling, *Pleurótus* (einschl. **Schleierseitling,** *Lentodiópsis* und **Knäuling,** *Pánus* z. T.)
Groß, fleischig bis zäh. Lamellenrand glatt. 7 Arten.

779 **Austernseitling,** *Pl. ostreátus* (Taf. 56) **Eßbar**
Hut bis 20 cm, muschel- oder halbkreisförmig, blauschwarz, grau, okker ausblassend. Stiel bis 8 cm lang, derb. Lamellen jung graubläulich, dann weißlich, herablaufend. Geruchlos. Laubholz, Spätherbst, häufig. – Zuchtpilz.

780 **Löffelförmiger Seitling,** *Pl. pulmonárius* **Eßbar**
Hut bis 10 cm, spatelförmig, elfenbein, blaßbraun, alt gilbend, kahl. Lamellen jung creme. Geruchlos. Laubholz, ab Juli, selten.

781 Geripptstieliger Seitling, *Pl. cornucópiae* **Eßbar**
Hut bis 12 cm, trichterig, ockerlich, weißlich. Stiel
exzentrisch, flügelig-gerippt. Mehlgeruch. Besonders Ulme, Frühsommer, zerstreut.

782 Fleischbrauner Knäuling, *Pánus conchátus*
Hut bis 10 cm, trichterig, lila, violett, dann fleischbraun, ockergelb, kahl. Stiel kurz, filzig, meist exzentrisch. Lamellen herablaufend. Zäh. Laubholz,
besonders Buche, Birke, zerstreut.

781

783 Behangener Seitling, *Pl. drýinus (= corticátus)*
Hut bis 15 cm, weißlich, dann bräunlichgrau, flockig-
schuppig, Rand behangen. Stiel kurz, derb, undeutlich beringt. Lamellen oft querverbunden. Alt gilbend. Laubholz, zerstreut.

783

114. Gruppe: Sägeblättling, Zähling; *Lentínus, Lentinéllus*
Zäh. Stiel oft exzentrisch. Lamellenrand gesägt. 4 und 6 Arten.
784 Tigersägeblättling, *L. tigrínus*
Hut bis 10 cm, alt trichterig, dunkel haarig-schuppig, dünnfleischig.
Stiel schlank, schuppig. Lamellen gelblich, herablaufend, fein gesägt.
Laubholz, Frühjahr, zerstreut.
785 Schuppiger Sägeblättling, *L. lepídeus* (Taf. 56)
Hut bis 12 cm, blaß, grob dunkelschuppig, derb. Stiel ebenso, unten
dunkler, oft wurzelnd. Lamellen gelbweiß, grob gekerbt. Nadelholzstubben, auch Bauholz, häufig.
786 Aniszähling, *Lentinéllus cochleátus*
Hut bis 8 cm, trichterig-halbiert, büschelig-verwachsen,
rotbraun, fleischbraun. Stiel gefurcht. Lamellenrand gesägt. Anisgeruch (selten geruchlos). Laubholz, häufig. –
Gehört zu den Ohrlöffelpilzen (s. S. 174).

786

115. Gattung: Orangeseitling, *Phyllotópsis* (nur 1 Art)
787 Gemeiner Orangeseitling, *Ph. nídulans* (Abb. S. 67)
Hut und Lamellen orange. Bis 8 cm, muschelförmig, filzig, ungestielt.
Fleisch 3schichtig, zäh. Morsches Holz, Bergland, Oktober bis April,
selten. – Vgl. 91 mit gegabelten Lamellen!

116. Gattung: Stielporling, *Polýporus*
Fruchtschicht mit Poren. Gestielt, einjährig. 10 Arten.
788 Schuppiger Stielporling, *P. squamósus* (Taf. 57) **Eßbar**
Hut bis 50 cm, halbkreisförmig, gelbbraun, ocker. Schuppen dunkelbraun, angedrückt. Stiel seitlich, derb, unten braunschwarz. Poren
weit. Gurkengeruch. Laubholz, ab Mai, häufig.
789 Geruchloser Stielporling, *P. tuberáster* **Eßbar**
Hut bis 15 cm, gelbbraun, dunkler faserschuppig, Rand bewimpert.
Stiel kurz, unten dunkler. Poren mäßig weit. Geruchlos. Besonders
Buche, zerstreut. – Gelegentlich aus schwarzem Dauerkörper im Bo-
dén entspringend **(Klumpenporling).**

790 Löwengelber Stielporling, *P. várius (= élegans)*
Hut bis 10 cm, ocker, kahl. Stiel dünn, exzentrisch,
Basis schwarz. Poren sehr eng. Laubholz, ab Juni,
häufig.

790

791 Schwarzroter Stielporling, *P. bádius (= pícipes)*
Hut bis 20 cm, trichterig, lappig, rotbraun, glatt und
glänzend. Stiel dick, meist seitlich, unten dunkelbraun. Poren eng. Laubholz, zerstreut.

792 Maistielporling, *P. ciliátus (=lepídeus)* (Taf. 56)
Hut bis 10 cm, graubraun, feinschuppig, dann kahl. Stiel dunkel-flok-
kig, zentral. Poren sehr eng. Laubholz, ab Mai, häufig.

793 Winterstielporling, *P. brumális*
Ähnlich vorigem. Etwas kleiner, dunkler, ± einfarbig. Poren größer,
strahlig-langgestreckt. Laubholz, Winter, häufig.

794 Eichhase, *P. umbellátus* (Abb. S. 80) **Eßbar**
Viele zentralgestielte Hütchen von 2–4 cm sitzen an blassen Ästen, die einem Strunk entspringen. Röhren weiß,
kurz, herablaufend. An und bei Laubholzstubben, besonders Eiche, zerstreut.

117. Gattung: Zungenporling, *Piptóporus* (nur 2 Arten)   794
795 Birkenzungenporling, *P. betulínus* (Abb. S. 81)
Zuerst graubraune glatte Knollen. Dann Hut bis 20 cm, halbkreisförmig, hell graubraun, weißlich, ungezont, stielartig verschmälert. Haut
dünn, alt abblätternd. Rand eingerollt. Poren weißlich. Einjährig.
Birke, häufig.

118. Gattung: Spaltblättling, *Schizophýllum* (nur 1 Art)
Mit längsgespaltenen „Lamellen". Eigene isolierte Familie!
796 Gemeiner Spaltblättling, *Sch. commúne*
Hut bis 3 cm, muschelförmig, oft gelappt, graubraun,
trocken weißlich, filzig. Lamellen rötlichgrau, Schneide
gespalten und eingerollt. Frisch-festes Holz, sonnige   796
Stellen, häufig.

Familie: Weichporenpilze, Scutigeráceae

Fruchtschicht porig. Weich- und hellfleischig, oft zusammenfließend. Fremdkörper nicht umschließend. Einjährig.

119. Gattung: Fleischporling, *Scútiger* (= *Albatréllus,* einschl. *Boletópsis)*

Hutförmig, gestielt. Oft miteinander verwachsen. Auf dem Boden. 6 Arten.
797 Semmelporling, *Sc. cónfluens* (Taf. 56)   **Eßbar**
Hut bis 15 cm, semmelgelb. Stiele oft verwachsen. Poren blaß, kurz,
herablaufend. Alt bitter. Nadelwald, Sand, selten.

798 Schafporling, *Sc. ovínus*   **Eßbar**
Hut bis 10 cm, weißgrau, weißgelb, trocken, bald rissig, gelegentlich
verwachsen. Stiele jedoch getrennt, weiß, derb. Poren weiß, gilbend.
Nadelwald, zerstreut.

799 Kammporling, *Sc. cristátus*
Hut bis 12 cm, hell olivgrün, feinsamtig, bald rissig, oft miteinander verwachsen. Stiel weißlich, derb. Poren weißlich, eckig, herablaufend. Fleisch herb. Bergwälder, selten.

800 Rußporling, *Boletópsis leucomelaéna (=subsquamósa)*
Hut bis 15 cm, rauchbraun, derb. Stiel gleichfarben. Poren weißlich, hellgrau. Fleisch weiß, rötend. Sporenstaub braun! Nadelwald, selten. – Zur Familie Lederkorallen S. 172 gehörend.

120. Gattung: Klapperschwamm, *Grífola* (nur 1 Art)
801 Gemeiner Klapperschwamm, *G. frondósa*   **Eßbar**
Pilzrasen bis 50 cm. Strunk weiß. Äste flachgedrückt, blattartig. Poren blaß, winzig. Zäh, mild. Nicht schwärzend. Eiche, selten.

121. Gattung: Riesenporling, *Meripílus* (nur 1 Art)
802 Gemeiner Riesenporling, *M. gigantéus* (Taf. 58)   **Eßbar**
Metergroßer Pilzrasen. Einzelhüte fächerförmig, zimt-rostgelb, miteinander verwachsen. Poren winzig. Fleisch weich, bei Druck schwärzend, mild. Sporen glatt. Besonders Buche, zerstreut.

122. Gattung: Bergporling, *Bondarzéwia* (nur 1 Art; eigene Familie!)
803 Gemeiner Bergporling, *B. mesentérica (=montána)*
Großer Pilzrasen. Einzelhüte blaßocker, bräunlich. Poren groß, eckig. Nicht schwärzend. Geschmack frisch brennend scharf. Sporen warzig. Fremdkörper umschließend. Besonders Tanne, selten.

123. Gattung: Schwefelporling, *Laetíporus* (nur 1 Art; eigene Familie!)
804 Gemeiner Schwefelporling, *L. sulphúreus* (Taf. 57)   **Eßbar**
Bis 40 cm breit, orange, gelb, dachziegelig. Poren gelb. Fleisch saftig, alt bröckelig. Fremdkörper umschließend. Besonders Laubholz, ab Mai, häufig.

Familie: Hellporenpilze, Corioláceae

Fruchtschicht porig. Substanz fest, trocken (anfangs weichfleischig: Gattung 124–127), meist blaß (braun: Gattung 124, 125, 133, 139 und Nr. 840). Ein- oder mehrjährig, konsolen- oder krustenförmig. Sporenstaub weiß bis gelblich.

124. Gattung: Weichporling, *Hapalopílus* (nur 2 Arten)
805 Zimtfarbiger Weichporling, *H. rútilans (=nídulans)*
Bis 8 cm breit, zimtfarbig, trocken ledergelb, weich. Alt trocken und leicht. Mit Imilauge (KOH) lila. Laubholz, zerstreut.

125. Gattung: Braunporling, *Pháeolus* (nur 1 Art)
806 Kiefernbraunporling, *Ph. schweinízii* (Taf. 58)
Bis 30 cm. Kreisförmig, dachziegelig-lappig, rostgelb, braun. Poren oliv, fleckend, weit. Zuerst saftig. Besonders Kiefer, häufig.

126. Gruppe: Saftporling, *Spongíporus, Tyrómyces* (einschließlich **Apfelsaft-porling,** Nr. 809 und **Polsterpilz,** Nr. 814); vgl. auch Nr. 817 und 824.
Meist weiß, anfangs weich, saftig. Substanz hell. Einjährig. 14 Arten.

807 **Blauer Saftporling,** *Spong. cǽsius*
Bis 7 cm breit, weiß, blau verfärbend (auch mit Grau gemischt). Poren weiß, blaufleckend. Besonders Nadelholz, häufig.

808 **Bitterer Saftporling,** *Spong. stípticus*
Bis 10 cm breit, weiß, trocken am stumpfen Rand etwas gilbend, dicklich. Geschmack herb, bitter. Besonders Nadelholz, häufig.

809 **Apfelsaftporling,** *Aurantióporus físsilis*
Bis 15 cm breit, weiß, dick, saftreich. Rand stumpf. Rosa oder violett anlaufend, zuletzt graubraun. Apfel, zerstreut.

810 **Braunfleckender Saftporling,** *Spong. frágilis*
Bis 8 cm breit, jung filzig. Weiße Stellen bei Druck gelb- bis rotbraun. Alt bräunlich, kahl. Poren eckig. Oft fast krustenförmig. Nadelholz, Bergland, zerstreut.

811 **Flachhütiger Saftporling,** *Tyrómyces chióneus*
Bis 15 cm breit, graulich-weiß, saftig, trocken weiß, gilbend. Flach, scharfrandig. Röhren kurz. Substanz trocken kőrnig. Besonders Laubholz, zerstreut.

812 **Grauweißer Saftporling,** *Spong. tephroleúcus*
Ähnlich vorigem. Dicker, dreieckig im Schnitt, graubraun. Röhren länger. Substanz trocken faserig (Lupe). Laubholz, zerstreut.

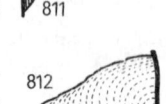

813 **Langröhriger Saftporling,** *Spong. leucomalléllus*
Bis 4 cm breit, weiß, rostgelb fleckig, schwach gezont.Trocken ockergelb. Substanz dünn, bitterlich, trocken brüchig-zerreibbar. Röhren lang. Besonders morsche Kiefer, häufig.

814 **Weißer Polsterpilz,** *Ptychogáster álbus*
Bis 6 cm, polsterförmig, filzig-zottig, weiß, blaßbraun, braunfleckig. Substanz konzentrisch gezont, radialfaserig, alt braunmehlig. Meist ohne Poren. Nadelholz, zerstreut.

126 a. Gattung: Knorpelporling, *Skeletócutis*
Ähnlich Gruppe 126, aber bald hornartig-zäh, meist krustenförmig. 15 Arten.

815 **Orangeporiger Knorpelporling,** *Skel. amórpha*
Bis 2 cm, weißfilzig. Anfangs weich. Poren eng, orange verfärbend. Kiefer, häufig.

816 **Engporiger Knorpelporling,** *Skel. nívea (=semipileáta)*
Bis 3 cm, weiß, alt bräunlich. Poren sehr eng (5–7 auf 1mm!). Mild, sehr zäh (Beißversuch!). Laubholzäste, häufig.

127. Gattung: Schwammporling, *Climacocýstis* (nur 1 Art)

817 **Nördlicher Schwammporling,** *Cl. boreális*
Bis 15 cm breit, weiß, grob rauhfilzig. Poren weit. Substanz trocken oben weißlich-schwammig, unten hornartig-verhärtet. Mild. Einjährig. Nadelholz, besonders im Bergland, zerstreut.

128. Gattung: Rauchporling, *Bjerkándera*
Dünnfleischig, wie versengt aussehend. Einjährig. 2 Arten.

818 **Angebrannter Rauchporling,** *Bj. adústa* (Taf. 56)
Bis 7 cm breit, olivgrau, dünn, rasig wachsend. Poren eng, grau, frisch schwärzend. Substanz weiß, Röhren grau, mit dunklerer Grenzlinie. Oft krustig. Laubholz, häufig.

819 Graugelber Rauchporling, *Bj. fumósa* (Abb. S. 82)
Ähnlich vorigem, aber etwas dicker. Poren rauchgelblich, frisch bei
Druck bräunend. Substanz und Röhren gleichhell, mit dunklerer
Grenzlinie. Laubholz, besonders Weide, häufig.

129. Gattung: Scharfporling, *Oxýporus* (4 Arten, nur eine auffällige)
820 Treppenförmiger Scharfporling, *O. populínus* (Abb. S. 82)
Ganz weißlich. Bis 10 cm, feinfilzig, oft bemoost (mehrjährig). Röhren geschichtet. Poren eng. Laubholz, zerstreut.

130. Gattung: Spaltporling, *Schizópora* (nur 2 Arten)
821 Veränderlicher Spaltporling, *Sch. paradóxa* (Abb. S. 80)
Krustenförmig, weißlich. Röhren kurz, eckig, zerschlitzt oder plattig
gezähnt. Rand faserig. Laubholzäste, sehr häufig.

131. Gattung: Tramete, *Tramétes* (einschl. *Antrodiélla*)
Jung trocken. Manchmal gezont. Substanz stets weiß. 8 (und 4) Arten.
822 Anistramete, *Tr. suavéolens*
Bis 15 cm breit, weißlich, filzig, dick. Poren weiß oder grau, weit. Substanz weiß. Anisgeruch. Besonders Weide, häufig.
823 Gebuckelte Tramete, *Tr. gibbósa*
Bis 15 cm breit, weiß, grauweiß, gezont, feinfilzig, oft grün von Algen.
Mitte manchmal gebuckelt. Poren weißlich, klein, strahlig-verlängert.
Laubholz, besonders Buche, häufig.
824 Gilbende Tramete, *Antrodiélla hoehnélii*
Bis 4 cm, weiß, rasig wachsend, dick, rauh bis höckerig. Kante oft ge-
gilbt. Poren eng, weißlich. Laubholz, häufig. Immer dort, wo vorher
der Buchenschillerporling (855) gewachsen war!
825 Schmetterlingstramete, *Tr. versícolor*
Hut bis 6 cm breit, lebhaft bunt bis schwärzlich gezont, feinfilzig, mit
seidigem Glanz. Rasig wachsend, dünn, lederartig biegsam. Poren
weiß, gelblich. Besonders Laubholz, häufig.
826 Zonentramete, *Tr. multícolor (=zonáta)*
Vorigem ähnlich. Zonen weniger deutlich, grau bis rotbraun, nur
kurzhaarig, oft höckerig oder strahlig gerunzelt. Dicker. Poren graulich. Besonders Birke, Pappel, Weide, gebietsweise, zerstreut.
827 Striegelige Tramete, *Tr. hirsúta*
Bis 8 cm breit, weißlich, graubräunlich, konzentrisch gezont, durch
starre Härchen auffallend striegelig. Rand oft braun. Poren eng, weiß
bis grau. Frisch-totes Laubholz, häufig.

132. Gattung: Blättling, *Lenzítes* (2 Arten)
828 Birkenblättling, *Lenzítes betúlinus*
Vorigem ähnlich, ebenfalls steifhaarig; unterseits aber lamellig. Substanz weiß, korkig. Laubholz, häufig.

133. Gattung: Wirrling, Blättling; *Daedálea, Daedaleópsis, Gloeophýllum*
Trametenähnlich, aber Substanz blaßbraun oder braun. Fruchtschicht porig,
labyrinthisch oder lamellig. 1, 2 und 4 Arten.

829 Eichenwirrling, *Daedálea quercína*
Bis 25 cm breit. Bräunlich, weißgrau, konzentrisch
gezont, uneben. Poren groß, labyrinthisch, alt lamellig. Sehr zäh. Eiche, häufig.

830 Rötende Tramete, *Daedaleópsis confragósa*
(zwei Abb. S. 82)
Bis 15 cm breit. Braun, etwas gezont, radial-ge-
streift, rauh, Rand scharf. Poren rundlich bis lamellig, frisch rötend.
Substanz blaßbraun. Laubbäume, besonders Weide, feuchte Stellen,
häufig.

831 Zaunblättling, *Gl. sepiárium*
Bis 10 cm breit. Dunkelbraun, Rand rostgelb, feinfilzig. „Lamellen"
dick, engstehend (12–20 je cm Hutrand). Substanz rotbraun. Nadelholz, auch Bauholz, sonnige Stellen, häufig.

832 Tannenblättling, *Gl. abietínum* (Abb. S. 67)
Ähnlich vorigem, aber Rand nie rostgelb. „Lamellen" dünner, entfernt (nur 8–12 je cm). Substanz zigarrenbraun. Nadelholz, Bauholz,
zerstreut.

833 Fenchelporling, *Gl. odorátum*
Bis 12 cm breit, dickfleischig, zimtbraun, Mitte alt schwarz. Poren ±
rund. Substanz rostbraun, korkig. Fenchel- oder Anisgeruch. Alte
Fichtenstubben, schattige Stellen, zerstreut.

134. Gruppe: Wirrling; *Cerréna* und *Abortíporus* (nur je eine Art)
834 Aschgrauer Wirrling, *Cerréna unícolor*
Bis 8 cm breit, dünn, grau, graubraun, gezont, rauhhaarig, gern gelappt, oft rasig. Poren grau(gelb), labyrinthisch aufgelöst. Unter dem
Hutfilz schwarz. Laubholz, häufig.

835 Rötender Wirrling, *Abortíporus biénnis*
Bis 10 cm. Meist trichterförmig, gestielt. Weißlich, Mitte rotbraun, fil-
zig. Poren weißlich, rötend, länglich-labyrinthisch. Vergrabenes
Laubholz, am Grund von Stubben, zerstreut.

135. Gattung: Violettporling, *Tricháptum* (4 Arten)
836 Gemeiner Violettporling, *Tr. abiétinum*
Bis 3 cm, dünn, weißgrau, filzig. Fruchtschicht violett, dann violettbraun. Am Rand zuerst immer porig, dann labyrinthisch aufgelöst. Oft
krustenförmig. Nadelholz, häufig.

837 Strahliger Violettporling, *Tr. hóllii* (=*fuscovioláceum*)
Ähnlich vorigem, aber am Rand schon jung lamellig. Zerstreut.

136. Gattung: Zinnoberschwamm, *Pycnóporus* (nur 1 Art)
838 Nördlicher Zinnoberschwamm, *P. cinnabárinus*
Bis 8 cm breit. Zinnoberrot, bräunlich. Poren und Substanz zinnoberrot und so bleibend. Laubholz, zerstreut.

137. Gattung: Treppenschwamm, *Antródia* (einschl. *Datrónia*)
Einjährig, zäh, stark am Substrat herablaufend. 9 Arten.
839 Reihiger Treppenschwamm, *A. seriális*
Oft ganz krustenförmig. Einzelhüte klein, weiß, rostbraun. Poren und
Substanz weiß. Nadelholz, häufig.

840 Weicher Treppenschwamm, *D. móllis*
Weitgehend krustenförmig. „Hütchen" reihig verwachsen, dunkelbraun. Poren schmutzig bräunlich, weit. Substanz braun. Laubholz, besonders Buche, zerstreut.

138. Gattung: Wurzelschwamm, *Heterobasídion* (nur 1 Art)
841 Gemeiner Wurzelschwamm, *H. annósum*
Bis 20 cm breit, flach, braun, weißgerandet, runzelig. Poren eng, weiß, gelblich, oft geschichtet (mehrjährig). Oft krustenförmig. Besonders Nadelholz, am Grund der Stämme, häufig.

139. Gattung: Zunderschwamm, *Fómes* (nur 1 Art)
842 Echter Zunderschwamm, *F. fomentárius*
Bis 40 cm, dick konsolenförmig, braun, grau, zuletzt schwarz, gefurcht, mit Kruste. Poren eng, blaßbraun. Mehrere Röhrenschichten. Substanz wergartig-faserig, oben mit Myzelialkern. Laubholz, besonders Buche und Birke, zerstreut.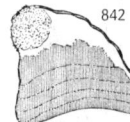

842

140. Gattung: Baumschwamm, *Fomitópsis* (4 Arten)
843 Rotrandiger Baumschwamm, *F. pinícola* (Taf. 59)
Bis 30 cm, dick konsolenförmig, Rand weißlich, dann gelb, Mitte rotbraun, harzig-verkrustet. Röhren geschichtet. Poren blaßgelb, eng. Substanz blaß. Besonders Nadelholz, Buche, Erle, Birke, häufig.

Familie: Schichtpilze, Stereáceae
(Merkmale s. Gruppe 141!)
141. Gruppe: Schichtpilz: *Stéreum* (einschl. *Chondrostéreum*)
Krustenförmig, ohne Poren. Hellfarbig (vgl. Gattung 142!). 8 (und 1) Arten.
844 Violetter Knorpelschichtpilz, *Chondrostéreum purpúreum*
Fruchtschicht und Hutkante blauviolett, violettbraun, rotbraun, Oberseite weißlichgrau, behaart. Laubholz, häufig. – Zu den Faltenpilzen (S. 171) gehörend.
845 Striegeliger Schichtpilz, *St. hirsútum*
Fruchtschicht und Hutkante anfangs ockergelb, dann grauocker, grau. Haare der Oberseite farblos, steif. Hüte reihig-verwachsen. Laubholz, häufig. – Mehrere verwandte Arten.
846 Blutender Schichtpilz, *St. sanguinoléntum*
Fruchtschicht gelblich-braungrau, gerieben frisch rötend. Lederigbiegsam, Rand weiß. Nadelholz, häufig.
847 Runzeliger Schichtpilz, *St. rugósum*
Fruchtschicht blaßocker, höckerig, frisch gerieben dunkelrot. Oberseite braun. Substanz holzartig, hart, geschichtet (Lupe), mehrjährig. Laubholz, häufig.

Familie: Dunkelporenpilze, Hymenochaetáceae
Fruchtschicht meist porig. Substanz braun, fest (Gattung 145: anfangs weich). Ein- oder mehrjährig, konsolen- oder krustenförmig. Sporenstaub weiß bis braun. Mikroskopisch: braune Borsten (Setae).
142. Gattung: Borstenscheibe, *Hymenocháete*
Der vorigen Gruppe ähnlich, doch kräftiger gefärbt. Braune Borsten in der Fruchtschicht (starke Lupe!). 7 Arten.

169

848 **Rotbraune Borstenscheibe**, *H. rubiginósa* (Abb. S. 90)
Krustenförmig. Rand hutartig abstehend. Oberseite rotbraun, alt
schwärzlich, konzentrisch gefurcht. Fruchtschicht braunrot. Mehrjährig. Alte Eichenstubben, häufig.
849 **Tabakbraune Borstenscheibe**, *H. tabacína*
Ähnlich voriger. Oberseite rostgelb, alt braun. Fruchtschicht rostbraun bis tabakbraun. Dünner, nur 1- bis 2jährig. Laubholz, besonders Weide, zerstreut.

143. Gattung: Dauerporling, *Coltrícia (=Polystíctus)*. 3 Arten
850 **Gemeiner Dauerporling**, *C. perénnis* (Abb. S. 81)
Bis 8 cm breit, trichterig. Gelbbraun, graubraun gezont, feinfilzig, alt
kahl, dünnlederig. Stiel kurz, dünn, samtig. Substanz einheitlich. Einjährig. Waldwege, Sand, häufig.

144. Gattung: Filzporling, *Ónnia*
Gestielt. Substanz fleischig, zweischichtig. Einjährig. Nadelholz. 3 Arten.
851 **Kiefernfilzporling**, *O. tríqueter* (Abb. S. 81)
Bis 10 cm breit. Kreiselförmig, gelb-, rostbraun, ungezont, filzig. Stiel
dick, filzig. Substanz oben schwammig, braun, unten dicht, rostgelb.
Kiefer, zerstreut.

145. Gattung: Schillerporling, *Inonótus* (einschl. *Xanthopória*)
Meist konsolenförmig, zottig. Substanz erst saftreich, braun. Röhren unge-
schichtet (1jährig). Poren mäßig weit, schillernd. 10 (und 5) Arten.
852 **Zottiger Schillerporling**, *I. híspidus*
Bis 30 cm breit. Dick, rostfarben, dunkelbraun, derb-zottig. Röhren
lang, anfangs tropfend. Poren bei Druck bräunend, zuletzt schwarz.
Einzeln. Besonders Apfel, hoch am Stamm, häufig.
853 **Flacher Schillerporling**, *I. cuticuláris*
Hut 20 cm breit, mäßig dick. Gelbbraun, rostbraun, filzig, kaum gezont. Hutfilz mit hakig-spitzigen Borsten (Mikroskop). Besonders Buche, dachziegelig-rasig, oft hoch am Stamm, zerstreut.
854 **Erlenschillerporling**, *I. radiátus* (Abb. S. 83)
Bis 7 cm breit. Löwengelb und samtig, dann dunkelbraun und kahl,
runzelig-furchig, dachziegelig-zusammenfließend. Poren grau oder
olivbraun, gern herablaufend. Erle, häufig; selten Birke, Hasel u. a.
855 **Buchenschillerporling**, *I. nodulósus*
Bis 3 cm breit. Im Schnitt dreieckig, ockergelb, gelbbraun, dunkelbraun, filzig-zottig, reihenweise zusammenfließend, filzig, oft krusten-
förmige Rasen bildend. Buche, häufig.
856 **Tropfender Schillerporling**, *I. dryádeus*
Bis 50 cm breit. Derbknollig, dickfleischig, gelbweiß, rostbraun, oberseits und am Rand mit braunen Tropfen. Alt mit dünner, kahler Kruste. Stammgrund alter Eichen, zerstreut.
857 **Schiefer Schillerporling, „Tschagapilz"**, *Xanth. oblíqua*
Bis 30 cm. Rund, schwarz, knollig, tiefrissig, zerbröckelnd, innen dunkel rostbraun, ohne Poren. Später am toten Stamm ein brauner kru-
stenförmiger Porling. Besonders Birke, zerstreut.

146. Gattung: Feuerschwamm, *Phéllinus* (einschl. **Strauchporling**)
Konsolen- oder krustenförmig, kahl. Substanz auch jung trocken, sehr hart.
Röhren geschichtet. Poren meist eng, nicht schillernd. 30 Arten.

858   Strauchporling, *Phyllopória ríbis*
Bis 15 cm. Gelbbraun, feinsamtig, dann braun und
kahl, oft grün von Algen. Poren winzig. Substanz
korkig. An alten Beerensträuchern, häufig.

858

859   Kiefernfeuerschwamm, *Ph. píni*
Bis 12 cm breit, dick, braun, filzig-borstig, alt aufge-
sprungen. Rand rostfarben. Poren groß, frisch schillernd! Substanz rotbraun. Kiefer, meist hoch am Stamm, zerstreut.

860   Grauer Feuerschwamm, *Ph. igniárius* (Taf. 59)
Bis 25 cm, dick, Oberseite grau, breit gezont, verkrustet. Rand wul-
stig, braun. Poren winzig, rostbraun. Substanz sehr hart, rotbraun.
Laubholz, besonders Weide und Apfel, häufig.

861   Eichenfeuerschwamm, *Ph. robústus*
Bis 25 cm breit, dick, graubraun. Wulstiger Rand und nach unten ge-
wölbte Porenschicht zimtgelb. Poren winzig. Substanz gelbbraun, sehr
hart. Alte Eichen, zerstreut.

862   Pflaumenfeuerschwamm, *Ph. tuberculósus (=pomáceus)*
Bis 7 cm breit, dickknollig. Oberseite und Rand zimtbraun, alt grau.
Poren oft am Stamm herablaufend und dann krustenförmig. Substanz
rostbraun. Besonders Steinobst, häufig.

863   Muschelförmiger Feuerschwamm, *Ph. conchátus*
Bis 6 cm breit, dünn, dunkelbraun, oft miteinander verwachsen. Poren
winzig, braun. Substanz mit dunkler Linie unter der Kruste. Gern krustenförmig. Besonders Weide, zerstreut.

864   Rostbrauner Feuerschwamm, *Ph. ferruginósus*
Völlig krustenförmig, rostbraun. Poren eng, 4–5 je mm. Rostgelbes
Myzel mit braunen Borsten im faulen Holz (starke Lupe). Laubholz-
äste, häufig. – Mehrere ähnliche Arten!

Familie: Lackporenpilze, Ganodermatáceae

(Merkmale siehe Gattung 147)

147. Gattung: Lackporling, *Ganodérma*
Meist mehrjährig, mit Kruste. Sporen braun, warzig. 7 Arten.

865   Glänzender Lackporling, *G. lúcidum* (Taf. 60)
Bis 20 cm breit. Erst weißlich, dann gelbbraun, rotbraun. Kruste und
Stiel glänzend, wie lackiert. Substanz hellbraun. Einjährig. Laubholz,
zerstreut. – Nadelholz, dunkler schwarzrot, oft weniger gestielt, selten: *G. carnósum (=atkinsónii).*

866   Flacher Lackporling, *G. lipsiénse (= applanátum)* (Abb. S. 82)
Bis 30 cm breit, ungestielt. Konsolenförmig, mäßig dick, oben meist
flach. Kruste grau bis braun, gezont, oft braun bestäubt. Rand weiß.
Poren weiß, bräunend. Substanz braun, oft weißfleckig. Mehrjährig.
Besonders Laubholz, häufig.

Familien: Falten- und Kellerpilze, Meruliáceae, Coniophoráceae

Meist krustenförmig, anfangs oft weichfleischig. Fruchtschicht glatt, faltig,
zahnförmig oder stachelig (nicht porig!). Einjährig.

148. Gruppe: Fältling und **Kammpilz;** *Merúlius, Meruliópsis, Phlébia*
Krustenförmig bis hutförmig-abstehend. Fruchtschicht glatt, höckerig oder faltig-netzig. Sporenstaub farblos. 1, 5 und 35 Arten.

867 **Gallertfleischiger Fältling,** *Merúlius tremellósus*
Dachziegelig, gallertig, trocken hornartig. Oberseite rauhhaarig, filzig. Fruchtschicht gelblich-fleischrot, netzig-faltig, alt fast porig. Morsches Laubholz, häufig.

868 **Lederartiger Fältling,** *Meruliópsis córium*
Krustenförmig mit umgeschlagenem Rand, lederartig, 1–2 mm dick. Oberseite hellgrau, kurzfilzig. Fruchtschicht blaß fleischfarben, fein gefältelt. Laubholzäste, häufig.

869 **Orangeroter Kammpilz,** *Phlébia radiáta*
Krustenförmig, wachsartig, grau-rötlich, mit kurzen, abgerundeten Falten, am Rand strahlig angeordnet. Stellenweise mit orangeroten, fleischig-lappigen Höckern. Laubholz, häufig.

149. Gruppe: Hausschwamm und **Kellerschwamm;** *Sérpula, Conióphora*
Ähnlich Gruppe 148. Fruchtschicht und Sporenstaub aber braun. 2 + 6 Arten.

870 **Echter Hausschwamm,** *Sérpula lácrymans*
Bildet schwammige, dicke, anfangs tränende Lappen. Oberseite blaß, wollig. Rand wulstig. Fruchtschicht braun, faltig-grubig, wabenartig. Myzelstränge fingerdick. Feuchtes Bauholz, häufig.

871 **Wilder Hausschwamm,** *Sérpula himantioídes* (Abb. S. 89)
Ebenfalls faltig-grubig. Auch sonst vorigem ähnlich, doch dünnfleischiger und ganz krustenförmig. Nadelholz, zerstreut.

872 **Warziger Kellerschwamm,** *Conióphora puteána*
Krustenförmig, sehr dünnfleischig, leicht abhebbar. Rand weiß, filzig. Fruchtschicht gelbbraun, olivbraun, knotig oder warzig, staubig. Feuchtes Holz, auch in Gebäuden, häufig.

873 **Glatter Kellerschwamm,** *Conióphora árida*
Dünner, spinnwebartig, festhaftend, ohne Höcker. Holz, häufig.

Familie: Lederkorallen und Braunstachelinge, Thelephoráceae

Häutig (Filzpilz, *Tomentélla*), krusten-, korallen- oder hutförmig. Fruchtschicht glatt, warzig, stachelig, röhrenförmig (Nr. 800). Sporenstaub braun. Sporen warzig, stachelig.– Vermutlich sämtlich Mykorrhiza bildend.

150. Gattung: Lederkoralle, Warzenpilz, *Theléphora*
Fächerförmig, trichterig, korallenartig, dunkelbraun. Fruchtschicht glatt oder warzig. 10 Arten.

874 **Erdwarzenpilz,** *Th. terréstris* (Abb. S. 89)
Fächer-, muschelförmig, zusammenfließend, rotbraun, lederig, oberseits faserig. Rand jung weißlich, fransig. Fruchtschicht warzig. Wälder, saure Böden, häufig.

875 **Blumenlederkoralle,** *Th. anthocéphala*
Bis 3 cm hoch. Lappen schmal, rosettenartig, braun, weiß gezähnelt. Laubwald, selten.

876 **Trichterförmige Lederkoralle,** *Th. caryophýllea*
Bis 4 cm hoch, trichterig, rotbraun, Rand weißlich, manchmal eingeschnitten, lederig. Fruchtschicht etwas runzelig. Sandige Wälder, selten.

877 **Stinkende Lederkoralle,** *Th. palmáta*
Bis 6 cm hoch, korallenartig. Äste braun, Spitzen blaß, lederig. Geruch nach faulem Kohl. Nadelwald, zerstreut.

151. Gattung: Fleischstachelinge, *Sárcodon*
Hutförmig. Fruchtschicht stachelig. Fleischig, ungezont. 15 Arten. Fremdkörper nicht umschließend.

878 **Habichtspilz,** *S. imbricátus* (Taf. 58)   **Eßbar**
Hut bis 20 cm, dunkelbraun. Schuppen sparrig, kreisförmig. Stiel derb, bräunlich. Fleisch weiß bis bräunlich, unveränderlich, alt bitterlich. Nadelwald, selten.

879 **Gallenfleischstacheling,** *S. scabrósus* (Taf. 58)
Hut bis 14 cm, rötlichbraun, filzig, kleinschuppig. Stiel unten grünschwarz. Fleisch anlaufend, bitter und scharf. Mehlgeruch. Wälder, selten. – Mehrere ähnliche (seltene) Arten.

152. Gattung: Korkstacheling, *Hydnéllum*
Hutförmig. Fruchtschicht stachelig. Korkig, gezont. Ohne Liebstöckelgeruch (vgl. aber Nr. 884). Fremdkörper umschließend. 17 Arten.

880 **Orangeroter Korkstacheling,** *H. aurantíacum* (Abb. S. 83)
Hut bis 8 cm, orange, braun, Rand blaß. Stiel orange. Fleisch weiß, im Stiel orange, gezont. Nadelwald, gern Kalk, selten.

881 **Scharfer Korkstacheling,** *H. péckii*
Hut bis 6 cm, weiß, rötlichbraun, samtig, manchmal rot tränend. Fleisch bräunlich, klein schwarzfleckig, ohne Mehlgeruch, scharf. Nadelwald, zerstreut.

882 **Gezonter Korkstacheling,** *H. concréscens*
(einschl. *scrobiculátum = zonátum*)
Hut bis 7 cm, weißlich, rostbraun, samtig. Fleisch bräunlich, mild. Mehlgeruch (Schnitt). Wälder, zerstreut. – Ähnliche Arten!

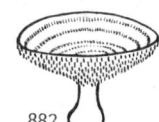

883 **Bläulicher Korkstacheling,** *H. caerúleum*
Hut bis 10 cm, violettblau, bald weiß, alt braun. Stiel   882
orange, rotbraun. Fleisch bläulich oder bräunlich gezont. Geruchlos. Wälder, selten.

Familie: Duftstachelpilze, Bankeráceae (Merkmale s. Gruppe 153)

153. Gruppe: Duftstacheling, *Bánkera, Phéllodon (Hydnéllum z. T.)*
Kreiselförmig. Fruchtschicht stachelig. Liebstöckelgeruch. Ungezont (außer Nr. 884). Sporenstaub weiß. Fremdkörper nicht umschließend. 2 und 4 Arten.

884 **Duftender Korkstacheling,** *Hydnéllum suavéolens*
Hut anfangs blaugrau, dann weißlich. Stiel blauviolett (vgl. Nr. 883!). Fleisch blaugezont. Nadelwald, selten.

885 **Rötender Duftstacheling,** *Bánkera fuligineoálba*
Hut bis 10 cm, weißlich bis bräunlich, meist stark beschmutzt. Stiel dick, walzig. Substanz fleischig, schwach rötend. Kiefer, Sand, selten.

886 **Schwarzer Duftstacheling,** *Phéllodon níger*
Hut bis 5 cm, kreiselförmig, blauschwarz, schwarz, Rand weiß. Stiel schwarz, filzig. Substanz korkig, schwarz, mit KOH olivgrün. Wälder, oft rasig, zerstreut.

Familie: Stoppelpilze, Hydnáceae (Merkmale s. Gattung 154)

154. Gattung: Stoppelpilze, *Hýdnum*

Hutförmig. Fruchtschicht stachelig. Fleischig, ungezont. Sporenstaub blaß. Mykorrhizabildner. 2 Arten.

887 Semmelstoppelpilz, *H. repándum* (Taf. 60)   **Eßbar**
Hut bis 12 cm, blaßorange, semmelfarben, dickfleischig, unregelmäßig, gern verwachsen. Stiel blaß, derb. Stacheln blaß. Fleisch brüchig, bräunend, etwas brennend. Wälder, häufig. – Kleiner, orangebraun. Mild. Nadelwald, häufig: **Rötlicher Stoppelpilz,** *H. ruféscens.*

Familie: Ohrlöffelpilze, Auriscalpiáceae

Meist seitlich gestielt, zähfleischig. Fruchtschicht stachelig (oder lamellig mit gesägter Schneide, vgl. Nr. 786!).

155. Gattung: Ohrlöffel, *Auriscálpium* (nur 1 Art)

888 Gemeiner Ohrlöffel, *Au. vulgáre*
Hut bis 2 cm, halbkreisförmig, braun, samtig-filzig.   888
Stiel seitlich. Kiefernzapfen, zerstreut.

Familie: Stachelbartpilze, Hericiáceae

156. Gruppe: Stachelbart, Stachelseitling; *Herícium, Creólophus*

Weder hut- noch krustenförmig. Fruchtschicht langstachelig. 3 und 1 Art.

889 Ästiger Stachelbart, *H. coralloídes (=clathroídes, ramósum)*   **Eßbar**
Bis 30 cm breit, locker-verästelt. Unterseite der Äste mit 1–2 cm langen, hängenden Stacheln. Morsches Laubholz, selten.

890 Igelstachelbart, *H. erináceus*   **Eßbar**
Bis 20 cm. Kugelig, langstachelig. Innen mit fleischiger, in mehrere Lappen geteilter Knolle. Laubholz, selten.

891 Dorniger Stachelseitling, *Creólophus cirrátus*   **Eßbar**
Bis 25 cm breit, dachziegelig-muschelförmig. Oben mit Warzen und liegenden Stacheln. Unterseite mit 1–2 cm langen, hängenden Stacheln. Besonders Buche, zerstreut.

157. Gruppe: Reibeisenpilz; *Hyphodérma, Steccherínum, Sarcodóntia*

Krustenförmig, auf Holz, Fruchtschicht stachelig. **Verschiedenen Familien angehörend.** Zahlreiche Arten. (Ähnlich: *Hyphodóntia* u. a.)

892 Grobstacheliger Reibeisenpilz, *Hyphodérma rádula*
Erst kreisförmig, dann flächig, fest auf der Borke haftend, weißlich, schmutzig ockerfarben. Stacheln derb, bis 6 mm lang. Laubholz, gern Kirsche, häufig. – Mehrere ähnliche Arten!

893 Orange Reibeisenpilz, *Steccherínum ochráceum*
Bis 1 cm abstehend. Oben weißlich, filzig. Fruchtschicht orange, lachsfarben. Stacheln 1 mm. Laubholz, häufig. Verwandt mit Nr. 821.

894 Schwefelgelber Stachelbart, *Sarcodóntia setósa*
Völlig krustenförmig, gelb, fuchsbraun. Stacheln 1–2 cm lang. Geruch würzig. Unter der Borke kranker Äpfel, zerstreut.

Familie: Leistenpilze, Cantharelláceae

Trichter-, kreiselförmig. Fruchtschicht runzelig, leistenförmig. Bodenbewohnend. Mykorrhizapilze. Mit den Stoppelpilzen verwandt.

158. Gruppe: Trompete, *Crateréllus* (2 Arten)
895 Herbsttrompete, *Cr. cornucopioídes* (Taf. 60) (Abb. S. 88)   **Eßbar**
Bis 10 cm hoch, trichterförmig, hohl, grauschwarz. Fruchtschicht außen, graublau, glatt bis runzelig. Laubwald, besonders Buche, trupp- und scharenweise, häufig.

159. Gattung: Leistling, *Pseudocrateréllus* (nur 2 Arten)
896 Grauer Leistling, *Ps. cinéreus*   **Eßbar**
Bis 6 cm hoch, grauschwarz. Fruchtschicht hellgrau mit deutlichen, gegabelten Leisten. Laubwald, zerstreut.

160. Gattung: Pfifferling, Leistling, *Cantharéllus* (einschl. **Schweinsohr**)
Ähnlich vorigen Gattungen. Fruchtschicht oft gelblich. 8 Arten.
897 Echter Pfifferling, *C. cibárius* (Taf. 60)   **Eßbar**
Ganz dottergelb. Hut bis 10 cm, kreiselförmig, dickfleischig. Leisten queraderig. Geruch würzig. Geschmack schärflich. Wälder, häufig. – Besonders in Laubwald auch blassere Formen!
898 Trompetenpfifferling, *C. tubaefórmis* (Taf. 60)   **Eßbar**
Hut bis 5 cm, gewölbt-genabelt, oft durchbohrt-hohl, olivbraun. Stiel gelb, olivgrau. Leisten gelblich, dann weißgrau, oft verzweigt. Geruchlos. Nadelwald, saure Böden, häufig.
899 Goldgelber Leistling, *C. xánthopus (= lutéscens)*   **Eßbar**
Ähnlich vorigem, aber etwas größer. Hut gelbbraun. Stiel gelb, lachsfarben. Fruchtschicht orange, graugelb, nur runzelig. Mirabellengeruch. Nadelwald, besonders Kiefer, Kalk, selten.
900 Schweinsohr, *Gómphus clavátus (= Neurophýllum)*   **Eßbar**
Bis 9 cm hoch, kreiselförmig, dickfleischig, violett, dann lehmfarben. Fruchtschicht runzelig-aderig. Fleisch weiß. Wälder, selten. – Ähnelt äußerlich Nr. 897, gehört aber zur folgenden Familie!

Familie: Korallenpilze, Ramariáceae (Merkmale s. Gattung 161)
161. Gattung: Koralle, *Ramária*
Korallenartig verzweigt. Sporenstaub gefärbt. Von den Korallen der folgenden Familie durch dichtverzweigte, nicht weißliche oder graue Fruchtkörper unterschieden. 45 Arten. – Größere Arten sehr schwer unterscheidbar!
901 Hahnenkamm (Bärentatze), *R. bótrytis*   **Eßbar**
Bis 15 cm hoch, schmutzig gelbweiß. Zweigenden dicht, fleischrot, alt verblassend. Fleisch weiß, mild. Wälder, selten.
902 Schöne Koralle, *R. formósa*   **Giftig**
Bis 20 cm hoch. Dreifarbig: Strunk weiß. Zweige lachsfarben, schmutzig orange, dicht gedrängt. Spitzen zitronengelb, stumpf. Alt einheitlich ocker und kaum erkennbar. Fleisch trocken, bitterlich. Wälder, zerstreut.
903 Schwefelgelbe Koralle, *R. fláva* (Abb. S. 86)   **Eßbar**
Bis 12 cm hoch. Strunk weißlich. Äste primelgelb, alt ockerlich. Astspitzen gleichfarben. Druckstellen am Strunk unveränderlich (rötend: *R. sanguínea*). Fleisch durchwässert, mild. Wälder, zerstreut.
904 Blasse Koralle, *R. pállida (= maírei)*   **Giftig**
Bis 15 cm hoch. Strunk blaß, bräunlich. Äste graugelblich, hell milchkaffeefarben, oft runzelig, oben zart graulila. Geruch seifenartig. Geschmack alt bitter. Buche, Kalk, zerstreut.

901

905 Steife Koralle, *R. strícta*
Bis 10 cm hoch. Äste steif aufrecht, fast parallel, gedrängt, braunocker, bei Druck bräunend. Myzelstränge
weiß. Bitterlich. An Holz, häufig.
906 Fichtenkoralle, *R. eumórpha (=inválii)*
Bis 7 cm hoch. Äste aufrecht, weniger parallel als bei voriger, ockergelb, ockerbraun. Bitterlich. Nadelwald,
häufig.
907 Grünende Koralle, *R. abiétina* (einschl. *ochraceóvirens, ochrochlóra*)
Ähnlich voriger Art. Bis 5 cm hoch. Bei Druck und alt grün anlaufend.
Alt bitterlich. Nadelwald, zerstreut.

162. Gattung: Becherkoralle, *Artómyces (=Clavicoróna)* (nur 1 Art)
908 Gemeine Becherkoralle, *A. pyxidátus* (Abb. S. 86)
Bis 12 cm hoch. Äste hellgelb, ocker, quirlständig verzweigt. Enden becherförmig, gezähnt. Morsches Holz, selten. – Zur
Familie Stachelbartpilze, S. 174, gehörend!

Familie: Blaßkorallen, Clavulináceae
(Merkmale siehe einzige Gattung 163)
163. Gattung: Blaßkoralle, *Clavulína*
Dicht bis kaum verzweigt, weißlich, grau (lila), oft runzelig, sehr brüchig, mit
FeSO₄ negativ. Ständer immer zweisporig. Streubewohner im Wald. 5 Arten.

909 Graue Blaßkoralle, *Cl. cinérea*   **Eßbar**
Bis 10 cm hoch. Rauchgrau, ausblassend. Äste gedrängt, runzelig. Enden stumpf. Wälder, häufig.
910 Kammförmige Blaßkoralle, *Cl. cristáta*   **Eßbar**
Bis 8 cm hoch. Verzweigt, reinweiß, Enden kammartig
eingeschnitten, spitz. Wälder, häufig.
911 Runzelige Blaßkoralle, *Cl. rugósa* (Taf. 64)   **Eßbar**
Bis 10 cm hoch. Unverzweigt oder mit 1–3 Ästen, weiß, runzelig. Wälder, gesellig bis büschelig gedrängt, zerstreut.

Familien: Korallen- und Keulenpilze, Clavariáceae, Clavariadel-pháceae
Locker verzweigt oder zylindrisch-keulig, bei Gattung 167 winzig.
164. Gruppe: Wiesenkoralle, *Clavulinópsis (=Ramariópsis)*, zum Teil
912 Weiße Wiesenkoralle, *Cl. kúnzei*
Bis 10 cm hoch. Dichtbüschelig wachsend, außerdem reich verzweigt,
weiß, creme. Strunk kaum entwickelt. Spitzen nicht kammförmig.
Wiesen, Weideplätze, lichte Wälder, zerstreut.
913 Gelbe Wiesenkoralle, *Cl. corniculáta*
Bis 8 cm hoch. Gabelig verzweigt, Äste weit auseinanderstrebend, lok-
kerbuschig, gelb. Strunk bräunend. Mehlgeruch. Fleisch zäh, bitterlich. Wiesen, Wegränder, selten.

165. Gruppe: Keule, Riesenkeule *Clavária, Clavulinópsis* zum Teil, *Clavaria-délphus*
Immer unverzweigt, fleischig. Nr. 914 und 915 mit FeSO₄ negativ, 916–919
positiv. Bodenbewohnend. 20 (12, s. Gruppe 164) und 7 Arten.

914 **Wurmförmige Keule,** *Clavária frágilis (= vermiculáris)*
Bis 12 cm hoch, unverzweigt (aber dicht nebeneinander!), weiß, blaßgelb, oft gekrümmt, 3–5 mm dick, sehr brüchig. Triften, Laubwald,
häufig.

915 **Heidekeule,** *Clavária argillácea*
Bis 6 cm hoch, unverzweigt, leicht keulig, weißlich, blaß-
gelb, sehr brüchig. Stielteil gelb, etwas abgesetzt. Heide-
land, Moore, zerstreut.

916 **Gelbe Keule,** *Clavulinópsis helvéola*
Bis 7 cm hoch. Unverzweigt, keulenförmig, gelb, orange.
Fleisch zäh, weißlich. Sporen derb stachelig. Weiden, zer-
streut. – Mehrere ähnliche Arten mit glatten Sporen.

917 **Herkuleskeule,** *Clavariadélphus pistilláris*
Bis 20 cm hoch. Keulig, gelblich, glatt, später ocker und
runzelig. Fleisch weiß, weinbräunlich verfärbend, bitter-
lich. Buche, Kalk, zerstreut.

918 **Abgestutzte Riesenkeule,** *Clavariadélphus truncátus* **Eßbar**
Ähnlich 917. Oben abgestutzt. Mild. Fichte, Kalk, selten.

919 **Zungenkeule,** *Clavariadelphus lígula*
Bis 10 cm hoch, keulenförmig, oben abgerundet, blaßocker, 917
dann zimtbraun und runzelig. Nadelwald, rasig, selten.

166. Gattung: Röhrenkeule, *Macrotýphula*
Unverzweigt, zähfleischig, alt hohl, mit FeSO₄ negativ. An Laubholzästen.
2 Arten.

920 **Große Röhrenkeule,** *M. fistulósa* (Abb. S. 85)
Bis 20 cm hoch, 3–4 mm dick. Sehr schlank, steif, röhrenförmig, blaßgelb, braun, hohl. Mild. Erle, selten.

921 **Schlanke Röhrenkeule,** *M. júncea*
Etwas kleiner als vorige, viel schlanker, völlig fadenförmig, ockerbraun. Basis faserig. Ohne Sklerotium. Zwischen Holz und Blättern,
zum Teil in Massen, zerstreut.

167. Gattung: Fadenkeulchen, *Týphula*
Fadenförmig, meist winzig. Aus einem Dauerkörper (Sklerotium) wachsend.
An Pflanzenteilen, zum Teil parasitisch. 60 Arten.

922ˑ **Ockerbraunes Fadenkeulchem** *T. phacorrhíza*
Bis 10 cm hoch. Fadendünn, ockerbraun, zähfleischig. Sklerotium
2–3 mm, abgeflacht, braun. Auf Blättern, massenhaft.

923 **Rotstieliges Fadenkeulchen,** *T. erýthropus* (Abb. S. 85)
Bis 2,5 cm hoch. Fadendünn, weiß. Stiel lachsrot, schwarzrot, flaumig.
Zwischen Blättern, häufig.

167 a. Gattung: Borstenkoralle, *Ptérula*
923 a **Weißliche Borstenkoralle,** *Pt. multífida*
Fruchtkörper weißlich, bräunlich, dicht strauchig, bis 3 cm hoch. Äste
sehr dünn, pinselartig, zähfleischig. Nadelwald, selten. – Eigene Familie mit meist tropischen Vertretern.

Familie: Gluckenpilze, Sparassidáceae (Merkmale s. Gattung 168)

168. Gattung: Glucke, *Sparássis*
Blumenkohlartig. Äste flach, ohne Poren. Baumparasiten. 2 Arten.

924 Krause Glucke, *Sp. crispa* (Taf. 61) **Eßbar**
Bis 30 cm breit. Strunk dick. Äste zahlreich, bandartig, dünn, gekräuselt, gelblichweiß, ocker. Fleisch weiß, alt zäh, bitterlich. Am Grund von Kiefern, Wurzeln, häufig.

925 Breitblättrige Glucke, *Sp. brévipes (=neméčii = laminósa)* **Eßbar**
Bis 40 cm breit. Ohne Strunk, vom Grund aus mit aufwärts gerichteten, bis 5 cm breiten Ästen. Diese weißlich, kaum gewellt, am Ende schwach gezont. Meist Tanne, aber nicht nur, selten.

169. Gattung: Leberpilz, *Fistulína* (nur 1 Art)
Die „Röhren" entstehen aus stiftförmigen Warzen, die sich an der Spitze öffnen. Völlig isoliert, eine **eigene Familie bildend.**

926 Gemeiner Leberpilz, *F. hepática* (Taf. 59) **Eßbar**
Bis 25 cm breit, erst polsterförmig, rot, trocken, dann zungenförmig, blutrot bis leberbraun, feucht. Stiel kurz. Röhren weiß, gelblich, bräunlich. Substanz marmoriert. Eiche, häufig.

Familie: Gallerttränenpilze, Dacryomycetáceae
Gallertig, zäh, knorpelig. Gelb bis orange. Ständer gegabelt.

170. Gattung: Hörnling, *Calócera*
Korallenartig verzweigt oder stiftförmig. Knorpelig. 5 Arten.

927 Klebriger Hörnling, *C. viscósa* (Taf. 61)
Bis 6 cm hoch. Gabelig verzweigt, orangegelb, orange, knorpelig. Weißer Strunk oft wurzelartig. Nadelholz, häufig.

928 Laubholzhörnling, *C. córnea*
Bis 1,5 cm hoch, meist unverzweigt, gelb, orange, zäh-gelatinös. Stiel kaum erkennbar. Laubholz, scharenweise, häufig.

171. Gattung: Gallertträne, *Dacryómyces*
Pustel-, polsterförmig, manchmal kurz gestielt, glatt oder etwas faltig, 1–4 mm, gelb bis orange. Gallertig, trocken knorpelig. Totes Holz, Bauholz, häufig. 15 Arten. – Nur mikroskopisch bestimmbar.

Unterklasse: Ständerpilze mit geteilten Basidien, Phragmobasidiomycétidae

Familie: Gallertpilze, Tremelláceae
Verschiedengestaltig, weich-gallertig. Ständer längsgeteilt.

172. Gattung: Zitterzahn, *Pseudohýdnum* (nur 1 Art)

929 Gallertiger Zitterzahn, *Ps. gelatinósum*
Halbkreisförmig, stielartig-zusammengezogen, zitterig-gallertig, körnig-filzig, weiß, grau. Unten helle weiche Stacheln. Nadelholz, zerstreut.

173. Gattung: Zitterling, *Tremélla* (einschl. *Naematélia*)
Gallertig, meist gekröse-blattartig. Fruchtschicht den gesamten Fruchtkörper überziehend. 25 Arten.

930 Blattartiger Zitterling, *Tr. foliácea* (Abb. S. 89)
Bis 10 cm breit. Äste dünn, breit, verbogen und gewellt, rötlich-bräunlich, alt gelbbraun. Besonders Laubholz, zerstreut.

931 Goldgelber Zitterling, *Tr. mesentérica*
Bis 5 cm breit. Gekröseartig, faltig-lappig, goldgelb, trocken orange. Laubholzäste, häufig.
932 Weißkerniger Zitterling, *Tr. encéphala (= Naematélia)* (Abb. S. 89)
Bis 3 cm breit. Kugelig, sitzend, weißlich, zartrosa. Oberfläche hirnartig-gefaltet. Außen gallertig, innen mit weißem knorpeligem Kern. Parasit auf 846! Nadelholz, zerstreut.

174. Gattung: Drüsling, *Exídia*
Ähnlich voriger Gattung, aber jung deutlich in Unter- und drüsig-warzige, fruchtbare Oberseite geschieden (Lupe). 12 Arten.
933 Gemeiner Drüsling, *E. plána*
Erst kugelig, bald zusammenfließend, schwarz, hirnartig-gewunden, lappig, grauoliv ausblassend. Laubholz, Winterhalbjahr, häufig. – Ebenfalls schwarz, aber becher- bis scheibenartig bleibend, Sporen über 13μm: **Becherförmiger Dr.,** *E. truncáta.*
934 Kandisfarbener Drüsling, *E. saccharína*
Bis 8 cm breit. Benachbarte Fruchtkörper zusammenfließend, welliggewunden, dunkelbraun, dann blaßocker. Kiefer, zerstreut.
935 Bewimperter Drüsling, *E. víllosa*
Jung am Rande bewimpert (Lupe), bald zusammenfließend. Weißlich, dann graugelb, ockeroliv. Laubholz, besonders Linde, zerstreut.

175. Gattung: Gallerttrichter, *Tremíscus (= Guepínia)* (nur 1 Art)
936 Rötlicher Gallerttrichter, *Tr. helvelloídes*
Bis 12 cm hoch. Eingeschnitten trichterig, spatelförmig, rotbraun, gallertig. Bei morschen Stubben, Kalk, selten.

Familie: Ohrlappenpilze, Auriculariáceae
Muschel- bis krustenförmig, gallertig-knorpelig. Ständer quergeteilt.

176. Gruppe: Ohrlappenpilz, *Auriculária* und *Hirnéola* (je 1 Art)
937 Gezonter Ohrlappenpilz, *Auriculária mesentérica*
Bis 6 cm konsolenförmig abstehend, sonst krustenförmig. Fruchtschicht purpurbraun, aderig. Außenseite grau, oliv, zottig, gezont. Gallertig, trocken hornartig. Laubholz, zerstreut.
938 Judasohr, *Hirnéola aurícula-júdae* (Taf. 64)
Bis 10 cm, ohrförmig, später lappenartig. Fruchtschicht rotbraun, glatt oder aderig. Außenseite graubraun, bereift. Gallertig, trocken hornartig. Besonders Holunder, zerstreut.

Klasse: Schlauchpilze, Ascomycétes
Die Sporen werden (oft zu acht) in Schläuchen (Asci) gebildet.

Familie: Morchelpilze, Morchelláceae
Fruchtschicht außen auf hutartigen Köpfen. Sporen ohne Öltropfen.

177. Gattung: Morchel, *Morchélla*
Hut mit bienenwabenartigen Gruben. Stiel hohl. 6 Arten.

939 Speisemorchel, *M. esculénta* (Taf. 62)   **Eßbar**
Kopf bis 10 cm hoch, rundlich, eiförmig, graubraun, gelbbraun, ocker. Waben unregelmäßig begrenzt. Stiel weißlich, gelblich, kleiig, unten verdickt und faltig. Laubwald, Gebüsch, Gärten, besonders Kalk und Lehm, Mai, zerstreut.

940 Spitzmorchel, *M. eláta (=cónica)* (Taf. 62)   **Eßbar**
Kopf bis 8 cm hoch, eiförmig-kegelig, schwarzbraun bis braun. Deutliche Längs- und schwächere Querrippen. Besonders Nadelwald, Holzplätze, Brandstellen, April-Mai, zerstreut.

941 Käppchenmorchel, *M. gígas (=semilíbera, hýbrida = Mitróphora)* (Taf. 63)   **Eßbar**
Kopf bis 4 cm hoch, kegelförmig, olivschwarz, graubraun, grubig-wabig; Rand frei überhängend. Stiel schlank, kleiig. Laubwald, Gebüsch, Wegränder, April–Mai, häufig.

178. Gattung: Verpel, *Vérpa*
Hutrand frei überhängend. Stiel anfangs ausgestopft. 2 Arten.

942 Fingerhutverpel, *V. cónica*   **Eßbar**
Kopf bis 3 cm hoch, braun, glatt oder fein runzelig. Stiel blaß, unten zart rostfarben genattert, sehr gebrechlich. Lichter Laubwald, Gärten, April–Mai, selten.

943 Runzelverpel, *V. bohémica* (Abb. S. 88)   **Eßbar**
Kopf bis 4 cm, ockerbraun, stark runzelig (alt fast rippig). Stiel gelblich, unten weiß genattert, kleiig, schlank. Gebüsche, April–Mai, selten.

Familie: Lorchelpilze, Helvelláceae

Fruchtschicht auf hutartigen Köpfen. Diese jedoch faltig-lappig, wulstig (seltener Fruchtkörper becherartig). Sporen mit 1–2 Öltropfen.

179. Gruppe: Lorchel, *Helvélla* z. T.

„Hut mit ± verbogenen Lappen. *Helvella* insgesamt 26 Arten.

944 Herbstlorchel, *H. críspa*   **Eßbar**
Bis 5 cm breit, unregelmäßig lappig, faltig, weißlich bis ocker. Stiel mit Rippen, Rillen und Gruben. Laubwald, zerstreut.

945 Grubenlorchel, *H. lacunósa* (Taf. 61)   **Eßbar**
Ähnlich voriger, aber grau bis schwarz. Stiel ebenfalls mit Längsrippen, Rillen und Gruben. Wälder, zerstreut.

946 Elastische Lorchel, *H. elástica* (Taf. 62)   **Eßbar**
Bis 4 cm breit, sattelförmig. Lappen umgeschlagen, gelbbraun, gelbgrau. Unterseite kahl. Stiel ungefurcht. Wälder, zerstreut.

947 Schwarze Lorchel, *H. átra*
Bis 3 cm breit, wie vorige, aber schwarz. Unterseite glatt. Stiel ungefurcht, filzig. Laubwald, zerstreut.

948 Filzige Lorchel, *H. ephíppium*
Bis 2 cm breit, eingerollt, sattelförmig, dunkelgrau. Unterseite filzig. Stiel ungefurcht, filzig. Laubwald, Lehm, zerstreut.

180. Gruppe: Stielbecherling, Rippenbecherling; *Helvélla* z. T.
Fruchtkörper ± gestielt becher- oder schalenförmig.

949   Grauer Stielbecherling, *H. bulbósa (=mácropus)* (Taf. 64, Abb. S. 86)
Bis 3 cm breit, schalenförmig, graubraun. Außen grau, filzig. Stiel grau, filzig. Feuchter Laubwald, zerstreut.

950   Brauner Rippenbecherling, *H. (= Acetábula) acetábulum* (Taf. 63)
                                                                              Eßbar
Bis 5 cm breit, becherförmig, braun. Stielrippen kantig, fast den Becherrand erreichend. Gebüsch, Kalk, Frühsommer, häufig.

951   Grauer Rippenbecherling, *H. (= Acetábula) costífera*
Bis 5 cm breit, becherförmig, grau, graubraun. Stiel deutlich. Rippen rund, stumpf, nicht bis zum Becherrand reichend. Gebüsch, gern Kalk, Frühsommer, zerstreut.

952   Kurzstieliger Rippenbecherling, *H. leucomelǽna* (Abb. S. 87)
Bis 6 cm breit, becherförmig, schalenförmig, schwärzlich, graubraun. Stiel kurz, dick, eingesenkt, mit wenigen Gruben. Nadelwald, Kalk, Frühjahr, zerstreut.

181. Gruppe: Lorchel, *Gyrómitra* z. T.
Kopf hirnartig gefaltet, faltig-lappig. In dieser Gruppe 5 Arten.

953   Frühjahrslorchel, *G. esculénta* (Taf. 62)   **Giftig**
Bis 10 cm breit, hirnartig-wulstig, braun. Stiel weiß bis violettbraun, kurz. Besonders Kiefer, Sand, Frühjahr, häufig.

954   Bischofsmütze, *G. ínfula*   **Eßbar**
Bis 10 cm breit, in mehrere spitze Lappen ausgezogen, dazwischen sattelartig vertieft. Lappen rotbraun, leicht wellig. Fichtenstubben, Sägespäne, Brandstellen, Herbst, zerstreut.

955   Riesenlorchel, *G. gígas*   **Giftig**
Bis 20 cm breit, gefaltet, gelbbraun, olivbraun. Falten, besonders am Rand, langgestreckt. Wälder, gern auf Holzresten, Frühjahr, selten.

956   Gipfellorchel, *G. fastigiáta*   **Eßbar**
Bis 15 cm breit, zipfelig, rotbraun. Zipfel wulstig-gefaltet. Stiel blaß, etwas grubig. Laubwald, Kalk und Lehm, Frühjahr, selten.

182. Gruppe: Scheibenlorchel, *Gyrómitra* z. T. *(= Díscina), Disciótis*
Groß, scheibenartig, kurz gestielt. Oft runzelig. 3 Arten und 1 Art.

957   Rotbraune Scheibenlorchel, *G. ancílis (= perláta)*   **Eßbar**
Bis 12 cm breit, schüsselförmig, alt ausgebreitet, braun, faltig-runzelig. Geruchlos. Sporen spindelig. Auf und um Nadelholzstubben, Späne, April–Mai, zerstreut. – Ähnlich, dottergelb: *G. leucoxántha.*

958   Flatschmorchel, Morchelbecherling, *Disciótis venósa*   **Eßbar**
Ähnlich voriger, aber Geruch stechend und Sporen elliptisch. Lehmiger Boden, Mai, zerstreut. – Mit den Morcheln verwandt!

183. Gattung: Wurzellorchel, *Rhizína* (nur 1 Art)

959   Gemeine Wurzellorchel, *Rh. unduláta (= infláta)*
Bis 8 cm breit, wellig-krustenförmig, rotbraun, schwarzbraun, Rand anfangs gelblich. Unterseite mit dünnen weißlichen Myzelsträngen. Nadelwaldboden, Brandstellen, zerstreut.

Familie: Becherpilze, Pezizáceae

Schüssel- oder scheibenartig, nie orange. Stets ohne Randborsten.

184. Gattung: Kronenbecherling, Sarcospháera (nur 1 Art)
960 Violetter Kronenbecherling, S. coronária (Abb. S. 87) **Giftig**
Eine unterirdische Hohlkugel, die sternförmig aufreißt, zuletzt weit ausgebreitet, bis 12 cm. Innen violettlich, außen blaß, kahl. Besonders Nadelwald, Kalk, Frühsommer, zerstreut.

185. Gattung: Becherling, Pezíza
Schüsselförmig, ungestielt. Etwa 60 Arten, vielfach klein.
961 Blasiger Becherling, P. vesiculósa (Taf. 63) **Eßbar**
Bis 10 cm breit, blasenförmig, ockerbraun, außen blasser und kleiig, sehr brüchig, dickfleischig. Altes Stroh, fette und gedüngte Böden, oft dichtbüschelig, häufig.
962 Riesenbecherling, P. vária **Eßbar**
Bis 10 cm breit, blaßbraun, gelbbraun. Außen blaß, kleiig, ungestielt. Fleisch dünn, geschichtet. Morsches Holz, zerstreut.
963 Kastanienbrauner Becherling, P. bádia (Taf. 63)
Bis 8 cm breit, olivbraun, kastanienbraun. Fleisch rötlichbraun, wässerig, dünn. Häufig auf armen, sauren Böden.
964 Gelbmilchender Becherling, P. succósa
Bis 5 cm breit, olivgrau. Außenseite gelbgrau. Fleisch weißlich, im Bruch langsam gilbend. Wälder, lehmige Böden, häufig.

Familie: Orange- oder Borstenbecherpilze, Pyronematáceae (=Humariáceae)
Schüssel- oder scheibenartig. Oft orange, oft borstig am Rande.

185. Gattung: Öhrling, Otídea
965 Hasenohr, O. leporína (Taf. 63). **Eßbar**
Bis 6 cm hoch, einseitig ausgezogen, außen und innen lederbraun bis ockerlich, gelbbraun. Wälder, zerstreut. – Größer, innen orange: **Eselsohr.**
966 Schneckenförmiger Öhrling, O. bufónia (= umbrína)
Bis 6 cm breit, schüsselförmig, tief gespalten und die Ränder der Spalten stark eingerollt. Braun. Laubwald, zerstreut.

187. Gruppe: Orangebecherling, Moosbecherling; Aléuria, Leucóscypha, Pulvínŭla, Octóspora.
Lebhaft gefärbt. Rand kahl. 4, 5, 2 und 12 Arten.
967 Großer Orangebecherling, A. auróntia **Eßbar**
Bis 10 cm breit, flach schalenförmig, leuchtend orange. Außen blaß, zartkörnig, ungestielt, dünnfleischig. Sporen elliptisch, ornamentiert. Auf dem Boden, zerstreut.
968 Gemeiner Moosbecherling, Octóspora humósa
Bis 1 cm breit, jung fast gewölbt, dann ausgebreitet, flach schalenförmig, dem Boden anliegend, orange. Sporen elliptisch, glatt. Dünensand, sandige Trockenrasen, meist bei Polýtrichum pilíferum, zerstreut.
969 Gewölbter Orangebecherling, Pulvínula constellátio
Ähnlich vorigem, aber leicht polsterförmig bleibend. Sporen rund. Sandiger Boden, Brandstellen, häufig.

970 Feinbewimperter Orangebecherling,
Leucóscypha rútilans (= *Neottiélla*)
Bis 1,5 cm breit , schüsselförmig, orange, fast stielartig eingesenkt. Außenseite feinhaarig. Sporen elliptisch, skulpturiert. Zwischen *Polytrichum*, sandige Stellen, zerstreut.

188. Gruppe: Borstling; *Scutellínia, Humária* und *Melastíza*
Außenseite und Becherrand borstig. Oberirdisch. 10, 10 und 3 Arten.

971 Halbkugeliger Borstling, *Humária hemisphǽrica*
Bis 4 cm breit, schüsselförmig bleibend, innen weißlich, blaßgrau. Außen und am Rand braunborstig. Waldboden, häufig.

972 Langbewimperter Borstling, *Scutellínia scutelláta* (Abb. S. 86)
Bis 1 cm breit, flach schalenförmig, scharlachrot, orange. Außen braunborstig. Rand mit 2 mm langen schwarzen Borsten. Besonders feuchtes Holz, häufig. – Mehrere ähnliche Arten!

973 Kurzbewimperter Borstling, *Melastíza cháteri*
Bis 1,5 cm breit, becherförmig, dann ausgebreitet, orange. Außen blaß. Rand dunkel kurzborstig (Lupe). Gedüngte Stellen, Silos, nackter Boden, häufig.

189. Gattung: Sandborstling, *Sepultária*
Außenseite und Becherrand braunborstig. Anfangs kugelig, in den Boden eingesenkt, dann sternförmig aufreißend. 5 Arten. – Zu den Lorchelpilzen, S. 180, gehörend.

974 Kleiner Sandborstling, *S. arenósa* (Abb. S. 87)
Bis 1,5 cm. Gelblich, gelbgrau. Feuchter Sand, zerstreut.

190. Gattung: Kohlenbecherling, *Geopýxis* (= *Pustulária*) (nur 1 Art)

975 Gemeiner Kohlenbecherling, *G. carbonária*
Bis 2 cm breit, krugförmig, ockerbraun, außen blaß. Rand flockig-gekerbt. Stiel kurz, dünn, glatt, eingesenkt. Brandstellen, häufig. – Auf Boden, nicht an Brandstellen: **Napfbecherling,** *Tarzétta*.

975

Familie: Kelchbecherpilze, Fleischbecherpilze, Sarcoscypháceae

Fruchtkörper zähfleischiger als bei den beiden vorigen Familien. Orange oder schwarz, gern gestielt und außen filzig. Schläuche gedeckelt. Oft holzbewohnend.

191. Gruppe: Kelchbecherling, *Sarcóscypha, Micróstoma*
Lebhaft rot, gestielt, auf Holz (und Wurzeln). 2 Arten.

976 Zinnoberroter Kelchbecherling, *Sarcóscypha coccínea*
Bis 5 cm breit, schüsselförmig, zinnoberrot. Stiel kurz, weißlich. Laubholzäste, Frühjahr, selten.

977 Scharlachroter Kelchbecherling, *Micróstoma protrácta*
Bis 2 cm breit, becherförmig, lebhaft rot. Stiel lang, unten schwarz. Vergrabenes Laubholz, gern büschelig, selten.

Familie: Becherpilze und Sklerotienbecherpilze; Helotiáceae und Sclerotiniáceae

Fleischig oder etwas zäh, weder rot noch schwarz, oft gestielt. Schläuche ohne Deckel. Viele winzige Arten. Nie auf dem Boden, immer auf Pflanzenteilen.

192. Gattung: Büschelbecherling, *Encœlia* (5 Arten)
  978 Kleiiger Büschelbecherling, *E. furfurácea* (Abb. S. 87)
      Bis 2 cm breit, ocker-, dunkelbraun. Außen heller, kleiig-flockig.
      Büschelig an Hasel- und Erlenästen. Frühjahr, zerstreut.

193. Gattung: Grünspanbecherling, *Chlorocibória* (= *Chlorosplénium*)
(2 Arten)
  979 Gemeiner Grünspanbecherling, *Cl. aerugináscens*
      Bis 6 mm breit, blaugrün, flach schüsselförmig. Stiel kurz. Morsches,
      innen tiefgrünes Laubholz. Fruchtkörper selten.

194. Gattung: Schmarotzerbecherling, *Sclerotínia* (nur 1 Art)
  980 Anemonenbecherling, *Scl. tuberósa*
      Bis 2 cm, braun. Stiel schlank, aus einem schwarzen
      Sklerotium wachsend. Zwischen Buschwindröschen,
      Frühjahr, zerstreut.

Familie: Gallertbecherpilze, Bulgariáceae

Gallertig-dickfleischig, becher- oder käppchenartig. – Diese Familie wird
jetzt in die Sklerotienbecherpilze einbezogen.

195. Gruppe: Gallertbecher; *Bulgária, Ascocóryne*
Fleischig-gallertig, kreiselförmig. Auf Holz. Insgesamt 4 Arten.
  981 Schwarzer Gallertbecher, Schmutzbecher, *Bulgária ínquinans*
      Bis 4 cm hoch und breit, kreiselförmig, gelatinös. Fruchtschicht kohl-
      schwarz („abfärbend"). Außen braun, kleiig. In Rindenspalten (be-
      sonders gefällte Eichen), häufig. – *Exidia truncata* (s. bei Nr. 933) hat
      weißen Sporenstaub und färbt nicht ab!
  982 Violetter Gallertbecher, *Ascocóryne cylíchnium*
      Bis 1 cm breit, flach kreiselförmig, fast scheibenförmig, kurz gestielt,
      fleischig, wachsartig, purpurviolett. Oft von der keulenförmigen oder
      faltig-lappigen ungeschlechtlichen Form begleitet. Laubholz, häufig. –
      Sporen unter 20 μm: **Fleischroter G.,** *A. sarcoídes*.

196. Gattung: Gallertkäppchen, *Leótia* (4 Arten)
  983 Grüngelbes Gallertkäppchen, *L. lúbrica* (Taf. 64)
      Gestielt-kopfig, gallertig. „Hut" bis 2 cm, kissenförmig, bernstein- bis
      grünlichgelb. Stiel schlank, dottergelb. Feuchte Wälder, zerstreut.

Familie: Zungenpilze, Geoglossáceae

Fleischig. Keulenförmig oder gestielt-kopfig.

197. Gattung: Haarzunge, *Trichoglóssum* (nur 2 Arten)
  984 Gemeine Haarzunge, *Tr. hirsútum*
      Bis 8 cm hoch, zungen-, keulenförmig, breitgedrückt,
      schwarz, borstig. Feuchte Wiesen, zerstreut.

198. Gattung: Erdzunge, *Geoglóssum* (10 Arten)
Bis 8 cm hoch, zungenförmig, keulig, schwarz, kahl oder kleb-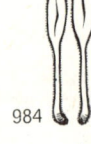
rig. Grasige Stellen, zerstreut. Nur mikroskopisch unterscheid-
bar.

984

199. Gattung: Haubenpilz, *Mítrula* (nur 1 Art)
985 **Sumpfhaubenpilz,** *M. paludósa* (= *phalloídes*) (Abb. S. 88)
Kopfig-gestielt. Kopf bis 2 cm, blasig, orangegelb, hohl. Stiel weiß, blaßrosa, hohl. Quellsümpfe, Gräben, zerstreut.

200. Gattung: Spateling, *Spathulária* (3 Arten)
986 **Gelber Spateling,** *Sp. flávida* (Abb. S. 88)
Bis 8 cm hoch. Kopf an 2 Stellen am Stiel herablaufend, zusammengedrückt, goldgelb. Nadelboden, Bergland, selten.

201. Gattung: Kreisling, *Cudónia* (4 Arten)
987 **Helmkreisling,** *C. círcinans*
Bis 7 cm hoch. Kopf graugelb. Stiel weißlich, hohl. Nadelwald, in Kreisen, selten.

987

Familie: Rasentrüffeln, Hydnotryáceae

Trüffelähnlich, halbunterirdisch. Innen mit labyrinthischen hohlen Gängen, die nach außen münden. Nur eine Gattung.

202. Gattung: Rasentrüffel, *Hydnótrya* (Merkmale siehe Familie!)
988 **Rotbraune Rasentrüffel,** *H. tulásnei* (Taf. 64)   **Eßbar**
Knollen bis 4 cm, außen und innen rotbräunlich, höckerig-grubig. Innen weißliche Gänge. Wälder, meist einzeln, zerstreut.

Familie: Trüffelpilze, Tuberáceae

Knollenförmig geschlossen. Inneres marmoriert. Meist unterirdisch wachsend. Siehe auch Familie Wurzeltrüffelpilze (S. 94).

203. Gruppe: Trüffel; *Choirómyces, Túber*
Inneres marmoriert, meist voll. Nicht pulverig zerfallend. 1 und 25 Arten.
989 **Weißtrüffel,** *Choirómyces venósus*   **Eßbar**
Bis 12 cm breit, höckerig-knollig, weißlich, gelbbraun (wie eine blasse Kartoffel), rissig-gefeldert. Innen weißlich, fein geadert. Geruch reif stark aromatisch. Wälder, selten.
990 **Sommertrüffel,** *T. aestívum* (Taf. 64, Abb. S. 84)   **Eßbar**
Bis 10 cm breit, rundlich, schwarz, mit pyramidenförmig – vieleckigen Warzen. Innen weißlich, gelbbraun, mit gewundenen weißen Adern. Festfleischig. Laubwald, Kalk, selten. – Sporen stachelig: *T. brumále.*
991 **Hohle Trüffel,** *T. excavátum*
Bis 3 cm breit. Flach kugelig, gelblich, rotbraun, fein kleiig. Unterseits mit Hohlraum. Innen weiß, purpurbraun. Vom Hohlraum gehen gelbliche Adern aus. Wälder, zerstreut.
992 **Rotbraune Trüffel,** *T. rúfum*
Bis 2 cm breit, kugelig-gelappt, rotbraun, fein felderig (Lupe). Inneres weiß, rotbraun geadert, hart. Wälder, zerstreut.

204. Gattung: Hirschtrüffel, *Elaphómyces*
Innen wenig marmoriert. Alt pulverig-zerfallend. Rundlich. 15 Arten.

993 Warzige Hirschtrüffel, *E. granulátus* (Abb. S. 84)
Bis 4 cm breit. Kugelig, abgeflacht, orangegelb, gelbbraun, körnig-warzig. Schale innen rötlich. Innen dunkel, grau aderig. Bitter. Besonders Kiefer, tief im Boden, häufig.

Familie: Mutterkornpilze, Clavicipitáceae

Oft keulenförmig, warzig. Parasiten auf Gräsern, Insekten oder Hirschtrüffeln.

205. Gattung: Kernkeule, *Córdyceps* (Merkmale s. Familie; 10 Arten)
994 Puppenkernkeule, *C. militáris* (Abb. S. 85)
Bis 6 cm hoch. Keulenförmig, orange, rauhlich. Stiel blaß, schlank. Auf im Boden liegenden Schmetterlingspuppen, selten.

995 Zungenkernkeule, *C. ophioglossoídes*
Bis 8 cm hoch. Zungenförmig, gelb, olivschwarz, rauhlich. Stiel gelb, bald dunkler. In Nadelwäldern, auf Hirschtrüffeln schmarotzend.

996 Kopfige Kernkeule, *C. canadénsis* (Abb. S. 88)
Bis 8 cm hoch. Kopf rundlich, braun, rauhlich. Stiel gelb, oliv. Auf Hirschtrüffeln, selten.

Familie: Holzkeulenpilze, Xylariáceae

Sehr verschieden geformt. Rauh von kleinen Wärzchen. An Holz.

206. Gattung: Holzkeule, *Xylária*
Keulen- oder korallenartig, schwarz. Sehr zäh. 7 Arten.
997 Vielgestaltige Holzkeule, *X. polymórpha*
Bis 8 cm hoch, fingerdick, keulig, schwarz, rauhlich. Innen weiß, korkig-zäh. Laubholz, Wurzeln, häufig.

998 Geweihförmige Holzkeule, *X. hypóxylon*
Bis 6 cm hoch, dünn, mehrfach verzweigt oder unverzweigt. Enden weiß, grau. Unten schwarz, borstig. Zuletzt ganz schwarz. Laubholz, häufig.

207. Gattung: Holzkohle, *Daldínia* (nur 1 Art)
999 Kugelige Holzkohle, *D. concéntrica* (Abb. S. 84)
Bis 8 cm, polsterförmig bis halbkugelig, schwarz. Inneres gezont. Laubholz, selten.

208. Gattung: Kugelpilz, Kohlenkruste, *Hypóxylon*
Kugelig, krustenförmig, zäh, kohlig-trocken, punktiert.
1000 Brandfladen, *H. deústum*
Bis 15 cm breit, krustenförmig. Weiß, bald grau, korkig, dann schwarz, fein höckerig, brüchig. Laubholzstubben, häufig.

1001 Rötlicher Kugelpilz, *H. fragifórme*
Bis 1 cm breit, kugelförmig, fein warzig, braunrot, braun. Berindete Buchenäste, häufig.

Familie: Pustelpilze, Nectriáceae

209. Gattung: Pustelpilz, *Néctria* (20 Arten)
Rot, pustelförmig, 1 – 2 mm breit. Laubholzäste, häufig. Einzelne Arten nur mikroskopisch unterscheidbar.

Weiterführende Literatur

Berger, K. (Hrsg., 1980): Mykologisches Wörterbuch. 2. Aufl. Jena
Birkfeld, A. u. K. Herschel (1962–1968): Morphologisch-anatomische Bildtafeln für die praktische Pilzkunde. Wittenberg Lutherstadt.
Böticher, W. (1974): Technologie der Pilzverwertung. Stuttgart.
Breitenbach, J. u. F. Kränzlin: Pilze der Schweiz. Bd. I: Ascomyceten, Luzern 1981. – Bd. II: Nichtblätterpilze. Luzern 1986.
Bresinsky, A. u. H. Besl (1985): Giftpilze. Stuttgart.
Die Pilze Mitteleuropas. Band II: W. Neuhoff, Die Milchlinge, 1956. – Band III: J. Schäffer, *Russula*-Monographie, 1952. – Band IV: M. Moser, Die Gattung *Phlegmacium* (Schleimköpfe), 1960. – Band V und VI: R. Singer, Die Röhrlinge, 1965 und 1967. Bad Heilbrunn.
Dörfelt, H. (1985):Die Erdsterne. Brehm-Bücherei Bd. 573. Wittenberg Lutherstadt.
Flammer, R. (1980): Differentialdiagnose bei Pilzvergiftungen. Stuttgart – New York.
Gramberg, E. (1939): Pilze der Heimat. 5. Aufl. Leipzig.
Gröger, F. (1981): Pilze und Wildfrüchte. 4. Aufl. Leipzig.
Jahn, H. (1979): Pilze, die an Holz wachsen. Herford.
Jülich, W. (1984): Die Nichtblätterpilze, Gallertpilze und Bauchpilze. Bd. II/1 der Kleinen Kryptogamenflora. Stuttgart.
Kindt, V. (1978): Speisepilze selbst angebaut. Berlin.
Kreisel, H. (1961): Die phytopathogenen Großpilze Deutschlands. Jena.
– (1969): Grundzüge eines natürlichen Systems der Pilze. Jena.
– (Hrsg., 1986): Pilzflora der DDR. Jena.
Kühner, R. und H. Romagnesi (1935): Flore analytique des champignons supérieurs. Paris.
Lange, J. E.(1935–1940): Flora Agaricina Danica. Kopenhagen.
Michael, E., B. Hennig u. H. Kreisel (1975–1986): Handbuch für Pilzfreunde. Jena (Bd. I 1983, Bd. II 1986, Bd. III 1986, Bd. IV 1985, Bd. V 1984, Bd. VI 1975).
Moser, M. (1963): Ascomyceten. Jena.
– (1983): Die Röhrlinge und Blätterpilze. 5. Aufl. Jena.
Ricken, A. (1915): Die Blätterpilze Deutschlands. Leipzig.
Schubert, R., H.-H. Handke u. H. Pankow (1983): Exkursionsflora für die Gebiete der DDR und BRD. Band 1: Niedere Pflanzen, Grundband. Berlin.
Schubert, R. u. G. Wagner (1984): Pflanzennamen und botanische Fachwörter. Leipzig-Radebeul.
Anordnung über den Verkehr mit Speisepilzen und daraus hergestellten Pilzerzeugnissen. GBl. der DDR, Teil I Nr. 2, Berlin 17. 1. 1974.
Leitfaden für Pilzaufklärung. Kollektiv von Pilzsachverständigen im Auftrag des Ministeriums für Gesundheitswesen. 2. Aufl. 1978
Zeitschrift „Boletus". Kulturbund der DDR. Halle 1977 ff.
Zeitschrift „Mykologisches Mitteilungsblatt". Rat des Bezirkes Halle, Bezirkshygieneinspektion. 1957 ff.
Zeitschrift für Mykologie. Schwäbisch Gmünd, 1978 ff. (vordem Zeitschrift für Pilzkunde).

Verzeichnis der wissenschaftlichen Gattungs- und Artnamen

Die Ziffern geben die Nummern der Arten und den Umfang der Gattungen im Artenverzeichnis an. Synonyme sind mit * gekennzeichnet.

abietina, Ram. 907
abietinum, Gl. 832
–, Trich. 836
Abortiporus 835
* abruptibulbus, Ag.s. 425
acerrimus, Lact. 691
acervata, Coll. 249
* Acetabula 950, 951
acetabulum, Helv. 950
acicula, Myc. 291
acrifolia, Russ. 714
acris, Lact. 673
acuminatus, P. 467
acutoconica, H. 119
acutus, Cort. 611
adaequata, I. 532
adiposa, Ph. 508
adusta, Bj. 818
–, Russ. 713
aereus, Bol. 84
aeruginascens, Ch. 979
*–, Suill. 44
aeruginea, Russ. 734
aeruginosa, Str. 485
aestivalis, Ag. 416
*–, Bol. 85
aestivum, Tub. 990
Agaricus 406–425
agathosmus, Hygr. 103
* aggregatum, Lyoph. 217
agrestis, Clit. 162
Agrocybe 478–483
alba, Lep. 383
* album, Trich. 195
albus, Ptych. 814
* Albatrellus 797–799
albobrunneum, Tr. 174
albonigra, Russ. 716
alboviolaceus, C. 600
alcalina, Myc. 280
Aleuria 967
*aleuriatus, Bolb. 471
alliaceus, Mar. 238

allutus, Cort. 633
Alnicola 577–579
alnicola, Phol. 512
alopecia, Copr. 428
* alutacea, Russ. 753
Amanita 353–371
amanitae, C. s. 241
Amanitopsis 353–357
amethystina, Lacc. 132
amiantinum, Cyst. 403
amoenolens, Cort. 623
–. Russ. 722
amorpha, Skl. 815
*amygdalina, Myc. 295
ancilis, Gyr. 957
androsaceus, Mar. 254
* Anellaria 463
angulatus, Copr. 439
*angustissima, Cl. 162
annosum, Heter. 841
annulosulfurea var. s. 362
anomalus, Cort. 598
anthocephala, Th. 875
anthracina, R. s. 716
anthracophila, T. s. 223
* Anthurus 33
Antrodia 839
Antrodiella 824
aporos, Phol. C. 475
appendiculata, Ph. 477
appendiculatus, B. 83
*applanatum, Gan. 866
applanatus, Crep. 525
aprile, Ent. 309
archeri, Cl., Anth. 33
arenosa, Sep. 974
areolatum, Scl. 3
argillacea, Cl. 915
* argyraceum, Tr. 187
arhizos, Pis. 4
arida, Con. 873
armeniacus, Cort. 620
Armillaria 164–168

* Armillariella 164–168
armillatus, Cort. 604
arrhenii, Phol. 476
Artomyces 908
arvensis, Ag. 423
Ascocoryne 982
asema var. s. 251
aspera, Am. 363
*–, Lep. 393
Aspropaxillus 137
assimilata, I. 550
Asterophora 221, 222
asterospora, In. 547
Astraeus 24
astragalina, Ph. 513
*atkinsonii, Gan. s. 865
* atomata, Ps. 460
atra, Helv. 647
atramentarius, C. 427
atrata, Tephr. 223
atricapillus, Pl. 342
atripes, In. 541
atrocoerulea, H. 228
* atromarginatus, P. 343
* atropurpurea, R. 776
atrorubens, R. 775
atrosquamosum, Tr. 189
atrotomentosus, Pax. 90
augeana, Clit. 145
augustus, Ag. 422
aurantia, Al. 967
aurantiaca, Hygr. 88
aurantiacum, Hyd. 880
* –, Lecc. 63
aurantiomarginata, Myc. 276
Aurantioporus 809
aurantium, Tr. 172
* aurata, Russ. 750
aurea, Phaeol. 404
–, Russ. 750
auricula-judae, H. 938
Auricularia 937
Auriscalpium 888

Verzeichnis der deutschen Namen

Die Ziffern geben die Nummern im Artenverzeichnis an.
Mit * gekennzeichnet sind andere wichtige Namen, die für die betreffende Art
gebräuchlich sind (Synonyme). Bei Pilzen, auf die nur anhangweise bei anderen
Arten hingewiesen wurde, ist der Hinweis „s." (siehe) angegeben. Hinweise auf
Tafelabbildungen und Skizzen sind nur im Artenverzeichnis zu finden.

214

Sachwortverzeichnis

†

Kartoffelbovist (1)
Scleroderma citrinum

*   Gemeiner Erbsenstreuling (4)   Topfteuerling (27)
    Pisolithus arhizos   *Cyathus olla*

Gemeiner Tiegelteuerling (26)
Crucibulum laeve

Tafel 2

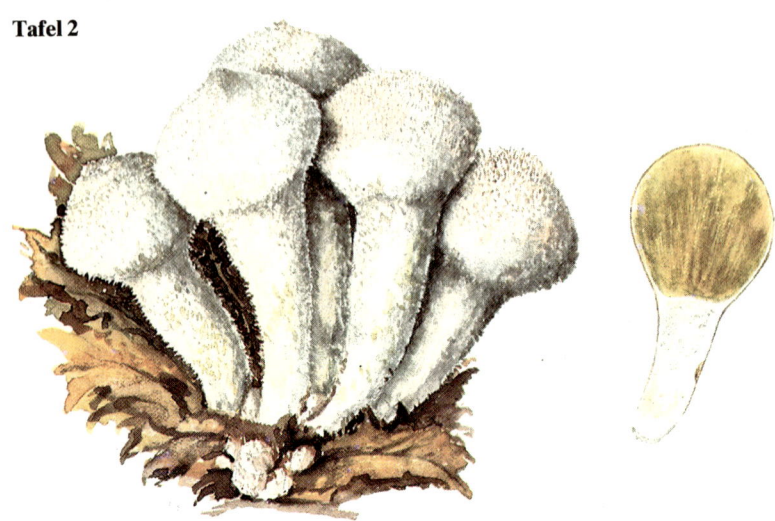

* Flaschenstäubling (11)
  Lycoperdon perlatum

* Schwärzender Eierbovist (19)
  Bovista nigrescens

Birnenstäubling (10)
Lycoperdon pyriforme

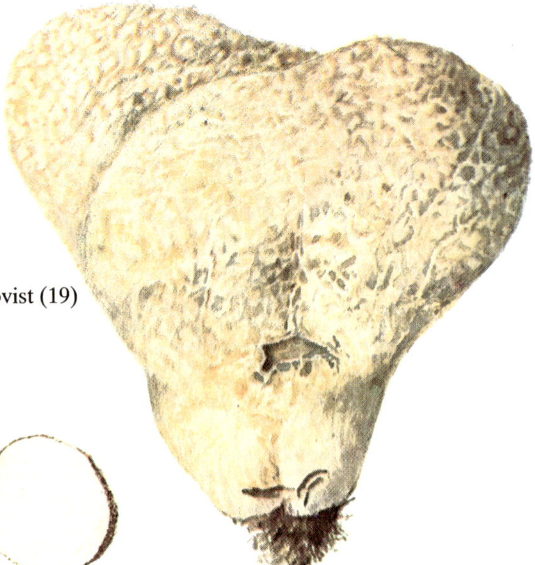

* Hasenstäubling (7)
  Calvatia utriformis

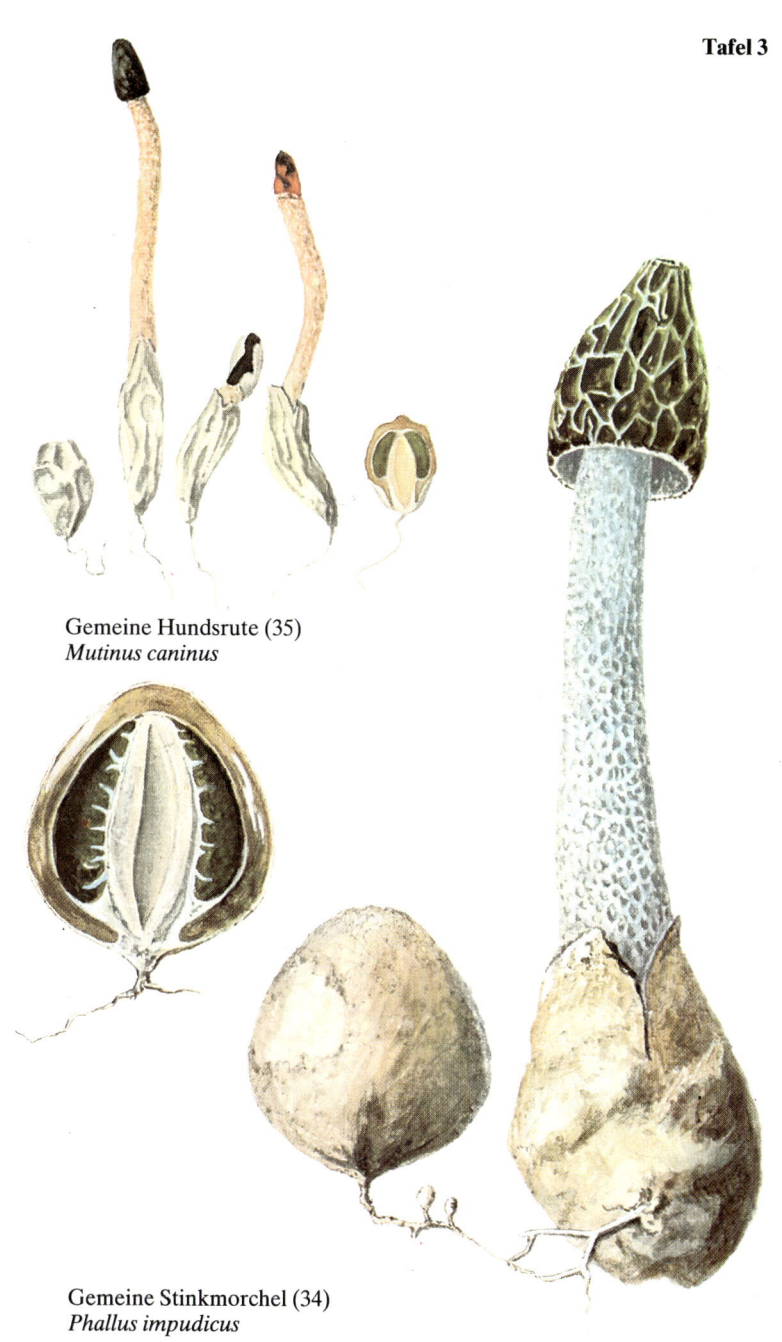

Gemeine Hundsrute (35)
Mutinus caninus

Gemeine Stinkmorchel (34)
Phallus impudicus

Tafel 4

* Hasenröhrling (41)
Gyroporus castaneus

* Kornblumenröhrling (40)
Gyroporus cyanescens

* Goldröhrling (43)
Suillus flavus

* Butterpilz (47)
Suillus luteus

* Sandpilz (52)
Suillus variegatus

* Kuhpilz (51)
Suillus bovinus

* in Gemeinschaft mit
Rosa Schmierling (95)
Gomphidius roseus

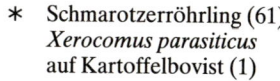

* Schmarotzerröhrling (61)
Xerocomus parasiticus
auf Kartoffelbovist (1)

* Elfenbeinröhrling (50)
Suillus placidus

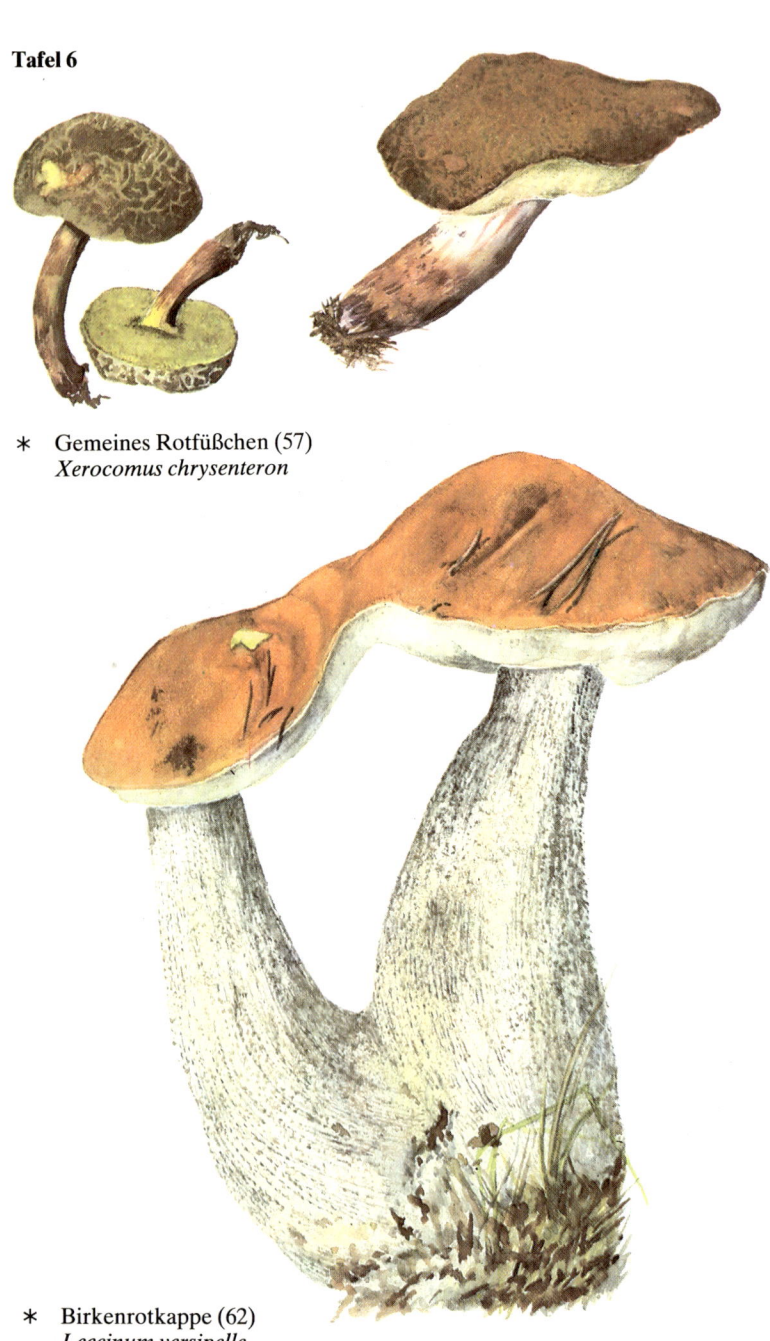

Tafel 6

* Gemeines Rotfüßchen (57)
Xerocomus chrysenteron

* Birkenrotkappe (62)
Leccinum versipelle

* Ziegenlippe (55)
Xerocomus subtomentosus

Düsterer Röhrling (37)
Porphyrellus porphyrosporus

* Gemeiner Birkenpilz (65)
Leccinum scabrum

Tafel 8

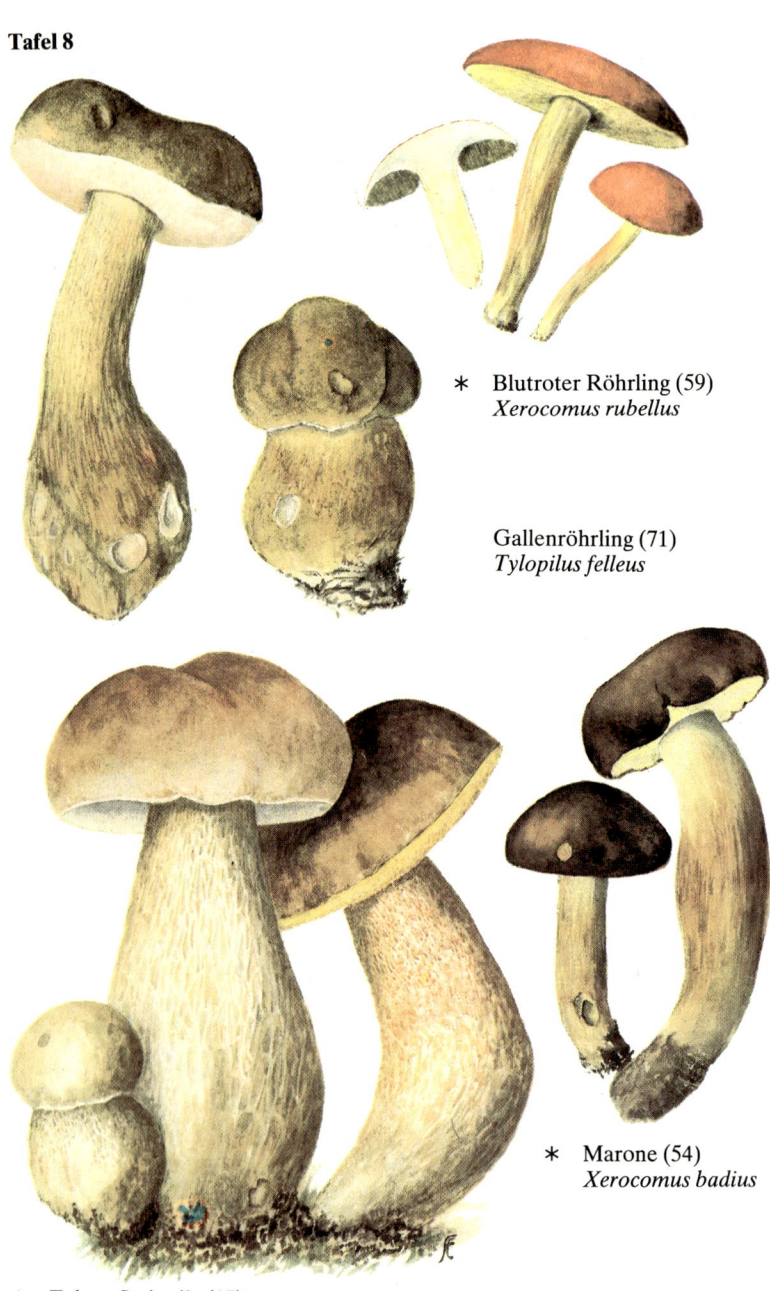

* Blutroter Röhrling (59)
Xerocomus rubellus

Gallenröhrling (71)
Tylopilus felleus

* Marone (54)
Xerocomus badius

* Echter Steinpilz (87)
Boletus edulis

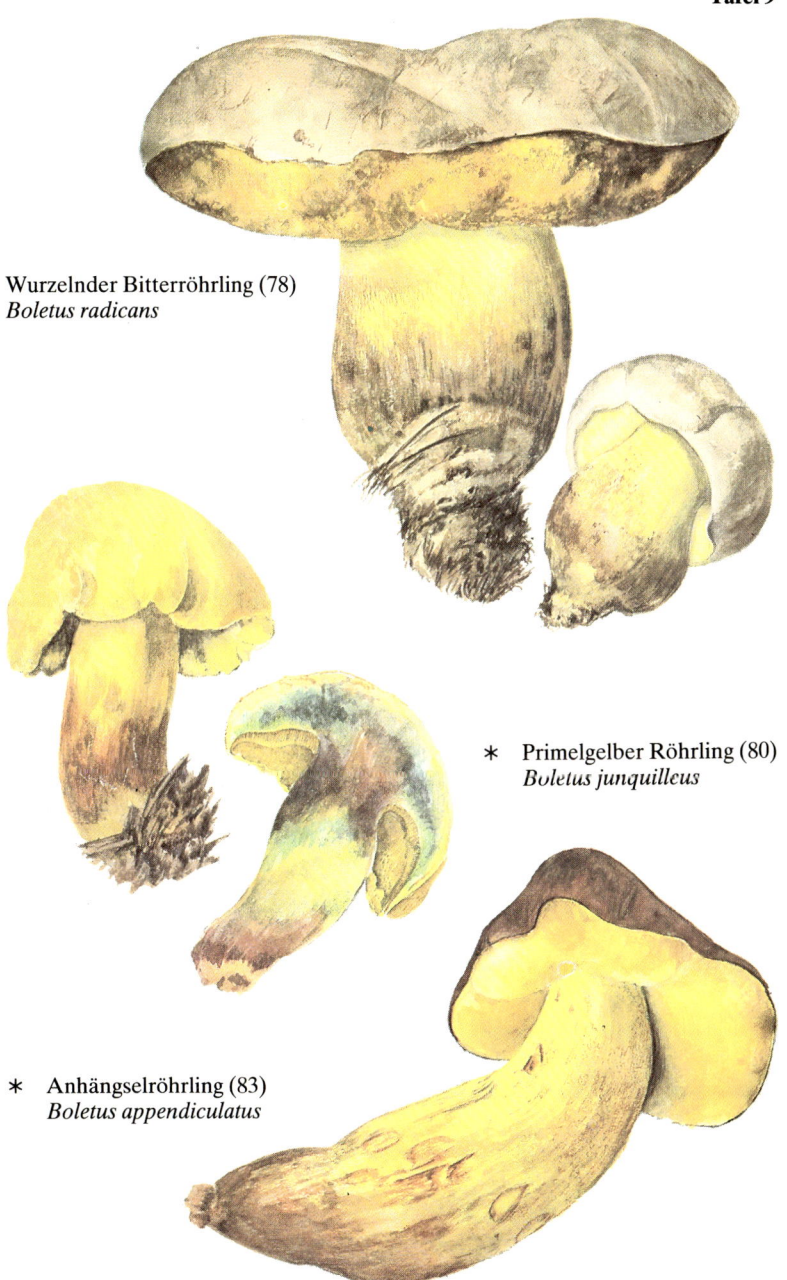

Wurzelnder Bitterröhrling (78)
Boletus radicans

* Primelgelber Röhrling (80)
Boletus junquilleus

* Anhängselröhrling (83)
Boletus appendiculatus

Tafel 10

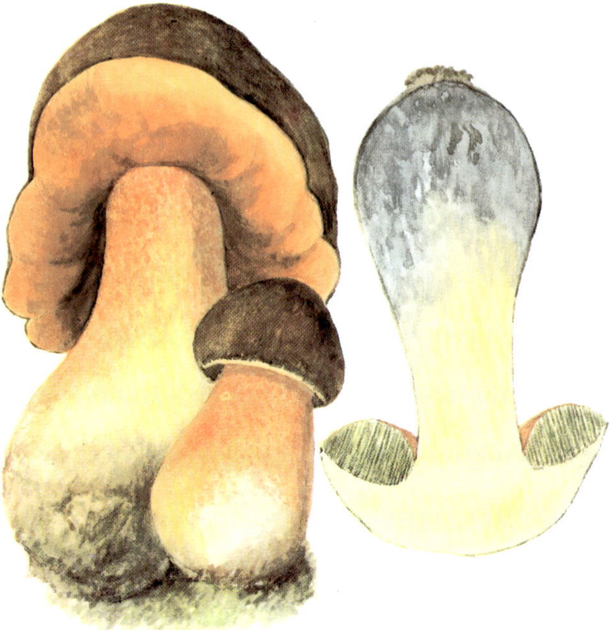

* Flockenstieliger Hexenpilz (72)
Boletus erythropus

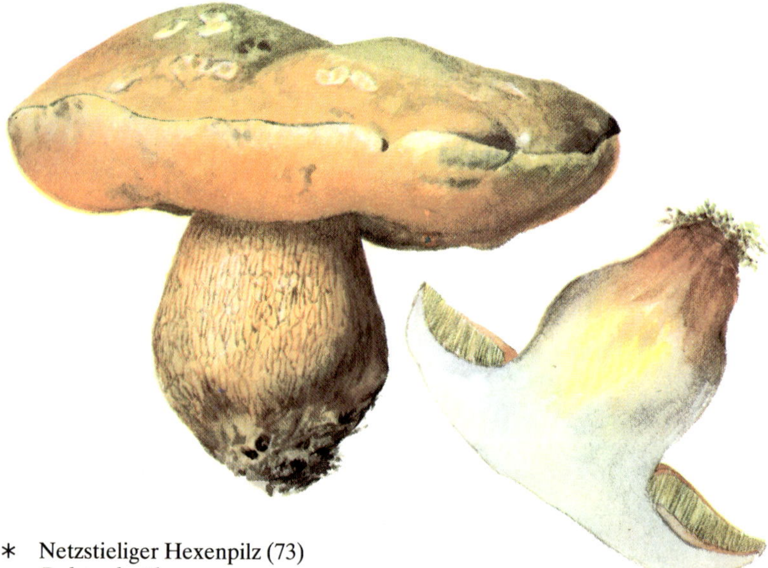

* Netzstieliger Hexenpilz (73)
Boletus luridus

Satanspilz (75)
Boletus satanas

Schönfußröhrling (77)
Boletus calopus

Tafel 12

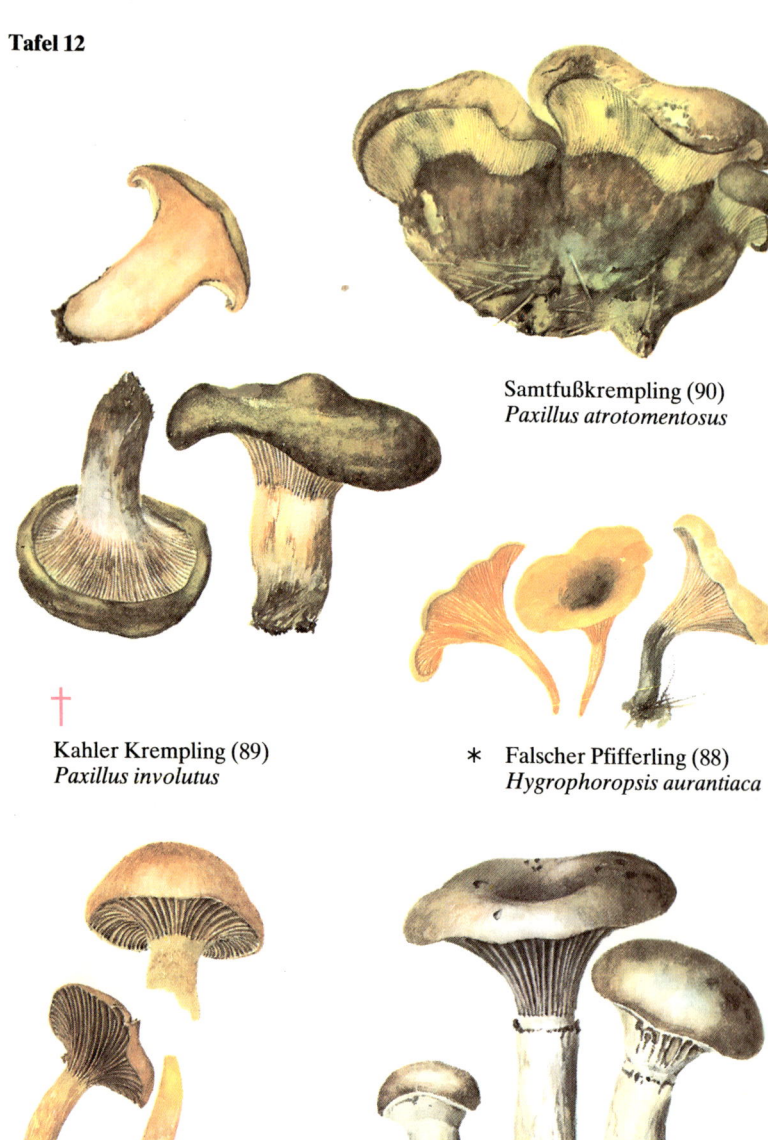

Samtfußkrempling (90)
Paxillus atrotomentosus

† Kahler Krempling (89)
Paxillus involutus

* Falscher Pfifferling (88)
Hygrophoropsis aurantiaca

* Kupferroter Gelbfuß (96)
Chroogomphus rutilus

* Kuhmaul (93)
Gomphidius glutinosus

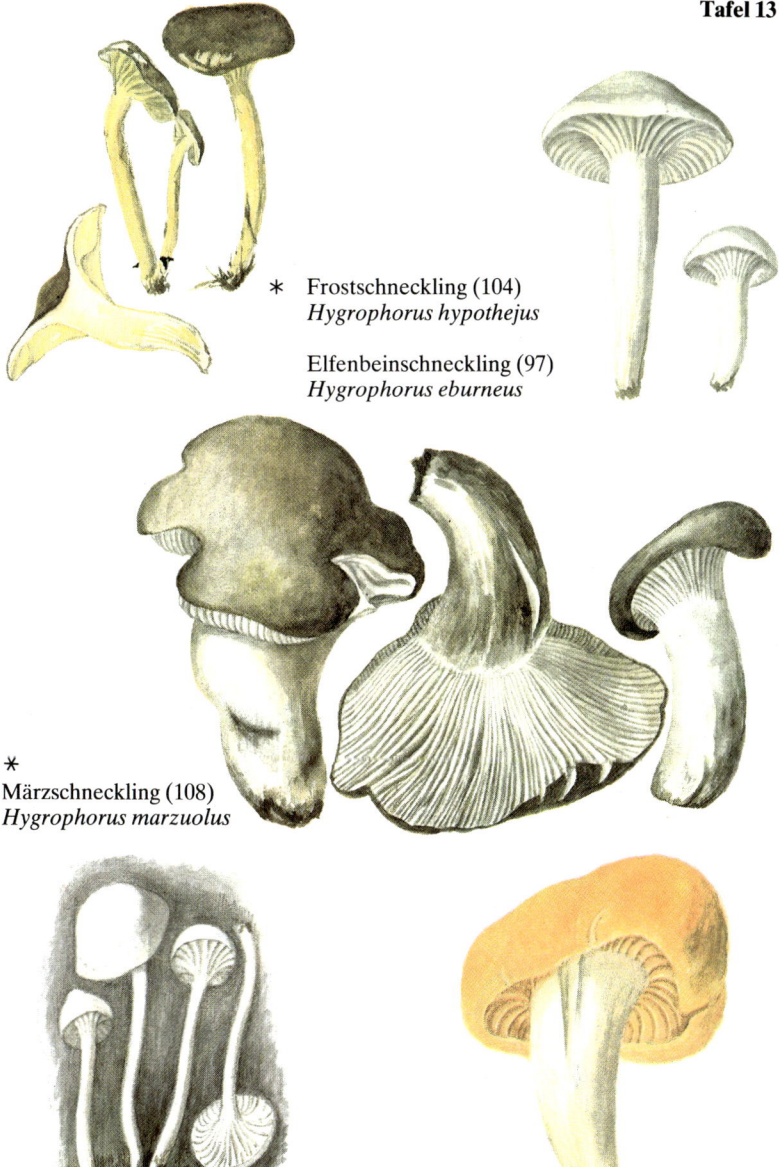

* Frostschneckling (104)
  Hygrophorus hypothejus

Elfenbeinschneckling (97)
Hygrophorus eburneus

* Märzschneckling (108)
Hygrophorus marzuolus

* Schnee-Ellerling (109)
  Camarophyllus niveus

* Wiesenellerling (110)
  Camarophyllus pratensis

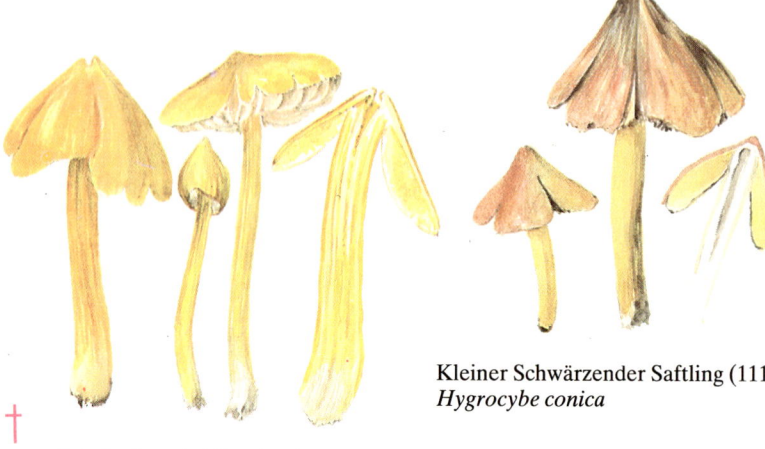

Kleiner Schwärzender Saftling (111)
Hygrocybe conica

Spitzhütiger Saftling (119)
Hygrocybe acutoconica

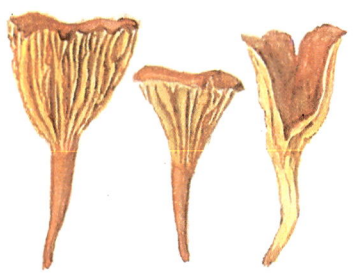

Trichterförmiger Saftling (123)
Hygrocybe cantharellus

Geselliger Glöckchennabeling (131)
Xeromphalina campanella

Gemeiner Kohlennabeling (130)
Myxomphalia maura

Heidenabeling (126)
Omphalina ericetorum

* Rötlicher Lacktrichterling (135)
Laccaria laccata

* Lackbläuling (132)
Laccaria amethystina

† Bleiweißer Trichterling (142)
Clitocybe cerussata

† Wachsstieliger Trichterling (143)
Clitocybe candicans

* Grüner Anistrichterling (146)
Clitocybe odora

Tafel 16

∗ Keulenfüßiger Trichterling (147)
Clitocybe clavipes

∗ Fuchsiger Trichterling (151)
Lepista flaccida

Bereifter Mehltrichterling (155)
Clitocybe ditopa

∗ Nebelgrauer Trichterling (140)
Lepista nebularis

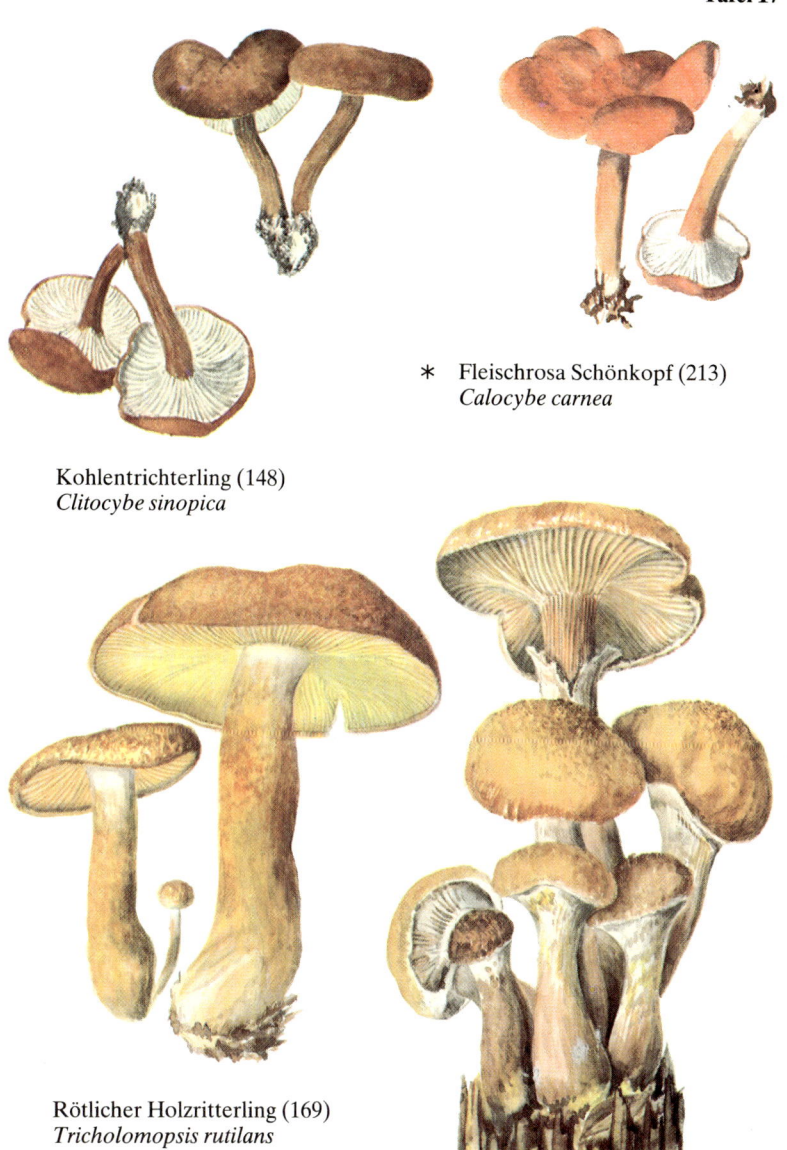

* Fleischrosa Schönkopf (213)
Calocybe carnea

Kohlentrichterling (148)
Clitocybe sinopica

Rötlicher Holzritterling (169)
Tricholomopsis rutilans

* Gelbschuppiger Hallimasch (167)
Armillaria bulbosa

Tafel 18

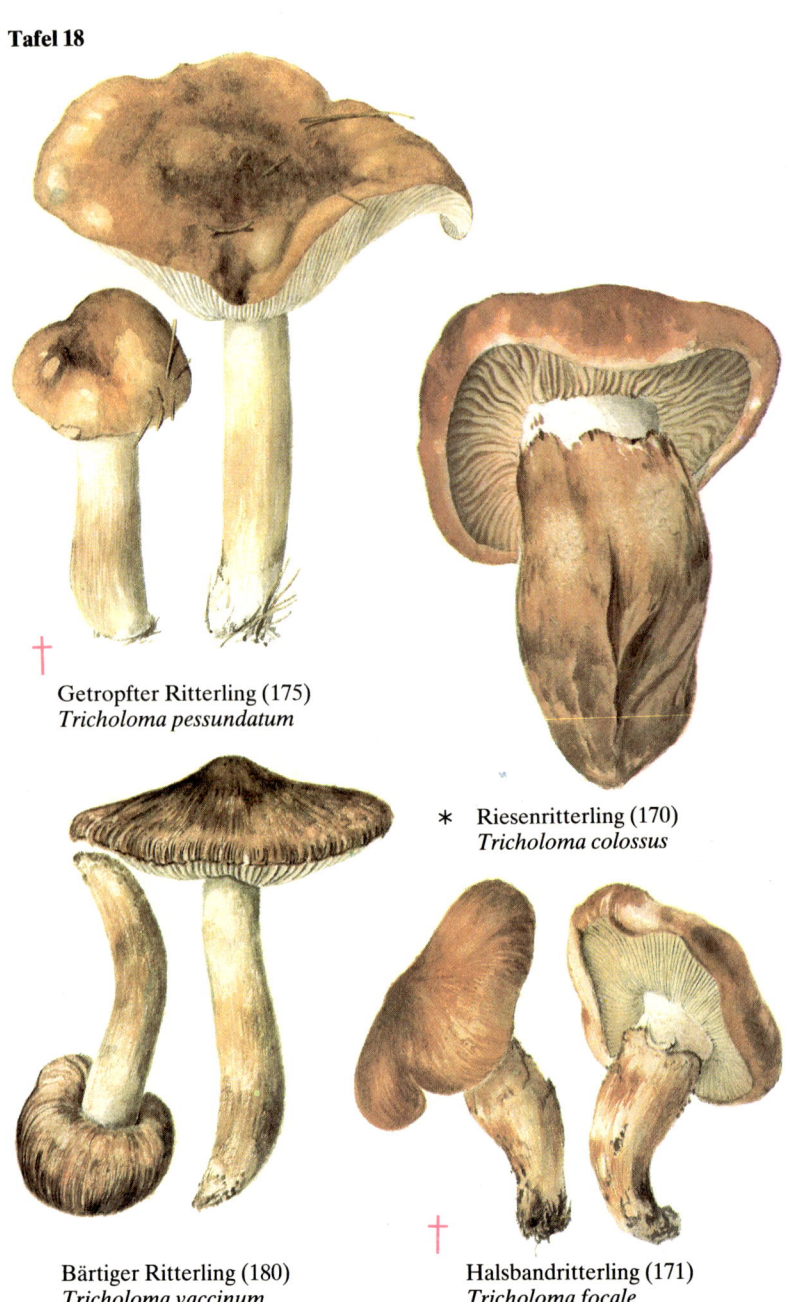

† Getropfter Ritterling (175)
Tricholoma pessundatum

* Riesenritterling (170)
Tricholoma colossus

Bärtiger Ritterling (180)
Tricholoma vaccinum

† Halsbandritterling (171)
Tricholoma focale

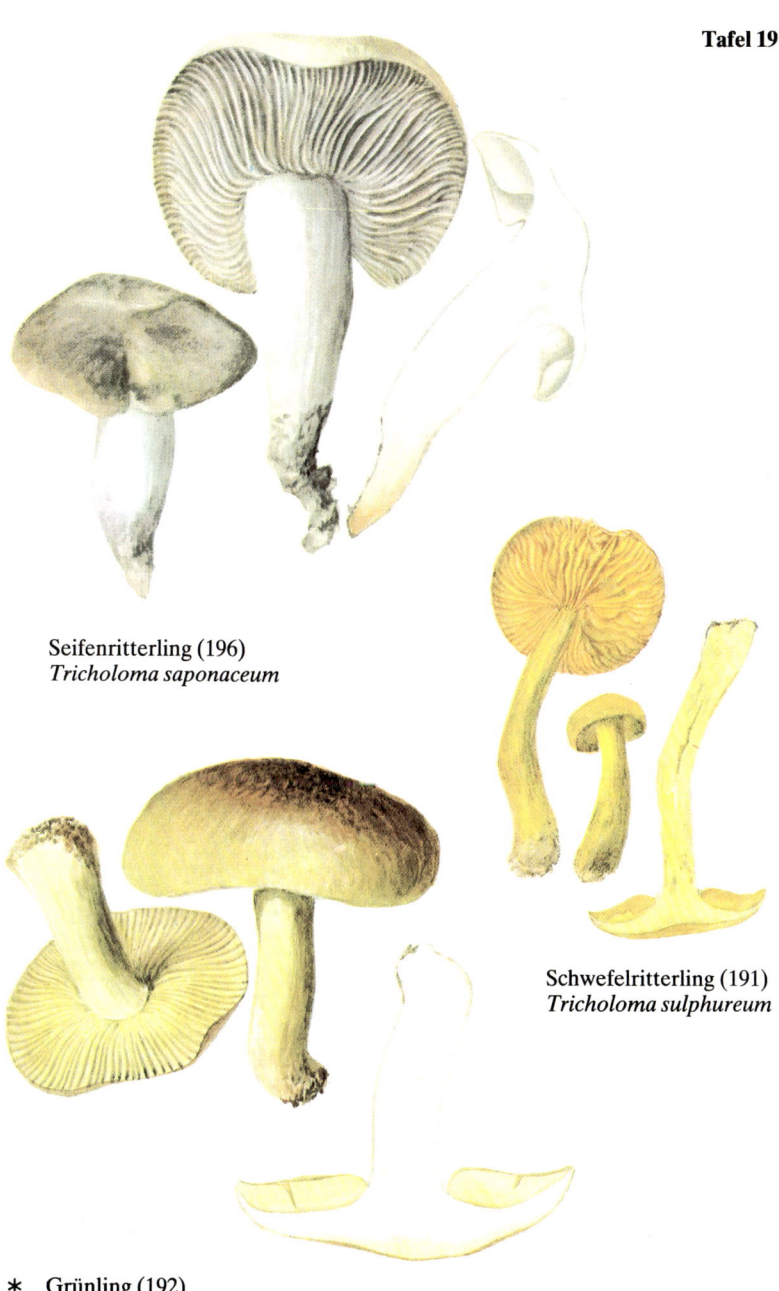

Seifenritterling (196)
Tricholoma saponaceum

Schwefelritterling (191)
Tricholoma sulphureum

* Grünling (192)
Tricholoma equestre ssp. *pinastreti*

Tafel 20

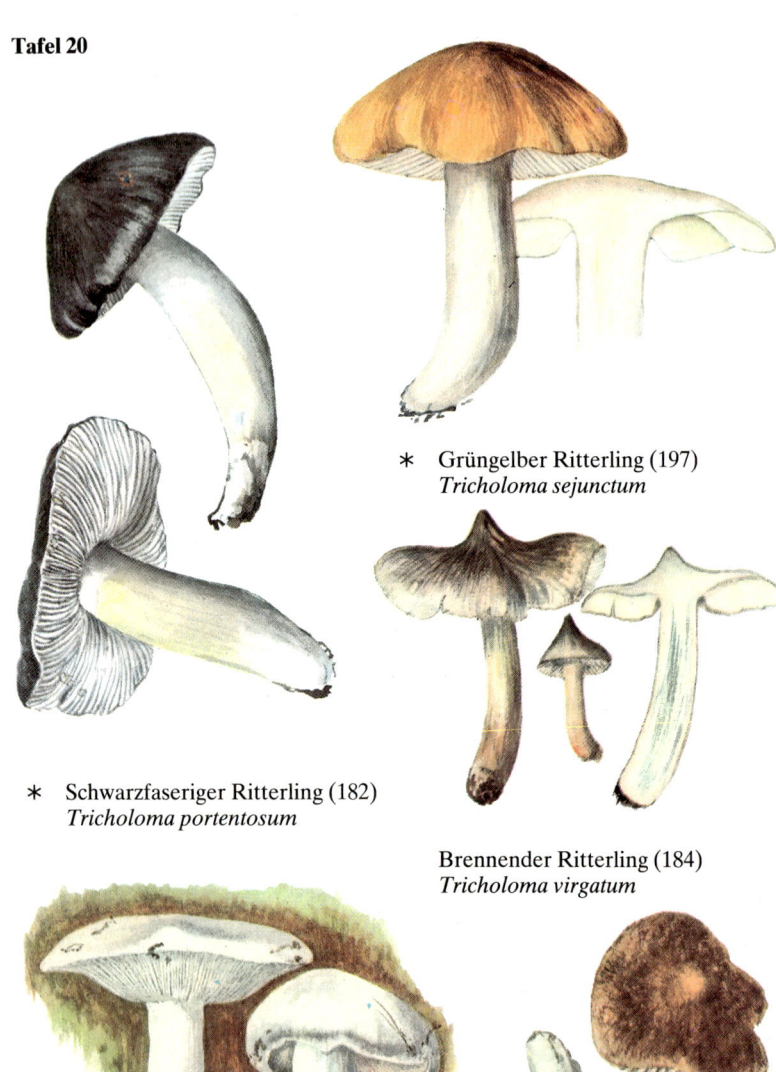

* Grüngelber Ritterling (197)
  Tricholoma sejunctum

* Schwarzfaseriger Ritterling (182)
  Tricholoma portentosum

Brennender Ritterling (184)
Tricholoma virgatum

* Seidiger Ritterling (194)
  Tricholoma columbetta

* Gemeiner Erdritterling (185)
  Tricholoma terreum

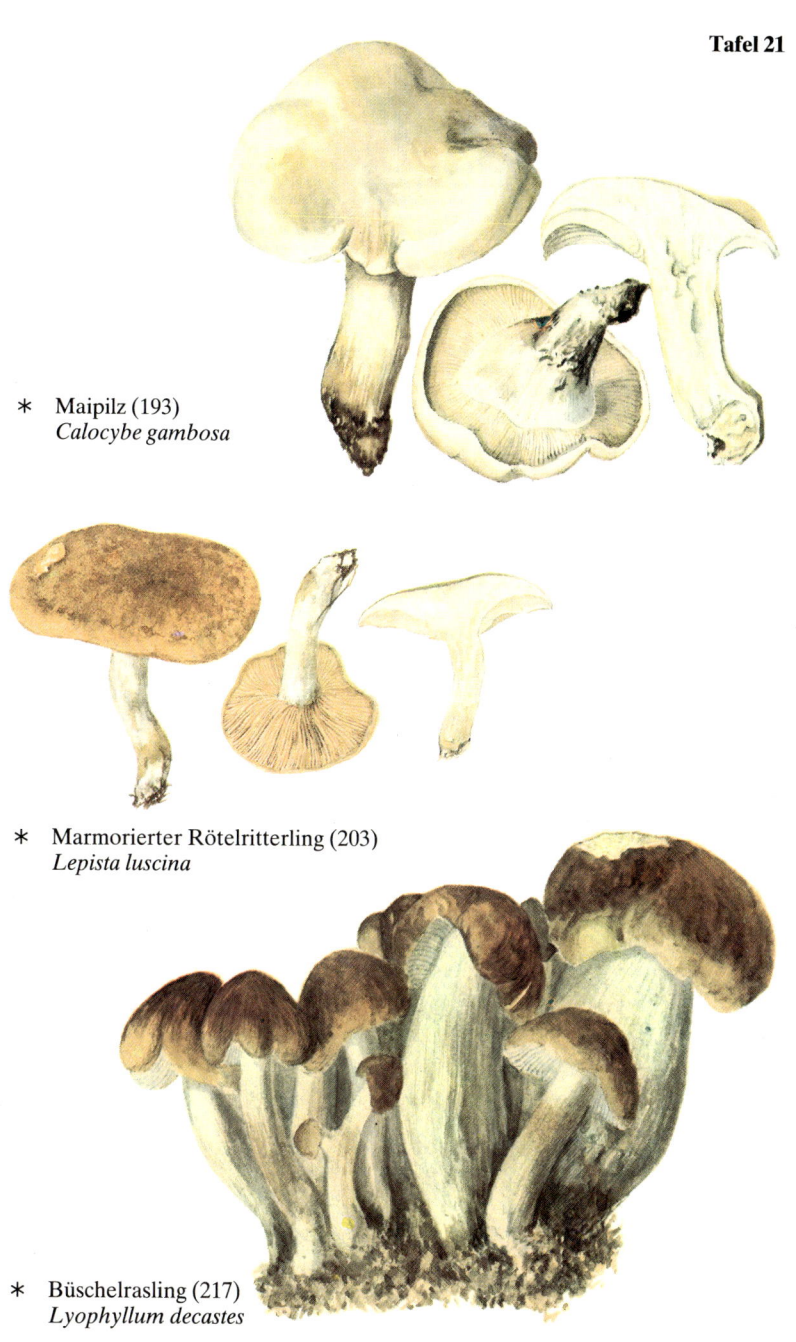

* Maipilz (193)
Calocybe gambosa

* Marmorierter Rötelritterling (203)
Lepista luscina

* Büschelrasling (217)
Lyophyllum decastes

Tafel 22

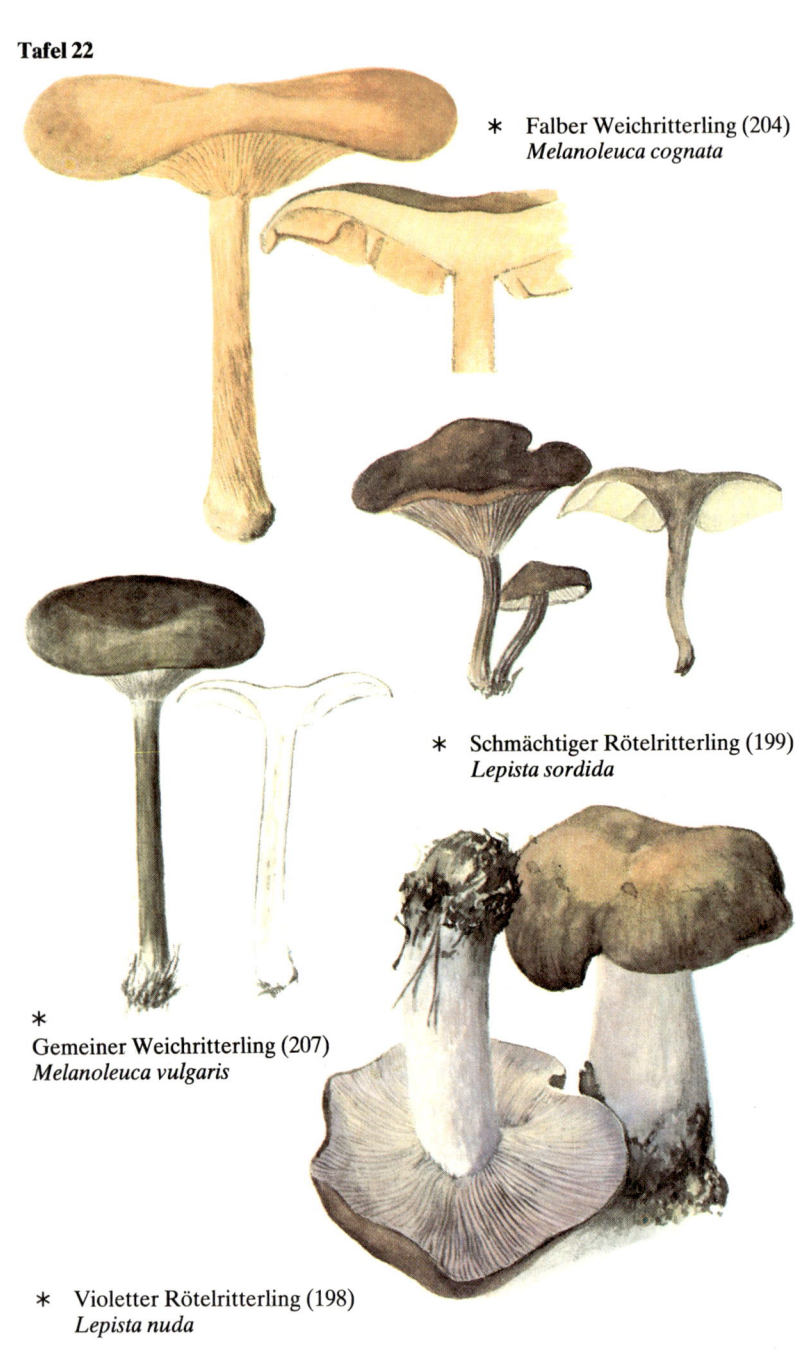

* Falber Weichritterling (204)
Melanoleuca cognata

* Schmächtiger Rötelritterling (199)
Lepista sordida

*
Gemeiner Weichritterling (207)
Melanoleuca vulgaris

* Violetter Rötelritterling (198)
Lepista nuda

* Kahler Wurzelrübling (264)
Xerula radicata

* Nelkenschwindling (242)
Marasmius oreades

* Glattstieliger Knoblauchschwindling
(237)
Marasmius scorodonius

Knopfstieliger Rübling (243)
Collybia confluens

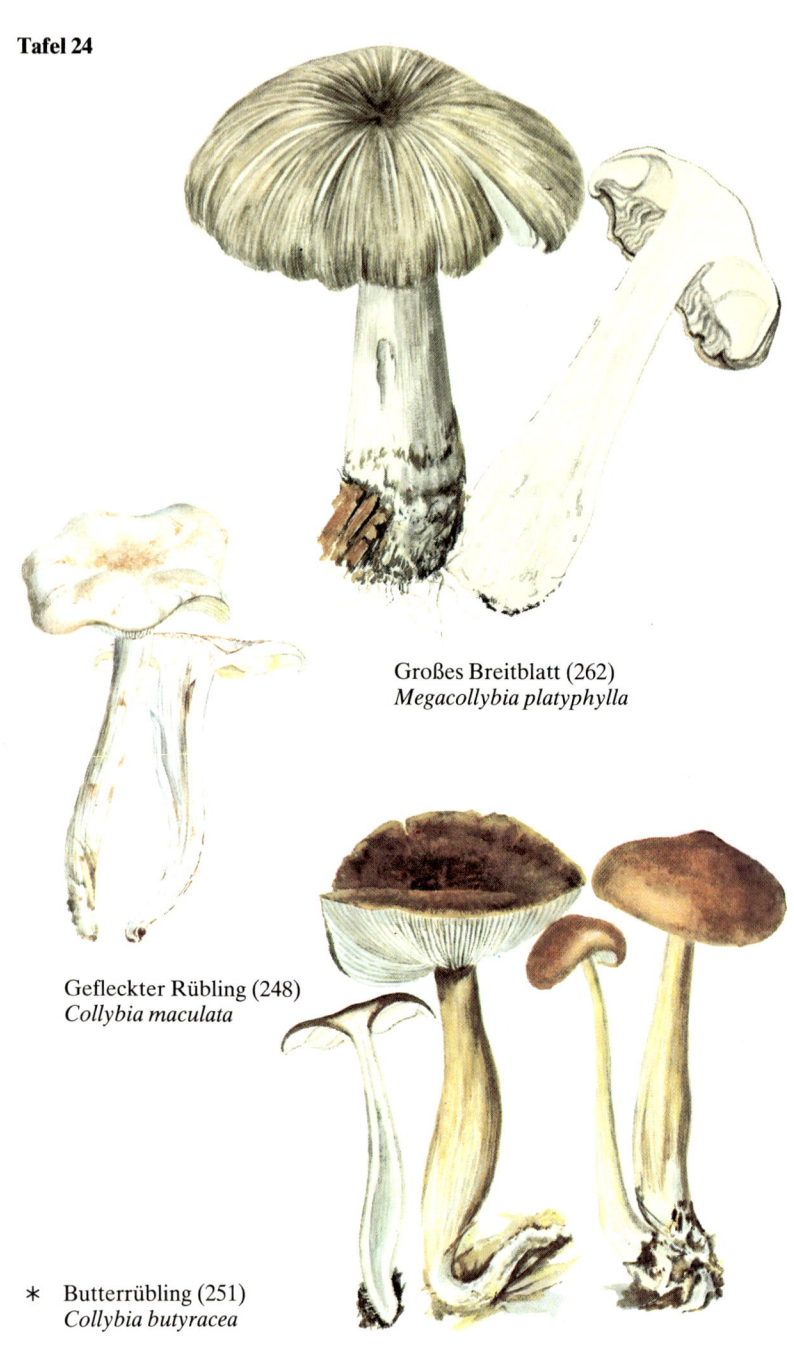

Tafel 24

Großes Breitblatt (262)
Megacollybia platyphylla

Gefleckter Rübling (248)
Collybia maculata

* Butterrübling (251)
Collybia butyracea

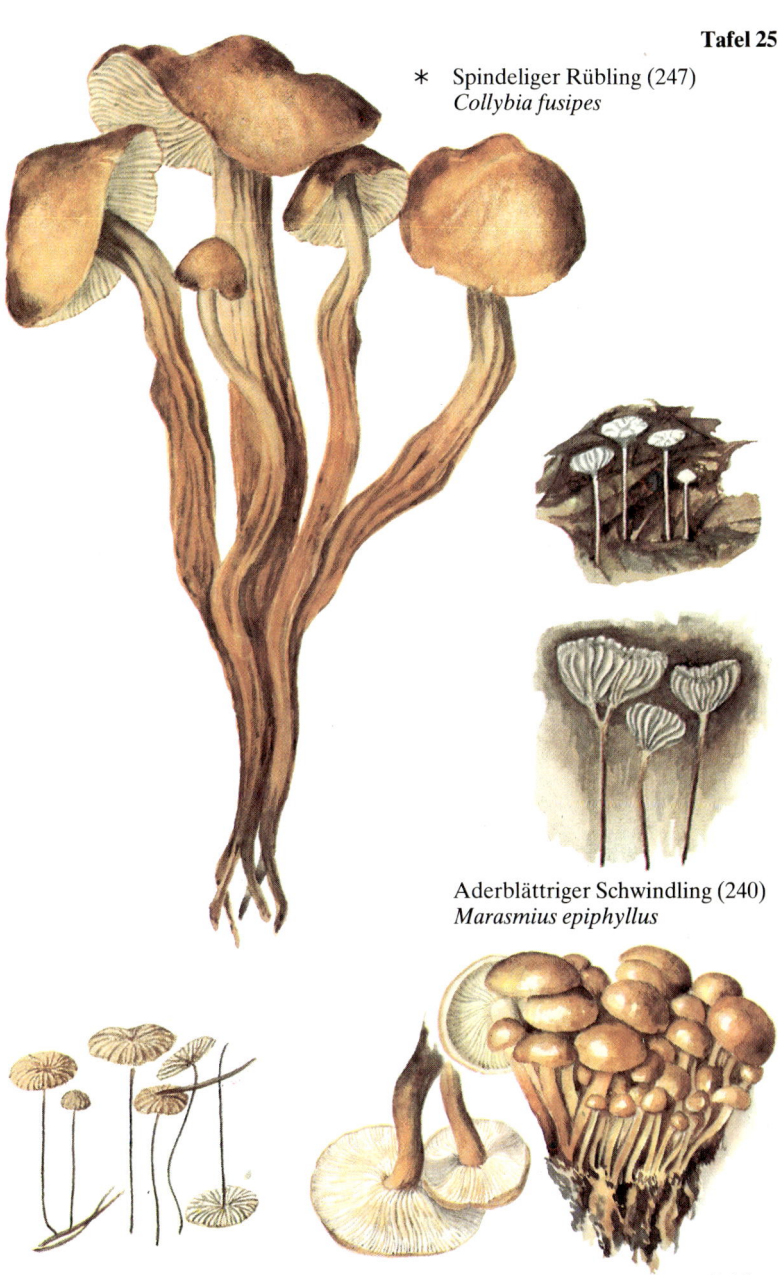

* Spindeliger Rübling (247)
Collybia fusipes

Aderblättriger Schwindling (240)
Marasmius epiphyllus

Nadelnstinkschwindling (235)
Micromphale perforans

* Gemeiner Samtfußrübling (261)
Flammulina velutipes

Tafel 26

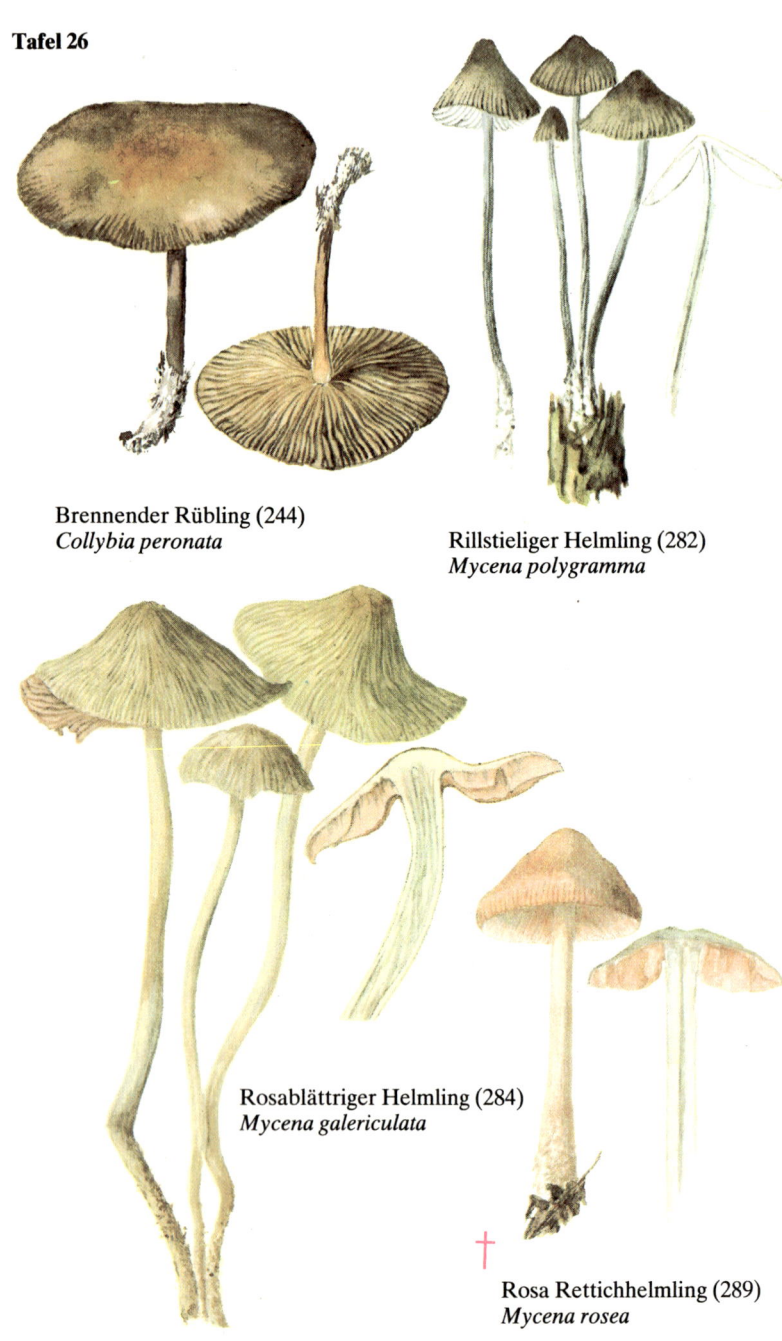

Brennender Rübling (244)
Collybia peronata

Rillstieliger Helmling (282)
Mycena polygramma

Rosablättriger Helmling (284)
Mycena galericulata

Rosa Rettichhelmling (289)
Mycena rosea

* Mehlpilz (302)
Clitopilus prunulus

Weißer Zärtling (326)
Entoloma sericellum

* Schildrötling (310)
Entoloma clypeatum

* Blasser Pflaumenrötling (311)
Entoloma sepium

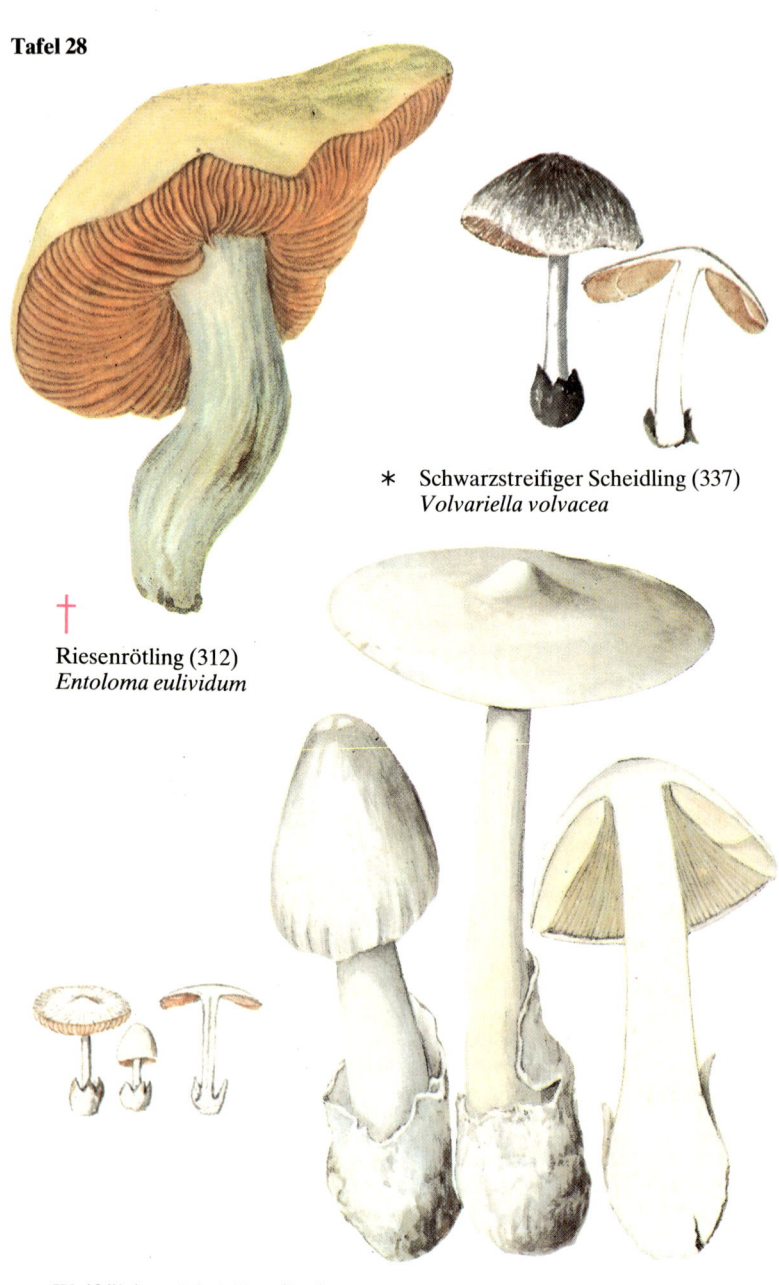

† Riesenrötling (312)
Entoloma eulividum

* Schwarzstreifiger Scheidling (337)
Volvariella volvacea

Weißfilziger Scheidling (341)
Volvariella hypopitys

* Ansehnlicher Scheidling (334)
Volvariella speciosa

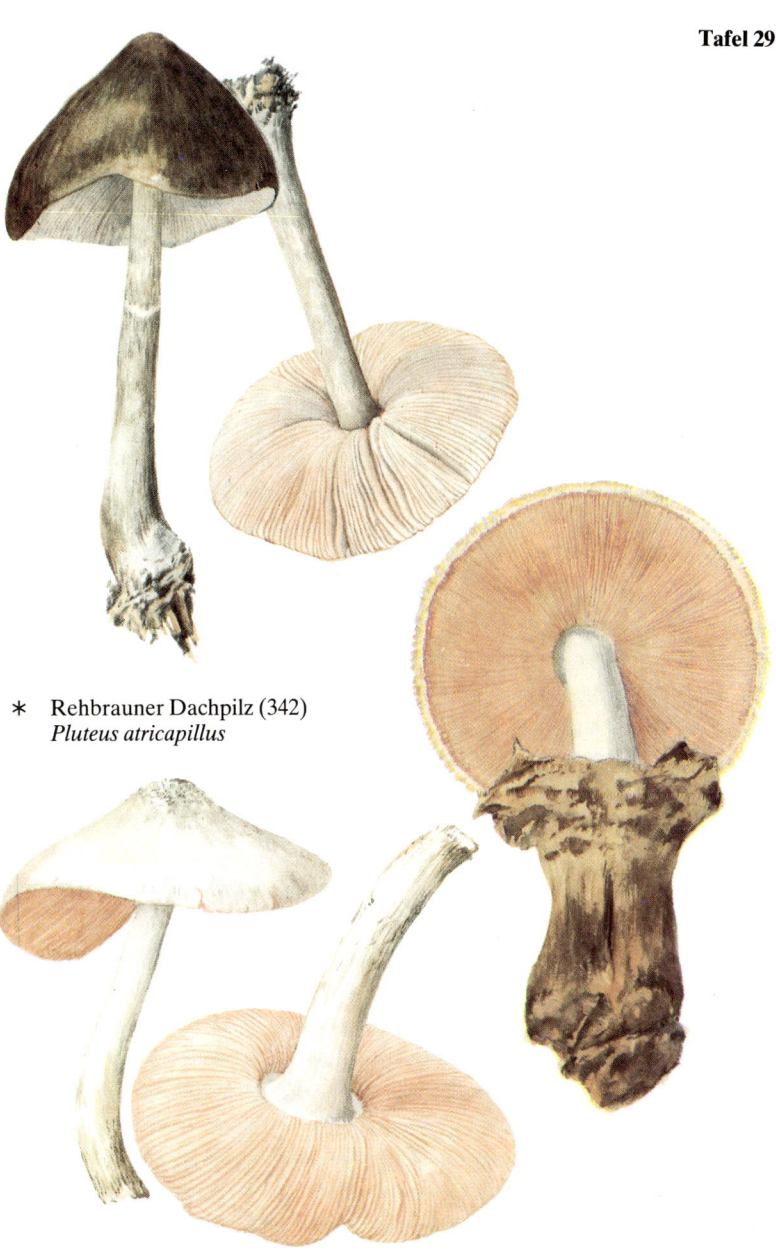

* Rehbrauner Dachpilz (342)
Pluteus atricapillus

* Seidiger Dachpilz (345)
Pluteus petasatus

* Wolliger Scheidling (335)
Volvariella bombycina

Tafel 30

Gelber Knollenblätterpilz (360)
Amanita citrina
†

Porphyrbrauner Wulstling (361)
Amanita porphyria
†

Kegelhütiger Knollenblätterpilz (359)
Amanita virosa
††

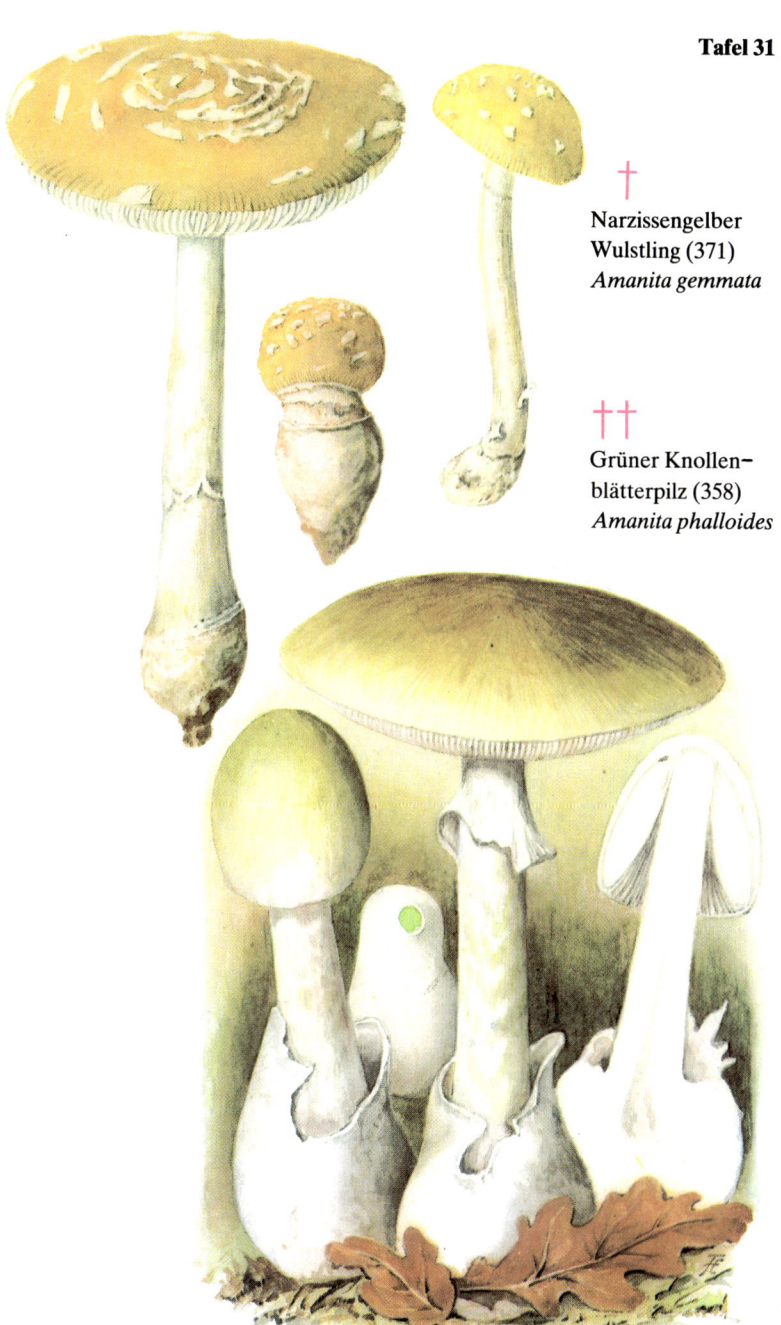

†

Narzissengelber
Wulstling (371)
Amanita gemmata

††

Grüner Knollen–
blätterpilz (358)
Amanita phalloides

Tafel 32

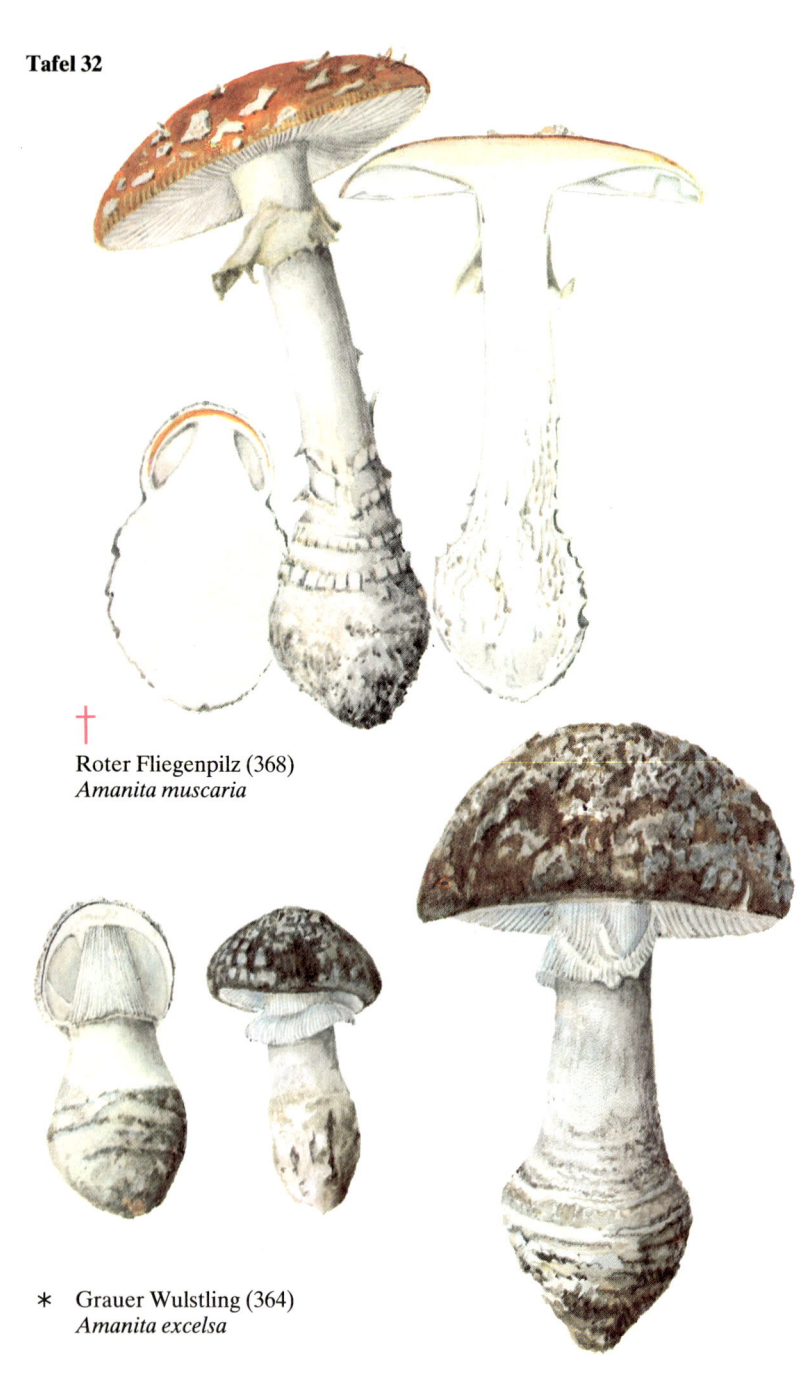

† Roter Fliegenpilz (368)
Amanita muscaria

* Grauer Wulstling (364)
Amanita excelsa

* Perlpilz (362)
Amanita rubescens

† Pantherpilz (370)
Amanita pantherina

Tafel 34

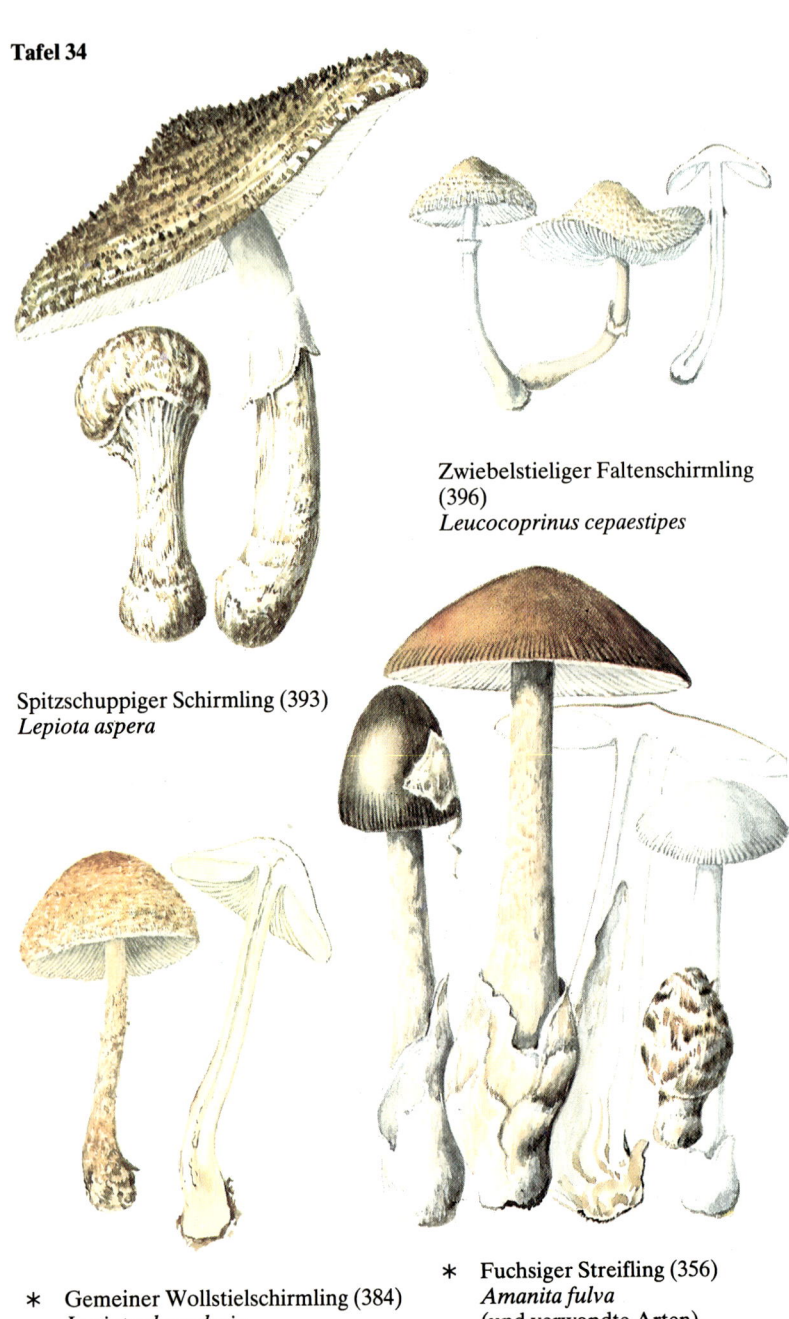

Zwiebelstieliger Faltenschirmling (396)
Leucocoprinus cepaestipes

Spitzschuppiger Schirmling (393)
Lepiota aspera

* Gemeiner Wollstielschirmling (384)
Lepiota clypeolaria

* Fuchsiger Streifling (356)
Amanita fulva
(und verwandte Arten)

† Lila Schirmling (389)
Lepiota lilacea

* Riesenschirmpilz (Parasol) (376)
Macrolepiota procera

* Rosablättriger Schirmling (381)
Leucoagaricus leucothites

Tafel 36

* Straßenchampignon (408)
 Agaricus bitorquis

* Wiesenchampignon (415)
 Agaricus campestris

† Karbolchampignon (418)
 Agaricus xanthodermus

* Gemeiner Anischampignon (423)
 Agaricus arvensis

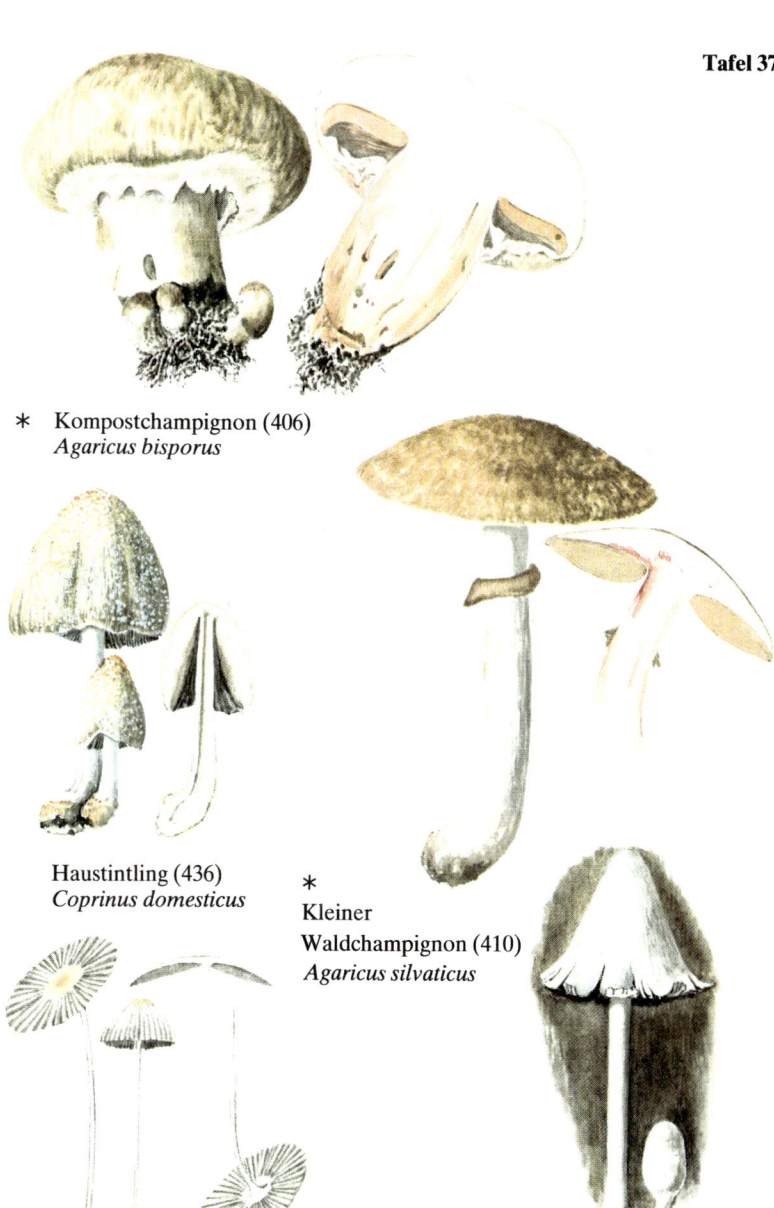

* Kompostchampignon (406)
Agaricus bisporus

Haustintling (436)
Coprinus domesticus

*
Kleiner
Waldchampignon (410)
Agaricus silvaticus

Gemeiner Scheibchentintling (440)
Coprinus plicatilis

Schneeweißer Tintling (435)
Coprinus niveus

Tafel 38

(∗) Grauer Tintling (427)
Coprinus atramentarius

∗ Glimmertintling (434)
Coprinus micaceus

∗ Schopftintling (426)
Coprinus comatus

*
Tränender Saumpilz (444)
Lacrymaria lacrymabunda

Glockendüngerling (469)
Panaeolus sphinctrinus

Gesäter Tintling (442)
Coprinus disseminatus

Grauer Düngerling (466)
Panaeolus fimicola

*
Rötelblättriger Mürbling (456)
Psathyrella sarcocephala

Krönchenglockenschüppling (476)
Pholiotina arrhenii

∗ Blasser Mürbling (448)
Psathyrella candolleana

∗ Dunkelbrauner Mürbling (452)
Psathyrella piluliformis

Gesägtblättriges Samthäubchen (473)
Conocybe rickeniana

∗ Echter Grünspanträuschling (485)
Stropharia aeruginosa

∗ Krönchenträuschling (490)
Stropharia coronilla

*   Riesenträuschling (484)
    Stropharia rugosoannulata

Halbkugeliger Träuschling (492)
Stropharia semiglobata

   Weißlicher Ackerling (480)
   Agrocybe dura

*   Frühlingsackerling (479)
    Agrocybe praecox

Tafel 42

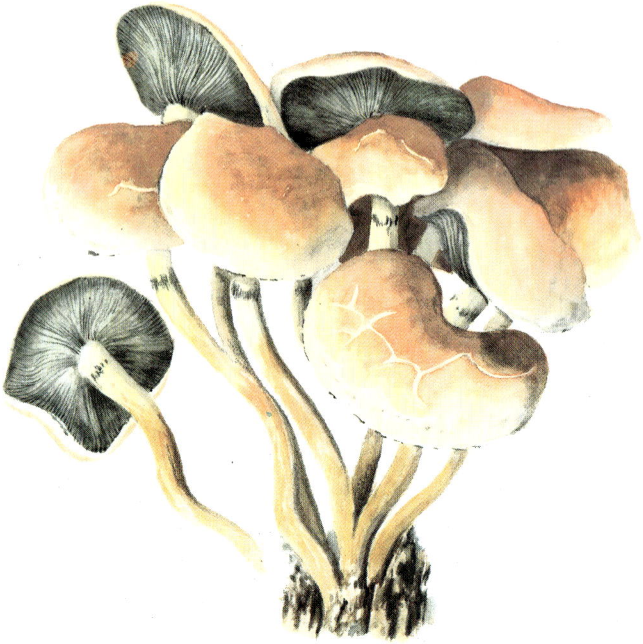

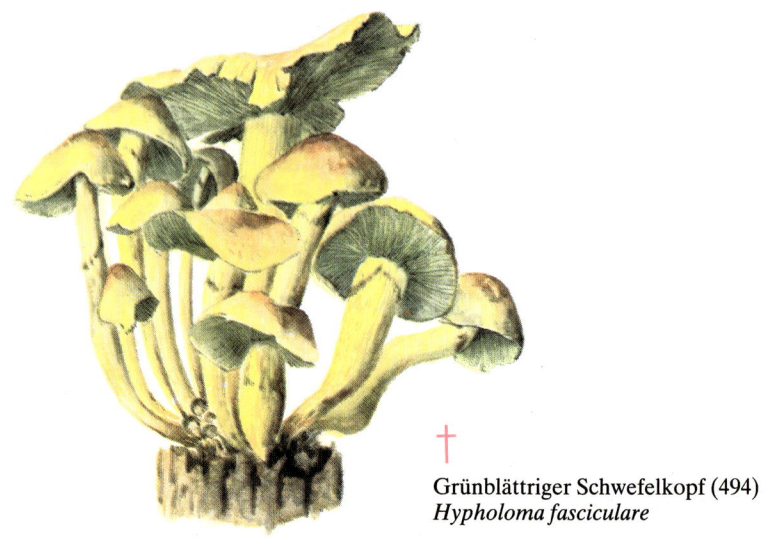

Ziegelroter Schwefelkopf (495)
Hypholoma sublateritium

†

Grünblättriger Schwefelkopf (494)
Hypholoma fasciculare

*   Gemeines Stockschwämmchen (493)
    Kuehneromyces mutabilis

Wurzelnder Schwefelkopf (497)
Hypholoma radicosum

*   Graublättriger Schwefelkopf (496)
    Hypholoma capnoides

Grüngelber Schüppling (506)
Pholiota gummosa

Kohlenschüppling (514)
Pholiota carbonaria

Sparriger Schüppling (501)
Pholiota squarrosa

* Leberbrauner Ackerling (478)
Agrocybe erebia

Seidiger Rißpilz (535)
Inocybe geophylla

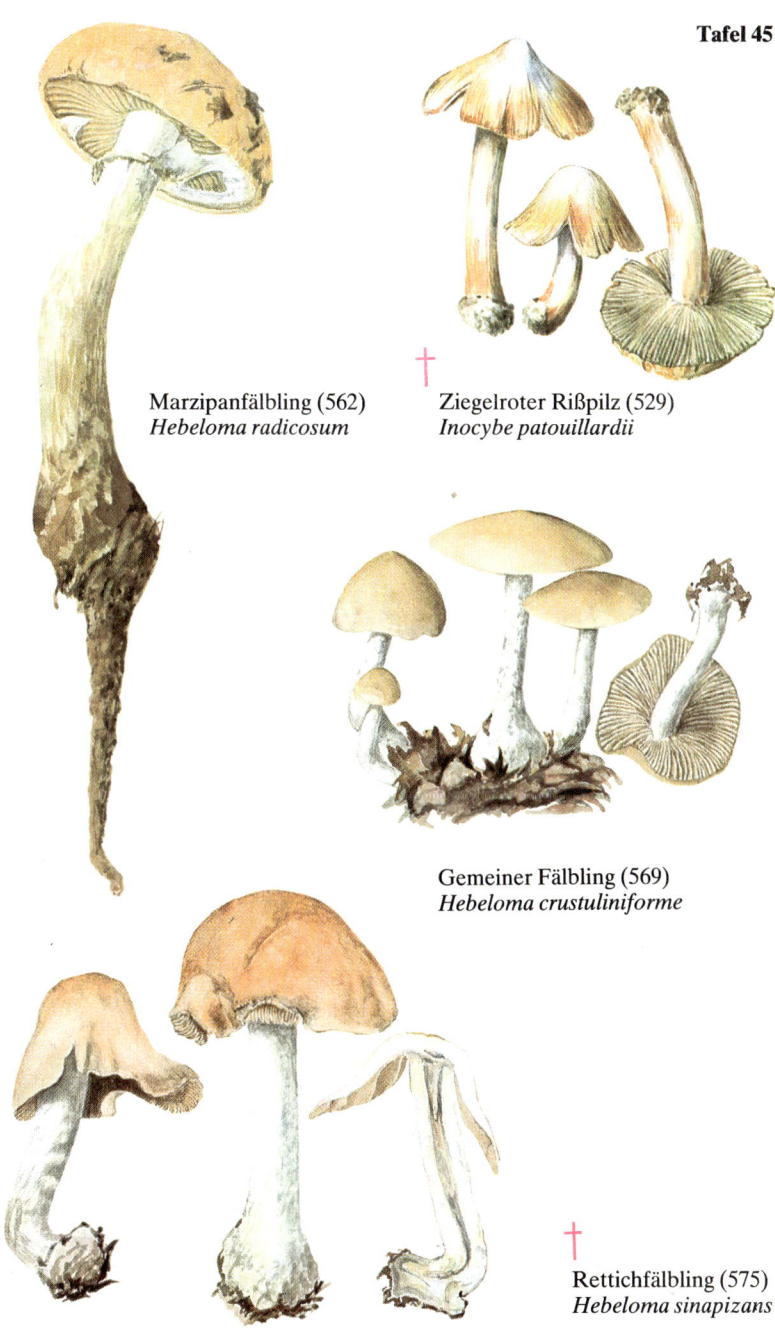

Tafel 45

Marzipanfälbling (562)
Hebeloma radicosum

† Ziegelroter Rißpilz (529)
Inocybe patouillardii

Gemeiner Fälbling (569)
Hebeloma crustuliniforme

† Rettichfälbling (575)
Hebeloma sinapizans

Blutblättriger Hautkopf (581)
Dermocybe semisanguinea

Beringter Flämmling (589)
Gymnopilus junonius

Dunkelscheibiger Fälbling (567)
Hebeloma mesophaeum

††

Orangefuchsiger Rauhkopf (597)
Cortinarius orellanus

Bitterster Schleimfuß (645)
Cortinarius vibratilis

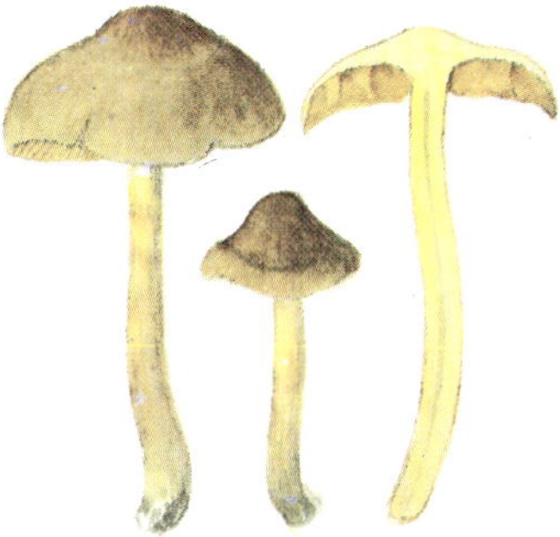

Gelbblättriger Hautkopf (585)
Dermocybe crocea

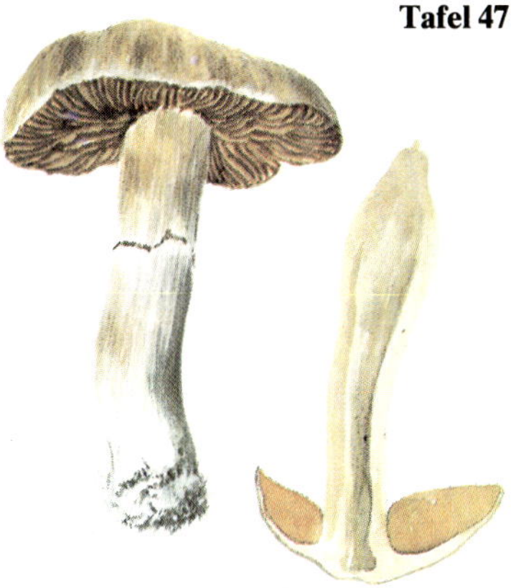

Erdigriechender Gürtelfuß (621)
Cortinarius hinnuleus

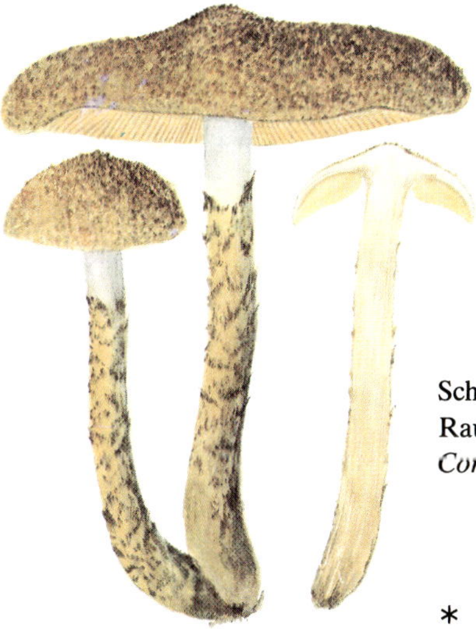

Schuppiger
Rauhkopf (593)
Cortinarius pholideus

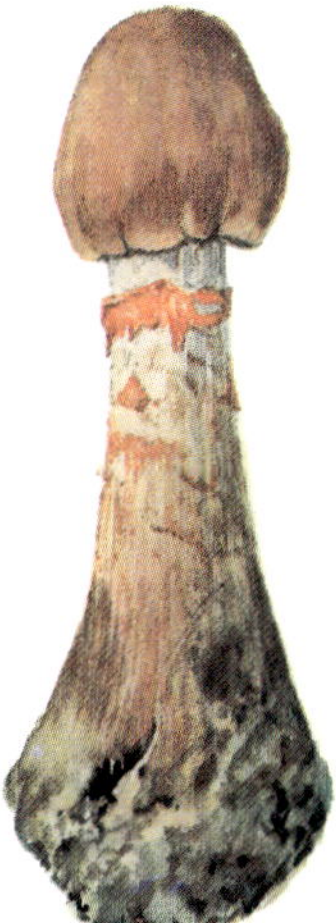

*
Geschmückter
Gürtelfuß (604)
Cortinarius armillatus

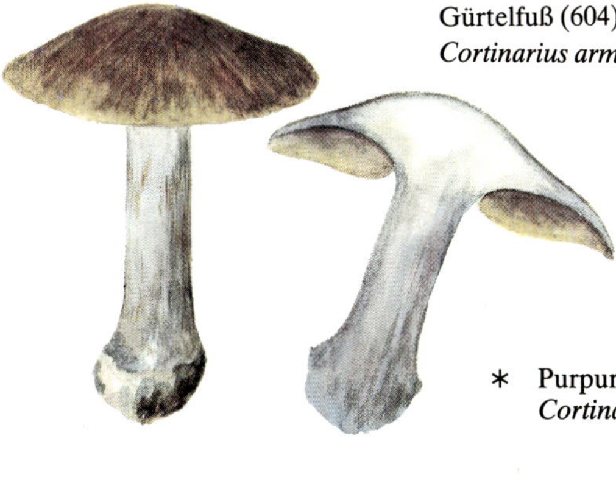

* Purpurfleckender Klumpfuß (639)
Cortinarius purpurascens

* Gemeiner Reifpilz (654)
   Rozites caperatus

* Runzeliggeriefter Schleimfuß (653)
   Cortinarius integerrimus

Wolliger Milchling (684)
Lactarius vellereus

Tafel 49

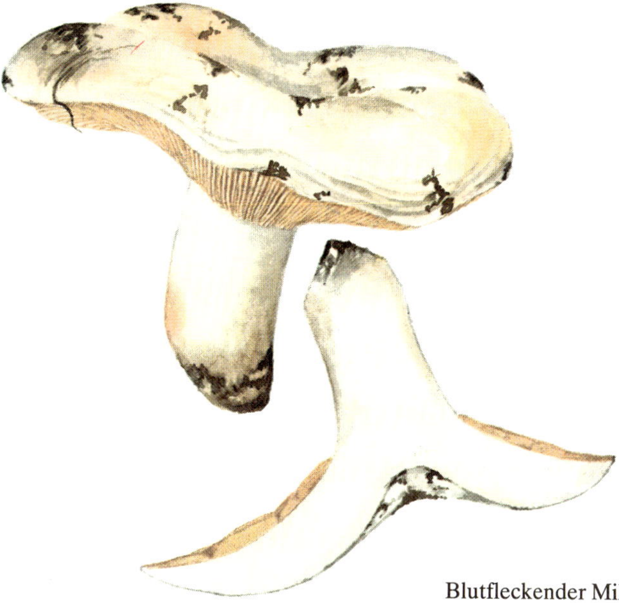

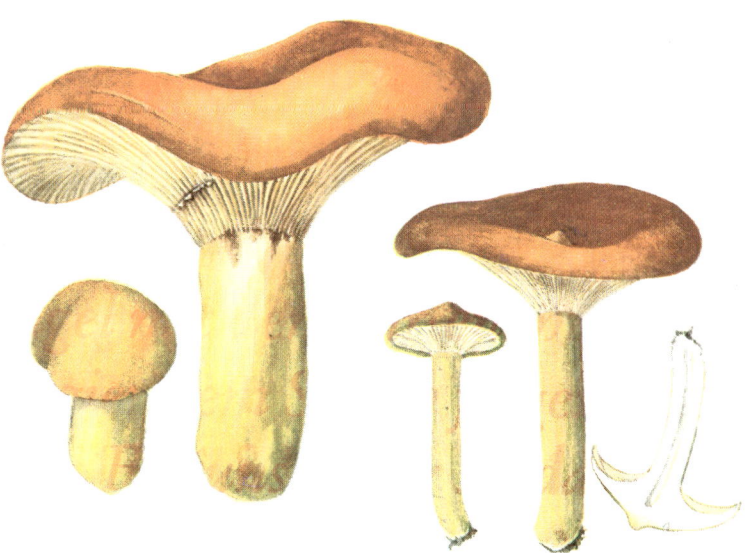

Blutfleckender Milchling (687)
Lactarius controversus

* Brätling (690)
Lactarius volemus

(*) Rotbrauner Milchling (696)
Lactarius rufus

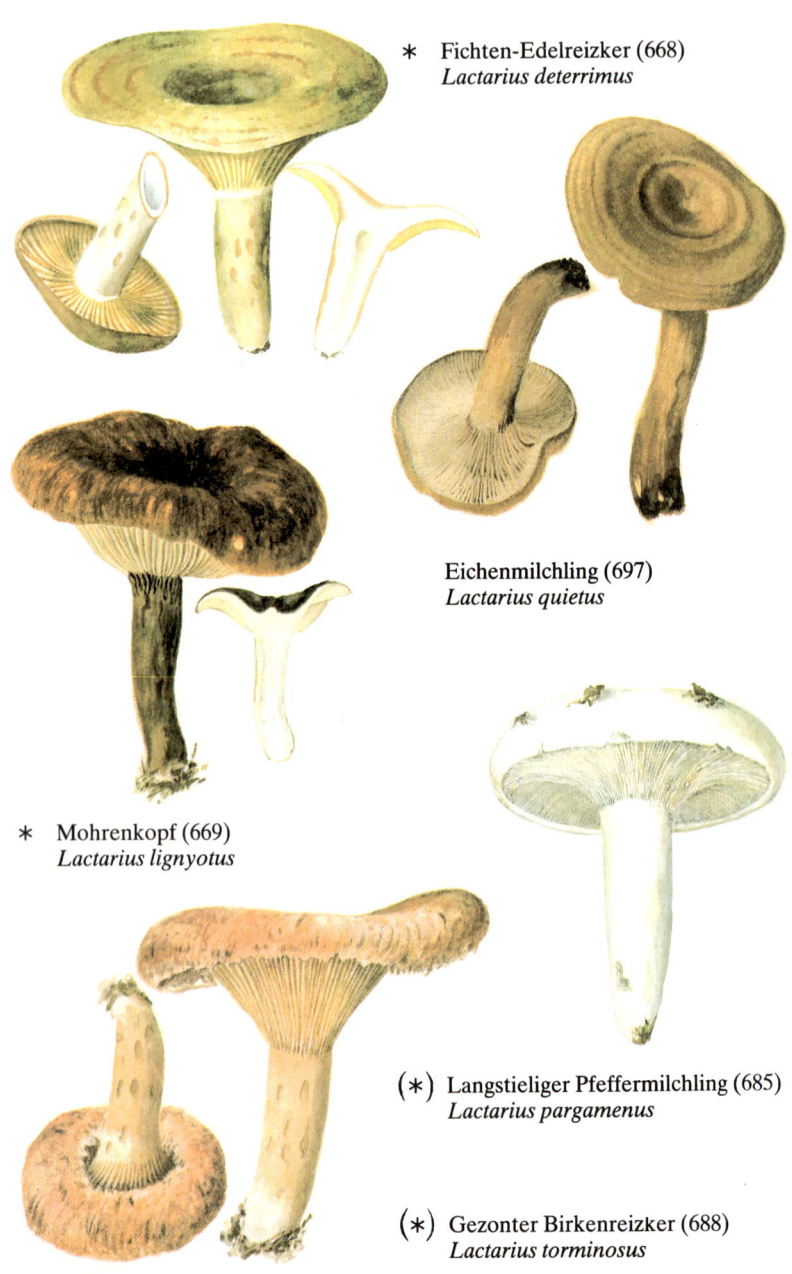

* Fichten-Edelreizker (668)
Lactarius deterrimus

Eichenmilchling (697)
Lactarius quietus

* Mohrenkopf (669)
Lactarius lignyotus

(*) Langstieliger Pfeffermilchling (685)
Lactarius pargamenus

(*) Gezonter Birkenreizker (688)
Lactarius torminosus

Olivbrauner Milchling (701)
Lactarius turpis

Graugrüner Milchling (702)
Lactarius blennius

Blasser Duftmilchling (707)
Lactarius glyciosmus

Bruchreizker (682)
Lactarius helvus

Tafel 52

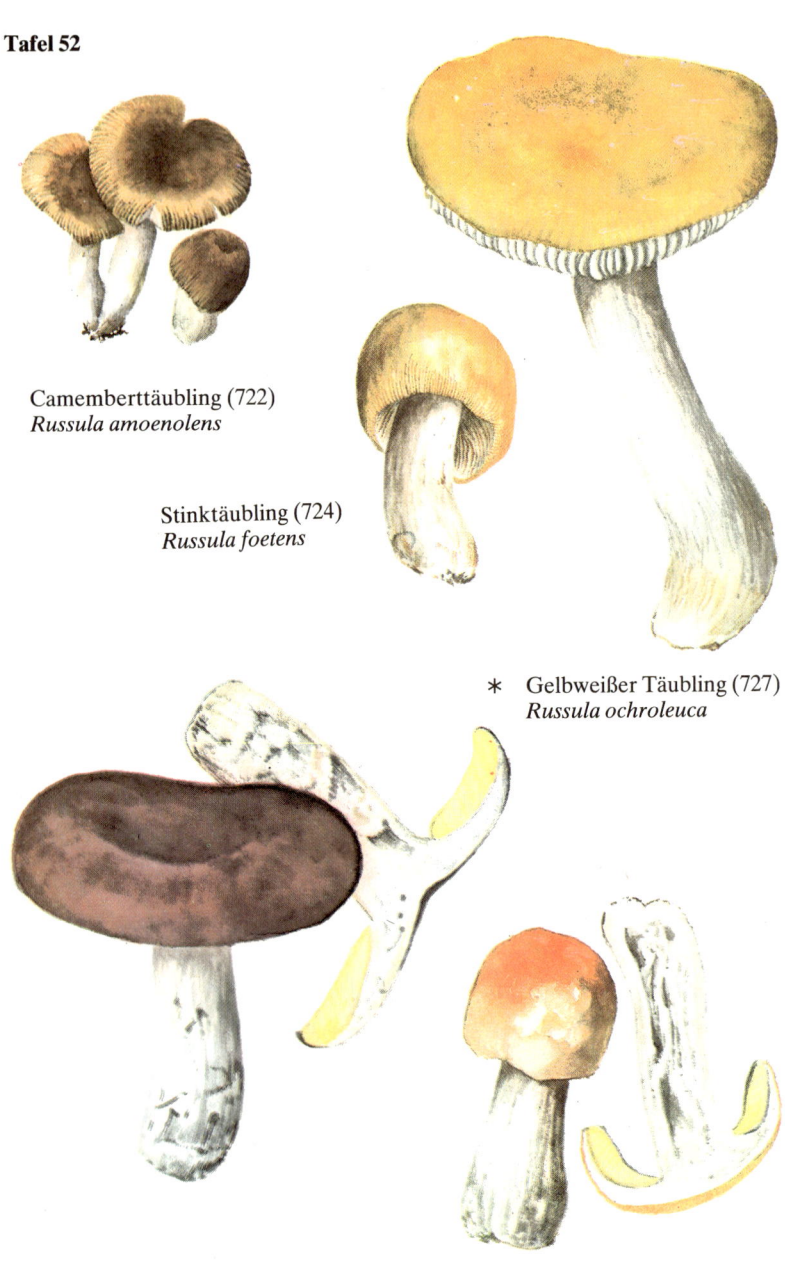

Camemberttäubling (722)
Russula amoenolens

Stinktäubling (724)
Russula foetens

* Gelbweißer Täubling (727)
Russula ochroleuca

* Weinroter Graustielstäubling (718)
Russula vinosa

* Orangeroter Graustieltäubling (717)
Russula decolorans

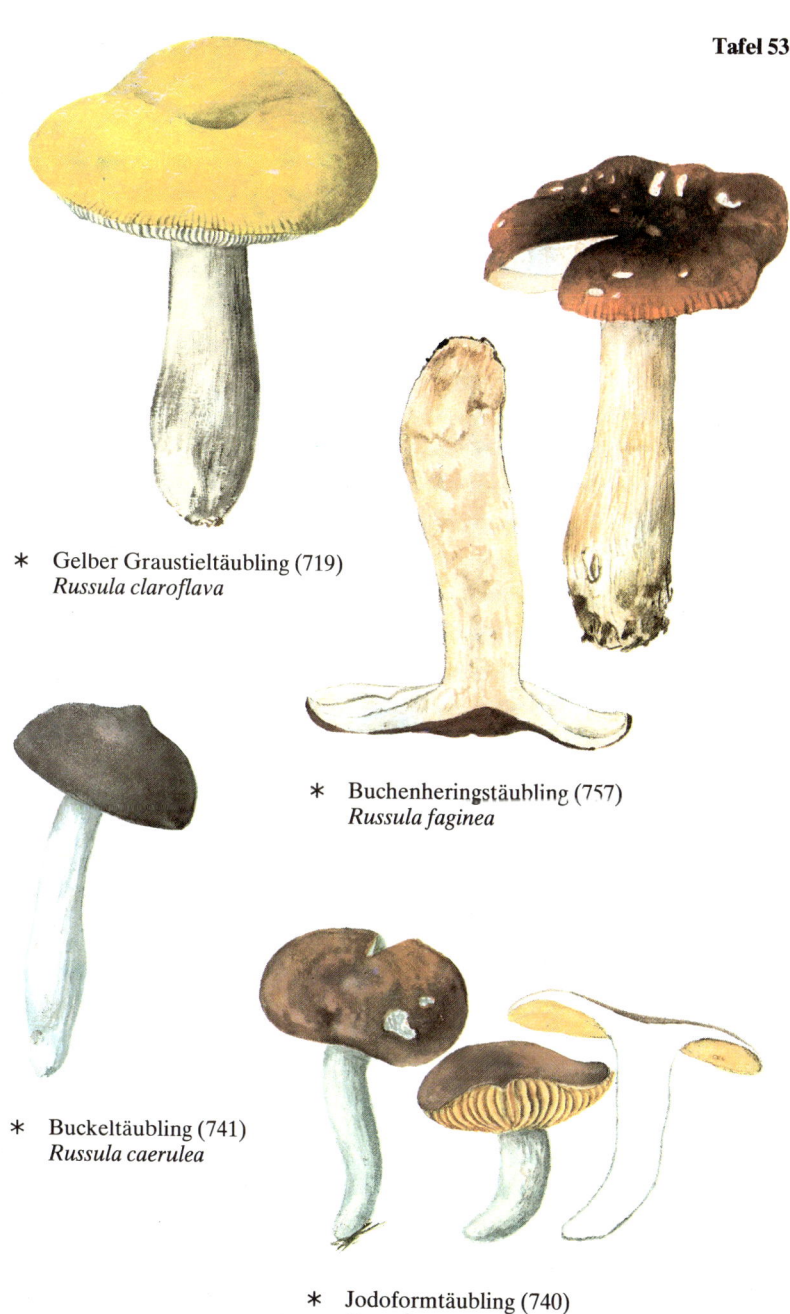

Tafel 53

*   Gelber Graustieltäubling (719)
    Russula claroflava

*   Buchenheringstäubling (757)
    Russula faginea

*   Buckeltäubling (741)
    Russula caerulea

*   Jodoformtäubling (740)
    Russula turci

Tafel 54

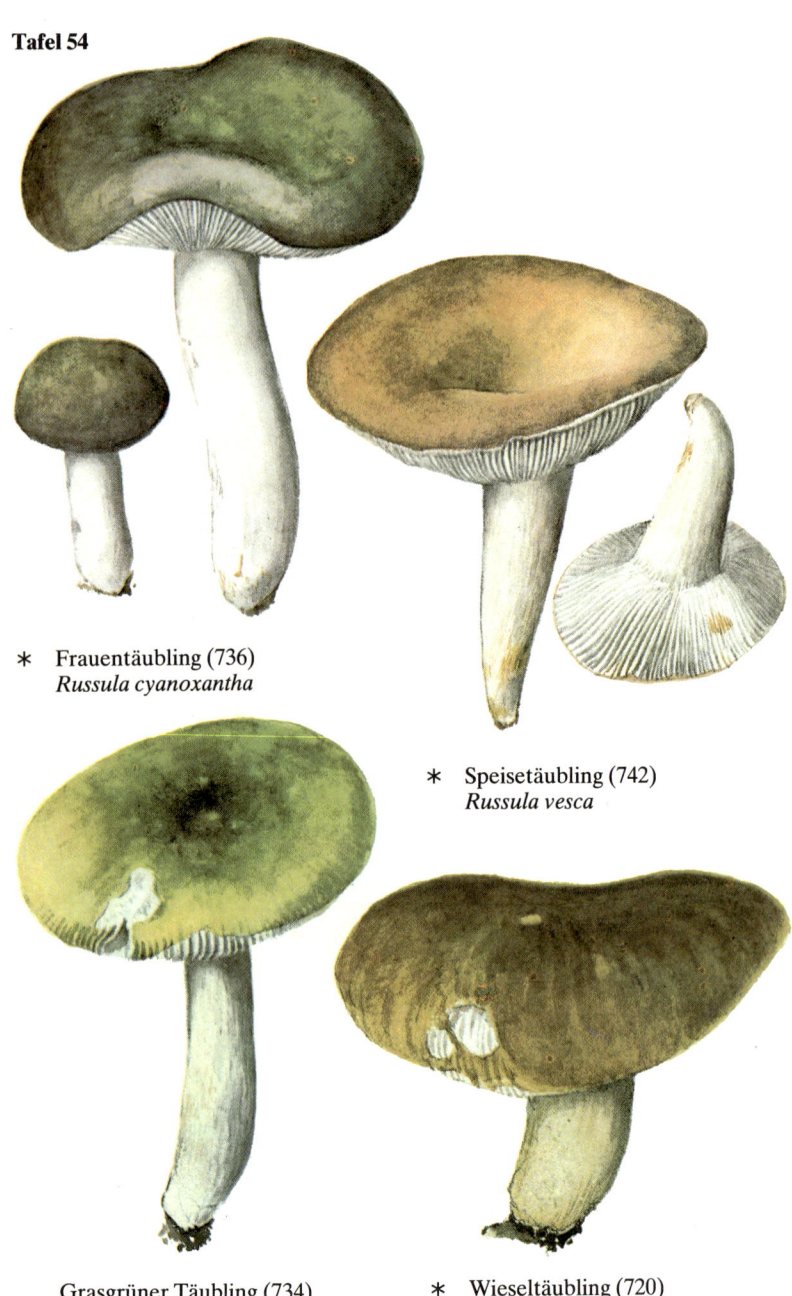

* Frauentäubling (736)
Russula cyanoxantha

* Speisetäubling (742)
Russula vesca

Grasgrüner Täubling (734)
Russula aeruginea

* Wieseltäubling (720)
Russula mustelina

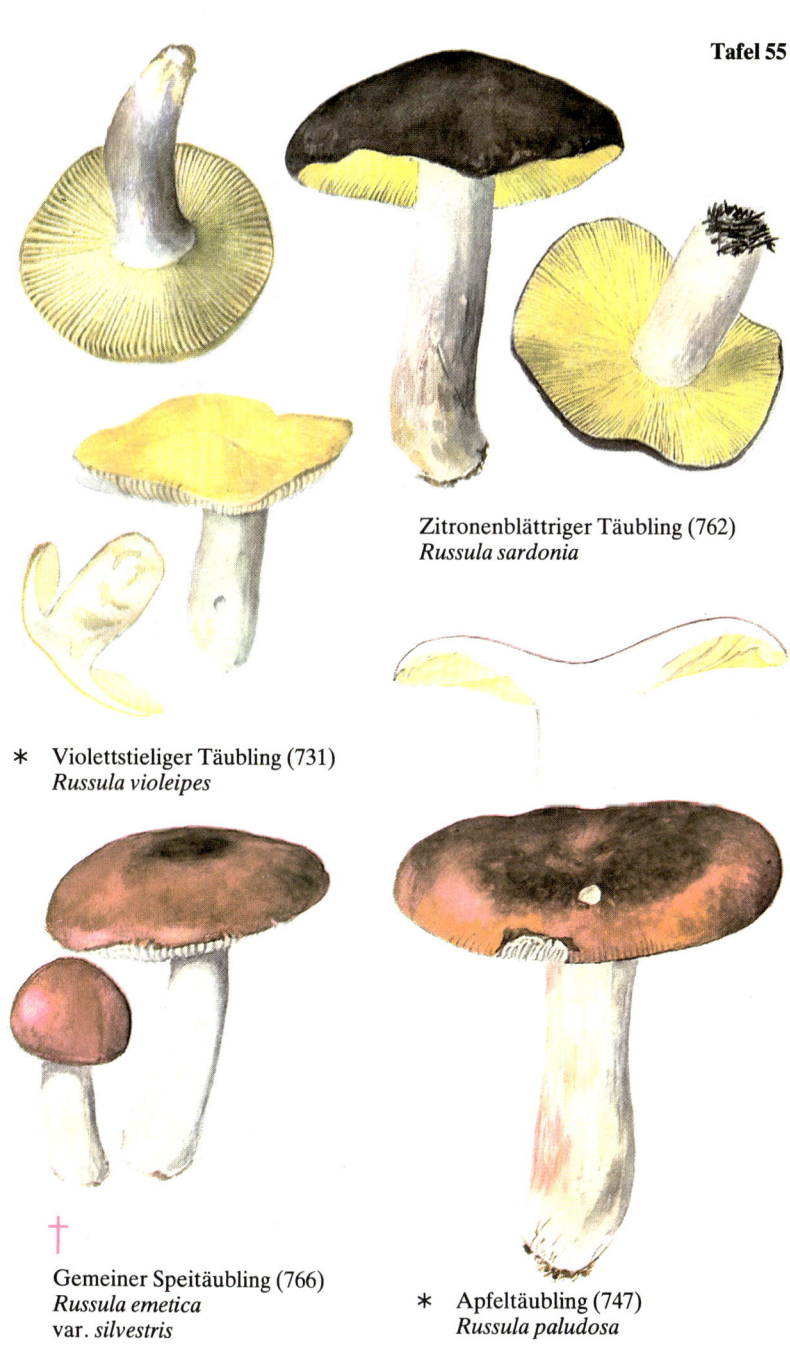

Zitronenblättriger Täubling (762)
Russula sardonia

* Violettstieliger Täubling (731)
Russula violeipes

† Gemeiner Speitäubling (766)
Russula emetica
var. *silvestris*

* Apfeltäubling (747)
Russula paludosa

Maistielporling (792)
Polyporus ciliatus

Schuppiger Sägeblättling (785)
Lentinus lepideus

* Austernseitling (779)
Pleurotus ostreatus

Angebrannter
Rauchporling (818)
Bjerkandera adusta

* Semmelporling (797)
Albatrellus confluens

* Schuppiger Stielporling (788)
Polyporus squamosus

* Gemeiner Schwefelporling (804)
Laetiporus sulphureus

Tafel 58

* Gemeiner Riesenporling (802)
  Meripilus giganteus

*

Habichtspilz (878)
Sarcodon imbricatus

Kiefernbraunporling (806)
Phaeolus schweinizii

Gallenfleischstacheling (879)
Sarcodon scabrosus

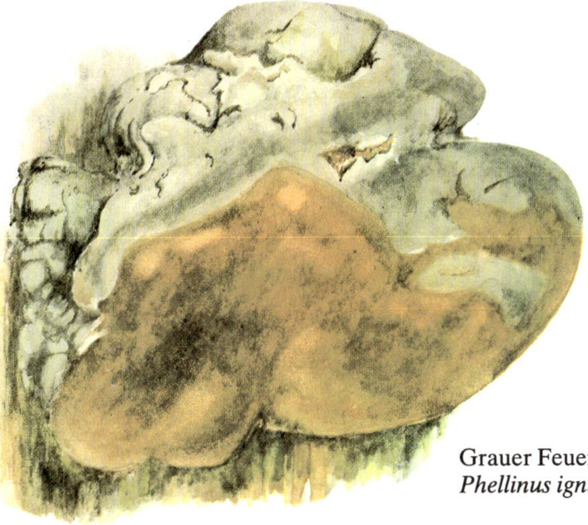

Grauer Feuerschwamm (860)
Phellinus igniarius

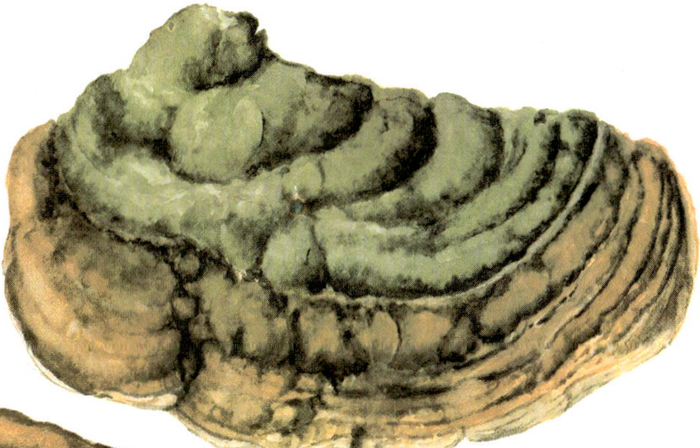

Rotrandiger Baumschwamm (843)
Fomitopsis pinicola

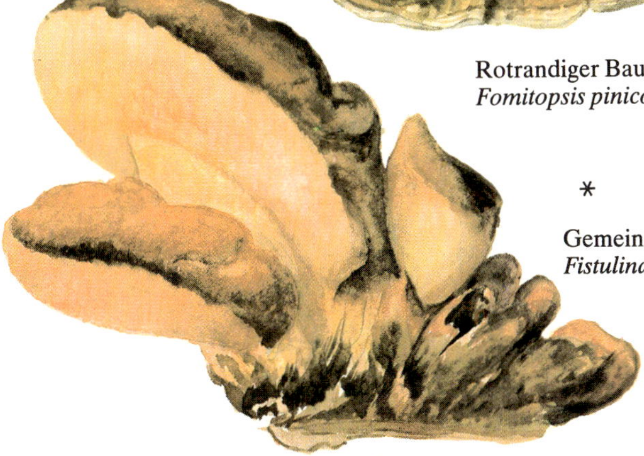

*

Gemeiner Leberpilz (926)
Fistulina hepatica

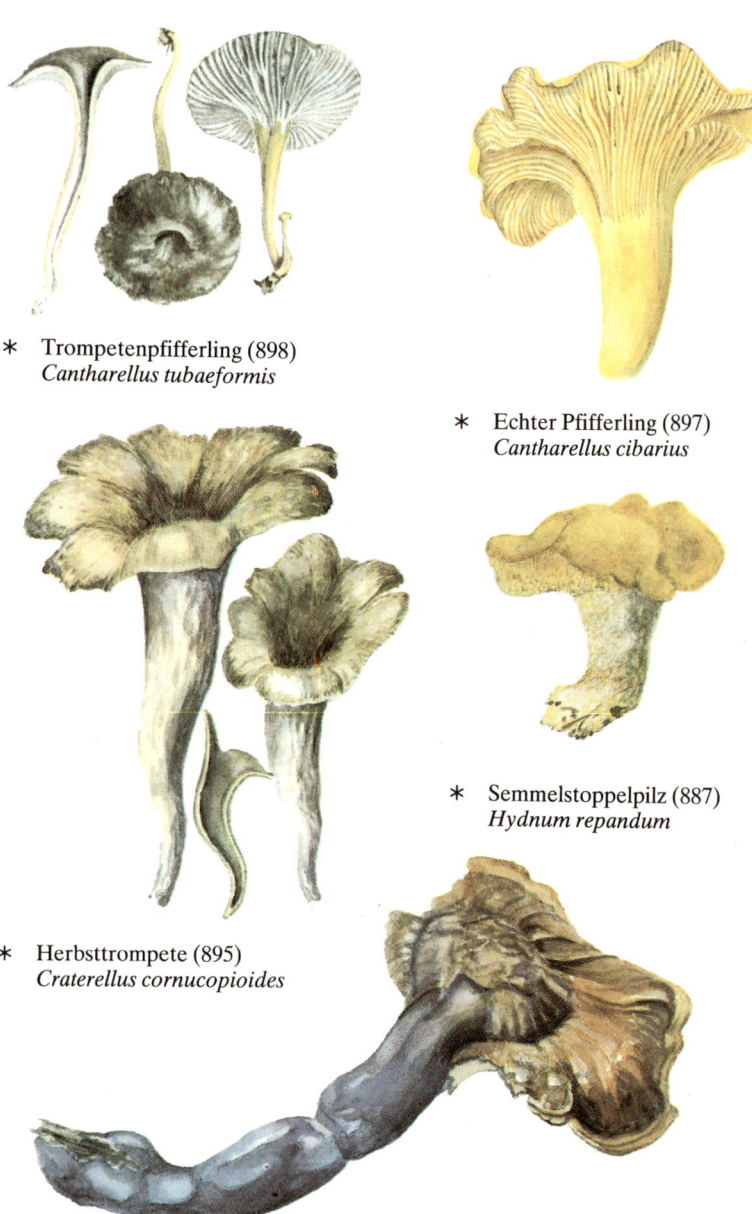

* Trompetenpfifferling (898)
  Cantharellus tubaeformis

* Echter Pfifferling (897)
  Cantharellus cibarius

* Semmelstoppelpilz (887)
  Hydnum repandum

* Herbsttrompete (895)
  Craterellus cornucopioides

Glänzender Lackporling (865)
Ganoderma lucidum

* Krause Glucke (924)
   Sparassis crispa

Klebriger Hörnling (927)
Calocera viscosa

* Grubenlorchel (945)
   Helvella lacunosa

Tafel 62

* Elastische Lorchel (946)
Helvella elastica

* Speisemorchel (939)
Morchella esculenta

† Frühjahrslorchel (953)
Gyromitra esculenta

* Spitzmorchel (940)
Morchella elata

* Käppchenmorchel (941)
Morchella gigas

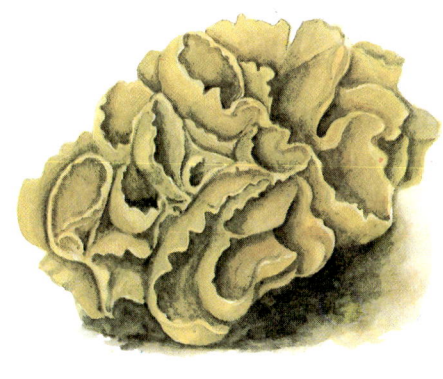

* Blasiger Becherling (961)
Peziza vesiculosa

* Hasenohr (965)
Otidea leporina

* Brauner Rip-
penbecherling (950)
Helvella acetabulum

* Kastanien–
brauner
Becherling (963)
Peziza badia

Tafel 64

Grüngelbes
Gallertkäppchen (983)
Leotia lubrica

* Graue Blaßkoralle (909)
Clavulina cinerea

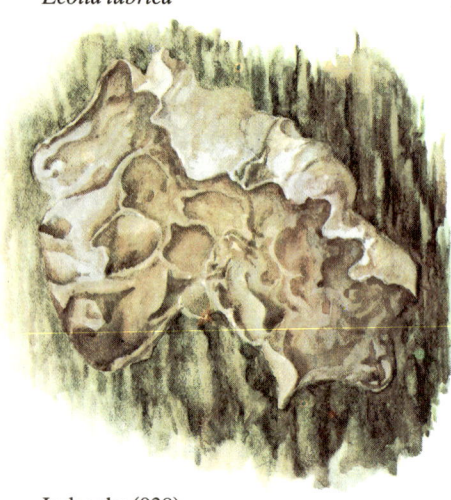

Grauer Stielbecherling (949)
Helvella bulbosa

Judasohr (938)
Hirneola auricula-judae

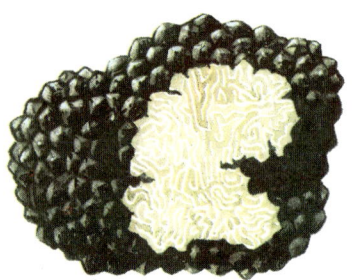

* Sommertrüffel (990)
Tuber aestivum

* Rotbraune Rasentrüffel (988)
Hydnotrya tulasnei